독일어-한국어 입문사전

Deutsch-Koreanisches
Wörterbuch zur Einführung

독문학 박사 서석연 편저

문예림
1945

獨韓入門辭典

Deutsch-Koreanisches Wörterbuch zur Einführung

Herausgegeben

von Prof. Dr. Soh Sok Yeon

머리말

현재 우리나라에는 상당수의 독한사전이 출판되어 있으나, 처음 독일어를 배우는 고교생을 비롯한 초학자들이 이러한 사전을 충분히 활용한다는 것은 어형변화가 많고 복잡한 독일어의 성질상, 그렇게 쉬운일은 아니다. 이 책은 그와같은 초심자(初心者)가 본격적으로 독한사전을 효과있게 사용하게 될 때 까지의 말하자면 「교량」역할로서, 초급독본이나 간단한 읽을 거리를 읽는데 손쉽게 이용할 수 있는 입문용 사전으로 엮어진 것이다. 따라서 이 책의 편집에 있어서는 학습자의 사용상의 편의를 도모하는 점을 최대의 안목으로 삼고, 다음과 같은 점들에 대해서 각별히 노력을 기울인 것이다.

1. 표제어와 어의(語義)의 선택에 있어서는 현재 쓰여지고 있는 초급에서 중급에 걸쳐서 각종 교과서와 교재를 상세히 검토하고 사용빈도가 높은 어휘와 어의를 우선적으로 채택했다. 그밖에 Raum (우주), Umwelt (환경)과 같이, 현재 우리의 생활과 밀접한 관계가 있는 중요한 시사적(時事的)인 어휘도 가능한 이를 수록했다.

2. 불규칙동사는 단수 2·3인칭 현재형, 과거기본형, 과거분사, 명령법, 접속법 제Ⅰ·Ⅱ식을, 명사는 현저하게 변화하는 복수형을, 형용사는 불규칙변화를 하는 비교급과 최상급을, 관사류 및 대명사류는 모든 변화형을 각각 독자적인 표제어로써 이를 채택했다.

3. 관용적으로 쓰여지는 숙어중에서 특히 빈도수가 높은 것은 표제어로써 독립시켰다. 예를들면 mit Recht (정당하게, 당연히)는 전치사 mit 다음에 독립된 표제어로써 나와 있으나, 동시에 명사 Recht의 용례로써도 채택하여 양면에서 검토할 수 있도록 배려했다.

격변화나 인칭변화의 복잡성으로 인해서 자칫하면 소홀해지기 쉬운 독일어에의 접근이 이 책을 매개로 어느 정도 쉽게 된다면 편자로서의 의도와 소망은 거의 달성된 셈이 된다.

끝으로 결코 도중에서 좌절됨이 없이 불타는 의욕과 꾸준한 인내로 자신의 청춘의 꿈에 충실하기를 간곡히 바라는 바이다.

-학병으로 끌여간 50주년에-

1995년1월20일 문학박사 徐 石 演

사용상의 주의

1 표제어
표제어는 고딕체로 ABC순으로 배열했다. 숙어 (관용적 표현을 포함)는 한글자 띄어져 있다.

ab 〔앗프〕　　　　　　　　〔부〕 떨어져서 : 아래로 ★ auf und ～ 위 아래로, 이곳저곳 ; von… ～ …로부터
　　　　　　　　　　　　　〔전〕《3격지배》 …에서
ab und zu〈**an**〉　　　〔숙〕 이따금, 때때로
ab wann　　　　　　　〔숙〕《의문》언제 부터

2 발음
발음은 한글로 표기하고 가능한 한 간략하고 원음에 가까운 표기를 채택했다. 악센트는 고딕체로 표시하고 발음의 단락에는 를 넣었다.

Haus〔하우스〕, **Hauptstadt**〔하우프트 · 슈탓트〕
mit|nehmen〔밋트 · 네-멘〕, **wertvoll**〔베르트 · 폴〕
Zimmer〔씸마-〕

3 명사
1) 성은 〔남〕, 〔여〕, 〔중〕으로 표시하고, 복수형은 〔복〕으로 표시했다.
2) 변화형은 단수2격/복수1격의 형식으로 표시하고, 표제어와 동일한 경우에는 로 표시했다. 또 복수형에 있어서 변음 또는 변형하는 것은 철자를 생략하지 않고 모두써서 발음도 첨가했다.

Blume〔부루-메〕　　　〔여〕 -/-n ⇨ der Blume/die Blumen
Haus〔하우스〕　　　　〔중〕 -es/Häuser 〔호이자-〕 ⇨ des Hauses/die Häuser
Wagen〔바-겐〕　　　　〔남〕 -s/- ⇨ des Wagens/die Wagen

3) 단순형만 쓰여지는 것은, 단수2격 /의 형태만을 표시했다.

Beginn〔베긴〕　　　　〔남〕 -s/ 시작, 개시

4) 낱말의 뜻에 의해서 단수형만 쓰여지는 것과 복수형만이 쓰여지는 것은 각각《단수로》,《복수로》로 표시하고, 복수형이 2종류 있는 것은 그 뜻을 표시했다.

II

Schuld 〔슐트〕　　　　〔여〕 -/-en 《단수로》죄; 책임; 《복수로》빚, 부채

Wort 〔볼트〕　　　　〔중〕 -[e]s/Wörter 〔뵐타-〕(개개의) 낱말, 단어
-[e]s/Worte (정돈된 문장의 뜻·표현으로서의) 말, 문구, 어구; 담화

5) 명사의 복수형 및 복수형만이 쓰여지는 명사는 〔복〕으로 표시했다.

Häuser 〔호이자-〕　　〔복〕 Haus의 복수형
Leute 〔로이테〕　　　〔복〕 사람들

6) 형용사나 분사에서 전용된 명사는 〔남〕,〔여〕,〔중〕의 성별을 표시하고, 다시《형용사적 변화》로 표시했다.

Alte〔r〕〔알테〈타〉-〕　　〔남〕〔여〕《형용사적 변화》노인
Gute〔s〕〔구-테〈테스〉〕　〔중〕《형용사적 변화》좋은 것〈일〉, 좋음

7) 남성 약변화명사 및 불규칙인 격변화를 하는 명사는 그, 각 항에 격변화표를 게시했다.

Student 〔슈트덴트〕　　〔남〕 -en/-en 대학생

```
           Student의 격변화
              〔단〕           〔복〕
      1격 der Student      die Studenten
      2격 des Studenten    der Studenten
      3격 dem Studenten    den Studenten
      4격 den Studenten    die Studenten
```

Name 〔나-메〕　　　〔남〕 -ns/-n 이름

```
            Name의 격변화
              〔단〕           〔복〕
      1격 der Name        die Namen
      2격 des Namens      der Namen
      3격 dem Namen       den Namen
      4격 den Namen       die Namen
```

8) 고유명사는 보통명사와 같이 성과 변화형을 표시했다.

III

Deutschland 〔도이춰란트〕　〔주〕 -s/ 독일

Niederlande 〔니-다-·란트〕 〔복〕 네덜란드

Rhein 〔라인〕　　　　　　〔남〕 -[e]s/ 라인강

4 동 사

1) 자동사, 타동사, 재귀동사, 비인칭동사 등은 각각 〔자〕, 〔타〕, 〔재〕, 〔비〕로서 표시했다.
2) 불규칙동사는 표제어로서의 부정사의 오른쪽 어깨에 *표를 붙이고, 제각기 과거기본형, 과거분사, 접속법 제Ⅰ·Ⅱ식 기본형도 독립된 표제어로 삼았다.

trinken* 〔트린켄〕	〔타〕 (물·술따위의 마실것을) 마시다
	〔자〕 술을 마시다
trank 〔트랑크〕	〔과〕 trinken의 과거 기본형
getrunken 〔게·트르켄〕	〔과분〕 trinken의 과거분사
tränke 〔트렌케〕	〔접Ⅱ〕 trinken의 접속법 제Ⅱ식 기본형
sei 〔자이〕	〔접Ⅰ〕 sein¹의 접속법 제Ⅰ식 기본형

3) 불규칙동사로서 현재인칭변화와 du에 대한 명령형에서 변음하는 것은 모두 표제어로 삼았다.

sprechen* 〔슈프렛헨〕	〔타〕 et⁴ ~ …을 말하다; j⁴ ~ …과 면담하다
sprichst 〔슈프리히스트〕	〔현〕 sprechen의 2인칭 단수현재형
spricht 〔슈프리히트〕	〔현〕 sprechen의 3인칭 단수현재형
sprich 〔슈프릿히〕	〔명〕 sprechen의 명령형

4) 현재분사는 보통, 부정형의 말미에 -d를 붙이지만 예외의 것은 표제어로 삼았다.

seiend 〔자이엔트〕　　〔현분〕 Sein¹의 현재분사

5) 분리동사는 분리전철과 기초동사 사이에 ｜를 넣어서 표시했다.

ab|fahren* 　　　　　**zurück|gehen***

6) 완료시칭에서 조동사로서 sein을 갖는 자동사는 (S) 로 표시하고 경우에 따라서 haben과 sein의 양쪽을 갖는 자동사는

(h, s) 또는 (s, h) 로 표시했다.

    fahren*〔파-렌〕　　　　〔자〕(s) (탈것으로) 가다 ; (탈것이) 달리다

    schwimmen*〔슈빔맨〕│〔자〕(s, h) 헤엄치다 ; 떠돌다, 떠있다

7) 재귀동사는 〔재〕sich⁴ ~ 로서 표시했다. 또 재귀동사로서 보다더 오히려 타동사로서의 요소가 짙은 것은 〔타〕의 항목에 넣어 sich³ ~ 등으로 했다.

    setzen〔젵쎈〕　　　　〔재〕sich⁴ ~ 앉다, 착석하다

    kaufen〔카우펜〕　　　〔타〕사다, j³ et⁴ ~ ~ …에게 …을 사주다; sich³ et⁴ ~ (자신을 위해) …을 사다

8) 비인칭동사는 〔비〕로하고 구체적인 용례를 들었다.

    schneien〔슈나이엔〕　　〔비〕es schneit 눈이 내리다

9) 현재분사, 과거분사 등으로 특히 독립되어 쓰여지는 것은 표제어로 삼았다.

    reizend〔라이쩬트〕　　　〔형〕매력적인

10) 조동사는 〔조〕로하고, ≪화법의 조동사≫, ≪수동의 조동사≫ 등의 문법적 설명을 붙였다.

11) sein, haben, werden은 각 항에 현재인칭 변화표를 들었다.

⑤ 형용사·부사

1) 비교급, 최상급에서 변음 또는 변형하는 것에는 원급의 오른쪽 어깨에 *를 붙이고, 그비교급 최상급도 표제어로 삼았다.

    nah〔e〕* 〔나-에〕　　　〔형〕가까운
    näher〔네-아-〕　　　　〔형〕nah〔e〕의 비교급
    nächst〔네-히스트〕　　〔형〕nah〔e〕의 최상급

2) 단, 비교변화에 있어서 2가지 변화를 하는 것에는 (*) 표를 붙였다.

3) 또 분사에서는 그 기능에 관해서 예를들면 《의문》, 《관계》 등의 문법적 설명을 붙였다.

4) 형용사는 대부분 그대로 부사로서 쓰여지지만, 특히 분사로서의 특정한 뜻을 갖는 것에는 〔부〕의 표시를 첨가했다.

⑥ 관사류·대명사류

1) 관사류·대명사류는 각각〔관〕,〔대〕로 표시하고 《정관사》, 《인칭대명사》등의 문법적 설명을 붙였다. 또 학습자의 편이를 고려해서 제각기 1격형의 표제어의 항에 격변화표를 들었다.

V

der¹〔대아〕　　　　　　〔관〕《정관사》〔남〕1격,〔여〕2·3격

　　　　　　　　　　　　〔복〕2격 그, 이, 예의, 대저 … 이란 것

der¹의 격변화			
〔남〕	〔여〕	〔중〕	〔복〕
1격 der	die	das	die
2격 des	der	des	der
3격 dem	der	dem	den
4격 den	die	das	die

2) 또한 1격형 뿐만 아니라 모든 변화형도 독립된 표제어로 삼고, 그 형태가 어느 품사의 몇격인가를 즉석에서 알 수 있도록 표시했다.

des〔대스〕　　　　　　〔관〕《정관사》〔남〕2격,〔중〕2격
einem¹〔아이넴〕　　　 〔관〕《부정관사》〔남〕3격,〔중〕3격
einem²〔아이넴〕　　　 〔대〕《부정대명사》einer²의〔남〕3격,〔중〕3격《부정대명사》man의 3격

3) 정관사와 전치사가 융합되어 한 낱말이 되는 경우에는 〔융합〕의 표시를 썼다.

zum〔쭘-〕　　　　　　〔융합〕전치사 zu와 정관사 dem의 융합형 ⇨ zu

7 전치사·접속사

전치사에 대해서는 《2격지배》,《3격지배》,《4격지배》,《3·4격지배》; 접속사에 대해서는 《병렬접속사》,《종속접속사》등 각 기능에 관한 문법적 설명을 붙였다.

8 숙어·관용구적인 표현

1) 〈머리말〉에서도 설명했으나, 2가지 방법으로 숙어의 뜻을 검색할 수 있게 했다. 즉 숙어의 최초의 낱말에서와 키워드(Key-Word)가 되는 낱말에서이다. 표제어로서의 숙어와 관용어구적 표현에는 〔숙〕의 표시를 붙였다.
2) 표제어와 동일한 낱말로 시작되는 숙어나 관용구적인 표현은, 그 표제어의 해석중에 두지 않고, 한글자 내려서 독립시켜서 표제어로서 들었다.

mit 〔밋트〕		〔전〕《3격지배》…와 함께; …을 가지고; …에 관해서
		〔부〕 함께, 더불어
mit Recht		〔숙〕 정당히, 당연히
Recht 〔레히트〕		〔중〕 -[e]s/-e 바른일; 권리; 법률 ★ im ~ sein 옳다, 지당하다; mit ~/zu ~ 정당히, 단연히; ohne ~ 부당하게도

9 **용례·기타**

1) 해석중에 표제어와 동일한 낱말을 사용하는 경우에는 ~로 표시하고, 그것에 어미가 붙는 경우에는 ~en등과 같이 표시 했다. 또 어형이 변화하는 경우에는 그 철자를 전부썼다.
2) 동일한 철자이면서 전혀 다른 낱말인 경우에는 각 낱말의 오른쪽 어깨에, (1, 2)의 숫자를 붙여서 구별했다.

Band[1] 〔반트〕　　　〔남〕 -[e]s/Bände〔벤데〕(책의) 권, 책

Band[2] 〔반트〕　　　〔중〕 -[e]s/Bänder〔벤다-〕리본, 테이프, 밴드

3) 동사, 형용사 등의 격지배의 표시는 〈약어〉의 항에 표시한바 와 같은 j[2], j[3], j[4], et[2], et[3], et[4]의 기호를 썼다.
4) d. h. (=das heißt) 등의 약어도 표제어로서 들고, 〔약〕의 기호를 붙였다.

약　어

〔남〕	남성명사		융합형
〔여〕	여성명사	〔자〕	자동사
〔중〕	중성명사	〔타〕	타동사
〔복〕	복수명사	〔재〕	재귀동사
〔대〕	대명사	〔비〕	비인칭동사
〔형〕	형용사	〔조〕	조동사
〔부〕	부사	〔현〕	현재인칭변화형
〔접〕	접속사	〔과〕	과거기본형
〔전〕	전치사	〔과분〕	과거분사
〔수〕	수사	〔접Ⅰ〕	접속법제Ⅰ식기본형
〔감〕	감탄사	〔접Ⅱ〕	접속법제Ⅱ식기본형
〔융합〕	전치사와 정관사의	〔명〕	du에 대한 명령형

〔현분〕현재분사형 〔숙〕 숙어·관용구적인표현
〔약〕 약어
《고》 고어
j² jemandes 〔사람의 2격〕 sich³ 재귀대명사의 3격
j³ jemandem 〔사람의 3격〕 sich⁴ 재귀대명사의 4격
j⁴ jemanden 〔사람의 4격〕 (s) 완료의 조동사로서
  sein을 갖는 조동사
et² etwas 〔사물의 2격〕 (s, h), (h, s) 완료의 조동사로서
et³ etwas 〔사물의 3격〕 sein 또는 haben을 갖는
et⁴ etwas 〔사물의 4격〕 동사

기　호

〔　〕　1 발음의 표기
　　　 2 생략가능의 자구
〈　〉　환언이 가능한 어구·자구
(　)　일반적인 설명
《　》　문법상의 설명
｜　분리동사의 분리선
／　1. 단수2격과 복수1격 사이의 구별
　　　2. 용례중에서의 어구의 병렬
★　용례

～　용례중에서의 표제어의 대용
；　어의의 구분
⇨　참고해야 할 표제어
＊　불규칙동사 및 불규칙적인 비교변화를 하는 형용사·부사
(＊)　규칙·불규칙의 2가지 변화를 하는 동사 및 형용사

A

ab 〔앗프〕	〔부〕 떨어져; 아래로 ★ auf und ~ 위 아래로, 여기저기; von … ~ …로부터
	〔전〕 《3격지배》…로부터
ab und zu 〈an〉	〔숙〕 때대로, 이따금
ab wann	〔숙〕 《의문》언제 부터
ab|brechen*〔앗프 · 부렛헨〕	〔타〕 꺾다; 중단하다
	〔자〕 (s) 꺾어지다; 중단되다
ab|drehen〔앗프 · 드레-엔〕	〔타〕 (수도 · 가스따위의) 꼭지를 돌려잠그다; 스위치를 돌려 끄다
	〔자〕 (h, s) 방향을 돌리다
Abdruck〔앗프 · 두룩크〕	〔남〕 -s/-e 인쇄〔물〕; 제…쇄; 복사
Abend〔아-벤트〕	〔남〕 -s/-e 저녁, 밤 (잘때까지) ★ am ~ 저녁에; zu ~ essen 저녁 식사를하다; heute abend 오늘밤
Abendbrot〔아-벤트 · 부로-트〕	〔중〕 -(e)s/ 저녁식사
Abendessen〔아-벤트 · 엣센〕	〔중〕 -s/ 저녁식사
Abendland〔아-벤트 · 란트〕	〔중〕 -(e)s/ 서양
Abendrot〔아-벤트 · 로-트〕	〔중〕 -(e)s/ 저녁놀
abends〔아-벤쓰〕	〔부〕 저녁에, 밤에
Abenteuer〔아-벤도이아-〕	〔중〕 -s/- 모험
aber〔아-바-〕	〔접〕 《병렬접속사》그러나
Aberglaube〔아-바-그라우베〕	〔남〕 -ns/ 미신 (변화;⇨Glaube)
ab|fahren*〔앗프 · 파-렌〕	〔자〕 (s) (탈것으로) 출발하다; (탈것이) 발차하다

Abfahrt 〔앗프·팔-트〕 〔여〕 -/-en (탈것의) 출발, 발차

Abfall 〔앗프·팔〕 〔남〕 -s/Abfälle 〔앗프·페레〕쓰레기, 찌꺼기; 《단수로》 탈락, 이반(離反)

ab|fallen* 〔앗프·파렌〕 〔자〕 (s) 떨어지다, 하강하다

ab|fertigen 〔앗프·펠티겐〕 〔타〕 (발차·발송따위의) 준비를 끝내다; (일따위를) 처리하다 j⁴ ～ …의 접대를 하다; 대응하다

ab|finden 〔앗프·핀덴〕 〔타〕 j⁴ mit et³ ～ …을 …으로 만족시키다
〔재〕 sich⁴ mit et³ ～ …과 타협하다

ab|fliegen* 〔앗프·후리-겐〕 〔자〕 (s) 날아가다; (비행기로) 출발하다; (비행기가) 이륙하다

Abflug 〔앗프·후르-크〕 〔남〕 -(e)s/Abflüge 〔앗프·후류-게〕 (비행기의) 출발, 이륙

ab|geben* 〔앗프·게-벤〕 〔타〕 손을 떼다, 넘겨주다
〔재〕 sich⁴ mit et⁴ ～ …에 관여하다

ab|gehen* 〔앗프·게-엔〕 〔자〕 (s) 떠나가다; (배·차가) 출발하다; von et³ ～ …에서 떨어지다 j³ ～ …에게 결여되어 있다

Abgeordnete(r) 〔앗프·게올드네테⟨타-⟩〕 〔남〕〔여〕《형용사적변화》국회의원, 대의사

abgesehen 〔앗프·게제-엔〕 〔과분〕 absehen의 과거분사 ★ von et³ ～ …을 제외하면; …은 별도로 하고

Abgrund 〔앗프·그룬트〕 〔남〕 -(e)s/Abgründe 〔앗프·그륜데〕 심연; 지옥

ab|halten 〔앗프·할텐〕 〔타〕 멀리하다; 행하다, 개최하다; j⁴ von et³ ～ …에게 …을 단념시킨다.

Abhang 〔앗프·항그〕 〔남〕 -(e)s/Abhänge 〔앗프·헹게〕 경사면, 사면

ab|hängen* 〔앗프·헹겐〕 〔자〕 von j³ ⟨et³⟩ ～ …에 의존하다, …에 좌우되다, 달

ab|leiten

	려있다
abhängig〔앗프 · 헹기히〕	〔형〕 von j³ 〈et³〉 ~ …에 의존하고 있다
ab|holen〔앗프 · 호-렌〕	〔타〕 가지러가다, 마중나가다, 가지고 오다, 데리고오다
Abitur〔아비투-아〕	〔중〕 -s/ 김나지움(Gymnasium)의 졸업시험
Abiturient〔아비투리엔트〕	〔남〕 -en/-en Abitur의 수험생

```
            Abiturient의 격변화
              〔단〕          〔복〕
      1격 der Abiturient   die Abiturienten
      2격 des Abiturienten der Abiturienten
      3격 dem Abiturienten den Abiturienten
      4격 den Abiturienten die Abiturienten
```

ab|kommen*〔앗프 · 콤멘〕	〔자〕 (s) von et³ ~ …에서 떨어지다, 벗어나다; 유행에 뒤지다
Abkommen〔앗프 · 콤멘〕	〔중〕 -s/- 결정, 협정; 유래; 가문
ab|kürzen〔앗프 · 퀄쎈〕	〔타〕 단축하다
Abkürzung〔앗프 · 퀄쑹그〕	〔여〕 -/-en 단축; 약어
ab|laden*〔앗프 · 라-덴〕	〔타〕 (쌓놓은 짐을)내리다
Ablauf〔앗프 · 라우프〕	〔남〕 -[e]s/Abläufe〔앗프 · 로이페〕 유출, 배수[구]; (시간의)경과; 만기
ab|laufen*〔앗프 · 라우펜〕	〔자〕 달려〈흘러〉가다; (때가)경과하다
ab|legen〔앗프 · 레-겐〕	〔타〕 (의복따위를)벗다; (습관 · 나쁜버릇 따위를)그만두다; 하다, 행하다 ★ ein Examen ~ 시험을 치르다
ab|lehnen〔앗프 · 레-넨〕	〔타〕 거부하다, 거절하다
ab|leiten〔앗프 · 라이텐〕	〔타〕 딴데로 이끌다, 유도하다; et⁴ von 〈aus〉 et³ ~ …을 …에서 이끌어내다, 추론하다

Ableitung

Ableitung〔앗프・라이퉁그〕 〔여〕 -/-en 유도; 추론; 파생〔어〕

ab|lenken〔앗프・렌켄〕 〔타〕 딴쪽으로 돌리다; (주의를) 빗나가게 하다; 전향시키다

Ablenkung〔앗프・렌쿵그〕 〔여〕 -/-en 주의를 돌림; 전향; 기분전환

ab|lesen*〔앗프・레-젠〕 〔타〕 읽어주다 j³ et⁴ ~ / et⁴ von et³ ~ …에서 …을 읽어서 알아채다

ab|machen〔앗프・맛헨〕 〔타〕 떼어내다; 결정하다; 협정하다

Abnahme〔앗프・나-메〕 〔여〕 -/-n 떼어냄; 감소; 감퇴

ab|nehmen*〔앗프・네-멘〕 〔타〕 떼어내다, 벗기다; j³ et⁴ ~ …에서 …을 빼앗다
〔자〕 줄다, 감소하다

ab|rechnen〔앗프・레히넨〕 〔타〕 공제하다
〔자〕 결산하다

Abrechnung〔앗프・레히눙그〕 〔여〕 -/-en 공제; 결산

Abreise〔앗프・라이제〕 〔여〕 -/-en 출발, 여행의 출발

ab|reisen〔앗프・라이젠〕 〔자〕 (s)여행을 떠나다, 출발하다

Absage〔앗프・자-게〕 〔여〕 -/-n 거절; 취소

ab|sagen〔앗프・자-겐〕 〔타〕 (약속따위를)취소하다; 거절하다
〔자〕 j³ ~ …에게 방문의 취소를 전하다

Absatz〔앗프・잣쓰〕 〔남〕 -es/Absätze〔앗프・젯쎄〕 문장의 단락; (구두의)뒤꿈치; 중당; 매상

ab|schaffen*〔앗프・샤펜〕 〔타〕 폐지하다 ★ die Todesstrafe ~ 사형을 폐지하다

Abscheu〔앗프・쇼이〕 〔남〕 -〔e〕s/ 혐오

abscheulich〔앗프쇼이리히〕 〔형〕 혐오를 느끼게하는, 싫은

Abschied〔앗프・쉬-트〕 〔남〕 -〔e〕s/-e 헤어짐, 이별 ★ ~ nehmen 이별〈작별〉을 고하다

ab|schließen*〔앗프・슈리- 〔타〕 자물쇠를 잠그다; 종료하

ab|stimmen

	다; 체결하다
〔센〕	〔재〕 sich⁴ ~ 갚아버리다
	〔자〕 mit et³ ~ …을 끝내다; mit j³ ~ …와 타협이 되다

Abschluß 〔앞프·슈루스〕 〔남〕 Abschlusses / Abschlüsse 〔앞프·슈뤗세〕종료; 협정; 체결 ★ zum ~ 끝으로

ab|schneiden* 〔앞프·슈나이덴〕 〔타〕 잘라내다, 절취하다

Abschnitt 〔앞프·슈닛트〕 〔남〕 -(e)s/-e 절단; 단편; (문 망의)절; 시기; 구분

ab|schreiben* 〔앞프·슈라이벤〕 〔타〕 베끼다, 베껴쓰다; (허가없이)베껴쓰다, 커닝하다

ab|sehen* 〔앞프·제-엔〕 〔타〕 보고알다; 예측하다 ★ es auf et⁴ ~ …을 노리다
〔자〕 (…에서)눈을 돌리다

ab|senden* 〔앞프·젠덴〕 〔타〕 발송하다; 파견하다

Absender 〔앞프·젠다-〕 〔남〕 -s/- 발송자, 발신인 (약자: Abs.)

ab|setzen 〔앞프·젯쩬〕 〔타〕 (차에서)내려놓다; 해임하다
〔자〕 중단하다

Absicht 〔앞프·지히트〕 〔여〕 -/-en 의도, 계획 ★ mit ~ 고의로

absichtlich 〔앞프·지히트리히〕 〔형〕 고의의, 계획적인

absolut 〔아프조루-트〕 〔형〕 절대적인

Abstand 〔앞프·슈탄트〕 〔남〕 -(e)s/Abstände 〔앞프·슈텐데〕 간격; 거리

ab|steigen* 〔앞프·슈타이겐〕 〔자〕 (s) 하강하다, 내리다

ab|stellen 〔앞프·슈테렌〕 〔타〕 내려두다; 멈추다, 정지하다

Abstieg 〔앞프·슈티-크〕 〔남〕 -(e)s/-e 하강, 쇠퇴; 내리막길

ab|stimmen 〔앞프·슈틴멘〕 〔자〕 투표하다 über et⁴ ~ …에

	〔타〕	관해서 표결하다 et⁴ auf et⁴ ~ …을 …에 동조시키다
abstrakt〔압프·슈트라크트〕	〔형〕	추상적인
ab|stürzen〔압프튈쩬〕	〔자〕	(s) 추락하다, 굴러떨어지다
Abteil〔압프·타일〕	〔중〕	-〔e〕s/-e (기차의) 칸막이 한 객석
Abteilung〔압프·타이룽그〕	〔여〕	-/-en 부문; 구분; (관청의) 국·부·과
abwärts〔압프·벨쓰〕	〔부〕	아래로, 아래쪽으로
ab|wechseln〔압프·벡세른〕	〔자〕	교대하다, 교체하다
abwechselnd〔압프·벡세른트〕	〔형〕	교체의, 번갈아하는
Abwechselung〔압프·벡세룽그〕	〔여〕	-/-en 교체; 기분전환
ab|werfen*〔압프·벨펜〕	〔타〕	던져버리다; 투하하다
abwesend〔압프·베-젠트〕	〔형〕	결석의, 부재의; 방심한, 멍한
ab|zahlen〔압프·싸-렌〕	〔타〕	분할로 지불하다
Abzahlung〔압프·싸-룽그〕	〔여〕	-/-en 분할지불
ab|ziehen〔압프·씨-엔〕	〔타〕 〔자〕	떼어놓다; 공제하다 (s) 물러가다; 끗다
Abzug〔압프·쑤-크〕	〔남〕	-〔e〕s/Abzüge〔압프·쒸-게〕 카피; (사진의) 복사; 차인〔액〕; 퇴출, 배출
ach〔앗하〕	〔감〕	(놀램·슬픔·기쁨 따위를 표현해서) 아아, 오오
Achsel〔아크셀〕	〔여〕	-/-n 어깨 ★ die ~ 〈mit den ~n〉 zucken 어깨를 움추리다
acht¹〔아하트〕	〔수〕	8〔의〕
acht²〔아하트〕	〔형〕	《서수》 제8〔번째〕의
achten〔아하텐〕	〔타〕	평가하다, 존중하다, 존경하다 ★ j⁴ hoch 〈gering〉 ~ …을 존경하다〈경시하다〉
	〔자〕	auf et⁴ ~ …에 주의하다, …을 고려하다

Akademie

acht|geben* 〔아하트・게-벤〕 〔자〕 auf j⁴ ⟨et⁴⟩ ～ …에 조심하다

Achtung 〔아하퉁그〕 〔여〕 -/ 주의; 존경 ★ Achtung! 주의하다

achtzehn 〔아하쩬-〕 〔수〕 18〔의〕

achtzig 〔아하씨히〕 〔수〕 80〔의〕

Acker 〔악카-〕 〔남〕 -s/Äcker 〔엣카-〕 밭, 경지

Äcker 〔엑카-〕 〔복〕 Acker의 복수형

Ader 〔아-다-〕 〔여〕 -/-n 혈관, 정맥

Adresse 〔아드렛세〕 〔여〕 -/-n 주소, 아드레스

Affe 〔앗페〕 〔남〕 -n/-n 원숭이

Affe의 격변화

	〔단〕		〔복〕	
1격	der	Affe	die	Affen
2격	des	Affen	der	Affen
3격	dem	Affen	den	Affen
4격	den	Affen	die	Affen

Afrika 〔아-프리카,아프리카〕 〔중〕 -s/- 아프리카

Afrikaner 〔아프리카-나-〕 〔남〕 -s/- 아프리카인

Afrikanerin 〔아프리카-네린〕 〔여〕 -/Afrikanerinnen 〔아프리카-네리넨〕 아프리카인 (여성)

afrikanisch 〔아프리카-닛슈〕 〔형〕 아프리카〔인〕의

Ägypten 〔에기프텐〕 〔중〕 -s/- 이집트

Ägypter 〔에기프타-〕 〔남〕 -s/- 이집트인

Ägypterin 〔에기프테린〕 〔여〕 -/Ägypterinnen 〔에기프테리넨〕 이집트인 (여성)

ägyptisch 〔에기프팃슈〕 〔형〕 이집트〔인・어〕의

Ägyptisch 〔에기프팃슈〕 〔중〕 -〔s〕/ 이집트어

ahnen 〔아넨〕 〔타〕 예감하다

ähnlich 〔엔-리히〕 〔형〕 j³ ⟨et³⟩ ～ …에 닮아있는; 유사한

Ahnung 〔아눙그〕 〔여〕 -/-en 예감

Akademie 〔아카데-미에〕 〔여〕 -Akademien 〔아카데미-엔〕

		아카데미, 학사원; (예술계의) 대학
akademisch [아카데-밋슈]	〔형〕	대학의, 학사원의; 아카데믹한, 학구적인
Akte [아크테]	〔여〕	-/-n 《대개복수로》〔공〕문서, 서류
aktiv [아크티-프]	〔형〕	적극적인, 활동적인
Akzent [아크쎈트]	〔남〕	-(e)s/-e 악센트; 어조, 억양; 사투리
Alarm [아라름]	〔남〕	-s/-e 경보
Alben [알벤]	〔복〕	Album의 복수형
albern [알베른]	〔형〕	어리석은, 바보스러운
Album [알붐]	〔중〕	-s/Alben〔알벤〕앨범
Alkohol [알코호르]	〔남〕	-s/-e 알콜, 주정
all [알]	〔대〕	《부정 대명사》《정관사형변화》《부가어로써》모든;《명사적으로》모든 것〈사람〉
all und jeder	〔숙〕	누구나다

all의 격변화

	〔남〕	〔여〕	〔중〕	〔복〕
1격	aller	alle	alles	alle
2격	alles	aller	alles	aller
3격	allem	aller	allem	allen
4격	allen	alle	alles	alle

alle [아레]	〔대〕	《부정대명사》all의 〔여〕1·4격,〔복〕1·4격;《명사적으로 쓰여져서,〔복〕》모든 사람
alle Tage	〔숙〕	매일
Allee [아레]	〔여〕	-/-n 가로수길
allein [아라인]	〔부〕	혼자서, 단독히; 다만 …뿐 ★ nicht ~ …, sondern auch… …뿐만아니라 …도 역시
	〔접〕	《병렬접속사》그러나…

allem〔아렘〕	〔대〕《부정대명사》all의 〔남〕3격,〔중〕3격《명사적으로〔중〕》★ alles in ~ 요컨대, 전체로; vor ~ 특히, 그중에서도
allen〔아렌〕	〔대〕《부정대명사》all의 〔남〕4격,〔복〕3격
aller〔아라-〕	〔대〕《부정대명사》all의〔남〕1격〔여〕2・3격, 〔복〕2격 ★ in ~ Eile 급히서둘러서; mit ~ Kraft 전력을 다해서
abllerdings〔아라-・딩그스〕	〔부〕물론; 단
allerlei〔아라-라이〕	〔형〕《무변화》각종의, 여러가지의
alles〔아레스〕	〔대〕《부정대명사》all의〔남〕2격, 〔중〕1・2・4격《명사적으로 쓰여져서〔중〕》모든 것 über ~ 무엇보다도
alles in allem	〔숙〕요컨대; 전체적으로
allgemein〔알・게마인〕	〔형〕일반의, 보편적인 ★ im ~ en 일반적으로; 전체로써
allmählich〔알・메-리히〕	〔형〕점차적인 〔부〕점차로, 차차
Alltag〔알・타-크〕	〔남〕-〔e〕s/-e 평일, 일상
alltäglich〔알・테-크리히〕	〔형〕매일의, 일상의
allzu〔알・슈-〕	〔부〕지나치게, 너무나; 과도하게
Alphabet〔알파베-트〕	〔중〕-〔e〕s/-e 알파벳, 자모
als〔알스〕	〔접〕《종속접속사》…했을때, …으로서; (비교급과 함께)…보다도 ★ als ob 〈wenn〉 …《보통접속법 제Ⅱ식과 함께》마치 …처럼
also〔알조-〕	〔접〕《부사적접속사》그러므로; 그러면 〔부〕그와같이, 이와같이
alt*〔알트〕	〔형〕늙은; 낡은; 옛날의; …세의

Alte[r] [알테〈타-〉]	[남][여] 《형용사적 변화》노인
Alter [알타-]	[중] -s/- 연령; 시대; 노년
älter [엘타-]	[형] alt의 비교급
Altertum [알타-툼-]	[중] -[e]s/ 고대
Altes Testament [알테스 · 테스타멘트]	[숙] 구약성서
ältest [엘테스트]	[형] alt의 최상급
altmodisch [알트 · 모-딧슈]	[형] 고풍의, 유행에 뒤진
am [암]	[융합] 《전치사 an과 정관사 dem의 융합형》 ⇨ an
am Abend	[숙] 저녁에
am anderen Morgen	[숙] 다음날 아침
am anderen Tag	[숙] 다음날
am Anfang	[숙] 처음에
am Bahnhof	[숙] 역에서
am Beginn	[숙] 시초에
am Ende	[숙] 끝에, 최후에; 결국
am ersten	[숙] 제일먼저, 최초로
am Fenster	[숙] 창가에
am folgenden Tag	[숙] 그 다음날에
am frühen Morgen	[숙] 이른 아침에
am Himmel	[숙] 하늘에
am letzten	[숙] 최후에
am Meer	[숙] 해변에서
am meisten	[숙] 가장많이; 대개
am Mittag	[숙] 정오에
am Morgen	[숙] 아침에
am Nachmittag	[숙] 오후에
am nächsten	[숙] 제일가까이, 이웃에
am nächsten Morgen 〈Tag〉	[숙] 다음날아침〈다음날〉에
am Schluß	[숙] 끝으로
am Vormittag	[숙] 오전중에
am Tage	[숙] 주간, 낮에
am Tisch	[숙] 식사중; 집무중

am Weg〔e〕	〔숙〕	길가에서
am Wochenende	〔숙〕	주말에
Ameise〔아-마이제〕	〔여〕	-/-n 개미
Amerika〔아메-리카〕	〔중〕	-s/ 미국
Amerikaner〔아메리카-나-〕	〔남〕	-s/- 미국인
Amerikanerin〔아메리카-네린〕	〔여〕	-/Amerikanerinnen 미국인(여성)
amerikanisch〔아메리카-닛슈〕	〔형〕	미국〔인·어〕의
Ampel〔암펠〕	〔여〕	-/-n 교통신호등
Amsel〔암젤〕	〔여〕	-/-n
Amt〔암트〕	〔중〕	-〔e〕s/Ämter〔엠타-〕 관직; 관공서
Ämter〔엠타-〕	〔복〕	Amt의 복수형
amüsieren〔아뮈지-렌〕	〔타〕	즐겁게 해주다
	〔재〕	sich^4 ~ 즐기다
an〔안〕	〔전〕	《3·4격지배》…의 곁에〈으로〉, (장소)…에서〈…로〉, (시간)…에, (수단·원인따위)…으로, (활동·종사따위)…에서, …에
an der Arbeit	〔숙〕	작업중에
an der Straße	〔숙〕	길가에서, 노변에서
an erster Stelle	〔숙〕	우선 첫째로
an Ort und Stelle	〔숙〕	현장에서; 즉석에서
an sich^3	〔숙〕	그것자체〔로서는〕
an und für sich^4	〔숙〕	그것자체〔로서는〕
Analyse〔아나뤼-제〕	〔여〕	-/-n 분석, 분해
an|bieten*〔안·비-텐〕	〔타〕	j^3 et^4 ~ …에 …을 제출하다, 제공하다
Anblick〔안·부릭크〕	〔남〕	-〔e〕s/-e 바라봄; 주시; 광경
ab|blicken〔안·부릭켄〕	〔타〕	바라보다; 주시하다
Andenken〔안뎅켄〕	〔중〕	-s/- 《단수로》추억, 기념; 기념품
ander〔안다-〕	〔형〕	다른, 별도의, 상이한 ★ ~e 다른사람들; ~es 다

른것〈일〉; etwas ~es 어떤다른것; nichts ~es 그것이외의 아무것도 아니다 unter ~em 특히, 그중에서도

ändern 〔엔테른〕 〔타〕 바꾸다, 변경하다
〔재〕 sich⁴ ~ 바꾸어지다, 변하다

anders 〔안다-스〕 〔부〕 다르게, 그밖에
anderswie 〔안다-스·비-〕 〔부〕 어떤 다른 방법으로
anderswo 〔안다-스·보-〕 〔부〕 어딘가 다른 장소에서
anderthalb 〔안다-트·할프〕 〔수〕 1과2분의1 (1½)
Änderung 〔엔데룽그〕 〔여〕 -/-en 변경, 변화
an|deuten 〔안·도이텐〕 〔타〕 암시하다, 시사하다; 예시하다

Andeutung 〔안·도이퉁그〕 〔여〕 -/-en 시사, 암시, 힌트
an|drehen 〔안·데-엔〕 〔타〕 (스위치따위를) 틀어서 켜다
an|eignen 〔안·아이그넨〕 〔타〕 sich³ et⁴ ~ …을 (부당하게) 자기것으로 삼다, 착복하다
〔재〕 sich³ et⁴ ~ (지식·습관따위를) 습득하다, 몸에붙이다

an|erkennen* 〔안·에어켄넨〕 〔타〕 인정하다, 승락하다; 칭찬하다

Anerkennung 〔안·에어켄눙그〕 〔여〕 -/-en 승인, 인지; 칭찬
Anfall 〔안·팔〕 〔남〕 -s/Anfälle 발작
Anfang 〔안·팡그〕 〔남〕 -[e]s/Anfänge 〔안·펭게〕 처음, 시작; 개시; 기원; 초기 ★ am 〈zu〉 ~ 처음에; von ~ an 최초부터; von ~ bis zu Ende 처음부터 끝까지

an|fangen* 〔안·팡겐〕 〔자〕 …이 시작되다; mit et³ ~ …을 시작하다
〔타〕 …을 시작하다 《zu를 갖인 부정사와 함께》…하기 시작하다

Anfänger 〔안 · 펭가-〕	〔남〕 -s/- 초보자, 초심자
anfangs 〔안 · 팡그스〕	〔부〕 처음에〈는〉
an|fassen 〔안 · 팟센〕	〔타〕 잡다, 붙잡다; 취급하다
Anfrage 〔안 · 후라-게〕	〔여〕 -/-n 문의, 조회
an|führen 〔안 · 휘-렌〕	〔타〕 이끌다; 열거하다
Angabe 〔안 · 가-베〕	〔여〕 -/-en 언명; 진술; 지시; 허풍
an|geben* 〔안 · 게-벤〕	〔타〕 설명하다; 보고〈신고〉하다; 정하다 〔자〕 허풍을 떨다
angeblich 〔안 · 게-프리히〕	〔형〕 이른바; 자칭의
Angebot 〔안 · 게보-트〕	〔중〕 -〔e〕s/-e 신청; 제공; 공급 ★ ~ und Nachfrage 공급과 수요
an|gehören 〔안 · 게회-렌〕	〔자〕 j³~ …에 복종하고 있다; …과 친밀하다; et³ ~ …에 속하고 있다
Angeklagte [r] 〔안 · 게크라-크테〈타-〉〕	〔남〕〔여〕《형용사적 변화》피고인
Angelegenheit 〔안 · 게레-겐하이트〕	〔여〕 -/-en 사건, 요건, 관심사
angeln 〔안게른〕	〔자〕〔타〕 낚시질 하다; (물고기를) 낚다
angenehm 〔안 · 게넴-〕	〔형〕 쾌적인, 기분좋은
Angestellte [r] 〔안 · 게슈텔태〈타-〉〕	〔남〕〔여〕《형용산적 변화》샐러리맨, 근무자
angewiesen 〔안 · 게 빗센〕	〔과분〕 anweisen의 과거분사 ★ auf j⁴ 〈et⁴〉 ~ sein …에 의지하고 있다
an|gewöhnen 〔안 · 게뵈-렌〕	〔타〕 j³ et⁴ ~ …에 …을 길들이게하다 …에 …의 습관을 들이다; sich³ et⁴ ~ …에 익숙해지다 …이 버릇이 되다
an|greifen* 〔안 · 그라이펜〕	〔타〕 공격하다; 손상하다
Angriff 〔안 · 그릿프〕	〔남〕 -〔e〕s/-e 공격 ★ et⁴ in ~ nehmen …에 착수하다
Angst 〔안그스트〕	〔여〕 -/Ängste 〔엥그스테〕 불

	안, 두려움; 걱정 ★ ~ vor j³ ⟨et³⟩ (…에 대한 두려움, 불안; ~ für et⁴ (…에 대한) 걱정
Ängste 〔엥그스테〕	〔복〕 Angst의 복수형
ängstlich 〔엥그스트히히〕	〔형〕 불안한, 걱정하고 있는
an|haben* 〔안·하-벤〕	〔타〕 (의복따위를) 입고 있다; j³ et⁴ ~ …에 …(위해 따위를) 가하다
an|halten* 〔안·할텐〕	〔타〕 (차따위를 멈추게 하다 j⁴ zu et³ ~ …을 격려해서 …시키다
	〔자〕 멈추다; 지속하다
Anhänger 〔안·헹가-〕	〔남〕 -s/- 신봉⟨숭배⟩자; 한패, 판
an|hören 〔안·회-렌〕	〔타〕 j³ ~ …에게 귀를 기울이다 j³ et⁴ ~ 〔의 말소리〕를 듣고 …을 깨닫다
	〔재〕 sich⁴과 같이 들리다
an|klagen 〔안·크라-겐〕	〔타〕 j⁴ wegen et² ~ …을 …의 탓으로 고소⟨고발⟩하다
an|kommen* 〔안·콤멘〕	〔자〕 (s) an⟨auf·in⟩ et³ ~ …에도 착하다; auf et⁴ ~ …에 달여 있다, …이 중요하다
Ankunft 〔안·쿤프트〕	〔여〕 -/ 도착
Anlage 〔안·라-게〕	〔여〕 -/-n 설비, 시설; 공원; 소질; (편지의) 동봉물
Anlaß 〔안·라스〕	〔남〕 Anlasses/Anlässe 〔안-렛세〕 동기, 계기; 기회
Anlässe 〔안·렛세〕	〔복〕 Anlaß의 복수형
an|legen* 〔안·레-겐〕	〔타〕 몸에걸치다; 계획하다; 설비하다; 투자하다 ★ es auf et⁴ ~ …을 노리다
an|lehnen 〔안·레-넨〕	〔타〕 기대다
	〔재〕 sich⁴ ~ 기대고 있다
an|machen 〔안·맛헨〕	〔타〕 (등·라디오따위를) 켜다; 설치하다; 고정하다; 조합하다

an|melden〔안 · 멜덴〕	〔타〕 통지하다, 신고하다, 신청하다
	〔재〕 sich⁴ bei j³ ~ …에 신청하다, 신고하다
Anmut〔안 · 무-트〕	〔여〕 -/ 우미, 우아, 고상
Annahme〔안 · 나-메젠〕	〔여〕 -/-n 수락; 승인; 가정
an|nehmen*〔안 · 네멘〕	〔타〕 받아들이다, 수락하다; 가정하다; 채용하다
anonym〔아노뉴-무〕	〔형〕 익명의, 무명의
an|ordnen〔안 · 올드넨〕	〔타〕 명령하다; 정리〈배열〉하다
Anordnung〔안 · 올드눙그〕	〔여〕 -/-en 명령; 정리, 배열
an|passen〔안 · 팟센〕	〔타〕 j³ et⁴ ~ 에 …을 접합시키다, 순응시키다
	〔재〕 sich⁴ et³ ~ …에 적합하다, 순응하다
Anrede〔안 · 레-데〕	〔여〕 -/-n 호칭; 말올림
an|reden〔안 · 레-덴〕	〔타〕 j⁴ ~ …에게 말을걸다
Anregung〔안 · 레-궁그〕	〔여〕 -/-en 자극; 고무
Anruf〔안 · 루-프〕	〔남〕 -(e)s/-e 전화통화, 전화를 검
an|rufen*〔안 · 루-펜〕	〔타〕 j⁴ ~ …에게 전화를 걸다; …에게 말을 걸다; j⁴ um et⁴ ~ …에게 청원하다
ans〔안스〕	〔융합〕 전치사 an과 정관사 das 의 융합형 ⇨ an
ans Meer	〔숙〕 바닷가로
ansagen〔안 · 자-겐〕	〔타〕 통고하다, 아나운스하다
Ansager〔안 · 자-가-〕	〔남〕 -s/- 아나운서
Ansagerin〔안 · 자-게린〕	〔여〕 -/Ansagerinnen〔안 · 자-게리넨〕 여성아나운서
an|schaffen〔안 · 샤펜〕	〔타〕《약변화》조달하다; 사들이다
an|schauen〔안 · 샤우엔〕	〔타〕 보다, 바라보다 sich³ et⁴ ~ …을 관찰하다
Anschauung〔안 · 샤우웅그〕	〔여〕 -/-en 관찰, 관조; 의견, 견해
an|schließen*〔안 · 슈리-	〔타〕 연결하다, 접속하다

Anschluß

센〕	〔재〕 sich⁴ an et⁴ ~ …으로 이어지다, 접속하다; sich⁴¹et³ ~ …을 따르다
	〔자〕 이여지다, 접속하다
Anschluß〔안 · 슈루스〕	〔남〕 Anschlusses/Anschlüsse〔안 · 슈륫세〕접속; 《단수로》사귐, 교제, 접촉 ★ im ~ an et⁴ 에 이어서, 관련해서
Anschrift〔안 · 슈리프트〕	〔여〕 -/-en 주소
an|se**h**en*〔안 · 제-엔〕	〔타〕 보다, 바라보다; sich³ et⁴ ~ …을 응시하다, 구경하다; j³ et⁴ ~ …에서 …을 보고서 알다
Ansehen〔안 · 제-엔〕	〔중〕 -s/ 봄, 주시; 명성, 명망
ansetzen〔안 · 젯센〕	〔자〕 zu et³ ~ …을 개시하다
	〔타〕 (입에)대다; 설치하다; (날자 · 시간을)정하다
Ansicht〔안 · 지히트〕	〔여〕 -/-en 견해, 의견; 조망
an|s**p**rechen*〔안 · 슈프렛헨〕	〔타〕 j⁴ ~ …에 말을 걸다 ★ j⁴ um et⁴ ~ …에게 …을 청하여 구하다
Anspruch〔안 · 슈프룻흐〕	〔남〕 -[e]s/Ansprüche〔안 · 슈프륏헤〕요구 · 권리의 주장 ★ et⁴ in ~ nehmen …을 요구하다, 필요로하다
Anstalt〔안 · 슈탈트〕	〔여〕 -/-en (학교 · 병원따위의) 공공시설
ans**tä**ndig〔안 · 슈텐디히〕	〔형〕 상당한; 정상적인; 행실이 바른, 단정한
anstatt〔안슈탓트〕	〔전〕 《2격지배》…대신에
an|s**t**ecken〔안 · 슈텍켄〕	〔타〕 고정하다 j³ mit et³ ~ …에게 …을 감염시키다
an|s**t**ellen〔안 · 슈테렌〕	〔타〕 놓다, 세우다; (어리석은 일을)하다, 행하다; (사람을)고용하다; (기계따위를)작동시키다; 일하게하다

an|ziehen*

	〔재〕 sich⁴ ~ 열에 참가하다
an|strengen〔안·슈트렝겐〕	〔타〕 긴장시키다; 피로하게하다
	〔재〕 sich⁴ ~ 노력하다, 열심히 일하다
anstrengend〔안·슈트렝겐트〕	〔형〕 노력을 못하는, 힘드는, 쓰라린; 귀찮은
Anstrengung〔안·슈트렝궁그〕	〔여〕 -/-en 긴장; 노력; 노고
Anteil〔안·타일〕	〔남〕 -(e)s/-e 배당, 몫; 관심
Antike〔안티-케〕	〔여〕 -/ 고대(특히 그리스·로마 시대)
Antrag〔안·트라-크〕	〔남〕 -s/Anträge 신청, 제안
an|tragen*〔안·트라-겐〕	〔타〕 j³ et⁴ ~ …에게 …을 신청하다, 신입하다, 제의하다
Antwort〔안트·볼트〕	〔여〕 -/-en 답, 대답 ★ auf et⁴ eine ~ geben …에 대해서 대답을 하다
antworten〔안·트·볼텐〕	〔자〕 대답하다 ★ auf et⁴ ~ …에 대해서 대답하다, 답하다
an|vertrauen〔안·페이트라우엔〕	〔타〕 j³ et⁴ ~ …에게 …을 맡기다; …에게 …을 고백하다
	〔재〕 sich⁴ j³ ~ …에게 속마음을 토로하다
Anwalt〔안·발트〕	〔남〕 -(e)s/Anwälte〔안·벨테〕 변호사
Anwälte〔안·벨테〕	〔복〕 Anwalt의 복수형
an|weisen*〔안·바이젠〕	〔타〕 j⁴ ~ 지시하다, 지도하다; j³ et⁴ ~ …에게 …을 할당하다; (돈을)불입하다
an|wenden*〔안·벤덴〕	〔타〕 쓰다 ★ et⁴ auf et⁴ ~ …을 …에 응용〈적용〉하다
anwesend〔안·베-젠트〕	〔형〕 출석한, 참석한
Anzahl〔안·쌀-〕	〔여〕 -/ 어떤 (수정)수, (약간)수
Anzahlung〔안·싸-룽그〕	〔여〕 -/-en 제1회 불입금
Anzeige〔안·싸이게〕	〔여〕 -/-n 계출; (신문따위의) 광고; 통지
an|ziehen*〔안·씨-엔〕	〔타〕 끌어당기다; (의복따위를)

Anzug

		입다
	〔재〕	sich⁴ ~ 옷을 입다
Anzug〔안·쭈-크〕	〔남〕	-[e]s/Anzüge〔안·쒸-게〕 (남자용의) 의복, 신사복
an|zünden〔안·쮠덴〕	〔타〕	불을 붙이다, 점화하다
Apfel〔아프헬〕	〔남〕	-s/Äpfel〔에프헬〕 사과
Äpfel〔에프헬〕	〔복〕	Apfel의 복수형
Apfelsaft〔아프헬·자프트〕	〔남〕	-[e]s/Apfelsäfte〔아프헬·제프테〕 사과쥬스
Apfelsine〔아프헬·지-네〕	〔여〕	-/-n 오렌지
Apotheke〔아포테-케〕	〔여〕	-/-n 약국
Apotheker〔아포테-카-〕	〔남〕	-s/- 약제사
Apparat〔아파라-트〕	〔남〕	-[e]-s/-e 기구, 장치
Appetit〔아페티-트〕	〔남〕	-[e]-s/-e 식욕
Aprikose〔아프리코-제〕	〔여〕	-/-n 살구
April〔아프릴〕	〔남〕	-s/-e 4월
Arabien〔아라-비엔〕	〔중〕	-s/ 아라비아
Araber〔아-라바-〕	〔남〕	-s/- 아랍〈아라비아〉인
Araberin〔아-리베린〕	〔여〕	-/Araberinnen〔아-라베리넨〕 아랍〈아라비아〉인 (여성)
arabisch〔아라-빗슈〕	〔형〕	아라비아(인·어)의
Arabisch〔아라-빗슈〕	〔중〕	-[s]/ 아라비아어
Arbeit〔알바이트〕	〔여〕	-/-en 일, 작업; 공부, 연구; 작품 ★ an die ~ gehen 일에 착수하다; auf 〈zu〉~ gehen 일하러가다; bei der ~ 일할때에
arbeiten〔알바이텐〕	〔자〕	일하다, 작업하다; 공부하다, 연구하다; an et³ ~ …에 종사하고 있다
Arbeiter〔알바이타-〕	〔남〕	-s/- 노동자, 작업원
Arbeiterin〔알바이테린〕	〔여〕	-/Arbeiterinnen〔알바이테리넨〕여성노동자〈작업원〉
Arbeitgeber〔알바이트·게-바-〕	〔남〕	-s/- 고용주, 고용자; 경영자
Arbeitnehmer〔알바이트·	〔남〕	-s/- 고용원, 피고용자; 노

	네-마-〕 동자
arbeitslos〔알바이트·로스〕	〔형〕 무직의, 실업한
Arbeitsplatz〔알바이트·프랏쓰〕	〔남〕 -es/Arbeitsplätze〔알바이쓰·프렛쎄〕 일터, 작업장, 직장
Architekt〔알히테크트〕	〔남〕 -en/-en 건축가

```
           Architekt의 변화
              〔단〕           〔복〕
       1격 der  Architekt    die Architekten
       2격 des  Architekten  der Architekten
       3격 dem  Architekten  den Architekten
       4격 den  Architekten  die Architekten
```

arg*〔알크〕	〔형〕 나쁜, 악의있는; 심한
ärger〔엘가-〕	〔형〕 arg의 비교급
Ärger〔엘가-〕	〔남〕 -s/ 화난, 분노; 불쾌
ärgerlich〔엘가-리히〕	〔형〕 화난, 기분나쁜; 화내고 있는 ★ auf 〈über〉 et⁴ ~ sein …의 일로 화를 내고 있다
ärgern〔엘게른〕	〔타〕 j⁴ ~ 를 화내게 하다
	〔재〕 sich⁴ über j⁴ 〈et⁴〉 ~ …에 화를 내다
ärgst〔엘크스트〕	〔형〕 arg의 최상급
arm〔아름〕	〔형〕 가난한; 불쌍한
Arm〔아름〕	〔남〕 -(e)-s/-e 팔 ★ j³ in die ~e fallen 〈stürzen〉 …의 팔 속으로 뛰어들다; j⁴ in die ~e nehmen …을 팔 속에 껴안는다
Arm in Arm	〔숙〕 서로 팔짱을 끼고
Arme(r)〔아르메〈마-〉〕	〔남〕〔여〕《형용사적변화》가난한 사람
Armee〔아르메-〕	〔여〕 -/Armeen〔아르메-엔〕 군대
Ärmel〔엘멜〕	〔남〕 -s/- 소매

ärmer 〔엘마-〕	〔형〕 arm의 비교급
ärmst 〔엘름스트〕	〔형〕 arm의 최상급
Armut 〔아르무-트〕	〔여〕 -/ 가난, 빈곤
Art 〔아르트〕	〔여〕 -/-en 성질, 기질; 종류; 《단수로》방법, 방식; 《단수로》태도 ★ auf diese ~/in dieser ~ 이 방법으로
artig 〔아르티히〕	〔형〕 점잖은, 얌전한; 은근한, 귀여운
Artikel 〔알티-켈〕	〔남〕 -s/- (신문·잡지따위의) 기사; 항목; 품목
Arznei 〔알쓰나이〕	〔여〕 -/-en 약
Arzt 〔알쓰트〕	〔남〕 -es/Ärzte 〔엘쓰테〕 의사
Ärzte 〔엘쓰테〕	〔복〕 Arzt의 복수형
Ärztin 〔엘쓰틴〕	〔여〕 -/Ärztinnen 〔엘쓰티넨〕 여의사
Ärztinnen 〔엘쓰티넨〕	〔복〕 Ärztin의 복수형
Asche 〔앗셰〕	〔여〕 -/-n 재
Asiat 〔아지아-트〕	〔남〕 -en/-en 아시아인

```
            Asiat의 변화
              〔단〕              〔복〕
    1격  der   Asiat       die   Asiaten
    2격  des   Asiaten     der   Asiaten
    3격  dem   Asiaten     den   Asiaten
    4격  den   Asiaten     die   Asiaten
```

Asiatin 〔아지아-틴〕	〔여〕 -/Asiatinnen 〔아지아-티넨〕 아시아인 (여성)
asiatisch 〔아지아-팃슈〕	〔형〕 아시아〔인〕의
aß 〔아-스〕	〔과〕 essen의 과거 기본형
äße 〔에세〕	〔접Ⅱ〕 essen의 접속법 기본형
Ast 〔아스트〕	〔남〕 -es/Äste 〔에스테〕 (큰) 가지
Äste 〔에스테〕	〔복〕 Ast의 복수형
Astronomie 〔아스트로노미-〕	〔여〕 -/ 천문학

astronomisch 〔아스트로노-밋슈〕 〔형〕 천문학〔상〕의; 천문학적인

Atem 〔아-템〕 〔남〕 -s/ 호흡
Atlantik 〔아트란티크〕 〔남〕 -s/ 대서양
atmen 〔아-트멘〕 〔자〕〔타〕 호흡하다
Atmosphäre 〔아트모스페-레〕 〔여〕 -/-en 대기; 분위기
Atom 〔아톰-〕 〔중〕 -s/-e 원자
Atombombe 〔아톰-·봄베〕 〔여〕 -/-n 원자폭탄
Atomkern 〔아톰-·케른〕 〔남〕 -(e)s/-e 원자핵
Atomkraft 〔아톰-·크라프트〕 〔여〕 -/ 원자력
Atomkraftwerk 〔아톰-·크라프트벨크〕 〔중〕 -(e)s/-e 원자발전소
Atomspaltung 〔아톰-·슈팔퉁그〕 〔여〕 -/-en 원자핵

auch 〔아우흐〕 〔부〕 …도 역시; …마저도; (앞 문장을 받아서) 사실 또 실제로; (강조의 기분을 곁들여서) 사실상, 참으로 ★ ncht nur 〈allein·bloß〉 …, sondern ~ …뿐 아니라 …도 역시; sowohl…, als 〈wie〉~ …eh …; (양보문에서, wenn·was·wie 등과 함께) 아무리 … 하더라도

auf 〔아우프〕 〔전〕《3·4격지배》《3격지배》 …의 위에서〈로〉; …의 장소에서, 《4격지배》 …의 위로, …으로; …을 목표로; …방법으로
〔부〕 열어서; 일어나서

auf alle Fälle 〔숙〕 어쨌든; 만일에 대비해서
auf beiden Seiten 〔숙〕 양쪽에서
auf dem Kopf stehen 〔숙〕 물구나무 서다; 발버둥 치다
auf dem Lande 〔숙〕 시골에서

auf|atmen

aúf dem ⟨den⟩ Rücken	〔숙〕 위를 향하여, 고개를 쳐들어
auf dem Wege	〔숙〕 도중에서
auf der anderen Seite	〔숙〕 다른면에서는
auf der einen Seite	〔숙〕 한편으로는
auf der Flucht	〔숙〕 도망중의
auf der ganzen Linie	〔숙〕 전면적으로, 완전히
auf der Reise	〔숙〕 여행도중에, 여행중에
auf der Schule	〔숙〕 학교에서; 재학중에
auf der Stelle	〔숙〕 그 자리에서, 즉석에서
auf der Straße	〔숙〕 거리에서, 노상에서
auf der Welt	〔숙〕 이세상에서
auf deutsch ⟨koreanisch⟩	〔숙〕 독일어⟨한국어⟩로
auf die Dauer	〔숙〕 오랜동안에는, 길게계속되면
auf diese Art	〔숙〕 이 방법으로
auf diese Weise	〔숙〕 이방법으로, 이렇게해서
auf einem Schlag	〔숙〕 단번에, 갑자기
auf einen Sprung	〔숙〕 잠시동안
auf einmal	〔숙〕 단번에, 동시에; 돌연히
auf Erden	〔숙〕 이세상에서, 현재에서
auf ewig	〔숙〕 영원히
auf immer	〔숙〕 영구⟨영원⟩히
auf jeden Fall	〔숙〕 어쨌든, 하여튼
auf keinen Fall	〔숙〕 결코 …않다
auf Knall und Fall	〔숙〕 돌연히
auf Leben und Tod	〔숙〕 생사를 걸고
auf und ab	〔숙〕 상하로; 이리저리로
auf und nieder	〔숙〕 상하로; 이리저리로, 오가며
auf Urlaub	〔숙〕 휴가로
auf wiedersehen !	〔숙〕 안녕히가세요 !
auf Wunsch	〔숙〕 소망에 따라서
auf|atmen 〔아우프・아-트멘〕	〔자〕 한숨을 쉬다; 안심하다

auf|gehen*

auf|bauen 〔아우프 · 바우엔〕	〔타〕 조립하다
auf|bewahren 〔아우프 · 베바-렌〕	〔타〕 보관〈보존〉하다
auf|blicken 〔아우프 · 부릿켄〕	〔자〕 zu j³ 〈et³〉 ~ …을 쳐다보다, 우러러보다
auf|blühen 〔아우프 · 부뤼-엔〕	〔자〕 (s) (꽃이) 피다, 개화하다; 번영하다
auf|brechen* 〔아우프 · 부렛헨〕	〔자〕 (s) 갈라지다, 터지다; 개회하다; 출발하다
auf|bringen* 〔아우프 · 부링겐〕	〔타〕 (돈따위를) 조달하다; (용기따위를) 분기시키다
auf|decken 〔아우프 · 덱켄〕	〔타〕 덮개를 떼다; (비밀따위를) 폭로하다
auf|drehen 〔아우프 · 드레-엔〕	〔타〕 (마개따위를) 비틀어 열다
aufeinander 〔아우프 · 아이난다-〕	〔부〕 잇달아, 연달아; 겹쳐서; 순차로; 상호간에
Aufenthalt 〔아우프 · 엔트할트〕	〔남〕 -〔e〕s/-e 체재; (열차의 역에서) 정차
auf|fallen* 〔아우프 · 파렌〕	〔자〕 (s) j³ ~ …의 주의를 끌다, …의 눈에 띄다
auffallend 〔아우프 · 파렌트〕	〔형〕 눈에 띄는, 이목을 끄는
auf|fassen 〔아우프 · 팟센〕	〔타〕 이해하다 ★ et⁴ als et⁴ ~ …을 …으로 판단하다
Auffassung 〔아우프 · 팟숭그〕	〔여〕 -/-en 견해;《단수로》이해력
auf|fordern 〔아우프 · 폴데른〕	〔타〕 j⁴ zu et³ ~ …에게 …하도록 요구하다, 권하다
auf|führen 〔아우프 · 휘-렌〕	〔타〕 상영〈상연〉하다; 제시하다 〔재〕 sich⁴ ~ 거동하다
Aufführung 〔아우프 · 휘-룽그〕	〔여〕 -/-en 태도, 행실; 상영〈상연〉
Aufgabe 〔아우프 · 가-베〕	〔여〕 -/-n 과제, 임무
auf|geben* 〔아우프 · 게-벤〕	〔타〕 체념하다, 포기하다; 과하다; (광고 · 주문따위를) 내다
auf|gehen* 〔아우프 · 게-엔〕	〔자〕 (s) 상승하다, 오르다: 열

다 ★ in et⁴ ~ …에 몰두하다, 전념하다

aufgeregt 〔아우프·게레크트〕 〔형〕 흥분한

auf|halten* 〔아우프·할텐〕 〔타〕 열어두다; 막다, 저지하다
〔재〕 sich⁴ ~ 체재하다, 머물다

auf|hängen 〔아우프·헹-겐〕 〔타〕 걸다, 매달다

auf|heben* 〔아우프·헤-벤〕 〔타〕 〔들어〕올리다; 폐지하다; 상쇄하다; 지양하다
〔재〕 sich⁴ ~ 상쇄하다

auf|hören 〔아우프·회-렌〕 〔자〕 끝나다, 중단하다 ★ mit et³ ~ …을 중단하다, 그만두다

auf|klären 〔아우프·크레-렌〕 〔타〕 해명하다; 계몽하다
〔재〕 sich⁴ ~ (날씨가) 맑아진다; (문제따위가) 밝혀지다

Auflage 〔아우프·라-게〕 〔여〕 -/-n (서적의) 판

auf|lösen 〔아우프·뢰-젠〕 〔타〕 녹이다; 풀다; 해결하다; 해소하다
〔재〕 sich⁴ ~ 녹다; 소멸하다; 해결하다

auf|machen 〔아우프·맛헨〕 〔타〕 열다, 열리다
〔재〕 sich⁴ ~ 출발하다

aufmerksam 〔아우프·메르크잠-〕 〔타〕 주의깊은 ★ j⁴ auf et⁴ ~ machen …의 주의를 …으로 돌리게 하다 …에게 …을 주목케하다

Aufmerksamkeit 〔아우프·메르크잠-카이트〕 〔여〕 -/-en 《단수로》주의〔력〕; 친절; 사소한 선물

Aufnahme 〔아우프·나-메〕 〔여〕 -/-n 《단수로》받아들임, 접대 《단수로》(일의) 개시; 촬영, 녹음

auf|nehmen* 〔아우프·네-멘〕 〔타〕 받아들이다; 채용하다; 촬영〈녹음〉하다; 시작하다

auf|passen 〔아우프·팟센〕 〔자〕 auf et⁴ ~ …에 조심하다, 주의하다

auf|räumen 〔아우프·로이멘〕 〔타〕 제거하다; (방따위를) 치우다, 청소하다

	〔자〕 mit et³ ~ …을 일소하다
aufrecht〔아우프·레히트〕	〔형〕 똑바른, 곧추선; 정직한
auf|regen〔아우프·레-겐〕	〔타〕 j⁴ ~ …을 흥분시키다, 초조하게 하다
	〔재〕 sich⁴ ~ 흥분하다, 초조해 하다
aufregend〔아우프·레-겐트〕	〔형〕 흥분시키는, 자극적인
Aufregung〔아우프·레-궁그〕	〔여〕 -/-en 흥분, 자극; 감동
auf|richten〔아우프·리히텐〕	〔타〕 바로세우다; 격려하다; 건설하다
	〔재〕 sich⁴ ~ 일어서다; 원기를 되찾다
aufrichtig〔아우프·리히티히〕	〔형〕 정직한, 솔직한
aufs〔아우프스〕	〔융합〕《전치사 auf와 정관사 das의 융합형 ⇨ aus
aufs erste	〔숙〕 우선
aufs Land	〔숙〕 시골로
aufs neue	〔숙〕 다시금, 새삼
Aufsatz〔아우프·잣쓰〕	〔남〕 -es/Aufäze〔아우프·젯쎄〕작문, 논문
auf|schieben*〔아우프·쉬-벤〕	〔타〕 연기하다
auf|schlagen*〔아우프·슈라-겐〕	〔타〕 열다; (텐트따위를)치다
	〔자〕 (s) auf et⁴ ~ …에 부딪치다
auf|schließen*〔아우프·슈리-센〕	〔타〕 et⁴ ~ …의 열쇠를 열다
auf|schreiben*〔아우프·슈라이벤〕	〔타〕 적어두다, 기입하다
auf|sehen*〔아우프·제-엔〕	〔자〕 처다보다, 우러러보다
Aufsehen〔아우프·제-엔〕	〔중〕 -s/ 주목〔이목〕을 끔; 주시; 평판
auf|setzen〔아우프·젯쎈〕	〔타〕 위에 두다; (문장따위를)기초하다
Aufsicht〔아우프·지히트〕	〔여〕 -/-en 《단수로》감시, 감독
auf|springen*〔아우프·슈〕	〔자〕 (s)뛰어오르다; (불의에)열

	프링겐〕	리다
Aufstand〔아우프·슈탄트〕	〔남〕	-[e]s/Aufstände〔아우프·슈텐데〕 봉기, 반란
auf|stehen* 〔아우프·슈테-엔〕	〔자〕	(s) 일어서다; 일어나다, 기상하다
auf|steigen* 〔아우프·슈타이겐〕	〔자〕	(탈것에) 타다; 올으다; (감정따위가 마음속에) 생기다
auf|stellen 〔아우프·슈테렌〕	〔타〕	배치하다
Aufstieg 〔아우프·슈티-크〕	〔남〕	-[e]s/-e 상승, 융성; 오르막길
auf|tauchen 〔아우프·타우헨〕	〔자〕	(s) 떠올르다; 나타나다; (마음에) 떠오르다
Auftrag 〔아우프·트라-크〕	〔남〕	-[e]s/Aufträge〔아우프·트레-게〕 위임, 위탁
Aufträge 〔아우프·트레-게〕	〔복〕	Auftrag의 복수형
auf|treten* 〔아우프·트레-텐〕	〔자〕	(s) 밟다; 등장하다; 출현하다; 행동하다
auf|tun* 〔아우프·툰-〕	〔타〕	열다
	〔재〕	sich⁴ ~ 열여지다, 열리다, 생기다
auf|wachen 〔아우프·밧헨〕	〔자〕	(s) 잠을 깨다, 눈을 뜨다
auf|wachsen* 〔아우프·박센〕	〔자〕	(s) 성장하다
Aufwand 〔아우프·반트〕	〔남〕	-[e]s/ 출자, 지출; 소비
aufwärts 〔아우프·벨쓰〕	〔부〕	윗쪽으로
auf|wärmen 〔아우프·벨멘〕	〔타〕	(냉각된 것을) 다시 데우다; (옛이야기를) 다시 꺼내다
auf|wecken 〔아우프·벡켄〕	〔타〕	눈을 뜨게 하다, 일어나게 하다
auf|ziehen* 〔아우프·씨-엔〕	〔타〕	〔끌어서〕올리다; 〔끌어서〕열다; (태엽따위를) 감다; 기르다
	〔자〕	(s) (폭풍따위가) 다가오고 있다
Auge 〔아우게〕	〔중〕	-s/-n 눈
Augenblick 〔아우겐부릭크〕	〔남〕	-[e]s/-e 순간 ★ einen ~ 잠깐〔동안〕; im ~ 목하, 지금은

augenblicklich 〔아우겐·부릭크리히〕	〔형〕	순간의; 직각의; 목하의, 현재의
	〔부〕	즉시, 곧; 목하, 현재
August 〔아우구스트〕	〔남〕	-(e)s/-e 8월
aus 〔아우스〕	〔전〕	《3격지배》…(의속)으로부터; …(의재로)에서; …출신의; …의 원인으로
	〔부〕	끝나서
aus der Ferne	〔숙〕	먼곳으로부터
aus diesem Grunde	〔숙〕	이 이유로
aus eigener Kraft	〔숙〕	자력으로
aus Not	〔숙〕	부득이
aus sich selbst	〔숙〕	스스로, 자발적으로
aus Spaß	〔숙〕	농〈담〉으로
aus Versehen	〔숙〕	잘못해서, 깜박, 무심코
aus Zwang	〔숙〕	강요 당해서
aus|arbeiten 〔아우스·알바이텐〕	〔타〕	(문서·계획따위를) 작성하다, 일을 끝내다
aus|atmen 〔아우스·아-트멘〕	〔타〕〔자〕	숨을 내쉬다
aus|bilden 〔아우스·빌텐〕	〔타〕	형성하다; j⁴ ~ …을 교육하다, 훈련하다
	〔재〕	sich⁴ ~ 수업하다, 훈련하다
Ausbildung 〔아우스·빌둥그〕	〔여〕	-/-en 형성; 교육, 훈련
Ausblick 〔아우스·부릭크〕	〔남〕	-(e)s/-e 조망, 전망
aus|brechen* 〔아우스·부렛헨〕	〔타〕	끊어〈부수어〉내다
	〔자〕	(s) 돌발하다; 탈주하다
aus|breiten 〔아우스·부라이텐〕	〔타〕	넓히다, 확장하다; 신장시키다
Ausdauer 〔아우스·다우아-〕	〔여〕	-/인내〔력〕; 끈기 ★ mit ~ 끈기있게
Aus|drücken 〔아우스·데넨〕	〔타〕	넓히다; 신장시키다
	〔재〕	sich⁴ ~ 넓히다, 신장하다
	〔재〕	sich⁴ ~ 넓어지다, 퍼지다
Ausdruck 〔아우스·드룩크〕	〔남〕	-s/Ausdrücke 〔아우스·드뤽케〕 표현, 표시; 표정

aus|drücken 〔아우스·드룩 켄〕 〔타〕 표현하다; 밀어내다
〔재〕 sich⁴ ~ 자기의견〈생각〉을 말하다

ausdrücklich 〔아우스·드룩 크리히〕 〔형〕 명확한

ausdrucksvoll 〔아우스·드 룩크스폴〕 〔형〕 표현〈표정〉이 풍부한

auseinander 〔아우스·아이 난다-〕 〔부〕 (서로)갈려서, 떨어져, 따로따로

auseinander|setzen 〔아우스아이난다-·젯쩬〕 〔타〕 j³ et⁴ ~ …에게 …을 설명하다
〔재〕 sich⁴ mit j³ 〈et³〉 ~ …와 의논한다; 와 맞붙다

Auseinandersetzung 〔아우스·아이난다-·젯쑹그〕 〔여〕 -/-en 의논, 논쟁; 대결

Ausfahrt 〔아우스·팔-트〕 〔여〕 -/-en (탈 것으로의)출발, 드라이브; (차의)출구

aus|fallen* 〔아우스·파렌〕 〔자〕 빳다, 탈락하다; 중지되다; …의 결과로 되다

Ausflug 〔아우스·후루-크〕 〔남〕 -s/Ausflüge 〔아우스·후뤼-게〕소풍, 하이킹

Ausfuhr 〔아우스·후아〕 〔여〕 수출〔품〕

aus|führen 〔아우스·휘-렌〕 〔타〕 수출하다; 성취하다; 자세히 말하다

ausführlich 〔아우스·휘-아리히〕 〔형〕 상세한, 자세한

aus|füllen 〔아우스·휘렌〕 〔타〕 가득채우다; (용지따위에) 기입하다

Ausgabe 〔아우스·가-베〕 〔여〕 -/-en 지출; 교부, 발행; (서적따위의)판; 《단수로》 (전산기의)아우트풋트

Ausgang 〔아우스·강그〕 〔남〕 -〔e〕s/Ausgänge 〔아우스·겡게〕 외출; 출구; 결과, 결말

aus|geben* 〔아우스·게-벤〕 〔타〕 지출하다, 지불하다, 지급하다
〔재〕 sich⁴ als et⁴ ~ …이라고 자칭하다

aus|machen

aus|gehen* 〔아우스·게-엔〕 〔자〕 (s) 나가다, 외출하다; (돈 따위가) 떨어지다; (불따위가) 꺼지다 auf et⁴ ~ …을 꾀하다 von et³ ~ …에서 출발하다, …에 유래하다

ausgerechnet 〔아우스·게레히넷트, 아우스·게레히넷트〕 〔부〕 고르고 골라서, 공교롭게, 하필

ausgeschlossen 〔아우스·게슈롯센〕 〔형〕 문제밖의, 있을 수 없는

ausgezeichnet 〔아우스·게사이히넷트〕 〔형〕 발군의, 뛰어난, 탁월한

Ausgleich 〔아우스·그라이히〕 〔남〕 -(e)s/-e 평형, 균형; 보상, 조정

aus|halten* 〔아우스·할텐〕 〔타〕 et⁴ ~ …을 견디어내다, 배겨내다
〔자〕 지속하다, 견디다

aus|kommen* 〔아우스·콤멘〕 〔자〕 (s) mit et³ ~ …으로 해나가다 mit j³ ~ …와 사이 좋게 살다 ohne et⁴ ~ … 없이 해나가다

Auskunft 〔아우스·쿤프트〕 〔여〕 -/Auskünfte 〔아우스·퀸프테〕 안내; 정보; 회답; 안내소

Auskünfte 〔아우스·퀸프테〕 〔복〕 Auskunft의 복수형

aus|lachen 〔아우스·랏헨〕 〔타〕 조소하다, 비웃다

Ausland 〔아우스·란트〕 〔중〕 -(e)s/ 외국

Ausländer 〔아우스·렌다-〕 〔남〕 -s/- 외국인

ausländisch 〔아우스·렌디슈〕 〔형〕 외국의

Auslandsreise 〔아우스란쯔·라이제〕 〔여〕 -/-en 외국여행

aus|lassen* 〔아우스·랏센〕 〔타〕 (문장중의 낱말 따위를) 생략하다; (감정을) 나타내다; (의견을) 말하다 ★ et⁴ an j³~ …을 발산시키다

aus|leeren 〔아우스·레-렌〕 〔타〕 비우다, 마셔버리다

aus|löschen 〔아우스·뢰쉰〕 〔타〕 끄다, 지워 없애다

aus|machen 〔아우프·맛헨〕 〔타〕 결말짓다; (등·라디오 따

Ausnahme 30

위를) 끄다

Ausnahme 〔아우스·나-메〕 〔여〕 -/-n 예외 ★ ohne ~ 예외없이

aus|packen 〔아우스·팍켄〕 〔타〕 (짐을 풀어서 내용물을)끄집어내다

aus|rechnen 〔아우스·레히넨〕 〔타〕 산출하다

Ausrede 〔아우스·레데〕 〔여〕 -/-n 핑계, 변명

aus|reichen 〔아우스·라이헨〕 〔자〕 넉넉하다, 충분하다

ausreichend 〔아우스·라이헨트〕 〔형〕 충분한

aus|ruhen 〔아우스·루-엔〕 〔자〕 쉬다, (충분히) 휴식을 취하다
〔재〕 sich^4 ~ 휴식하다, (쉬고서)원기를 회복하다

Aussage 〔아우스·자-게〕 〔여〕 -/-n 언명, 진술

aus|schalten 〔아우스·샬텐〕 〔타〕 et^4 ~ …의 스위치를 끊다; 제외하다

aus|scheiden 〔아우스·샤이덴〕 〔타〕 배출하다
〔자〕 (s) 탈출하다

aus|schlafen* 〔아우스·슈라-펜〕 〔자〕 (충분히)수면을 취하다, 푹 자다

aus|schließen* 〔아우스·슈리-센〕 〔타〕 쫓아내다; 제외하다, 제명하다

ausschließlich 〔아우스·슈리-스리히〕 〔부〕 오로지, 오직, 전적으로

Ausschnitt 〔아우스·슈닛트〕 〔남〕 -〔e〕s/-e 잘라내기; 도려낸 부분

Ausschuß 〔아우스·슈스〕 〔남〕 Ausschusses/Ausschüsse 〔아우스·쉿세〕 위원회

aus|sehen* 〔아우스·제-엔〕 〔자〕 …같이 보이다 ★ nach … ~ …과 같이 느껴지다

Aussehen 〔아우스·제-엔〕 〔중〕 -s/ 외관

außen 〔아우쎈〕 〔부〕 밖으로〈에서〉, 바깥쪽으로〈에서〉 ★ von ~ her 밖으로 부터

Ausstellung

außer 〔아우사-〕	〔전〕《3격지배》…을 제외하고, …이외에
außer Atem	〔숙〕숨이 차서
außer sich³	〔숙〕자기를 잃고, 어쩔줄을 모르고
äußer 〔오이사-〕	〔형〕《부가어적용법 뿐》바깥쪽〈외부〉의
außerdem 〔아우사-·뎀-〕	〔부〕그밖에, 이외에
außerhalb 〔아우사-·할프〕	〔부〕《이격지배》…의 밖에〈에서〉
äußerlich 〔오이사-리히〕	〔형〕외면의; 표면의, 피상적인
äußern 〔오이세른〕	〔타〕나타내다, 표명하다, 진술하다
	〔재〕sich⁴ über j⁴ 〈et⁴〉 ~ …에 대해서 의견을 말하다
außerordentlich 〔아우사-·오르덴트리히〕	〔형〕특별한, 이상한 〔부〕대단히; 특별히
äußerst 〔오이셀스트〕	〔형〕《äußer의 최상급》극도의, 극단적인
	〔부〕극도로, 극단적으로
Äußerung 〔오이세룽그〕	〔여〕-/-en 표명; 발언, 의견
aus|setzen 〔아우스·젯센〕	〔타〕정하다; 중지하다; 밖에 두다
Aussicht 〔아우스·지히트〕	〔여〕-/-en 경치, 조망; 가망
Aussprache 〔아우스·슈프라-헤〕	〔여〕-/-n 발음
aus|sprechen* 〔아우스·슈프렛헨〕	〔타〕발음하다; (기분을)말로 나타내다, 표현하다
	〔재〕sich⁴ ~ 의견을 말한다; 마음속을 털어놓는다
aus|steigen* 〔아우스·슈타이겐〕	〔자〕(s) (탈것에서)내리다; (…으로부터)손을 떼다, 내리다
aus|stellen 〔아우스·슈테렌〕	〔타〕전시〈진열〉하다; 배치하다; (문서따위를) 발행하다; 교부하다
Ausstellung 〔아우스·슈테룽그〕	〔여〕-/-en 전시〔회〕, 전람〔회〕

aus|strecken [아우스 · 슈트렉켄] 〔타〕 (손발을) 펴다, 내밀다
〔재〕 sich⁴ ~ 손발을 펴다
aus|suchen [아우스 · 주-헨] 〔타〕 (많은 것 중에서) 고르다, 선발〈선택〉하다
Austausch [아우스프 · 타우슈] 〔남〕 -es/-e 교환
aus|tauschen [아우스 · 타우쉰] 〔타〕 교환하다
Auster [아우스타-] 〔여〕 -/-n 굴
Australien [아우스트라-리엔] 〔중〕 -s/- 오스트레일리아
Australier [아우스트라-리아-] 〔남〕 -s/- 오스트레일리아인
Australierin [아우스트라-리에린] 〔여〕 -/Australierinnen [아우스트라-리에리넨] 오스트레일리아인 (여성)
australish [아우스트라-리슈] 〔형〕 오스트레일리아〔인〕의
aus|üben [아우스 · 위-벤] 〔타〕 (직무 따위를) 행하다; et⁴ auf et⁴ ~ …(영향 · 작용 따위)를 …에 미친다
ausverkauft [아우스 · 페어카우프트] 〔형〕 품절의, 매진의
Auswahl [아우스 · 발-] 〔여〕 -/ 선발〔된 물건〈사람〉〕
aus|wählen [아우스 · 베-렌] 〔타〕 선택하다, 선발하다
aus|wandern [아우스 · 반데른] 〔자〕 (s) (타국으로의) 이주하다
auswärts [아우스 · 벨쓰] 〔부〕 밖으로〈에서〉; 외국으로〈에서〉
aus|wechseln [아우스 · 벡세른] 〔타〕 (부품따위를) 교환하다
Ausweg [아우스 · 베-크] 〔남〕 -〔e〕s/-e 달아날길, 벗어날길; 출구
Ausweis [아우스 · 바이스] 〔남〕 -es/-e 〔신분〕증명서
auswendig [아우스 · 벤디히] 〔부〕 암기하여, 기억하여 ★ et⁴ ~ lernen …을 암기하다
aus|wirken [아우스 · 빌켄] 〔재〕 sich⁴ auf et⁴ ~ …에 영향을 미치다

Äxte

aus|zahlen 〔아우스·짜-렌〕 〔타〕 j³ et⁴ ~ …에게 …을 지불하다

Auszahlung 〔아우스·짜-룽그〕 〔여〕 -/-en 지불

aus|zeichnen 〔아우스·짜이히넨〕 〔타〕 표창하다, 눈에띄게하다
〔재〕 sich⁴ ~ 걸출하다

Auszeichnung 〔아우스·짜이히눙그〕 〔여〕 -/-en 우수, 탁월; 표창

aus|ziehen* 〔아우스·찌-엔〕 〔타〕 (의복 따위를)벗다; 넓히다, 끄집어내다
〔자〕 (딴곳으로)이사하다; 전출하다
〔재〕 sich⁴ ~ 옷을 벗다

Auszug 〔아우스·쭈-크〕 〔남〕 -〔e〕s/Auszüge 〔아우스·쮜-게〕 전출, 이전; 발췌

Auto 〔아우토〕 〔중〕 -s/-s 자동차

Autobahn 〔아우토·반-〕 〔여〕 -/-ñ 아우토반, 고속자동차도로

Automat 〔아우토마-트〕 〔남〕 -en/-en 자동장치; 자동판매기

Automat의 격변화

	〔단〕		〔복〕
1격	der Automat	die	Automaten
2격	des Automaten	der	Automaten
3격	dem Automaten	den	Automaten
4격	den Automaten	die	Automaten

---

automatisch 〔아우토마-팃슈〕 〔형〕 자동의, 자동적인

Autor 〔아우토아〕 〔남〕 -s/Autoren 〔아우토-렌〕 저자, 작자

Autoren 〔아우토-렌〕 〔복〕 Autor의 복수형

Autorität 〔아우토리테-트〕 〔여〕 -/-en 《단수로》권위; 권위자

Axt 〔악스트〕 〔여〕 -/Äxte 〔에크스테〕 도끼

Äxte 〔엑스테〕 〔복〕 Axt의 복수형

B

Bach〔바흐〕 〔남〕 -[e]s/Bäche〔베헤〕 시내
Bäche〔베헤〕 〔복〕 Bach의 복수형
Backe〔박케〕 〔여〕 -/-n 뺨
backen*〔박켄〕 〔타〕 (빵·과자 따위를) 굽다
Bäcker〔벡카-〕 〔남〕 -s/- 빵굽는 사람
Bäckerei〔벡케라이〕 〔여〕 -/-en 빵집, 제과점
bäckst〔벡크스트〕 〔현〕 backen의 2인칭 단수 현재형
bäckt〔벡크트〕 〔현〕 backen의 3인칭 단수 현재형
Bad〔바-트〕 〔중〕 -[e]s/Bäder〔베-다-〕 목욕; 욕실; 풀; 온천장
baden〔바-덴〕 〔자〕 목욕하다, 수욕하다
Badeort〔바-데·올트〕 〔남〕 -[e]s/-e 온천장, 탕치장; 해수욕장
Bäder〔베-다-〕 〔복〕 Bad의 복수형
Badewanne〔바-데·반네〕 〔여〕 -/-n 욕조
Badezimmer〔바-데·찜마-〕 〔중〕 -s/- 욕실
Bahn〔반-〕 〔여〕 -en 궤도, 철도; 전차; 도로
Bahnhof〔반-·호-프〕 〔남〕 -[e]s/Bahnhöfe〔반-회-페〕 역, 역사
Bahnsteig〔반-·슈타이크〕 〔남〕 -[e]s/-e 플랫폼
bald〔발트〕 〔부〕 곧, 이윽고, 바로; 빨리; 하마터면; ★ ~ …, ~ …때로는, …때로는
Balken〔발켄〕 〔남〕 -s/- 각목; 저울대
Balkon〔발콘-〕 〔남〕 -s/-s〈-e〉 발코니
Ball[1]〔발〕 〔남〕 -[e]s/Bälle〔베레〕 공, 볼; 구 (球)

Ball² 〔발〕		〔남〕 -〔e〕s/Bälle 〔베레〕 무도회
Bälle 〔벨〕		〔복〕 Ball¹의 복수형; Ball²의 복수형
band 〔반트〕		〔과〕 binden의 과거기본형
Band¹ 〔반트〕		〔남〕 -〔e〕s/Bändee〔벤데〕 (책의) 권, 책
Band² 〔반트〕		〔중〕 -〔e〕s/Bänder〔벤다-〕 끈, 리본, 테이프; 붕대 -〔e〕s/-e 인연; 굴레; 속박
Bände 〔벤데〕		〔복〕 Band¹의 복수형
bände 〔벤데〕		〔접Ⅱ〕 binden의 접속법 제Ⅱ식 기본형
Bänder 〔벤다-〕		〔복〕 Band²의 복수형
bang〔e〕 * 〔방그〈게〉〕		〔형〕 걱정하고 있는 불안한
banger 〔방가-〕		
bänger 〔벵가-〕		〔형〕 bang〔e〕의 비교급
bangst 〔방그스트〕		
bängst 〔벵그스트〕		〔형〕 bang의 최상급
Bank¹ 〔방크〕		〔여〕 -/Bänke 〔벵케〕 벤치, 긴 의자
Bank² 〔방크〕		〔여〕 -/-en 은행
Bänke 〔벵케〕		〔복〕 Bank¹의 복수형
bar 〔바-〕		〔형〕 벌거벗은, 노출한; 뚜렷한; 현금의
Bär 〔베-아〕		〔남〕 -en/-en 곰

Bär의 격변화				
		〔단〕		〔복〕
1격	der	Bär	die	Bären
2격	des	Bären	der	Bären
3격	dem	Bären	den	Bären
4격	den	Bären	die	Bären

Barbar 〔바르바-〕 〔남〕 -en/-en 미개인, 야만인

Barbar의 격변화

	(단)		(복)
1격	der Barbar	die	Barbaren
2격	des Barbaren	der	Barbaren
3격	dem Barbaren	den	Barbaren
4격	den Barbaren	die	Barbaren

Barbier 〔발비-아〕 〔남〕 -s/-e 이발사
barfuß 〔발-・후-즈〕 〔형〕 맨발의
barg 〔발크〕 〔과〕 bergen의 과거 기본형
bärge 〔벨게〕 〔접Ⅱ〕 bergen의 접속법 제Ⅱ식 기본형
Bargeld 〔발-・겔트〕 〔중〕 -(e)s/ 현금
barmherzig 〔발음・헬씨히〕 〔형〕 자비로운
Barometer 〔바로메-타-〕 〔중〕 -s/- 기업계
Baron 〔바론-〕 〔남〕 -s/-e 남작
Bart 〔반-르트〕 〔남〕 -(e)s/Bärte〔벨-테〕 수염
Bärte 〔베-르테〕 〔복〕 Bart의 복수형
basteln 〔바스테른〕 〔타〕〔자〕 (취미따위로) 조립하다, 공작하다
bat 〔바-트〕 〔과〕 bitten의 과거기본형
bäte 〔베-테〕 〔접Ⅱ〕 bitten의 접속법 제Ⅱ식 기본형
Batterie 〔밧테리-〕 〔여〕 -/-n 포대; 전지
Bau 〔바우〕 〔남〕 -(e)s/-e 건설, 건축 ★ im ~ sein 건축중이다 -(e)s/Bauten 건물, 건축물
Bauch 〔바우호〕 〔남〕 -(e)s/Bäuche〔보이헤〕 배, 복부
Bäuche 〔보이헤〕 〔복〕 Bauch의 복수형
Bauchschmerz 〔바우호・슈멜쓰〕 〔남〕 -es/-en 복통
bauen 〔바우엔〕 〔타〕 세우다, 만들다; 조립하다 〔자〕 an et³ ~ …의 건축에 종사하다 auf et⁴ …에 의지하다
Bauer 〔바우아-〕 〔남〕 -n/-n 농부, 농민

Bauer의 격변화

		[단]		[복]
1격	der	Bauer	die	Bauern
2격	des	Bauern	der	Bauern
3격	dem	Bauern	den	Bauern
4격	den	Bauern	die	Bauern

Baum [바움] 〔남〕 -(e)s/Bäume [보이메] 나무, 수목

Bäume [보이메] 〔복〕 Baum의 복수형

Baumwolle [바움·보레] 〔여〕 -/ 면화; 솜

Baustelle [바우·슈테레] 〔여〕 -/-n 건축현장

Bauten [바우텐] 〔복〕 Bau의 복수형

beabsichtigen [베·앗프지히티겐] 〔타〕 의도하다

beachten [베·아하텐] 〔타〕 et⁴ ~ …에 주의를 기울이다

Beamte(r) [베·암테〈타-〉] 〔남〕 《형용사적 변화》공무원, 관리

beanspruchen [베·안슈푸룻헨] 〔타〕 요구하다

beantworten [베·안트볼텐] 〔타〕 et⁴ ~ …에 대해서 대답하다

bearbeiten [베·알바이텐] 〔타〕 가공하다, 손을 대다; 다루다

Bearbeitung [베·알바이퉁그] 〔여〕 -/-en 가공; 완성

beauftragen [베·아우프트라-겐] 〔타〕 j⁴ mit et³ ~ …에게 …을 위임〈위탁〉하다

beben [베-벤] 〔자〕 떨다, 전율하다, 진동하다

Becher [벳히야-] 〔남〕 컵, 잔, 종이컵

Becken [벡켄] 〔중〕 -s/- 세면기, 대야; 수반

bedanken [베·단켄] 〔재〕 sich⁴ bei j³ für et⁴ ~ …에게 …에 대해서 감사하다

Bedarf [베·달프] 〔남〕 -(e)s/ 수요, 필요 ★

	nach ~ 필요에 따라서
bedauern [베·다우에른]	[타] et⁴ ~ …을 유감스럽게 생각하다; j⁴ ~ …의 일을 불쌍하게 생각하다
Bedauern [베·다우에른]	[중] -s/ 유감〔의뜻〕
bedecken [베·덱켄]	[타] et⁴ mit et³ ~ …을 …으로 덮다, …에 …을 덮어씌우다
bedenken* [베·덴켄]	[타] et⁴ ~ …을 숙고〈숙려〉하다, 고려에 넣다 [재] sich⁴ ~ 깊이 생각하다
Bedenken [베·덴켄]	[중] -s/- 숙려, 고려; 근심, 의념, 주저
bedenklich [베·덴크리히]	[형] 용이치 않은; 위험한, 중대한; 깊이 생각한, 심각한
bedeuten [베·도이텐]	[타] 의미하다 j³ et⁴ ~ …에게 …을 암시〈예시〉하다; 지시하다 ★ viel ~ 중요하다
bedeutend [베·도이텐트]	[형] 중요한, 의미있는; 현저한 [부] 현저하게
Bedeutung [베도이퉁그]	[여] -/-en 의미, 의의; 중요성
bedienen [베·디-넨]	[타] (식사의)시중을 들다; 돌보다; (점원이 손님)에게 응대하다 [재] sich⁴ ~ 사용하다; 셀프서비스하다
Bedienung [베·디-눙그]	[여] -/-en 섬김, 시중, 서비스, 응대; (총체적으로)시중드는 사람
bedingt [베·딩그트]	[형] 제약된, 조건부의
Bedingung [베·딩궁그]	[여] -/-en 조건; 제약, 약정
bedrängen [베·드렝겐]	[타] 압박하다, 괴롭히다
bedrohen [베드로-엔]	[타] 위협하다, 협박하다
Bedrohung [베드로-웅그]	[여] -/-en 협박, 위협
bedürfen* [베·뒬펜]	[자] et³ ~ …을 필요로 하다
Bedürfnis [베·뒬프니스]	[중] Bedürfnisses/Bedürfnisse 필요, 요구(nach et³ …에

대한)

beeilen [베·아이렌] 〔재〕 sich⁴ ~ 서두르다
beeinflussen [베·아인후룻센] 〔타〕 j⁴ ⟨et⁴⟩ ~ …에 영향을 주다
beenden [베·엔덴] 〔타〕 끝내다, 마치다, 종료하다
beerdigen [베·엘-티겐] 〔타〕 매장하다
Beere [베-레] 〔여〕 -/-n 장과(딸기·포도따위)
Beet [베-트] 〔중〕 -[e]s/-e 못자리, 화단; 온상
befahl [베·팔-] 〔과〕 befehlen의 과거기본형
befallen* [베·파렌] 〔타〕 (병·불행 따위가)덮치다, 엄습하다
befangen [베·판겐] 〔형〕 사로잡힌; 내성적인; 편견을 품은, 편파적인
Befehl [베·펠-] 〔남〕 -[e]s/-e 명령
befehlen* [베·페-렌] 〔타〕 명령하다; j³ et⁴ ~ …에게 …을 명령하다; j⁴ zu et³ ~ …에게 …하도록 명령하다
〔자〕 über j⁴ ⟨et⁴⟩ ~ …을 지휘하다
befestigen [베·페스티겐] 〔타〕 고적하다; 굳게하다, 견고하게하다
befiehl [베·필-] 〔명〕 befehlen의 명령형
befiehlst [베·필-스트] 〔현〕 befehlen의 2인칭 단수현재형
befiehlt [베·필-트] 〔현〕 befehlen의 3인칭 단수현재형
befinden* [베·핀덴] 〔타〕 인정하다; 찾아내다; (…으로) 생각하다
〔재〕 sich⁴ ~ (어떤장소·상태에) 있다
befohlen [베·포-렌] 〔과분〕 befehlen의 과거분사
beföhle, befähle [베·페-레] 〔접Ⅱ〕 befehlen의 접속법 제Ⅱ식 기본형
befolgen [베·폴겐] 〔중〕 et⁴ ~ (규칙따위를)따르다, 지키다

befördern 〔베·푈테른〕 〔타〕 수송하다; 촉진하다
befreien 〔베·프라이엔〕 〔타〕 j⁴ aus et³ ~ …을 …에서 해방시키다, 자유롭게 하다; j⁴ von et³ ~ …을 …으로부터 명하게 하다
〔재〕 sich⁴ von et³ ~ …에서 자유롭게 되다, 해방되다, …을 면하다
befreundet 〔베·프로인뎃트〕 〔형〕 친한〔관계의〕
befriedigen 〔베·프리-디겐〕 〔타〕 (기분·욕구따위를)만족시키다, 채우다
befürchten 〔베·퓔히텐〕 〔타〕 두려워하다, 걱정하다
begabt 〔베·가-프트〕 〔형〕 재능있는
Begabung 〔베·가-붕그〕 〔여〕 -/-en 재능
begann 〔베·간〕 〔과〕 beginnen의 과거 기본형
begeben* 〔베·게-벤〕 〔재〕 sich⁴ ~ 가다; 향하다; 발생하다
Begebenheit 〔베·게-벤하이트〕 〔여〕 -/-en 사건
begegnen 〔베·게-그넨〕 〔자〕 (s)j³ ~ …을 만나다; 일어나다, 생기다
Begegnung 〔베·게-그눙그〕 〔여〕 -/-en 만남
begehen* 〔베·게-엔〕 〔타〕 (나쁜일 따위를)범하다; (축하 따위를)행하다
begehren 〔베·게-렌〕 〔타〕 바라다, 열망〔갈망〕하다, (…에)욕망을 품다
begeistern 〔베·가이스테른〕 〔타〕 감격시키다
〔재〕 sich⁴ für et⁴ ⟨an et³⟩ ~ …에 감격하다, 열중하다
begeistert 〔베·가이스텔트〕 〔과분〕 begeistern의 과거분사
〔형〕 감격한, 열광하는
Begeisterung 〔베·가이스테룽그〕 〔여〕 -/ 감격, 열광
Begierde 〔베·기-르데〕 〔여〕 -/-en 욕망, 열망, 욕구
Beginn 〔베긴〕 〔남〕 -s/ 시작, 개시 ★ am ⟨zu⟩ ~ 처음에
beginnen* 〔베·긴넨〕 〔자〕 시작되다; mit et³ ~ …을 시작하다

	〔타〕 시작하다, 착수하다; 《zu를 가진 부정사와 함께》 …하기 시작하다
begleiten 〔베·그라이텐〕	〔타〕 j⁴ ~ …에 동반하다; 반주하다
Begleitung 〔베·그라이퉁그〕	〔여〕 -/-en 동반, 수행; 반주
begnügen 〔베·그뉘-겐〕	〔재〕 sich⁴ mit et³ ~ …으로 만족하다; 참다
begonnen 〔베·곤넨〕	〔과분〕 beginnen의 과거분사
begönne, begänne 〔베·괸네〕	〔접Ⅱ〕 beginnen의 접속법 제Ⅱ식 기본형
begraben 〔베·그라-벤〕	〔타〕 매장하다
begreifen* 〔베·그라이펜〕	〔타〕 (…을) 이해하다, 파악하다
	〔재〕 sich⁴ ~ 알다
begreiflich 〔베·그라이프리히〕	〔형〕 이해할 수 있는; 명백한
Begriff 〔베·그릿프〕	〔남〕 -〔e〕s/-e 개념, 관념; 이해〔력〕, 상상〔력〕; ★ im ~ sein 《zu를 가진 부정사와 함께》 막 …을 하려고 하고 있다.
begründen 〔베·그륀덴〕	〔타〕 창설하다; 기초를 두다; 이유를 들다
Begründung 〔베·그륀둥그〕	〔여〕 -/-en 건설, 설립;
begrüßer 〔베·그뤼-센〕	〔타〕 j⁴ ~ …에게 (다시·정식으로) 인사하다; …을 환영하다
behaglich 〔베·하크리히〕	〔형〕 쾌적한, 포근한, 기분좋은
behalten* 〔베·할텐〕	〔타〕 보유하다, 지니다
behandeln 〔베·한데른〕	〔타〕 취급하다; 대우하다; 치료하다
Behandlung 〔베·한데룽그〕	〔여〕 -/-en 취급; 대우; 치료
behaupten 〔베·하우프텐〕	〔타〕 주장하다
	〔재〕 sich⁴ ~ (자기의견을) 주장하다; (자신의 지위·권리 등을) 고수하다
Behauptung 〔베·하우프퉁그〕	〔여〕 -/-en 주장

beherrschen 〔베·헬쉔〕	〔타〕 지배하다; 마스터하다
behindern 〔베·힌데른〕	〔타〕 가로막다, 방해하다
behindert 〔베·힌델트〕	〔과분〕 behindern의 과거분사 〔형〕 (신체·정신에) 장해가 있는
Behörde 〔베·회-르데〕	〔여〕 -/n 관청, 당국
behüten 〔베·휘-텐〕	〔타〕 보호하다
bei 〔바이〕	〔전〕 (3격지배) …의 곁에; …과 함께; …할때에
bei Gelegenheit	〔숙〕 (…) 하는 김에
bei Nacht	〔숙〕 밤에
bei Tage	〔숙〕 주간, 낮 (동안)
bei Tisch[e]	〔숙〕 식사중에
bei weitem	〔숙〕 (비교급으로 전치되어) 아득히
bei|bringen* 〔바이·부링겐〕	〔타〕 (자료따위를) 제출하다; j^3 et^4 ~ …에 …을 가르치다; (손해·상처따위를) 입히다
beichten 〔바이히텐〕	〔타〕〔자〕 고백하다, 참회하다; 자백하다, 털어놓다
beide 〔바이데〕	〔형〕《부가어로써》쌍방의 양자의;《명사적으로는 복수뿐, 단 집합개념으로 쓰여지는 경우에는 beides》양쪽, 쌍방, 두사람
Beifall 〔바이·팔〕	〔남〕 -[e]s/ 박수, 갈채 ★ j^3 ~ klatschen 박수를 보내다
Beilage 〔바이·라-게〕	〔여〕 -/en 부가물, 첨가물, 부록
beiläufig 〔바이·로이피히〕	〔형〕 부수적인, 임시의, 우연의 〔부〕 관련하여, 덧붙여서
beim 〔바임〕	〔융합〕《전치사 bei와 정관사 dem의 융합형》⇨ bei
Bein 〔바인〕	〔중〕 -[e]s/-e 다리; 뼈
beinah[e] 〔바이나-[에]〕	〔부〕 대부분, 거의:《접속법 제 Ⅱ식과 함께》하마터면 (…할 뻔하다)
Beispiel 〔바이·슈필-〕	〔중〕 -[e]s/-e 예 ★ zum ~ 예

		를 들면 (약 : z. B)
beispielsweise	〔바이 · 슈필-바이제〕	〔부〕 예로서, 예를 들어
beißen*	〔바이센〕	〔타〕 물다, 씹다
beißt	〔바이스트〕	〔현〕 beißen의 2·3인칭 단수현재형
bei|stehen*	〔바이 · 슈테-엔〕	〔자〕 j³ ~ …에 편들다
Beitrag	〔바이 · 트라-크〕	〔남〕 -[e]s/Beiträge 〔바이 · 트레-게〕 기여; 분담금; 기고
bei|tragen*	〔바이 · 트라-겐〕	〔타〕 기부하다
		〔자〕 zu et³ ~ …에 기여하다, 공헌하다
bejahen	〔베 · 야-엔〕	〔타〕 긍정하다, 시인하다
bekämpfen	〔베 · 켐프헨〕	〔타〕 j 〈et⁴〉 ~ …과 싸우다
bekannt	〔베 · 칸트〕	〔형〕 잘 알려진, 아는 사이의; 유명한
Bekannte[r]	〔베 · 칸테〈타-〉〕	〔남〕〔여〕 《형용사적 변화》지인
bekannt|machen	〔베칸트 · 맞헨〕	〔타〕 알리다, 공시〈공포〉하다 ★ j⁴ mit j³ ~ …을 …에게 소개하다
Bekanntschaft	〔베칸트 · 샤프트〕	〔여〕 -/en 《단수로》면식, 아는 사이; (총칭적으로) 지인
bekennen	〔베 · 켄넨〕	〔타〕 인정하다, 고백하다
		〔재〕 sich⁴ ~ (신앙하고 있는 것을) 고백하다
Bekenntnis	〔베 · 켄트니스〕	〔중〕 Bekenntnisses/Bekenntnisse 〔신앙〕고백
beklagen	〔베 · 크라-겐〕	〔타〕 한탄하다, 슬퍼하다
		〔재〕 sich⁴ über et⁴ ~ 에 대해 한탄하다, 불평을 말하다
bekleiden	〔베 · 크라이덴〕	〔타〕 j⁴ ~ …에 (의류를) 입히다; et⁴ ~ …(관직)을 차지하다
bekommen*	〔베 · 콤멘〕	〔타〕 얻다, 수취하다, 받다
bekümmern	〔베 · 큄메른〕	〔타〕 슬프게하다, 걱정하게하다
		〔재〕 sich⁴ ~ 슬퍼하다, 걱정하다
beladen*	〔베 · 라-덴〕	〔타〕 et⁴ mit et³ ~ …에 …을

	쌓다, 싣다 j⁴ mit et³ ~ …에게 …을 지우다
belasten [베·라스텐]	[타] j⁴ ~ …에게 무거운 짐을 지우다
belästigen [베·레스티겐]	[타] 괴롭히다
Belastung [베·라스퉁그]	[여] -/-en 부담
beleben [베·레-벤]	[타] et⁴ ~ …에게 생명을 부여하다; …을 활기차게 하다
belebt [베레-프트]	[형] 활기있는, 번성한; 생명의
belegen [베·레-겐]	[타] et⁴ mit et³ ~ …으로 …을 덮다, 덮어씌우다; 증명하다; 자리를 잡아두다
belehren [베·레-렌]	[타] j⁴ über et⁴ ~ …에게 …을 가르치다
beleidigen [베·라이디겐]	[타] 모욕하다
Beleidigung [베·라이디궁그]	[여] -/-en 모욕
beleuchten [베·로이히텐]	[타] 빛을 비추다, 조명하다
Beleuchtung [베·로이히퉁그]	[여] -/-en 조명
Belgien [벨기엔]	[중] -s/ 벨기에
Belgier [벨기야-]	[남] -s/- 벨기에인
Belgierin [벨기에린]	[여] -/Belgierinnen [베르기에리엔] 벨기에인(여성)
belgisch [벨깃슈]	[형] 벨기에(인)의
belieben [베·리-벤]	[타] 좋아하다, 바라다
	[자] j³ ~ …의 마음에 들다
beliebt [베·리-프트]	[형] 인기가 있는
bellen [벨렌]	[자] (개가) 짖다
belohnen [베·로-넨]	[타] j⁴ mit et³ ~ …에 …으로 보답하다; 위로하다
Belohnung [베·로-숭그]	[여] -/-en 보수, 포상; 보답, 과보
belügen* [베·뤼-겐]	[타] j⁴ ~ …에게 거짓말을 하다, …을 속이다
bemerken [베·멜켄]	[타] et⁴ ~ …을 깨닫다, …을 말하다

Bemerkung 〔베·멜쿵그〕 〔여〕 -/-en 소견, 평언; 메모, 비망록

bemühen 〔베·뮈-엔〕 〔재〕 sich⁴ um et⁴ ~ (…을 얻으려고) 노력하다, 수고하다, 애쓰다

Bemühung 〔베·뮈-웅그〕 〔여〕 -/-en 노력, 수고

benehmen* 〔베·네-멘〕 〔타〕 j³ et⁴ ~ …으로부터 …을 빼앗다
〔재〕 sich⁴ ~ 행동하다, 거동하다

Benehmen 〔베·네-멘〕 〔중〕 -s/ 행동, 태도

beneiden 〔베·나이덴〕 〔타〕 j⁴ um et⁴ ~ …을 …일로 부러워하다, 새암하다, 시기하다

benutzen 〔베·눗쩬〕 〔타〕 사용하다, 이용하다

benützen 〔베·뉫쩬〕 〔타〕 사용하다, 이용하다

Benutzung 〔베·눗쑹그〕 〔여〕 -/ 사용, 이용

Benützung 〔베·뉫쑹그〕 〔여〕 -/ 사용, 이용

Benzin 〔베·씬-〕 〔중〕 -s/e 휘발유, 가솔린

beobachten 〔베·오-바하텐〕 〔타〕 …을 관찰하다; 감시하다; (규칙따위를) 준수하다

Beobachtung 〔베·오-바하퉁그〕 〔여〕 -/-en 관찰; 감시; (규칙의) 준수

bequem 〔베·쿠벰-〕 〔형〕 쾌적한, 편안한; 용이한

beraten* 〔베·라-텐〕 〔타〕 j⁴ ~ …에게 조언하다, 충고하다
〔재〕 sich⁴ mit j³ ~ …에게 상담하다, 협의하다

Beratung 〔베·라-퉁그〕 〔여〕 -/-en 상담, 협의

berechnen 〔베·레히넨〕 〔타〕 계산하다; 평가하다, 어림하다

Berechnung 〔베·레히눙그〕 〔여〕 -/-en 계산; 평가, 어림, 견적

berechtigen 〔베·레히티겐〕 〔타〕 j⁴ zu et³ ~ …에게 …의 권리를 주다

beredt 〔베레-트〕 〔형〕 말잘하는, 웅변적인

Bereich 〔베·라이히〕 〔남〕 〈(중)〉 -[e]s/-e 영역, 범위

bereit [베·라이트]	〔형〕 준비가 되어있다; 마음의 준비가 되어있다 ★ zu et³ ~ sein …의 준비〈용의〉가 되어 있다
bereiten [베·라이텐]	〔타〕 준비하다, 용의하다; 만들다 〔재〕 sich⁴ zu et³~ …의 준비를 하다 …의 마음의 준비를 하다
bereits [베라이쓰]	〔부〕 이미
bereuen [베·로이엔]	〔타〕 후회하다, 애석하게 여기다
Berg [벨크]	〔남〕 -(e)s/-e 산 ★ in die ~e fahren 산으로 가다
bergen* [벨겐]	〔타〕 구조하다, 보호하다; 숨기다
Bergwerk [벨크·벨크]	〔중〕 -(e)s/-e 광산
Bericht [베리히트]	〔남〕 -(e)s/-e 보고, 보도
berichten [베·리히텐]	〔자〕 j³ von et³ 〈über et⁴〉 ~ …에게 …에 대해 보고하다 〔타〕 j³ et⁴ ~ …에게 …을 보고하다
berichtigen [베·리히티겐]	〔타〕 (잘못을)바르게 하다, 바로잡다
berücksichtigen [베·뤽크지히티겐]	〔타〕 고려하다, 고려에 넣다
Beruf [베·루-프]	〔남〕 -(e)s/-e 직업; 천직 ★ von ~ 직업은…
berufen* [베·루-펜]	〔타〕 임명하다; 불러들이다
beruflich [베·루-프리히]	〔형〕 직업상의
berufstätig [베루-프스·테-티히]	〔형〕 직업에 종사하고 있다
beruhen [베·루-엔]	〔자〕 auf et³ ~ …에 기초를 두다, 의거하다 ★ et⁴ auf sich⁴ ~ lassen …을 그대로 해두다, 방치하다
beruhigen [베·루-이겐]	〔타〕 안심시키다, 자리잡게 하다 〔재〕 sich⁴ ~ 안심하다 자리잡다

berühmt [베·륌-트]	〔형〕 유명한
berühren [베·뤼-렌]	〔타〕 et⁴ ~ …에 접촉하다 …에 언급하다; j⁴ ~ …의 마음을 움직이게 하다, …와 접촉하다
Berührung [베·뤼-룽그]	〔여〕 -/-en 접촉 ★ mit j³ in ~ kommen …와 접촉하다〈가까워지다〉
beschädigen [베·쇄디겐]	〔타〕 …을 손상하다, 다치게 하다, …파손하다
beschäftigen [베·쇄프티겐]	〔타〕 j⁴ ~ 을 일하게 하다, 고용하다 〔재〕 sich⁴ mit et³ ~ …에 종사하다
beschäftigt [베·쇄프티히트]	〔과분〕 beschäftigen의 과거분사 〔형〕 일하고 있는, 바쁜 ★ mit et³ ~ sein …에 종사하고 있다
Beschäftigung [베·쇄프티궁그]	〔여〕 -/-en 고용; 일, 용무; 상업
beschämen [베·쇄-멘]	〔타〕 j⁴ ~ …에게 부끄러운 생각을 하게 하다
beschauen [베·샤우엔]	〔타〕 숙지하다, 관찰하다
Bescheid [베·샤이트]	〔남〕 -(e)s/-e 정보, 소식 ★ j³ von et³ ~ geben …에게 …에 대해 알려주다
bescheiden [베·샤이덴]	〔형〕 겸허한, 사양하는
bescheinigen [베·샤이니겐]	〔타〕 (서류따위로) 증명하다
Bescheinigung [베·샤이니궁그]	〔여〕 -/-en 증명〔서〕
beschleunigen [베·슈로이니겐]	〔타〕 〈속도·가락〈시기〉따위〉를 빠르게 하다
beschließen* [베·슈리-센]	〔타〕 결정〈결의〉하다; (끝) 마치다
Beschluß [베·슈루스]	〔남〕 Beschlusses/Beschlüsse [베슈륏세] 결정, 결의; 종결

beschränken [베·슈렝켄] 〔타〕 et⁴ auf et⁴ ~ …을 …으로 제한하다
〔재〕 sich⁴ auf⁴ ~ …에 한하다; …으로 만족하다

beschränkt [베·슈렝크트] 〔형〕 제한된; 어리석은

beschreiben* [베·슈라이벤] 〔타〕 기술하다; 묘사하다

Beschreibung [베·슈라이붕그] 〔여〕 -/-en 기술, 서술; 묘사

beschuldigen [베·슐디겐] 〔타〕 j⁴ 〔et²〕 ~ …에게 〔…의〕 죄를 뒤집어 씌우다

beschützen [베·슛쎈] 〔타〕 j⁴ vor et³ ~ …을 …으로부터 보호하다, 지키다

beschwerde [베·슈벨데] 〔여〕 -/-n 《복수로》 무거운 짐, 노고, 병고; 불평, 고충

beschweren [베·슈베-렌] 〔재〕 sich⁴ bei j³ über et⁴ ~ …에 …에 대해 고충을 강경히 진술하다

beschwören* [베·슈뵈-렌] 〔타〕 맹세하다; j⁴ ~ …에게 간절히 바라다

beseitigen [베·자이티겐] 〔타〕 제거하다, 치우다

Besen [베-젠] 〔남〕 -s/ 비

besetzen [베·젯쎈] 〔타〕 (자리·지위따위를) 차지하다; (토지·가옥따위를) 점령하다

besichtigen [베·지히티겐] 〔타〕 구경하다, 시찰하다

Besichtigung [베·지히티궁그] 〔여〕 -/-en 시찰

besiegen [베·지-겐] 〔타〕 j⁴ ~ …에 이기다 …을 정복하다

besinnen* [베·진넨] 〔재〕 sich⁴ über et⁴ ~ …의 일을 잘 생각해 보다; sich⁴ auf et⁴ ~ …을 상기하다

Besinnung [베·진눙그] 〔여〕 -/ 숙고; 의식; 상기

Besitz [베·짓쓰] 〔남〕 -es/-e 소유〔물〕, 재산

besitzen* [베·짓쎈] 〔타〕 가지고 있다, 소유하고 있다

Besitzer [베·짓싸-] 〔남〕 -s/- 소유자

besonder 〔베·존다-〕 〔형〕 특별한
besonders 〔베·존다-스〕 〔부〕 특히
besorgen 〔베·졸겐〕 〔타〕 입수하다, 조달하다; 사다; j³ et⁴ ~ …에 …을 조달해 주다, 돌봐주다 ★ um et⁴ besorgt sein …의 일을 걱정하고 있다
besprechen* 〔베·슈프렛헨〕 〔타〕 et⁴ ~ …에 대해 논하다; et⁴ mit j³ ~ …의 일을 …와 상담하다, 협의하다
Besprechung 〔베·슈프렛훙그〕 〔여〕 -/-en 의논, 토의, 협의
besser 〔벳사-〕 〔형〕 gut의 비교급
bessern 〔벳세른〕 〔타〕 개선〈개량〉하다
〔재〕 sich⁴ ~ 개선〈개량〉된다; (병세가) 차도가 있다
Besserung 〔벳세룽그〕 〔여〕 -/-en 개선, 개량; (건강의) 회복
best 〔베스트〕 〔형〕 gut의 최상급
beständig 〔베·슈텐디히〕 〔형〕 영속적인; 불변의; 안정된
bestätigen 〔베·슈테-티겐〕 〔타〕 실증하다; 확실히하다, 확인하다, sich⁴ ~ (진실이라는 것이) 확인되다
Bestätigung 〔베·슈테-티궁그〕 〔여〕 -/-en 실증
Beste〔r〕 〔베스테〈타-〉〕 〔남〕〔여〕 《형용사적 변화》 가장 사랑하는 사람; 치료
Beste〔s〕 〔베스테〈스〉〕 〔중〕 《형용사적 변화》 최선, 베스트 j² Bestes tun …의 최선〈베스트〉를 다하다
bestechen* 〔베·슈텟헨〕 〔타〕 j⁴ ~ …에게 뇌물을 보내다
Bestechung 〔베·슈텟-훙그〕 〔여〕 -/-en 뇌물
Besteck 〔베·슈텍크〕 〔중〕 -s/- (나이프·포크·스푼 따위의 일습의) 식사도구
bestehen* 〔베·슈테-엔〕 〔자〕 존재 (존속) 하다; aus et³ ~ …으로부터 이루어졌다; auf et⁴ ~ …을 고집하다

	〔타〕 et⁴ ~ (시험에)합격하다
besteigen〔베·슈타이겐〕	〔타〕 et⁴ ~ …에〈을〉올라가다 …(탈것)에 타다
bestellen〔베·슈테렌〕	〔타〕 주문하다, 예약하다; (전언 따위를)전하다; 정리하다
Bestellung〔베·슈테룽그〕	〔여〕 -/-en 주문, 예약; 위탁
bestens〔베스텐스〕	〔부〕 될 수 있는 한 좋게, 매우, 최고로
bestimmen〔베·슈팀멘〕	〔타〕 정하다, 결정하다; 지시하다
bestimmt〔베·슈팀트〕	〔과분〕 bestimmen의 과거분사 〔형〕 정해진, 특정의 〔부〕 꼭, 반드시
Bestimmung〔베·슈팀뭉그〕	〔여〕 -/-en 결정; 규정
bestrafen〔베·슈트라-펜〕	〔타〕 처벌하다
bestreiten*〔베·슈트라-이텐〕	〔타〕 j⁴ ⟨et⁴⟩ ~ …에게 이론을 주장하다
bestürzt〔베·슈튈쓰트〕	〔형〕 당황한, 깜짝놀란
Besuch〔베·주-후〕	〔남〕 -[e]s/-e 방문; 구경; 방문객
besuchen〔베·주-헨〕	〔타〕 방문하다
Besucher〔베·주-하-〕	〔남〕 -s/- 방문자
betätigen〔베·테-겐〕	〔타〕 (기계 따위를)조작하다, 운전하다 〔재〕 sich⁴ ~ 일하다, 활동하다
beteiligen〔베·타이리겐〕	〔재〕 sich⁴ an et³ ~ …에 관여하다, 참가하다
Beteiligung〔베·타이리궁그〕	〔여〕 -/ 참가
beten〔베-텐〕	〔자〕 für j⁴ ~ …을 위해 빌다; um et⁴ ~ …을 청하여 빌다
Beton〔베톤-〕	〔남〕 -s/-s 콘크리트
betonen〔베·토-넨〕	〔타〕 강조하다; et⁴ ~ …에 악센트를 두다
Betonung〔베·토-눙그〕	〔여〕 -/-en 강조; 악센트〔를 두는일〕
Betracht〔베·트라하트〕	〔남〕 -[e]s/ 고려, 고찰 ★ in

	~ kommen 고려되다; et⁴ in ~ ziehen …을 고려에 넣다
betrachten [베·트라하텐]	〔타〕 바라보다, 관찰하다; j⁴ ⟨et⁴⟩ als ~ …을 …으로 간주하다
beträchtlich [베·트레히트리히]	〔형〕 현저하다
Betrachtung [베·트라하퉁그]	〔여〕 -/-en 관찰, 고찰
Betrag [베·트라-크]	〔남〕 -(e)s/Beträge [베·트레게] 액(수), 금액
betragen* [베·트라-겐]	〔타〕 et⁴ ~ …의 액에 달하다 〔재〕 sich⁴ ~ 거동하다, 행동하다
betreffen* [베·트렛펜]	〔타〕 et⁴ ~ …에 관계하다; (병·불행따위가) …을 엄습하다 ★ was et⁴ betrifft …에 관해서는
betreffend [베·트렛펜트]	〔형〕 (…에) 관한; 문제의, 당해의 〔부〕 (…에) 관해서 (약: betr.)
betreiben* [베·트라이벤]	〔타〕 경영하다; 행하다; 운전하다; 재촉하다
betreten* [베·트레-텐]	〔타〕 et⁴ ~ …에 발을 들여넣다, 들어가다
Betrieb [베·트리-프]	〔남〕 -(e)s/-e 경영, 기업(체); 작업; 운전
betrog [베·트로-크]	〔과〕 betrügen의 과거 기본형
betröge [베·트뢰-게]	〔접Ⅱ〕 betrögen의 접속법 제Ⅱ식 기본형
betrogen [베·트로-겐]	〔과분〕 betrügen의 과거분사
Betrug [베·트루-크]	〔남〕 -(e)s/ 사기, 속임
betrügen* [베·트뤼-겐]	〔타〕 속이다, 기만하다, 사기하다 j⁴ um et⁴ ~ …로 부터 …을 사취하다
Betrüger [베·트뤼-가-]	〔남〕 -(e)s/- 사기꾼
betrunken [베·트룬켄]	〔과분〕 betrinken의 과거분사

	〔형〕 술취한
Bett〔벧트〕	〔중〕 -es/-en 침대 ★ ins ~ gehen 취침하다, 잠자리에 들다
betteln〔벧테른〕	〔자〕 um et⁴ ~ …을 동냥질하다, 조르다
Bettler〔벧트라-〕	〔남〕 -s/- 거지
Bettwäsche〔벧트·벧슈〕	〔여〕 -/-n 시트, 요잇, (이불·베개 따위의)커버
beugen〔보이겐〕	〔타〕 구부리다, 굽히다
	〔재〕 sich⁴ ~ 굽다, 몸을 구부리다
beunruhigen〔베·운루-이겐〕	〔타〕 불안하다, 걱정하게 하다
	〔재〕 sich⁴ über et⁴ ~ …을 걱정하다
beurteilen〔베·우-아타이렌〕	〔타〕 판단〈판정〉하다
Beute〔보이테〕	〔여〕 -/ 노획물, 전리품
Beutel〔보이텔〕	〔남〕 -s/- (작은)자루; 돈지갑
bevölkert〔베·펠케르트〕	〔형〕 주민이 살고 있는
Bevölkerung〔베·펠케룽그〕	〔여〕 -/-en (총칭적으로)주민; 인구
bevor〔베·포-아〕	〔접〕 (종속접속사) …하기전에
bewachen〔베·반헨〕	〔타〕 감사하다, 파수보다
bewaffnen〔베·바프넨〕	〔타〕 j⁴ mit et³ ~ …에게 …으로 무장을 시키다
	〔재〕 sich⁴ mit et³ ~ …으로 무장하다
bewahren〔베·바-렌〕	〔타〕 보존하다, 유지하다 j⁴ vor et³ ~ …에서 …을 지키다
	〔재〕 sich⁴ vor et³ ~ …에서 몸을 지키다
bewähren〔베·뵈-렌〕	〔재〕 sich⁴ ~ 진실함이 증명되다
bewegen⁽*⁾〔베·뵈-겐〕	〔타〕 《약동사》움직이다; 감동시키다 《강변화》 j⁴ zu et³ ~ …을 설득해서 …시키다
	〔재〕 《약변화》sich⁴ ~ 움직이다

Bewegung 〔베·베-궁그〕	〔여〕	-/-en 운동; 진행; (사회적인)운동; (마음의)동요 ★ in ~ sein 움직이고 있다 et⁴ in ~ setzen …을 움직이다
Beweis 〔베·바이스〕	〔남〕	-es/-e 증명; 증거
beweisen* 〔베·바이젠〕	〔타〕	증명하다
bewerben* 〔베·벨벤〕	〔재〕	sich⁴ um et⁴ ~ …에 응모하다, 지원하다
Bewerber 〔베·벨바-〕	〔남〕	-s/- 응모자, 지원자
bewerten 〔베·벨-텐〕	〔타〕	평가하다
bewog 〔베·보-크〕	〔과〕	bewegen의 과거 기본형
bewöge 〔베·뵈-게〕	〔접Ⅱ〕	bewegen의 접속법 제Ⅱ식 기본형
bewogen 〔베·보-겐〕	〔과분〕	bewegen의 과거분사
bewohnen 〔베·보-넨-〕	〔타〕	et⁴ ~ …에 살다
Bewohner 〔베·보-나-〕	〔남〕	-s/- 주민, 거주자
bewundern 〔베·분테른〕	〔타〕	j⁴ 〈et⁴〉 ~ …에 감동하다, …에 감탄하다
bewußt 〔베·부스트〕	〔형〕	의식하는, 알고있는, 의식적인 ★ sich³ et² bewußt sein …을 의식하고 있다
Bewußtsein 〔베·부스트·자인〕	〔중〕	-s/ 의식; 자각
bezahlen 〔베·짜-렌〕	〔타〕	지불하다, 갚다
Bezahlung 〔베·짜-룽그〕	〔여〕	-/ 지불
bezaubern 〔베·짜우베른〕	〔타〕	j⁴ ~ …에게 마법을 걸다; …을 매혹하다
bezaubernd 〔베·짜우베룬트〕	〔형〕	매력적인
bezeichnen 〔베·짜이히넨〕	〔타〕	et⁴ ~ …에 기호를 붙이다; …을 특징짓다 ★ j⁴ als ~ …을 …으로 부르다
bezeichnend 〔베·짜이히넨트〕	〔형〕	특징적인; 독자의
Bezeichnung 〔베·짜이히눙그〕	〔여〕	-/-en 표시; 표현방법; 기호; 명칭

beziehen [베·씨-엔]	〔타〕et⁴ mit et³ ~ …을 …으로 덮다; et⁴ auf et⁴ ~ …을 …에 관계짓다; (신문따위를) 구독하다; (급료따위를) 받다
	〔재〕 sich⁴ auf et⁴ ~ …에 관련이 있다
Beziehung [베·씨-웅그]	〔여〕 -/-en 관계, 관련
beziehungsweise [베·씨-웅그스·바이제]	〔부〕 혹은, 내지 (약 : bzw.)
Bezirk [베·씰크]	〔남〕 -(e)s/-e 구역, 지구
Bezug [베·쑤-크]	〔남〕 -(e)s/Bezüge [베·쒸-게] (침대·쿠션따위의) 커버; 《단수로》(정기적인) 구입; 《복수로》수입; 《단수로》관계, 관련
bezweifeln [베·쏘바이펠른]	〔타〕 의심스럽게 생각하다
Bibel [비-벨]	〔여〕 -/-n 성서
Bibliothek [비부리오·테-크]	〔여〕 -/-en 도서관; 장서
biegen* [비-겐]	〔타〕 구부리다, 굽히다, 휘다
	〔재〕 sich⁴ ~ 몸을 구부리다, 굽다
	〔자〕 (s) 구부러지다
Biene [비-네]	〔여〕 -/-n 꿀벌
Bier [비-아]	〔중〕 -(e)s/-e 맥주
bieten* [비-텐]	〔타〕 내놓다; 제공하다; 보이다
	〔재〕 sich⁴ ~ 생기다, 나타나다
Bild [빌트]	〔중〕 -(e)s/-er 모습, 상, 이미지; 관념; 회화, 사진; 광경
bilden [빌덴]	〔타〕 형성하다, 모양을 이루다; 교육하다, 훈련하다
Bilderbuch [빌다-·부-후]	〔중〕 -(e)s/Bilderbücher [빌다-, 뷔-히야-] 그림책
Bildung [빌둥그]	〔여〕 -/-en 교육, 교양; 형성
billig [비릿히]	〔형〕 (가격이) 싼; 안이한
Billion [비리온-]	〔여〕 -/-en 조 (兆)

bin〔빈〕	〔현〕	sein의 1인칭 단수현재형 ⇨ sein¹
binden* 〔빈덴〕	〔타〕	맺다, 결합하다; 속박하다; j⁴ ⟨et⁴⟩ auf j⁴ ⟨et⁴⟩ ~ …을 …에 결부시키다
	〔재〕	sich⁴ ~ 결부되다; sich⁴ an et⁴ ~ …에 의무를 지게 하다
binnen〔빈넨〕	〔전〕	《3격 지배》 …이내에
Biochemie〔비오헤미-〕	〔여〕	-/ 생화학
Biologie〔비오로기-〕	〔여〕	-/ 생화학
birg〔빌크〕	〔명〕	bergen의 명령형
birgst〔빌크스트〕	〔현〕	bergen의 2인칭 단수현재형
birgt〔빌크트〕	〔현〕	bergen의 3인칭 단수현재형
Birke〔빌케〕	〔여〕	-/-n 자작나무
Birne〔비르네〕	〔여〕	-/-n 배; 전구
bis〔비스〕	〔전〕	《4격지배》 …까지
	〔접〕	《종속접속사》 …까지
bis dahin	〔숙〕	거기까지
bis dann	〔숙〕	그때까지
bis jetzt	〔숙〕	지금까지
bis morgen	〔숙〕	내일까지
bis oben	〔숙〕	위에까지
bis spät	〔숙〕	늦게까지
bis wann	〔숙〕	《의문》언제까지?
bis wohin	〔숙〕	《의문》어디까지?
bis zum letzten	〔숙〕	최후까지
bis zum Schluß	〔숙〕	끝까지
Bischof〔비·쇼프〕	〔남〕	-s/Bischöfe〔비쇠〔-〕페〕 사교
Bischöfe〔비쇠〔-〕페〕	〔복〕	Bischof의 복수형
bisher〔비스헤-아〕	〔부〕	지금까지〔는〕
biß〔비스〕	〔과〕	beißen의 과거 기본형
bißchen〔비스헨〕	〔형〕	《무변화 ein과 함께》조금의, 소량의 ★ ein ~ 조금

bisse〔빗세〕	〔접Ⅱ〕 beißen의 접속법 제Ⅱ식 기본형
bist〔비스트〕	〔현〕 sein의 2인칭 단수현재형
bisweilen〔비스·바이렌〕	〔부〕 이따금, 가끔, 때로
bitte〔빗테〕	〔현〕 bitten의 1인칭 단수현재형
	〔명〕 bitten의 명령형
bitte sehr !	〔숙〕 천만에요(감사의 인사에 대해서)
Bitte〔빗테〕	〔여〕 -/-n 부탁, 청
bitten*〔비텐〕	〔타〕 j⁴ um et⁴ ~ …에게 …을 부탁하다, 청하다; j⁴ zu sich³ ~ …을 초대하다, 불러들이다
bitter〔빗테〕	〔형〕 쓴; 괴로운
blank〔브랑크〕	〔형〕 빛나는, 번쩍 번쩍하는
blasen*〔브라-젠〕	〔타〕 불다, 세차게 불다; (악기를) 불다
	〔자〕 (바람이) 불다; (입김을) 불다; 취주하다
bläsest〔브레-제스트〕	〔현〕 blasen의 2인칭 단수현재형
blaß*〔브라스〕	〔형〕 창백한; 색이바랜; 약한 색의
blasser〔브랏사-〕	
blässer〔브렛사-〕	〔형〕 blaß의 비교급
blassest〔브랏세스트〕	
blässest〔브렛세스트〕	〔형〕 blaß의 최상급
bläst〔브레-스트〕	〔현〕 blasen의 2·3인칭 단수현재형
Blatt〔브랏트〕	〔중〕 -〔e〕s/Blätter〔브렛타-〕 잎; 종이〔조각〕; 신문, 잡지
Blätter〔브렛타-〕	〔복〕 Blatt의 복수형
blättern〔브렛테른〕	〔자〕 in et³ ~ …의 페이지를 넘기다
blau〔브라우〕	〔형〕 푸른, 푸른색의
Blech〔브렛히〕	〔중〕 -〔e〕s/-e 엷은 금속판, 불리키, 함석

Blei 〔부라이〕 〔중〕 -(e)s/-e 납

bleiben* 〔부라이벤〕 〔자〕 (s) (어떤장소·어떤상태)머물다, 남다 in et³ ~ …의 상태가 계속한다;《zu가 없는 부정사와 함께》줄곧 …인채로 있다 ★ sitzen ~ 앉은채로 있다; (진급하지 못하고) 낙제하다

bleich 〔부라이히〕 〔형〕 창백한; 퇴색한

Bleistift 〔부라이·슈티프트〕 〔남〕 -(e)s/-e 연필

blenden 〔부렌덴〕 〔타〕 j⁴ ~ …의 눈을 멀게하다, 눈부시게하다, 현혹하다

Blick 〔부릭크〕 〔남〕 -(e)s/-e 일견, 일별; 눈초리, 시선 ★ mit einem ~ 한눈에, 일별해서

blicken 〔부릭켄〕 〔자〕 auf et⁴ ~ …을 보다; zu 〈nach〉 et³ ~ …에 눈을 돌리다

blieb 〔부리-프〕 〔과〕 bleiben의 과거 기본형

bliebe 〔부리-베〕 〔접Ⅱ〕 bleiben의 접속법 제Ⅱ식 기본형

blies 〔부리-스〕 〔과〕 blasen의 과거 기본형

bliese 〔부리-제〕 〔접Ⅱ〕 blasen의 접속법 제Ⅱ식 기본형

blind 〔부린트〕 〔형〕 눈먼, 장님의; 맹목적인

Blitz 〔부릿쓰〕 〔남〕 -es/-e 번개, 전광

blitzen 〔부릿쩬〕 〔자〕 번쩍이다, 빛나다
〔비〕 es blitzt 번개가 치다

Block 〔부록크〕 〔남〕 -(e)s/Blöcke 〔부뢱케〕 덩어리 -(e)s/-s (한쪽에 풀칠이 되어 있는) 용지, 한 권; (도시의) 한 구역

blond 〔부론트〕 〔형〕 금발의; 금빛의

bloß 〔부로-스〕 〔형〕 나체의, 옷을 입지 않은; 단순한
〔부〕 다만, 단지 …뿐 ★ nicht ~ A, sondern auch B, A만이 아니라 B도…

blühen 〔부뤼-엔〕	〔자〕 (꽃이) 피다, 피어있다
Blume 〔부루-메〕	〔여〕 -/-n 꽃, 풀꽃
Blumenstrauß 〔부루-멘·슈트라우스〕	〔남〕 -es/Blumensträuße 〔부루-멘·슈트로이세〕 꽃다발
Bluse 〔부루-제〕	〔여〕 -/-n 블라우스
Blut 〔부루-트〕	〔중〕 -(e)s/ 피, 혈액
Blüte 〔부뤼-테〕	〔여〕 -/-n (수목의) 꽃
blutig 〔부루-티히〕	〔형〕 피묻은, 피투성이의
bluten 〔부루-텐〕	〔자〕 출혈하다
Boden 〔보-덴〕	〔남〕 -s/Böden 〔뵈-덴〕 대지, 지면; 마루; 밑바닥 ★ in Grund und ~ 철저히
Böden 〔뵈-덴〕	〔복〕 Boden의 복수형
bog 〔보-크〕	〔과〕 biegen의 과거 기본형
böge 〔뵈-게〕	〔접Ⅱ〕 biegen의 접속법 제Ⅱ식 기본형
Bogen 〔보-겐〕	〔남〕 -s/- 활; 굴곡
Bohne 〔보-네〕	〔여〕 -/-n 콩
bohren 〔보-렌〕	〔타〕 et⁴ ~ …에 구멍을 뚫다; (터널따위를) 파다 〔재〕 sich⁴ ~ 들어가다 〔자〕 nach et³ ~ …을 시굴하다
Bombe 〔봄베〕	〔여〕 -/-n 폭탄
Bonbon 〔본본-〕	〔남〕〔중〕 -s/-s 본본, 캔디
Boot 〔보-트〕	〔중〕 -(e)s/-e 보트, 작은배
Bord¹ 〔볼트〕	〔남〕 -(e)s/-e 뱃전; (배·비행기의) 내부
Bord² 〔볼트〕	〔중〕 -(e)s/-e (벽에 붙여 만들어진) 찬장
borgen 〔볼겐〕	〔타〕 j³ et⁴ ~ …에게 …을 빌려주다 von j³ ~ …를 …로부터 빌리다
Börse 〔뵈-르제, 베르제〕	〔여〕 -/-n 증권거래소; 돈지갑
böse 〔뵈-제〕	〔형〕 나쁜; 사악한; 화내고 있는 ★ auf j⁴ ~ sein …에 대해서 화내고 있다
bot 〔보-트〕	〔과〕 bieten의 과거 기본형

Bote〔보-테〕 〔남〕 -n/-n 사자(使者), 사환

```
            Bot의 격변화
                 〔단〕           〔복〕
    1격   der   Bote      die   Boten
    2격   des   Boten     der   Boten
    3격   dem   Boten     den   Boten
    4격   den   Boten     die   Boten
```

böte〔뵈-테〕 〔접Ⅱ〕 bieten의 접속법 제Ⅱ식 기본형
Botschaft〔보-트샤프트〕 〔여〕 -/-en 대사관; (사자가 가져온) 알림
Botschafter〔보-트샤프타-〕 〔남〕 -s/- 대사
boxen〔복센〕 〔타〕〔자〕권투하다
brach〔부랏하〕 〔과〕 brechen의 과거 기본형
bräche〔부레-헤〕 〔접Ⅱ〕 brechen의 접속법 제Ⅱ식 기본형
brachte〔부라하테〕 〔과〕 bringen의 과거 기본형
brächte〔부레히테〕 〔접Ⅱ〕 bringen의 접속법 제Ⅱ식 기본형
Brand〔부란트〕 〔남〕 -(e)s/Brände〔부렌데〕 화재; 연소
Brände〔부렌데〕 〔복〕 Brand의 복수형
Brandung〔부란둥그〕 〔여〕 -/ (기슭에 부딪쳐서) 부서지는 파도
brannte〔부란테〕 〔과〕 brennen의 과거 기본형
brät〔부레-트〕 〔현〕 braten의 3인칭 단수현재형
braten*〔부라-텐〕 〔타〕 (고기・생선따위를) 굽다
Braten〔부라-텐〕 〔남〕 -s/- 불고기
brätst〔부레-쓰트〕 〔현〕 braten의 2인칭 단수현재형
Brauch〔부라우호〕 〔남〕 -(e)s/Bräuche〔부로이헤〕 습관, 관습
Bräuche〔부로이헤〕 〔복〕 Brauch의 복수형
brauchen〔부라우헨〕 〔타〕 필요로하다, 요하다; 《zu를 가진 부정사 및 부(否)정사와 함께》 …할 필요가

	없다;《zu를 가진 부정사 및 nur, bloß와 함께》 …하기만 하면 된다
Brauerei〔부라우에라이〕	〔여〕 -/-en《단수로》 맥주의 양조; 양조장
braun〔부라운〕	〔형〕 갈색의, 자색의
brausen〔부라우젠〕	〔자〕 (바람이) 윙윙거리다, (숲·물이) 쏴쏴 소리내다; (물이) 끓다
Braut〔부라우트〕	〔여〕 -/Bräute〔부로이테〕 약혼녀; 신부
Bräute〔부로이테〕	〔복〕 Braut의 복수형
Bräutigam〔부로이티감〕	〔남〕 -s/-e 약혼자(남자); 신랑
brav〔부라-프〕	〔형〕 용감한; 정직한; (아이가) 얌전한
brechen*〔부렛헨〕	〔타〕 깨다, 쪼개다, 부수다; 끊다
	〔자〕 (s)끊어지다, 깨지다
	〔재〕 sich⁴ ~ 끊어지다, 깨지다
Brei〔부라이〕	〔남〕 -(e)s/-e 죽
breit〔부라이트〕	〔형〕 (폭이)넓은; …의 폭이 있는
Breite〔부라이테〕	〔여〕 -/-n 폭
Bremse〔부렘제〕	〔여〕 -/-n 브레이크
bremsen〔부렘젠〕	〔타〕 et⁴ ~ …에 브레이크를 걸다
brennen*〔부렌넨〕	〔자〕 불타다; 격하다; 초조해지다
Brennstoff〔부렌·슈톳프〕	〔남〕 -(e)s/-e 염료
brennte〔부렌테〕	〔접Ⅱ〕 brennen의 접속법 제Ⅱ식 기본형
Brett〔부렛트〕	〔중〕 -(e)s/-er 널빤지; 쟁반
brich〔부릿히〕	〔명〕 brechen의 명령형
brichst〔부리히스트〕	〔현〕 brechen의 2인칭 단수현재형
bricht〔부리히트〕	〔현〕 brechen의 3인칭 단수현재형
Brief〔부리-프〕	〔남〕 -(e)s/-e 편지; 문서; 카

Briefmarke 〔부리-프·마르케〕 〔여〕 -/-n 우표

Brieftasche 〔부리-프·탓세〕 〔여〕 -/-n 서류넣는 지갑; 수첩

Briefträger 〔부리-프·트레-가-〕 〔남〕 -s/- 우편 배달부

Briefwechsel 〔부리-프·벡셀〕 〔남〕 -s/- 문통 ★ mit j³ in ⟨im⟩ ~ stehen …와 문통하고 있다

briet 〔부리-트〕 〔과〕 braten의 과거 기본형

briete 〔부리-테〕 〔접Ⅱ〕 braten의 접속법 제Ⅱ식 기본형

Brille 〔부리레〕 〔여〕 -/-n 안경

bring[e] 〔부링그⟨게⟩〕 〔명〕 bringen의 명령형

bringen* 〔부링겐〕 〔타〕 j³ et⁴ ~ …에게 …을 가져오다, 가지고 오다⟨가다⟩; j⁴ ~ …을 데리고 오다⟨가다⟩; (행운·재화따위를) 가져오다, 생기다; 성취하다 ★ es[bis] zu et³ ~ …까지 출세하다; et⁴ zustande ~ …을 성취하다; j⁴ um et⁴ ~ …로부터 …을 뺏다

Bronze 〔부론-세〕 〔여〕 -/ 청동

bronzen 〔부론-센〕 〔형〕 청동[제]의

Brosche 〔부롯세〕 〔여〕 -/-n 브로치

Broschüre 〔부롯쉬-레〕 〔여〕 -/-n 소책자

Brot 〔부로-트〕 〔중〕 -[e]s/-e 빵

Brötchen 〔부레-트헨〕 〔중〕 -s/- 작은 형태의 빵

Bruch 〔부룻후〕 〔남〕 -[e]s/Brüche 〔부룻헤〕 깨어⟨끊어⟩짐; 깨⟨꾼김⟩짐; 파괴; 파탄 ★ zu ~ gehen 무너지다

Brüche 〔부뤗헤〕 〔복〕 Bruch의 복수형

Brücke 〔부뤗케〕 〔여〕 -/-n 다리, 교량

Bruder 〔부루-다-〕 〔남〕 -s/Brüder 〔부뤼-다-〕 형, 동생, 형제

Brüder 〔부뤼-다-〕 〔복〕 Bruder의 복수형

brüllen 〔부뤼-렌〕 〔자〕 짖다, 울부짖다
Brunnen 〔부룬넨〕 〔남〕 -s/- 샘, 우물; 분수
Brust 〔브루스트〕 〔남〕 -/Brüste 〔부뤼스테〕 가슴, 흉부; 《복수로》유방, 가슴
Brüste 〔부뤼스테〕 〔복〕 Brust의 복수형
brüten 〔부뤼-텐〕 〔자〕《부화시키기 위해서》알을 품다
Bub 〔부-프〕 〔남〕 -en/-en 《남부에서》소녀, 사내아이

```
              Bub의 격변화
              〔단〕              〔복〕
   1격  der   Bub       die   Buben
   2격  des   Buben     der   Buben
   3격  dem   Buben     den   Buben
   4격  den   Buben     die   Buben
```

Buch 〔부-흐〕 〔중〕 -〔e〕s/Bücher 〔뷔-히야-〕 책, 서적
Buche 〔부-헤〕 〔여〕 -/-n 회양목
buchen 〔부-헨〕 〔타〕 장부에 기입하다; (탑승권을)예약 주문하다
Bücher 〔뷔·히야-〕 〔복〕 Buch의 복수형
Bücherei 〔뷔-헤라이〕 〔여〕 -/-en (Bibliothek 보다 소규모의)도서관; 문고
Bücherschrank 〔뷔-히야-·슈랑크〕 〔남〕 -〔e〕s/Bücherschränke 〔뷔-히야-·슈렌케〕책장, 서가
Buchhandlung 〔부-흐·한트룽그〕 〔여〕 -/-en 책방, 서점
Büchse 〔뷕세〕 〔여〕 -/-n 작은상자; 깡통; 엽총;
Buchstabe 〔부-프·슈타-베〕 〔남〕 -ns/-n 문자; 활자;

```
          Buchstabe의 격변화
```

	〔단〕		〔복〕
1격	der Buchstabe	die	Buchstaben
2격	des Buchstaben	der	Buchstaben
3격	dem Buchstaben	den	Buchstaben
4격	den Buchstaben	die	Buchstaben

buchstabieren〔부-프・슈타비-렌〕 〔타〕 (낱말을)철자하다, (…의) 철자를 읽다
Bucht〔부흐트〕 〔여〕 -/-en 만, 만곡
bücken〔뷕켄〕 〔재〕 sich⁴ ~ 몸을 굽히다, 기울다
Bude〔부-데〕 〔여〕 -/-n 노점, 점포; 가건물
Büfett〔뷔페-〕 〔중〕 -[e]s/-e 식기선반; (역이나 열차내의)간이식당
Bügeleisen〔뷔-겔・아이젠〕 〔중〕 -s/- 아이론, 다리미
bügeln〔뷔-게른〕 〔타〕 et⁴ ~ …에 다리미질을 하다
Bühne〔뷔-네〕 〔여〕 -/-n 무대; 극장
buk〔부-크〕 〔과〕 backen의 과거 기본형
büke〔뷔-케〕 〔접Ⅱ〕 backen의 접속법 제Ⅱ식 기본형
bummeln〔붐메른〕 〔자〕 (s)느릿느릿 걷다, 산책하다; 어정거리다, (일을 하지 않고)어슬렁거리다
Bund〔분트〕 〔남〕 -[e]s/Bünde〔뷘데〕 동맹, 연합; 연방; 결합
Bünde〔뷘데〕 〔복〕 Bund의 복수형
Bündel〔뷘델〕 〔중〕 -s/- (작은)다발, 묶음; 소화물
Bundesrepublik〔분데스・레프부리-크〕 〔여〕 연방공화국(서독・오스트리아 등)
Bündnis〔뷘트니스〕 〔중〕 Bündnisses/Bündnisse
bunt〔분트〕 〔형〕 다채로운, 가지각색의
Burg〔불크〕 〔여〕 -/-en 성, 성곽
bürgen〔뷜겐〕 〔자〕 für et⁴ ~ …을 보증하다
Bürger〔뷜가-〕 〔남〕 -s/- 시민
bürgerlich〔뷜가-리히〕 〔형〕 시민의

Bürgermeiste 〔뷜가-·마이스타-〕 〔남〕 -s/- 시장

Bürgersteig 〔뷜가-·슈타이크〕 〔남〕 -(e)s/-e 보도

Büro 〔뷔로-〕 〔중〕 -s/-s 사무실, 관청

Bürokratie 〔뷔로크라티-〕 〔여〕 -/ Bürokratien〔뷔로크라티-엔〕 관료주의

bürokratisch 〔뷔로크라-팃슈〕 〔형〕 관료주의의

Bursche 〔불쇠〕 〔남〕 -n/-n 젊은이; 동료; 녀석

```
            Bursche의 격변화
              〔단〕              〔복〕
        1격  der Bursche      die Bursche n
        2격  des Burschen     der Burschen
        3격  dem Burschen     den Burschen
        4격  den Burschen     die Burschen
```

Bürste 〔뷜스테〕 〔여〕 -/-n 솔, 브러시

bürsten 〔뷜스텐〕 〔타〕 (머리칼·옷따위에) 솔질하다

Bus 〔부스〕 〔남〕 Busses/Busse 버스

Busch 〔분슈〕 〔남〕 -(e)s/Büsche〔뷔셰〕 총림, 숲, 숲풀; 다발

Büsche 〔뷧쇠〕 〔복〕 Busch의 복수형

Buße 〔부-세〕 〔여〕 -/ 참회; 보상, 배상

büßen 〔뷔-센〕 〔타〕〔자〕 보상〈배상〉 하다; 속죄하다

Butter 〔붓타-〕 〔여〕 -/ 버터

Butterbrot 〔붓타-·부로-트〕 〔중〕 -(e)s/-e 버터빵

C

Café [카페-] 〔중〕 -s/-s 카페, 커피점
Chance [샨-스, 샨-세] 〔여〕 -/-n 챤스, 기회
Chaos [카-오스] 〔중〕 -/ 무질서, 혼란〈돈〉
chaotisch [카오-팃슈] 〔형〕 무질서한, 혼돈된
Charakter [카라-크타-] 〔남〕 -s/Charaktere [카라크테-레] 특질, 특색; 인격; (소설의) 등장인물
Charaktere [카라크테-레] 〔복〕 Charakter의 복수형
charakterisieren [카라크테리지-렌] 〔타〕 et⁴ ~ …의 특색을 묘사하다
charakteristisch [카라크테리스팃슈] 〔형〕 특색을 나타내는, 특징적인
Chauffeur [쇼펠-] 〔남〕 -s/-e (자동차의) 직업운전수
Chef [셰프] 〔남〕 -s/-s 우두머리, 과〈부·국·소〉장, 지배인, 보스
Chemie [헤미-] 〔여〕 -/ 화학
chemisch [헤-미슈] 〔형〕 화학〔상〕의, 화학적인
China [히-나] 〔중〕 -s 중국
Chinese [히네-제] 〔남〕 -n/-n 중국인

	Chinese의 격변화		
	〔단〕		〔복〕
1격	der Chinese	die	Chinesen
2격	des Chinesen	der	Chinesen
3격	dem Chinesen	den	Chinesen
4격	den Chinesen	die	Chinesen

Chinesin [히네-진] 〔여〕 -/Chinesinnen [히네-지넨] 중국인 (여성)

chinesisch [히네-지슈]　　〔형〕 중국[인·어]의
Chinesisch [히네-지슈]　　〔중〕 -[s]/ 중국어
Chor [코-아]　　〔남〕 -[e]s/Chöre [쾨-레] 합창; 합창단
Chöre [쾨-레]　　〔복〕 Chor의 복수형
Christ [크리스트]　　〔남〕 -en/-en 그리스도 교도

Christ의 격변화			
	〔단〕 || 〔복〕	
1격	der Christ	die Christen
2격	des Christen	der Christen
3격	dem Christen	den Christen
4격	den Christen	die Christen

Christentum [크리스텐툼-]　　〔중〕 -[e]s/ 기독교
christlich [크리스트리히]　　〔형〕 기독교[도]의
Christus [크리스투스]　　〔남〕 그리스도

Christus의 격변화
1격　Christus
2격　Christi
3격　Christo
4격　Christum

Chronik [크로-니크]　　〔여〕 -/-en 연대사〈기〉, 연표
circa [씰카]　　〔부〕 약, 대략(약:ca.)
Computer [콤퓨-타]　　〔남〕 -s/- 컴퓨터
Couch [카우추]　　〔여〕 -/Couches [카우지즈] 소파, 베트
Cousin [쿠진]　　〔남〕 -s/-s 종형제, 친척남자
Cousine [쿠지-네]　　〔여〕 -/-n 종자매, 사촌자매

D

da 〔다-〕 　〔부〕 (공간적으로) 거기에; (시간적으로) 그때; 그래서, 그러므로 ★ ~ drüben 저편〈쪽〉에; ~ und dort 저기 여기서; hier und ~ 여기 저기에서; 이따금; von ~ 거기로 부터; von ~ ab 그때부터
〔접〕 《종속접속사》(원인·이유를 이미 알고 있는 경우) …이므로, …이기 때문에; …했을때

dabei 〔다·바이, 다-·바이〕 〔부〕 (공간적으로) 그 자리에; (시간적으로) 그때에; 그것에 관해서 ★ 〔gerade〕 ~ sein 《zu를 가진 부정사와 함께》이제 막 …하려고 있다

da|bleiben* 〔다-·부라이벤〕 〔자〕 (s) 거기에 머물다; 남아 있다

Dach 〔닷하〕 〔중〕 -〔e〕s/Dächer 〔뎃히야-〕 지붕

Dächer 〔뎃히야-〕 〔복〕 Dach의 복수형

dachte 〔다하테〕 〔과〕 denken의 과거 기본형

dächte 〔데히테〕 〔접Ⅱ〕 denken의 접속법 제Ⅱ식 기본형

dadurch 〔다·둘히, 다-·둘히〕 〔부〕 그곳을 지나서; 그것에 의해서; 그때문에; ★ ~, daß … …함으로써

dafür 〔다·휘-아, 다-·휘-아〕 〔부〕 그 대문에; 그 대신에; 그것에 찬성해서; 그것에 관해서

dagegen 〔다·게-겐, 다-·게-〕 〔부〕 그것에 반〔대〕해서; 그것을

젠〕	향해서; 그것에 비해서
	〔접〕〔다·게-겐〕 그것에 반해서, 한편
daheim〔다·하임〕	〔부〕 자택에서; 고향에서, 고국에서
daher〔다·헤-아, 다-··헤-아〕	〔부〕 거기로부터; 그러므로
dahin〔다·힌, 다-··힌〕	〔부〕 그곳으로; 떠나서, 끝나서; 죽어서 ★ bis ～ 그때까지
dahinter〔다·힌타-, 다-··힌타-〕	〔부〕 (공간적으로) 그 뒤에
damals〔다-··말-스〕	〔부〕 당시, 그 무렵
Dame〔다-메〕	〔여〕 -/-n 〔영〕부인, 숙녀; (트럼프·체스의) 퀸
damit[1]〔다·밋트, 다-··밋트〕	〔부〕 그것을 가지고; 그것에 대해서; 그것과 함께
damit[2]〔다·밋트〕	〔접〕《종속접속사》 …하기 위해서
Damm〔담〕	〔남〕 -[e]s/Dämme〔뎀메〕 제방, 둑
dämmern〔뎀메른〕	〔비〕 es dämmert 날이새다, 동이트다; 해가지다; 주위가 밝아〈어두어〉지다
Dämmerung〔뎀메룽그〕	〔여〕 -/-en 어스름; 새벽; 황혼
Dämon〔데-몬〕	〔남〕 -s/Dämonen〔데모-넨〕 악마, 악령; 수호신
Dampf〔담프흐〕	〔남〕 -[e]s/Dämpfe〔뎀프페〕 증기; 안개; 연기
dämpfen〔뎀프헨〕	〔타〕 찌다; 부드럽게 하다
Dampfer〔담프하-〕	〔남〕 -s/- 기선
danach〔다·나-하, 다-··나-하〕	〔부〕 (공간적으로)그쪽으로; (시간적으로)그 다음에; 그것을 따라서; 그것을 구해서
daneben〔다·네-벤, 다-··네-벤〕	〔부〕 그 옆에; 그것과 나란히; 그 밖에
Dänemark〔데-네마르크〕	〔중〕 -s/ 덴마크
Däne〔데-네〕	〔남〕 -n/-n 덴마크인

Däne의 격변화

	〔단〕		〔복〕	
1격	der	Däne	die	Dänen
2격	des	Dänen	der	Dänen
3격	dem	Dänen	den	Dänen
4격	den	Dänen	die	Dänen

Dänin〔데-닌〕　　〔여〕 -/Däninnen〔데-니넨〕 덴마크인 (여성)

dänisch〔데-닛슈〕　　〔형〕 덴마크(인·어)의

Dänisch〔데-닛슈〕　　〔중〕 -〔s〕/ 덴마크어

Dank〔단크〕　　〔남〕 -〔e〕s/ 감사; 사의〔의 인사말〕 ★ Gott sei ~! 아유, 고마워라; vielen ~! 대단히 감사합니다

dankbar〔단크발-〕　　〔형〕 감사하고 있는, 은혜를 느끼고 있는; (일따위가) 유리한, 이익이 되는; j^3 für et^4 ~ sein …에 대해서 …를 생각하고 있다, 감사하고 있다

danken〔단켄〕　　〔자〕 j^3 für et^4 ~ …에게 …의 일로 사례하다, 감사하다
〔타〕 j^3 et^4 ~ …에 …의 사례를 말하다; …의 덕택으로 …을 손에 넣고 있다

　danke schön⟨sehr⟩!　　〔숙〕 감사합니다

dann〔단〕　　〔부〕 그리고 나서; 그때에

　dann und wann　　〔숙〕 이따금, 가끔

daran〔다·란, 다-·란〕　　〔부〕 그곳에; 그것에 대해서; 그 때문에; 그것에 의해서

darauf〔다·라우프, 다-·라우프〕　　〔부〕 (공간적으로) 그 위에; (시간적으로) 그 다음에, 계속해서; 그것에 대해서

daraus〔다·라우스, 다-·라우스〕　　〔부〕 (공간적으로) 그 속에서; (이유) 그 때문에

dar|bieten*〔달-·비-텐〕　　〔타〕 j^3 et^4 ~ …에 …을 내놓

다, 제공하다; et⁴ ~ …을 연출하다

darein 〔다·라인, 다-·라인〕 〔부〕 그 안으로

darf 〔달프〕 〔현〕 dürfen의 1·3인칭 단수 현재형

darfst 〔달프스트〕 〔현〕 dürfen의 2인칭 단수 현재형

darin 〔다·린, 다-·린〕 〔부〕 그안에; 그점에서

dar|legen 〔달-·레-겐〕 〔타〕 j³ et⁴ ~ …에게 …을 설명하다

Darm 〔다름〕 〔남〕 -[e]s/Därme 〔데르메〕 장

Därme 〔델메〕 〔복〕 Darm의 복수형

dar|stellen 〔달-·슈테렌〕 〔타〕 나타내다; 가리키다, 제시하다; 묘사하다; 상연하다, 연출하다; …을 의미하다
〔재〕 sich⁴ ~ 보이다, 나타나다

Darstellung 〔달-·슈테룽그〕 〔여〕 -/-en 표현; 설명; 묘사; 연출, 연기

darüber 〔다·뤼-바-, 다-·뤼-바-〕 〔부〕 그 위〔쪽〕에; 그것을 넘어서; 그 이상으로; 그것에 관해서

darum 〔다룸, 다-·룸〕 〔부〕 그 주위에; 그러므로; 그것에 대해서; 그것을 구하여; 그것에 관해서

darunter 〔다·룬타-, 다-·문타-〕 〔부〕 그 밑에; 그 이하에; 그것들 중에

das¹ 〔다스〕 〔관〕 《정관사》 〔중〕1·4격 ⇨ der¹

das² 〔다스, 다스〕 〔대〕 〔다스〕 《지시대명사》이, 〈그것·저것〉; 이〈그·저〉사람; (앞의 문장을 받아서)이〔일〕, 그〔일〕 ⇨ der²
〔다스〕 《관계대명사》der²의 〔중〕 1·4격 ⇨ der²

das heißt 〔숙〕 즉 (약;d. h.)

da|sein* 〔다-·자인〕 〔자〕 거기에 있다, 존재하다, 있다

Dasein〔다-·자인〕 〔중〕 -s 존재; 생존; 생활

daß〔다스〕 〔접〕《종속접속사》…이란 것; …라고 하는…; …인 정도 ★ anstatt ~ …의 대신에; darum, ~ …의 때문에; ohne ~ …하지 않고서; so ~ … …으로 그 결과…; so … ~ …인 정도…, 너무 …하기 때문에〔그결과〕…

Daten〔다-텐〕 〔복〕 Datum의 복수형

Datum〔다-툼〕 〔중〕 -s/Daten〔다-텐〕 날짜, 연월일;《복수로》자료, 데이터

Dauer〔다우아-〕 〔여〕 -/ 지속; 기간 ★ auf die ~ 긴 기간에는, 길게 계속하면

dauern〔다우에른〕 〔자〕(시간적으로)계속하다, 지속하다

dauernd〔다우에른트〕 〔형〕계속하는, 영속의
〔부〕끊임없이

Daumen〔다우멘〕 〔남〕 -s/- 엄지손가락

davon〔다·폰, 다-·폰〕 〔부〕거기로 부터; 그것에 대해서; 그 때문에; 그것에 의해서;《2격의 대용》그것의; 그 안으로 부터

davor〔다·포-아〕 〔부〕그 앞에; 그 이전에; 그것에 대해서

dazu〔다·쭈-, 다-·쭈-〕 〔부〕거기로; 그 때문에; 그것에 대해서; 그것에 대해서

dazwischen〔다·쯔빗셴, 다-·쯔빗셴〕 〔부〕(공간적으로)그 사이에; (시간적으로)그 동안에

Decke〔덱케〕 〔여〕 -/-n 뚜껑, 덮개; 모포; 천정

Deckel〔덱켈〕 〔남〕 -s/- 뚜껑, 덮개

decken〔덱켄〕 〔타〕 et⁴ mit et³ ~ …을 …으로 덮다, …에 …을 덮어씌우다; et⁴ ~ …을 보상〈보증〉하다; j⁴ gegen et⁴ ~

	…을 …에서 지키다
dehnen 〔데-넨〕	〔타〕 늘이다, 펴다, 팽창시키다
	〔재〕 sich⁴ ~ 늘어나다, 넓어지다
dein 〔다인〕	〔대〕 《소유대명사》《부가어로써》《단수는 부정관사형, 복수는 정관사형 변화》〔남〕1격, 〔중〕1·4격 너〈당신〉의; 《명사적으로》《정관사형 변화》 너〈당신〉의 것

```
              dein의 격변화
       〔남〕     〔여〕     〔중〕     〔복〕
  1격  dein     deine    dein     deine
  2격  deines   deiner   deines   deiner
  3격  deinem   deiner   deinem   deinen
  4격  deinen   deine    dein     deine
```

deine 〔다이네〕	〔대〕 《소유대명사》dein의 〔여〕1·4격, 〔복〕1·4격
deinen 〔다이넨〕	〔대〕 《소유대명》dein의 〔남〕4격, 〔복〕3격
deiner¹ 〔다이나-〕	〔대〕 《인칭대명사》《du의 2격》《2격지배의 동사·전치사·형용사의 보족어로써만 쓰여진다》
deiner² 〔다이나-〕	〔대〕 《소유대명사》《부가어적으로》dein의 〔여〕2·3격, 〔복〕2격; 《명사적으로》 〔남〕1격
deines 〔다이네스〕	〔대〕 《소유대명사》《부가어적으로》dein의 〔남〕2격, 〔중〕2격; 《명사적으로》〔중〕1·4격
Delegation 〔데레가씨온-〕	〔여〕 -/-en 〔파견〕대표단
dem¹ 〔뎀〕	〔관〕 《정관사》〔남〕3격, 〔중〕3격 ⇨ der¹
dem² 〔뎀-〕	〔대〕 《지시대명사》《관계대명사》

	der²의 〔남〕3격, 〔중〕3격
demnach〔뎀-·나-하〕	〔부〕 그것을 따라서; 그러므로; 그것에 의하면
Demokratie〔데모크라티-〕	〔여〕 -/Demokratien〔데모크라티-엔〕 민주주의
demokratisch〔데모크라-슈〕	〔형〕 민주주의의; 민주적인
Demonstration〔데몬스트라씨온-〕	〔여〕 -/-en 데모, 시위운동
demonstrieren〔데몬스트리-렌〕	〔타〕 데모〈시위운동〉를 하다
Demut〔데-무-트〕	〔여〕 -/ 겸손, 겸허; 비하
demütig〔데-뮈-티히〕	〔형〕 겸허한, 순종하는
den¹〔덴〕	〔관〕《정관사》der¹의 〔남〕4격, 〔복〕3격
den²〔덴-, 덴〕	〔대〕〔덴-〕《지시대명사》〔덴〕《관계대명사》der²의 〔남〕4격
den ganzen Nachmittag	〔숙〕 오후내내
den ganzen Tag	〔숙〕 하루종일
den ganzen Vormittag	〔숙〕 오전중내내
denen〔데-넨〕	〔대〕《지시대명사》《관계대명사》der²의 〔복〕3격
denkbar〔덴크발-〕	〔형〕 생각〈상상〉할 수 있는 〔부〕 생각할 수 있는 한
denken*〔덴켄〕	〔자〕 생각하다, 사고하다 an j^4 〈et^4〉 ~ …을 생각하다; über j^4 〈et^4〉 ~ …에 대해서 생각하다 〔타〕 et^4 ~ …을 생각하다, 사고하다; $sich^3$ ~ 을 상상하다
Denker〔덴카-〕	〔남〕 -s/- 사고하는 사람, 사상가; 철학가
Denkmal〔덴크말-〕	〔중〕 -s/Denkmäler〔덴크메-라-〕 기념비; 기념상; 기념건조물
denn	〔접〕《병렬접속사》 …왜냐하면, 말하자면 〔부〕 (의문문에서)도대체

denn auch 〔숙〕 그런 까닭으로
dennoch 〔덴·놋호〕 〔부〕 그럼에도 불구하고
der¹ 〔데아〕 〔관〕《정관사》〔남〕1격, 〔여〕2·3격, 〔복〕2격, 그, 이, 예의, 대저 …이란

der¹의 격변화				
	〔남〕	〔여〕	〔중〕	〔복〕
1격	der	die	das	die
2격	des	der	des	der
3격	dem	der	dem	den
4격	den	die	das	die

der² 〔데아, 데아〕 〔대〕 〔데아〕《지시대명사》〔남〕1격, 〔여〕3격《부가어로써》이, 그;《명사적으로》이 사람〈것〉, 그 사람〈것〉
〔대〕 〔데아〕《관계대명사》〔남〕1격, 〔여〕3격 …하는…

der²의 격변화				
	〔남〕	〔여〕	〔중〕	〔복〕
1격	der	die	das	die
2격	dessen	deren	dessen	deren (derer)
3격	dem	der	dem	denen
4격	den	die	das	die

derb 〔델프〕 〔형〕 야비한; 단단한
deren 〔데-렌〕 〔대〕《지시대명사》《관계대명사》der²의 〔여〕2격, 〔복〕2격
derer 〔데-라-〕 〔대〕《지시대명사》《관계대명사의 선행사로써만 쓰여진다》〔복〕2격 (…인) 사람들〔의〕
dergleichen 〔데-아·그라이헨〕 〔대〕《지시대명사, 무변화》《명사적》그와 같은 것〈일〉;《형용사적》 그와 같은;

dessen

《관계대명사》 …과 같은 …

derjenige 〔데-아·이에-니게〕 〔대〕《지시대명사》《der의 부분은 정관사형 변화, jenige의 부분은 형용사 약변화》그〔사람·것〕

derjenige의 격변화			
〔남〕	〔여〕	〔중〕	〔복〕
1격 derjenige	diejenige	dasjenige	diejenigen
2격 desjenigen	derjenigen	desjenigen	derjenigen
3격 demjenigen	derjenigen	demjenigen	denjenigen
4격 denjenigen	diejenige	dasjenige	diejenigen

derselbe 〔데-아·젤베〕 〔대〕《지시대명사》《der의 부분은 정관사형 변화, selbe의 부분은 형용사 약변화》동일한〔사람·것〕

derselbe의 격변화			
〔남〕	〔여〕	〔중〕	〔복〕
1격 derselbe	dieselbe	dasselbe	dieselben
2격 dersselben	dirselben	desselben	derselben
3격 demselben	derselben	demselben	denselben
4격 denselben	dieselbe	dasselbe	dieselben

des 〔데스〕 〔관〕《정관사》〔남〕2격, 〔중〕2격 ⇨ der¹

  des Abends 〔숙〕 저녁에
  des Mittags 〔숙〕 정오에
  des Morgens 〔숙〕 아침에
  des Nachmittags 〔숙〕 오후에
  des Nachts 〔숙〕 밤에

deshalb 〔데스·할프〕 〔부〕 그러므로

dessen 〔덴센〕 〔대〕《지시대명사·관계대명사》 der²의 〔남〕2격, 〔중〕2격

desto 〔데스토-〕	〔부〕 (비교급과 함께) 더욱 더 ★ je+비교급…, ~+비교급 …하면 할수록, 더욱 더…
deswegen 〔데스·베-겐〕	〔부〕 그러므로
deuten 〔도이텐〕	〔타〕 해석하다, 설명하다 〔자〕 auf et⁴ ~ …을 가리키다, 예시하다
deutlich 〔도이트리히〕	〔형〕 분명한, 명백한, 뚜렷한
deutsch 〔도이취〕	〔형〕 독일〔인·어〕의 ★ auf ~ 독일어로; Deutsche Demokratische Republik 독일민주공화국 (옛동독)
Deutsch 〔도이취〕	〔중〕 -〔s〕/ 독일어
Deutsche(r) 〔도이체〈치야-〉〕	〔남〕〔여〕《형용사적 변화》 독일인
Deutschland 〔도이취란트〕	〔중〕 -s/ 독일 ★ Bundesrepublik ~ 독일연방공화국
Deutung 〔도이퉁그〕	〔여〕 -/-en 해석; 설명
Dezember 〔데쎔바-〕	〔남〕 -〔s〕/- 12월
d. h. 〔다스·하이스트〕	〔약〕 즉 (das heißt의 약어)
Dialekt 〔디아레크트〕	〔남〕 -〔e〕s/-e 방언, 사투리
Diamant 〔디아만트〕	〔남〕 -en/-en 다이아몬드

Diamant의 격변화

	〔단〕	〔복〕
1격	der Diamant	die Diamanten
2격	des Diamanten	der Diamanten
3격	dem Diamanten	den Diamanten
4격	den Diamanten	die Diamanten

dich 〔딧히〕	〔대〕《인칭대명사》《du의 4격》너〈당신〉을; (편지에서는 Dich)
dicht 〔디히트〕	〔형〕 짙은; 조밀한 〔부〕 밀접하여, 접근하여
dichten 〔디히텐〕	〔자〕〔타〕 시를 쓰다, 창작하다

Dichter [디히타-]	〔남〕 -s/- 시인, 작가
Dichtung [디히퉁그]	〔여〕 -/-en 문학, 시; 창작
dick [딕크]	〔형〕 두꺼운; 뚱뚱한; 굵은; 농후한
die¹ [디-]	〔관〕《정관사》〔여〕1·4격, 〔복〕1·4격 ⇨ der¹
die ganze Nacht	〔숙〕 밤새도록
die² [디-, 디]	〔대〕 [디-] 《지시대명사》 [디] 《관계대명사》 der²의 〔여〕1·4격 〔복〕1·4격
Dieb [디-프]	〔남〕 -(e)s/-e 도둑; 소매치기
Diebstahl [디-프·슈탈-]	〔남〕 -(e)s/Diebstähle [디-프·슈테-레] 훔침, 절도
dienen [디-넨]	〔자〕 j³ ⟨et³⟩ ~ …에게 봉사하다, 헌신하다 zu et³ ~ …에 도움이 되다
Diener [디-나-]	〔남〕 -s/- 하인, 공복
Dienst [딘-스트]	〔남〕 -es/-e 근무; 봉사; 써비스
Dienstag [딘-스타-크]	〔남〕 -s/-e 화요일
dienstlich [딘-스트리히]	〔형〕 근무상의
Dienstmädchen [딘-스트·메-트헨]	〔중〕 -s/- 하녀
dies [디-스]	〔대〕《지시대명사》dieser의 〔중〕1·4격 (dieses의 생략형)
diese [디-제]	〔대〕《지시대명사》dieser의 〔여〕1·4격, 〔복〕1·4격
diese Nacht	〔숙〕 오늘밤; 어젯밤
diesem [디-젬]	〔대〕《지시대명사》dieser의 〔남〕3격, 〔중〕3격
diesen [디-젠]	〔대〕《지시대명사》dieser의 〔남〕4격, 〔복〕3격
diesen Frühling	〔숙〕 이⟨금년의⟩봄
diesen Herbst	〔숙〕 이⟨금년의⟩가을
diesen Morgen	〔숙〕 오늘 아침에
diesen Sommer	〔숙〕 이⟨금년의⟩여름
diesen Winter	〔숙〕 이⟨금년의⟩겨울

dieser 〔디-자-〕 〔대〕《지시대명사》《정관사형 변화》〔남〕1격, 〔여〕2·3격, 〔복〕2격《부가어로써》 이…;˙《명사적으로》이 사람〈것〉;《jener에 대해서》후자

dieser의 격변화			
〔남〕	〔여〕	〔중〕	〔복〕
1격 dieser	diese	dies[es]	diese
2격 dieses	dieser	dieses	dieser
3격 diesem	dieser	diesem	diesen
4격 diesen	diese	dies[es]	diese

  dieser und jener 〔수〕 여러가지 사람
dieses 〔디-제스〕 〔대〕《지시대명사》 dieser의 〔남〕2격, 〔중〕1·2·4격
  dieses Jahr 〔숙〕 금년, 올해
  dieses Jahres 〔숙〕 금년, 올해
  dieses Monats 〔숙〕 이달〔에〕
  dieses und jenes 〔숙〕 이것 저것
diesmal 〔디-스·말-〕 〔부〕 이번에는
diesseits 〔디-스·자이쓰〕 〔전〕《2격지배》…의 이쪽에〈에서〉
Diktat 〔디크타-트〕 〔중〕 -[e]s/-e 받아쓰기, 구술; 엄명
Diktatur 〔디크타-투-아〕 〔타〕 -/-en 독재
diktieren 〔디크티-렌〕 〔타〕 j³ et⁴ ~ …에게 …을 구술 필기시키다; …에게 …을 명령하다
Ding 〔딩그〕 〔중〕 -[e]s/-e 물건, 일, 사물; 사항 ★ vor allen ~ en 특별〈각별〉히, 그중에서도
Diplom 〔디프롬-〕 〔중〕 -[e]s/-e 공문서; 면허장; (대학의) 졸업증서
Diplomat 〔디프로마-트〕 〔남〕 -en/-en 외교관

Diplomat의 격변화

	〔단〕	〔복〕
1격	der Diplomat	die Diplomaten
2격	des Diplomaten	der Diplomaten
3격	dem Diplomaten	den Diplomaten
4격	den Diplomaten	die Diplomaten

diplomatisch〔디프로마-팃슈〕 〔형〕 외교적인, 외모상의; 빈틈없는

dir〔디-아〕 〔대〕《인칭대명사》《du의 3격》(편지에서는 Dir)《재귀대명사》《du의 3격》

direkt〔디렉크트〕 〔형〕 직접의; 똑바른

Direktor〔디렉크토아〕 〔남〕 -s/Direktoren〔디렉크토-렌〕 사장, 국장, 교장, 소장, 지배인

Direktoren〔디렉크토-렌〕 〔복〕 Direktor의 복수형

Dirigent〔디리겐트〕 〔남〕 -en/-en 지휘자; 지배인

Dirigent의 격변화

	〔단〕	〔복〕
1격	der Dirigent	die Dirigenten
2격	des Dirigenten	der Dirigenten
3격	dem Dirigenten	den Dirigenten
4격	den Dirigenten	die Dirigenten

dirigieren〔디리기-렌〕 〔타〕 지휘하다

Diskussion〔디스쿠시온-〕 〔여〕 -/-en 토의, 의논

diskutieren〔디스쿠티-렌〕 〔타〕 et⁴ ～ …을 논하다, 토론하다
〔자〕 über et⁴ ～ …에 대해서 토의〈토론〉하다

disputieren〔디스슈푸티-렌〕 〔자〕 mit j³ über et⁴ ～ …와 …에 대해서 논쟁〈격론〉하다

Disziplin〔디스찌프린-〕 〔여〕 -/-en 훈련; 규율; 전문영역; 학과

doch [돗호]	〔부〕 그러나, 하지만; (강조의 뜻으로)역시; 참으로, 실제로; 부디, 꼭; (부정의 의문문에 대해서)아니요
	〔접〕 《병렬의 접속사》 그러나, 그래도
Doktor [독토아]	〔남〕 -s/Doktoren [도크토-렌] 박사(약 : Dr.); 의사
Dokument [도쿠멘트]	〔중〕 -(e)s/-e (기록적인)문서, 서류, 증서
dolmetschen [돌멧첸]	〔자〕〔타〕 통역하다
Dolmetscher [돌멧차-]	〔남〕 -s/- 통역
Dom [돔-]	〔남〕 -(e)s/-e 대사원, 대성당; 돔, 둥근지붕
Donner [돈나-]	〔남〕 -s/- 천둥, 뇌성
donnern [돈네른]	〔비〕 es donnert 천둥치다
Donnerstag [도나-스·타-크]	〔남〕 -s/-e 목요일
doppelt [돗펠트]	〔형〕 2배의; 2중의
Doppelzimmer [돗펠·씸마-]	〔중〕 -s/- (호텔·숙사따위의) 2인용방
Dorf [돌프]	〔중〕 -(e)s/Dörfer [될파-] 마을, 촌락
Dörfer [될파-]	〔복〕 Dorf의 복수형
Dorn [도른]	〔남〕 -(e)s/-en (식물의)가시, 가시덤풀
dort [돌트]	〔부〕 저기에〈에서〉; 거기에〈에서〉 ★ da und ~ 여기저기서; ~ oben 저기 위에서; ~ unten 저기 밑에서; von ~ 저기로부터
dorther [돌트·헤-아, 돌트·헤-아]	〔부〕 저기로부터
dorthin [돌트·힌, 돌트·힌]	〔부〕 저기로, 거기로
Dose [도-제]	〔여〕 -/-n (원통형)의 작은 상자; (맥주·쥬스따위의)깡통
Dozent [도쩬트]	〔남〕 -en/-en 대학강사

Dozent의 격변화		
	〔단〕	〔복〕
1격	der Dozent	die Dozenten
2격	des Dozenten	der Dozenten
3격	dem Dozenten	den Dozenten
4격	den Dozenten	die Dozenten

Draht〔드라-트〕 〔남〕 -〔e〕s/Drähte〔드레-터〕 철사; 전선

Drama〔드라-마〕 〔중〕 -/Dramen〔드라-맨〕 극, 희극

Dramatiker〔드라마-티카-〕 〔남〕 -s/- 극작가

dramatisch〔드라마-팃슈〕 〔형〕 연극〈희극〉의; 극적인

Drang〔드랑그〕 〔남〕 -〔e〕s/Dränge〔드렝게〕 압박; 충동

drang〔드랑그〕 〔과〕 dringen의 과거 기본형

dränge〔드렝게〕 〔접 Ⅱ〕 dringen의 접속법 제 Ⅱ 식 기본형

drängen〔드렝겐〕 〔타〕 밀다, 누르다; 몰아대다, 재촉하다
〔자〕 auf et⁴ ∼ …을 재촉하다

draußen〔드라우쎈〕 〔부〕 밖에서, 옥외에서

Dreck〔드렉크〕 〔남〕 -〔e〕s/ 오물(분뇨・진창), 쓰레기

dreckig〔드렉키히〕 〔형〕 불결한

drehen〔드레-엔〕 〔타〕 돌리다, 회전시키다; 감다
〔재〕 sich⁴ ∼ 돌다, 회전하다

drei〔드라이〕 〔수〕 3〔의〕

Dreieck〔드라이・엑크〕 〔중〕 -s/-e 3각형

dreißig〔드라이시히〕 〔수〕 30〔의〕

dreizehn〔드라이쩬-〕 〔수〕 13〔의〕

dringen*〔드링겐〕 〔자〕 (s)돌진하다, 밀고들어가다 (h) in j⁴ ∼ …에 박두하다, 재촉하다; auf et⁴ ∼ …을 주장하다

dringend〔드링겐트〕 〔형〕 임박한, 긴급의; 간절한
〔부〕 간곡히, 자꾸

drinnen〔드린넨〕	〔부〕 안에서, 옥내에서
dritt〔드릿트〕	〔수〕 《서수》 제3〔번째〕의
Drittel〔드릿텔〕	〔중〕 -s/- 3분의1
Droge〔드로-게〕	〔여〕 -/-n 마약
Drogerie〔드로게리-〕	〔여〕 -/Drogerien〔드로게리-엔〕 약방
drohen〔드로-엔〕	〔자〕 j³ mit et³ ~ …을 협박하다; (zu를 가진 부정사와 함께)…할 것 같다, …할 우려가 있다
Drohung〔드로-웅그〕	〔여〕 -/-en 협박, 위협
drollig〔드로리히〕	〔형〕 우스꽝스러운, 익살 맞은; 재미있는
drüben〔드뤼-벤〕	〔부〕 저쪽〔저편〕에서; 해외에서
Druck^1〔드룩크〕	〔남〕 -[e]s/Drücke〔드뤽케〕 누름, 눌림; 압력
Druck^2〔드룩크〕	〔남〕 -[e]s/Drucke〔드룩케〕 인쇄
drucken〔드룩켄〕	〔타〕 인쇄하다
drücken〔드뤽켄〕	〔타〕 (…을)밀다, 누르다; 압박하다; 괴롭히다 〔자〕 auf et⁴ ~ …을 압박하다, 밀다
Druckerei〔드룩케라이〕	〔여〕 -/-en 인쇄소
Druckfehler〔드룩크·페-라-〕	〔남〕 -s/ 오식, 미스프린트
Drucksache〔드룩크·잣헤〕	〔여〕 -/-n (우편에서)인쇄물
du〔두-〕	〔대〕 《인칭대명사》 너, 그대, 자네; (편지에서는 Du)

du의 격변화	
1격	du
2격	deiner
3격	dir
4격	dich

Duft〔두프트〕　〔남〕 [e]s/Düfte〔뒤프테〕 향기,

	방향; 숨; 안개
duften [두프텐]	[자] 향기가 나다, 향내가 나다; 증기가 되어 올라가다 (s) (증기가 되어) 피어 오르다 ★ es duftet nach et³ …의 냄새가 나다
dulden [둘덴]	[타] 참다, 견디다
dumm* [둠]	[형] 어리석은, 바보같은, 둔한
dümmer [뒴마-]	[형] dumm의 비교급
Dummheit [둠하이트]	[여] -/-en 우둔; 구행
Dummkopf [둠·코프흐]	[남] -[e]s/Dummköpfe [둠·쾨프페] 바보
dümmst [뒴스트]	[형] dumm의 최상급
dumpf [둠프흐]	[형] 습기 있는; 숨막히는; 둔한, 멍한
dunkel [둔켈]	[형] 어두운; 거무스레한; (색이) 짙은; 희미한
Dunkelheit [둔켈하이트]	[남] -/- 어둠
dünn [뒨]	[형] 얇은; 가느다란; 마른; 희박한
Dunst [둔스트]	[남] -es/Dünste [뒨스테] 안개, 증기; 연기
durch [둘히]	[전] 《4격지배》…을 지나서; …에 의해서; …을 매개로 해서; …이 원인으로
durch und durch	[숙] 철저히, 완전히
durch Zufall	[숙] 우연히
durch|arbeiten [둘히·알바이텐]	[자] 쉬지 않고 일하다
	[타] (선적따위를) 충분히 음미하다〈연구〉하다
	[재] sich⁴ ~ (애써서) 빠져나가다
durchaus [둘히·아우스]	[부] 전적으로, 전연; ★ ~ nicht 전연 …이 아니다;
durch|blättern [둘히·부렛테른]	[타] 페이지를
durch|brechen* [둘히·부]	[타] (2개로) 부수다, 깨다; 꺾다

| | 렛헨〕 | 〔자〕 (s) (2개로) 깨지다; 꺾어지다 |

durchbrechen* 〔둘히·부렛헨〕 〔타〕 돌파하다; (규칙따위를) 깨다

durch|dringen* 〔둘히·드링겐〕 〔자〕 (s) 꿰뚫다; 스미다; mit et^3 ~ …을 밀고 나가다

durcheinander 〔둘히·아이난다-〕 〔부〕 뒤섞여, 뒤죽 박죽이 되어

durch|fallen* 〔둘히·파렌〕 〔자〕 (s) 낙제〈낙선〉하다; (극·영화 따위가) 평이 나쁘다 ★ im Examen ~ 시험에 떨어지다

durch|führen 〔둘히·휘-렌〕 〔타〕 실행〈수행〉하다; 최후까지 해치우다

Durchgangszug 〔둘히·강그스·쑤-크〕 〔남〕 -〔e〕s/Durchgangszüge 〔두르히간스·쒸-게〕〔중거리〕 보통 급행열차 (약: D-Zug)

durch|gehen* 〔둘히·게-엔〕 〔자〕 (s) 통과하다; (법안따위가) 가결되다 ★ j^3 et^4 ~ lassen …의 …을 묵인하다
〔타〕 면밀하게 조사하다, 검토하다

durch|lassen* 〔둘히·랏센〕 〔타〕 통하게 하다, 통과시키다
durch|lesen* 〔둘히·레-젠〕 〔타〕 통독하다
Durchmesser 〔둘히·멧사-〕 〔남〕 -s/- 직경
durch|reisen 〔둘히·라이젠〕 〔자〕 (s) 두루 여행하다, 편력하다

durchreisen 〔둘히·라이젠〕 〔타〕 (어떤지방을) 여행해서 돌다, 주유하다

durchs 〔둘히스〕 〔융합〕《전치사 durch와 정관사 das의 융합형》 ⇨ durch

Durchschnitt 〔둘히·슈닛트〕 〔남〕 -〔e〕s/-e 평균〔치〕; 절단, 단면 ★ im ~ 평균해서

durchschnittlich 〔둘히·슈닛트리히〕 〔형〕 평균적인
〔부〕 평균해서

durch|sehen 〔둘히·제-엔〕 〔자〕 통하여 보다, 들여다 보다
〔타〕 조사하다, 검사하다

durch|setzen 〔둘히·젯쎈〕 〔타〕 (계획·일따위를) 수행하다,

		관철하다
	〔재〕	sich⁴ ~ 자신의 의지를 관철하다; 보급〈침투〉하다
durchsichtig〔둘히·지히티히〕	〔형〕	투명한; 빤히 들여다 보이는
durch|streichen〔둘히·슈트라이헨〕	〔타〕	(자구를) 말살하다
durchweg〔둘히·베크, 둘히·벧크〕	〔부〕	완전히, 예외없이
dürfen*〔뒬펜〕	〔조〕	《화법의 조동사》(허가)…해도 좋다; (금지, 부(否) 정사와 함께) …해서는 안된다; (이유) …하는 이유가 있다; (불필요, 부(否) 정사와 함께) …할 필요가 없다; (nur·bloß와 함께) …하기만 하면 된다
durfte〔둘프테〕	〔과〕	dürfen의 과거 기본형
dürfte〔뒬프테〕	〔접Ⅱ〕	dürfen의 접속법 제Ⅱ식 기본형
dürftig〔뒬프티히〕	〔형〕	가난한, 옹색한; 약간의, 하찮은
dürr〔뒬〕	〔형〕	마른, 고갈된, 건조한; 여윈
Durst〔둘스트〕	〔남〕	-[e]s/ 목마름, 갈증 ★ ~ haben 목이 마르다
durstig〔둘스티히〕	〔형〕	목이 마른, 갈증난
Dusche〔둣세, 두-쇠〕	〔여〕	-/-n 샤워
duschen〔둣센, 두-쉰〕	〔자〕	샤워를 하다
düster〔뒤-스타-〕	〔형〕	우울한, 어두운
duzen〔두-쩬〕	〔타〕	du를 부르다, du로 말을 걸다
Dutzend〔두쩬트〕	〔중〕	-s/-e 다스, 12개
dynamisch〔뒤나-밋슈〕	〔형〕	역학상의, 다이나믹한
D-Zug〔데-·쑤크〕	〔남〕	-[e]s/D-Züge〔데-쒸-게〕〔중거리〕보통급행열차 (Durchgangszug의 약)

E

Ebbe 〔엣베〕 〔여〕 썰물, 간조; 쇠퇴
eben 〔에-벤〕 〔형〕 평평한, 평탄한; 한결같은; 조용한
〔부〕 마침; 바로; 방금; 완전히, 뭐니뭐니해도; ~ noch 방금; jetzt ~ 방금; nur ~ 〈~ nur〉마침 …뿐, 겨우; so ~ 가까스로

   eben jetzt 〔숙〕 방금, 지금
Ebene 〔에-베네〕 〔여〕 -/-n 평지, 평원; 평면; 수준, 레벨
ebenfalls 〔에-벤·팔스〕 〔부〕 …도 또한, (…도) 마찬가지로
ebenso 〔에-벤·조〕 〔부〕 아주 똑같이, 똑같은 정도로

   ebenso … wie … 〔숙〕 …과 같은 정도로…, …과 똑같이
Eber 〔에-바-〕 〔남〕 숫돼지; 숫멧돼지
Echo 〔에히오〕 〔중〕 -s/-s 메아리, 산울림; 반향
echt 〔에히트〕 〔형〕 진짜의, 진정한; 순수한
Ecke 〔엑케〕 〔여〕 -/-n 구석; 모퉁이 ★ an der ~ 모퉁이에; in der ~ 구석에; um die ~ 거리의 모퉁이를 돌아서
eckig 〔엑키히〕 〔형〕 모난, 무뚝뚝한
edel 〔에-델〕 〔형〕 고귀한
Edelstein 〔에-텔·슈타인〕 〔남〕 -(e)s/-e 보석
Effekt 〔에펙트〕 〔남〕 -(e)s/-e 효과
egal 〔에갈-〕 〔형〕 같은, 한결같은; 아무렇게 하여도 좋은
Egoismus 〔에고이스무스〕 〔남〕 -/Egoismen 〔에고이스맨〕

Egoist [에고이스트] 이기주의
〔남〕 -en/-en 이기주의자

Egoist의 격변화			
	〔단〕		〔복〕
1격	der Egoist	die	Egoisten
2격	des Egoisten	der	Egoisten
3격	dem Egoisten	den	Egoisten
4격	den Egoisten	die	Egoisten

egoistisch [에고에스팃슈] 〔형〕 이기주의의
ehe [에-에] 〔접〕《종속접속사》…하기전에, …하지않는 사이에
Ehe [에-에] 〔여〕 -/-n 혼인, 결혼생활
ehemals [에-에·마-르스] 〔부〕 이전에는, 일찍이
Ehepaar [에-에·팔-] 〔중〕 -s/-e 부부
eher [에-아-] 〔부〕《bald의 비교급》보다 일찍이, 보다 이전에; 오히려 …
ehest [에-에스트] 〔형〕《부가어적으로》가장 일찍이
〔부〕 bald의 최상급《am ~en 의 형태로》가장쉽게, 가장 좋아하여
Ehre [에-레] 〔여〕 -/-n 명예
ehren [에-렌] 〔타〕 존경하다, 존중하다
Ehrfurcht [에-아·후루히트] 〔여〕 -/ 경외, 숭경
ehrlich [에-아리히] 〔형〕 정직한, 성실한
Ei [아이] 〔중〕 -[e]s/-er 알, 달걀
Eiche [아이헤] 〔여〕 -/-n 떡갈나무
Eid [아이트] 〔남〕 -[e]s/-e 맹세, 선서
Eifer [아이파] 〔남〕 -s/ 열심, 열중 ★ mit ~ 열심히
Eifersucht [아이파-·주흐트] 〔여〕 -/ 질투, 시기
eifersüchtig [아이파-·쥐히티히] 〔형〕 질투하고 있는, 시기심이 깊은

eifrig 〔아이프리히〕	〔형〕 열심인, 열중하는
eigen 〔아이겐〕	〔형〕 《부가적용법뿐》자기자신의; 특유한
Eigenart 〔아이겐·알-트〕	〔여〕 -/-en 특성, 특색; 괴상함
eigenartig 〔아이겐·알-티히〕	〔형〕 독특한, 특색있는; 기묘한
Eigenschaft 〔아이겐샤프트〕	〔여〕 -/-en 성질, 특성; 자격
eingensinnig 〔아이겐·진니히〕	〔형〕 고집센, 제멋대로의
eigentlich 〔아이겐트리히〕	〔형〕 본래의, 원래의; 실제의, 참된
	〔부〕 본래, 원래; 참으로, 실제로는; (의문문에서는) 도대체, 대체
Eigentum 〔아이겐툼-〕	〔중〕 -s/Eigentümer 〔아인겐튀-마-〕
eigentümlich 〔아이겐튐-리히〕	〔형〕 독특한, 기묘한, 소유물, 재산
Eile 〔아이레〕	〔여〕 서두름, 급함 ★ ~ haben …〈…이〉급하게 서둘고 있다, 급을 요하다; in ~ sein 급히 서둘고 있다; mit ~ 급히 서둘러서
eilen 〔아이렌〕	〔자〕 (h, s) 급히가다, 서두르다; 급을 요하다
eilig 〔아이리히〕	〔형〕 급한, 신속한
Eilzug 〔아일·쭈-크〕	〔남〕 -〔e〕s/Eilzüge 〔아일·쮜-게〕 준급행〈쾌속〉열차
Eimer 〔아이마-〕	〔남〕 -s/- 양동이, 바께쓰
ein 〔아인〕	〔관〕 《부정관사》〔남〕1격, 〔중〕1·4격 어떤…; …이란 것; 일종의…; 어떤 하나의 〈사람의〉…; …과 같은 사람

부정관사 ein의 격변화

	〔남〕	〔여〕	〔중〕
1격	ein	eine	ein
2격	eines	einer	eines

3격	einem	einer	einem
4격	einen	eine	ein

ein bißchen 〔숙〕 조금〔의〕, 소량
ein halb 〔숙〕 2분의1
ein paar 〔숙〕 2,3의, 두서넛의
einander〔아이난다-〕 〔부〕 서로〈를〉
ein|arbeiten〔아인·알바이텐〕 〔타〕 j⁴ in et⁴ ~ …을 …에게 습득시키다; et⁴ in et⁴ ~ …을 …에 더하다
〔재〕 sich⁴ in et⁴ ~ …을 습득하다
ein|atmen〔아인·아-트멘〕 〔타〕 (…을)빨아 들이다
〔자〕 숨을 들이마시다
ein|biegen*〔아인·비-겐〕 〔자〕 (s) 돌다, 구불다 ★ nach rechts~ (길을)오른쪽으로 돌다
ein|bilden〔아인·빌덴〕 〔재〕 sich³ et⁴ ~ …을 상상하다, (잘못)생각해버리다; sich³ auf et⁴ ~ …을 자랑하다, 자만하다
Einbildung〔아인·빌둥그〕 〔여〕 -/-en 상상, 공상; 자만
ein|brechen*〔아인·부렛헨〕 〔자〕 (s) 허물어지다; 빠개지다; (s, h) (가옥따위에)침입하다
〔타〕 부수다, 파괴하다; 억지로 열다
Einbrecher〔아인·부렛히야-〕 〔남〕 -s/- 침입자, 강도
ein|bringen*〔아인·부링겐〕 〔타〕 가지고 들어오다; 치워두다;(법안 동의 따위를)제출하다; j³ et⁴ ~ …에게 …(이익따위)를 가져오다
Eindruck〔아인·드룩크〕 〔남〕 -s/Eindrücke〔아인·드뤽케〕 인상
eine¹〔아이네〕 〔관〕《부정관사》(여)1·4격 ⇨ ein
eine halbe Stunde 〔숙〕 반시간

eine Minute	〔숙〕 1일간; 잠시동안	
eine Sekunde	〔숙〕 1초간; 잠깐동안	
eine Weile	〔숙〕 잠시동안	

eine²〔아이네〕 〔대〕《부정대명사》einer²의 〔여〕1·4격

einem¹〔아이넴〕 〔관〕《부정관사》〔남〕3격, 〔중〕3격 ⇨ ein

einem²〔아이넴〕 〔대〕《부정대명사》 einer²의 〔남〕3격, 〔중〕3격 《부정대명사》 man의 3격

einen¹〔아이넨〕 〔관〕《부정관사》〔남〕4격 ⇨ ein

einen²〔아이넨〕 〔대〕《부정대명사》einer²의 〔남〕4격 《부정대명사》 man의 4격

einen Augenblick 〔숙〕 잠깐동안
einen Moment 〔숙〕 잠깐동안

einer¹〔아이나-〕 〔관〕《부정관사》〔여〕2·3격 ⇨ ein

einer²〔아이나-〕 〔대〕《부정대명사》〔남〕1격, 〔여〕2·3격 누구인가 어떤사람, 무엇인가 어떤 것

```
부정대명사 einer²의 격변화

       〔남〕    〔여〕     〔중〕      〔복〕
 1격   einer    eine    eines     welche
 2격  (eines)  (einer)  (eines)  (welcher)
 3격   einem   einer    einem    welchen
 4격   einen    eine    eines     welche
```

einerlei〔아이나-라이〕 〔형〕《무변화, 술어적 용법뿐》 같은 종류의; 동일한; 아무렇게나 해도 좋은

einerseits〔아이나·자이트〕 〔부〕 한편으로는, 일면으로는 ★ ~ …, andererseits… 한편으로는… 다른 한편으로

eines¹〔아이네스〕 〔관〕《부정관사》〔남〕2격, 〔중〕2격 ⇨ ein

eines Abends 〔숙〕 어느밤에

eines Jahres	〔숙〕 어느해에
eines Morgens	〔숙〕 어느날 아침
eines Nachts	〔숙〕 어느날 밤
eines Tages	〔숙〕 어느날
eines^2 〔아이네스〕	〔대〕 《부정대명사》einer^{2}의 〔남〕 2격, 〔중〕2격 《부정대명사》man의 2격
einfach 〔아인·팟하〕	〔형〕 단순한, 간단한; 소박한 〔부〕 간단히; 전혀; 재빨리, 시원스럽게
Einfahrt 〔아인·팔-트〕	〔여〕 -/-en (탈 것의)진입; 진입구, 입구; 입장
Einfall 〔아인·팔〕	〔남〕 -s/Einfälle 〔아인·페레〕 착상; 침입
ein|fallen* 〔아인·파렌〕	〔자〕 (s) j^3 ~ …의 마음에 떠오르다〈생각나다〉; 붕괴되다; 침입하다
ein|fassen 〔아인·팟센〕	〔타〕 둘러싸다, 가장자리를 대다; 끼워넣다
Einfluß 〔아인·후루스〕	〔남〕 Einflusses/Einflüsse 〔아인·후륏세〕 영향〔력〕
ein|fügen 〔아인·휘-겐〕	〔타〕 끼워박다, 삽입하다; 접합하다 〔재〕 sich^4 in et^4 ~ …에 순응하다, 익숙해지다
Einfuhr 〔아인·후-아〕	〔여〕 -/-en 수입
ein|führen 〔아인·휘-렌〕	〔타〕 도입하다; 수입하다
Einführung 〔아인·휘-룽그〕	〔여〕 -/-en 도입; 수입; 입문; 서설
Eingabe 〔아인·가-베〕	〔여〕 -/ (전산기의)인풋트
Eingang 〔아인·강그〕	〔남〕 -〔e〕s/Eingänge 〔아인·겡게〕 입구; 입하; 입금
ein|gehen* 〔아인·게-엔〕	〔자〕 (편지 따위가)도착 하다, 도달하다; (동물이)죽다, (식물따위가)시들다, (회사따위가)도산하다 ★ j^3 ~ …에게 이해되다; auf et^4 ~ …에 들어가다; …에 응하다

eingehend 〔아인·게-엔트〕	〔형〕	자세한; 고유한; 정확한
ein|gestehen* 〔아인·게슈테-엔〕	〔타〕	자백하다, 고백하다; 용인하다
Eingriff 〔아인·그릿프〕	〔남〕	-[e]s/-e 간섭, 개입; 수술
ein|halten* 〔아인·할텐〕	〔타〕	(약속·의무 따위를)지키다
Einheit 〔아인·하이트〕	〔여〕	-/-en 일체; 통일〔체〕; 단위
einheitlich 〔아인·하이트리히〕	〔형〕	일체의, 정돈된; 통일적인; 단일의
ein|holen 〔아인·호-렌〕	〔타〕	j^4 ~ …을 따라 잡다; et^4 ~ 되찾다; 매입하다
einig 〔아이니히〕	〔형〕	일치된 ★ mit j^3 ~ sein …와 같은 의견이다 über et^4 ⟨in et^3⟩ ~ sein …에 의견이 일치되어 있다
einige 〔아이니게〕	〔대〕	《부정대명사, 부가어로써, 변화는 형용사와 같다》 2, 3의, 두서넛의, 얼마간의, 약간의; 《명사적으로》두서너사람, 몇명의 사람

einige의 격변화	
1격	einige
2격	einiger
3격	einigen
4격	einige

einige Zeit	〔숙〕	잠시동안
einigen 〔아이니겐〕	〔타〕	일치시키다, 통일하다
	〔재〕	$sich^4$ mit j^3 ~ 와 의견이 일치하다, 합의하다
einigermaßen 〔아이니가-·마-센〕	〔부〕	얼마만큼, 어느정도
Einigung 〔아이니궁그〕	〔여〕	-/-en (의견의) 일치; 통일
Einkauf 〔아인·카우프〕	〔남〕	-[e]s/Einkäufe 〔아인·코이페〕 구입, 쇼핑 ★ ~ machen 쇼핑하다

ein|richten

ein|kaufen 〔아인 · 카우펜〕 〔자〕 구입하다, 사들이다 ★ ~ gehen 쇼핑하러가다
〔타〕 사들이다

Einkommen 〔아인 · 콤멘〕 〔중〕 -s/- 소득, 수입

ein|laden* 〔아인 · 라-덴〕 〔타〕 초대하다; (짐을) 싣다

Einladung 〔아인 · 라둥그〕 〔여〕 -/-en 초대; 적재

ein|lassen* 〔아인 · 랏센〕 〔타〕 넣다; 입장시키다
〔재〕 sich⁴ auf ⟨in⟩ et⁴ ~ 에 관여하다, 손을 내다

ein|leiten 〔아인 · 라이텐〕 〔타〕 도입하다; 안내하다; 시작하다

Einleitung 〔아인 · 라이퉁그〕 〔여〕 -/-en 도입; 입문; 서문, 전제

ein|leuchten 〔아인 · 로이히텐〕 〔자〕 j³ ~ …에 이해되다, 납득되다

einmal 〔아인·말-, 아인·말-〕 〔부〕 한번, 1회; 1배 ★ auf ~ 동시에, 단번에, 갑자기 noch ~ 다시한번
〔부〕 지난날, 옛적에; 언젠가 ★ nicht ~ …마저 없다; nun ~ 어쨋든; wieder ~ 또다시

einmalig 〔아인 · 마-리히〕 〔형〕 한번의, 1회의; 선례가 없는

Einnahme 〔아인 · 나-메〕 〔여〕 -/-n 《단수로》 소득; (약의) 복용; 점령; 《복수로》 수입

ein|nehmen* 〔아인 · 네-멘〕 〔타〕 (돈을) 받다; (약을) 복용하다; (지위 · 좌석따위를) 차지하다

ein|packen 〔아인 · 팍켄〕 〔타〕 et⁴ ~ …을 포장하다, …의 짐을 꾸리다

ein|prägen 〔아인 · 프레겐〕 〔타〕 각인하다; 인상을 주다

ein|räumen 〔아인 · 로이멘〕 〔타〕 정리하다; 양도하다; 용인하다

ein|richten 〔아인 · 리히텐〕 〔타〕 et⁴ ~ …을 정돈하다; …에 가구를 비치하다; 설립하다
〔재〕 sich⁴ ~ 가구를 정비하다;

		auf et⁴ ~ …의 준비를 하다
Einrichtung 〔아인 · 리히퉁그〕	〔여〕	-/-en 설비, 가구; 처리, 수배
eins¹ 〔아인스〕	〔수〕	1
eins² 〔아인스〕	〔대〕	《부정대명사》 eines의 단축형 하나〔의 물건〕 ⇨ einer²
eins³ 〔아인스〕	〔대〕	《술어적 용법으로》일치된 ★ mit j³ ~ werden …와 의견이 일치하다
einsam 〔아인 · 잠-〕	〔형〕	고독한; 외로운, 외딴
Einsamkeit 〔아인 · 잠-카이트〕	〔여〕	-/ 고독
Einsatz 〔아인 · 잣쓰〕	〔남〕	-es/Einsätze 〔아인 · 쩻쩨〕 (인원 따위의) 투입; (노래 · 연주의) 시작
ein|schalten 〔아인 · 샬텐〕	〔타〕 〔재〕	스위치를 넣다 sich⁴ in et⁴ ~ …에 끼어들다, 개입하다
ein|schätzen 〔아인 · 쎗쩬〕	〔타〕	평가하다, 사정하다
ein|schlafen* 〔아인 · 슈라-펜〕	〔자〕	(s) 잠이들다
ein|schlagen* 〔아인 · 슈라-겐〕	〔타〕 〔자〕	박다; 때려부수다; (어떤방향 · 길따위를) 취하다 낙뢰하다 auf et⁴ ~ …벼락 맞다
ein|schließen* 〔아인 · 슈리-쎈〕	〔타〕 〔재〕	…을 가두다; 포함시키다 sich⁴ ~ 틀어박히다
ein|schmuggeln 〔아인 · 슈뭇게른〕	〔타〕	밀수입하다
ein|schränken 〔아인 · 슈렌켄〕	〔타〕 〔재〕	제한하다, 구속하다 sich⁴ ~ …절약하다, 절제하다
Einschränkung 〔아인 · 슈렌쿵그〕	〔여〕	-/-en 제한
ein|schreiben* 〔아인 · 슈라이벤〕	〔타〕	기입하다; 등록하다 ★ et⁴ ~lassen …을 등기로 하다

Einschreibung〔아인·슈라이붕그〕	〔여〕 -/-en 기입; 등록; 등기우편
ein|sehen*〔아인·제-엔〕	〔타〕 통찰하다, 간파하다; 양해하다; 검열하다, 열람하다
einseitig〔아인·자이티히〕	〔형〕 한편의, 한쪽의; 일면적인, 편파적인
ein|setzen〔아인·젯쎈〕	〔타〕 et^4 in et^4 ~ …을 …에 넣다, 끼어넣다; et^4 ~ …(인원따위)를 투입하다; j^4 zu et^4 ~ …을 …에 지명〈임명〉하다
	〔재〕 $sich^4$ ~ 진력하다; $sich^4$ für j^4 ~ …을 위해서 진력하다
	〔자〕 시작하다
Einsicht〔아인·지히트〕	〔여〕 -/-en 통찰, 이해, 인식; 검렬, 열람
ein|sperren〔아인·슈페렌〕	〔타〕 가두어두다, 감금하다; 유괴하다
Einspruch〔아인·슈프르흐〕	〔남〕 -[e]s/Einsprüche〔아인·슈프륏헤〕 이의, 항의
einst〔아인스트〕	〔부〕 언젠가, 일찍이, 옛날에
ein|stecken〔아인·슈텍켄〕	〔타〕 넣다, 꽂아〈끼어〉넣다
ein|steigen*〔아인·슈타이겐〕	〔자〕 (s) (탈것에) 타다, 승차하다
ein|stellen〔아인·슈테렌〕	〔타〕 et^4 in et^4 ~ …을 …에 넣다; 중지하다; j^4 ~ …을 채용하다, 고용하다 ★ die Arbeit ~ 조업을 중지하다; 스트라이크를하다; et^4 auf et^4 ~ …을 …으로 조절하다
	〔재〕 $sich^4$ ~ 나타나다; $sich$ auf et^4 ~ …에 적응하다, …에 맞추다
Einstellung〔아인·슈테룽그〕	〔여〕 -/-en 입장, 사고방식; 중지; 조절; 채용
einstimmig〔아인·슈팀미히〕	〔형〕 이구동성의, 같은 의견의
ein|teilen〔아인·타이렌〕	〔타〕 et^4 [in et^4] ~ …을〔…으

	로]나누다, 분할하다, 배분하다
Eintracht [아인·트라하트]	〔여〕 -/-en 협조, 일치; 단결
ein|tragen* [아인·트라-겐]	〔타〕 기입〈기재〉하다; 등록하다; 가져오다
ein|treffen* [아인·트렛펜]	〔자〕 (s) 도착하다, 실현하다
ein|treten* [아인·트레-텐]	〔자〕 (s) (사태가) 시작되다 ★ für j⁴ ⟨et⁴⟩ ~ …을 지지하다, …의 대리를 하다, …을 변호하다; in et⁴ ~ …으로 들어가다; in et⁴ ~ …을 시작하다
Eintritt [아인·트릿트]	〔남〕 -s/-e 개시, 시작; 들어감; 입장; 입사, 입학, 입회
Eintrittskarte [아인·트릿쓰칼테]	〔여〕 -/-n 입장권
ein|üben [아인·위-벤]	〔타〕 j³ et⁴ ~ …에게 …을 연습케하여 터득케하다
	〔재〕 sich⁴ in et⁴ ~ …을 연습하다
einverstanden [아인·페어슈탄덴]	〔형〕 mit j³ ⟨et³⟩ ~ sein …에 동의〈찬성〉하고 있다
Einwand [아인·반트]	〔남〕 -[e]s/Einwände [아인·벤데] 이론, 반론
ein|wandern [아인·반데른]	〔자〕 (s) (국외로부터) 이주하다
einwandfrei [아인반트·후라이]	〔형〕 비난의 여지가 없는
ein|wenden* [아인·벤덴]	〔타〕 항의하다, 이의를 제기하다; et⁴ gegen et⁴ ~ …에 반대해서 …을 가져나오다
ein|werfen* [아인·벨펜]	〔타〕 던져넣다, 투입하다
ein|wickeln [아인·빅케른]	〔타〕 싸다, 푹 두르다
ein|willigen [아인·비리겐]	〔자〕 in et⁴ ~ …에 동의하다
Einwohner [아인·보-나-]	〔남〕 -s/- 주민
ein|zahlen [아인·짜-렌]	〔타〕 (돈을) 불입하다, 예입하다
Einzahlung [아인·짜-룽그]	〔여〕 -/-en (돈의) 불입, 예금
Einzelheit [아인·쩰하이트]	〔여〕 -/-en 개개의 것; 《복수

	로》 세목, 명세
einzeln 〔아인·쩨른〕	〔형〕 개개의, 단일의;《복수로》 두서넛의, 소수의, 약간의
Einzelzimmer 〔아인·쩰·씸마-〕	〔중〕 -s/- (호텔·숙사따위의) 1인용의 방, 객실
ein|ziehen* 〔아인·씨-엔〕	〔타〕 끌어들이다; 징집하다, 소집하다
	〔자〕 in et⁴ ~ …으로 들어오다, 이사해오다, 전입하다
einzig 〔아인씨히〕	〔형〕 유일한
einzig und allein	〔숙〕 오로지, 오직
Eis 〔아이스〕	〔중〕 -es/- 얼음, 아이스크림
Eisen 〔아이젠〕	〔중〕 -s/- 철
Eisenbahn 〔아이젠·반〕	〔여〕 -/-en 철도
eisern 〔아이제른〕	〔형〕 철〔제〕의; 철과같은, 단단한; 엄격한
eisig 〔아이지히〕	〔형〕 어름의, 어름같은
eitel 〔아이텔〕	〔형〕 허영심이 강한; 내용이 없는;《부가어적 용법 뿐, 무변화》 오직 …뿐, …뿐
Eiweiß 〔아이·바이스〕	〔중〕 -es/-e 흰자위; 단백질
Ekel 〔에-켈〕	〔남〕 -s/ 매스꺼움; 혐오
ekelhaft 〔에-켈하프트〕	〔형〕 욕지기나는, 싫은; 불쾌한
ekeln 〔에-케른〕	〔자〕〔비〕 es ekelt j⁴ ⟨j³⟩ ~ …은 욕지기가 난다
	〔재〕 sich⁴ vor et³ ⟨j³⟩ ~ …이 싫어 죽겠다
elastisch 〔에라스팃슈〕	〔형〕 탄력성이 있는; 유연한
Elefant 〔에레판트〕	〔남〕 -en/-en 코끼리

```
           Elefant의 격변화
              〔단〕          〔복〕
       1격 der Elefant    die Elefanten
       2격 des Elefanten  der Elefanten
       3격 dem Elefanten  den Elefanten
       4격 den Elefanten  die Elefanten
```

elegant〔에레간트〕	〔형〕 우아한, 세련된
elektrisch〔에레크트릿슈〕	〔형〕 전기의
Elektrische〔에레크트릿셰〕	〔여〕《형용사적 변화》시가전차
Elektrizität〔에레크트리씨테-트〕	〔여〕 -/ 전기
Element〔에레멘트〕	〔중〕 -[e]s/-e 요소; 원소;《복수로》기초; 원리; 초보
elementar〔에레멘탈-〕	〔형〕 초보의, 기본적인; 자연력의
elend〔에-렌트〕	〔형〕 비참한, 불행한
Elend〔에-렌트〕	〔중〕 -[e]s/ 비참, 불행〔한상태〕
elf〔엘프〕	〔수〕 11〔의〕
elft〔엘프트〕	〔형〕《서수》제11〔번째〕의
Ellbogen〔엘·보-겐〕	〔남〕 -s/- 팔꿈치
Eltern〔엘테른〕	〔복〕 양친
empfahl〔엠프할-〕	〔과〕 empfehlen의 과거 기본형
empfähle〔엠프헤-레〕	〔접Ⅱ〕 empfehlen의 접속법 제Ⅱ식 기본형
empfand〔엠프한트〕	〔과〕 empfinden의 과거 기본형
empfände〔엠프헨데〕	〔접Ⅱ〕 empfinden의 접속법 제Ⅱ식 기본형
Empfang〔엠프항그〕	〔남〕 -[e]s/Empfänge〔엠프펜게〕《단수로》수령; 접대, 환영, 레셉션; 수부, (호텔의) 프론트
empfangen*〔엠프항겐〕	〔타〕 마지하다, 환영하다; 받아들이다 〔과분〕 empfangen의 과거분사
Empfängen〔엠프헹가-〕	〔남〕 -s/- (우편·화물따위의) 수취인
empfängst〔엠프헹그스트〕	〔현〕 empfangen의 2인칭 단수 현재형
empfängt〔엠프헹그트〕	〔현〕 empfangen의 3인칭 단수 현재형
empfehlen*〔엠프헤-렌〕	〔타〕 j³ et⁴ ~ …에게 …을 추천하다, 권하다, 소개하다 〔재〕 sich⁴ j³ ~ 작별을 고하다; …에게 안부를 전하다; 자

천하다

Empfehlung 〔엠프헤-룽그〕 〔여〕 -/-en 추천〔장〕, 소개〔장〕
empfiehl. 〔엠프힐-〕 〔명〕 empfehlen의 명령형
empfiehlst 〔엠프힐스트〕 〔현〕 empfehlen의 2인칭 단수현재형
empfiehlt 〔엠프힐트〕 〔현〕 empfehlen의 3인칭 단수현재형
empfinden* 〔엠프힌덴〕 〔타〕 느끼다, 지각하다; 알아차리다
empfindlich 〔엠프힌트리히〕 〔형〕 느끼기 쉬운, 민감한; 신경질적인
Empfindung 〔엠프힌둥그〕 〔여〕 -/-en 감각, 감정
empfing 〔엠프힝그〕 〔과〕 empfangen의 과거 기본형
empfinge 〔엠프힝게〕 〔접Ⅱ〕 empfangen의 접속법 제Ⅱ식 기본형
empföhle, empfähle 〔엠프헤-레〕 〔접Ⅱ〕 empfehlen의 접속법 제Ⅱ식 기본형
empfohlen 〔엠프호-렌〕 〔과분〕 empfehlen의 과거분사
empfunden 〔엠프훈덴〕 〔과분〕 empfinden의 과거분사
empor 〔엠포-아〕 〔부〕 윗쪽으로
empören 〔엠푀-렌〕 〔타〕 j⁴ ~ …을 격분시키다
〔재〕 sich⁴ gegen j⁴ ⟨et⁴⟩ ~ …에 대해서 반항하다; 궐기하다
empörend 〔엠페-렌트〕 〔형〕 화가나는, 괴씸한
emsig 〔엠지히〕 〔형〕 끈기있는, 근면한
Ende 〔엔데〕 〔중〕 -s/-n 끝, 최후; 말단; 결말 ★ am ~ 최후에, 끝으로, 결국; zu ~ gehen 끝나다
enden 〔엔덴〕 〔자〕 끝나다, 그치다
endgültig 〔엔트·귈티히〕 〔형〕 최후의, 최종적인
endlich 〔엔트리히〕 〔부〕 (오랫동안 기다려서) 드디어, 마침내, 가까스로; (초조한 마음을 나타내서) 이제슬슬, 적당히
〔형〕 무한의
endlos 〔엔트·로-스〕 〔형〕 끝이없는, 무한의

Energie〔에네르기-〕	〔여〕 -/Energien〔에네르기-엔〕 에너지, 힘, 정력
energisch〔에넬기슈〕	〔형〕 정력적인, 활동적인
eng〔엥그〕	〔형〕 좁은; 친밀한; 답답한
Enge〔엥게〕	〔여〕 -/ 좁음; 궁지
Engel〔엥겔〕	〔남〕 -s/- 천사
England〔엥그란트〕	〔중〕 -s/ 영국
Engländer〔엥그렌다-〕	〔남〕 -s/ 영국인
Engländerin〔엥그렌데린〕	〔여〕 -/Engländerinnen〔엥그렌테리넨〕 영국인 (여성)
englisch〔엥그릿슈〕	〔형〕 영국〔인〕의, 영어의 ★ auf ~ 영어로
Englisch〔엥그릿슈〕	〔중〕 -〔s〕/ 영어
Enkel〔엔켈〕	〔남〕 -s/- 손자
entbehren〔엔트·베-렌〕	〔타〕 j⁴ 〈et⁴〉 ~ …없이 지내다, …이 없으면 쓸쓸하다, …이 없어서는 곤란하다 〔자〕 et² ~ …이 결여되어 있다
entbehrlich〔엔트·베-아리히〕	〔형〕 없이 지내는, 불필요한, 무용의
entbinden*〔엔트·빈덴〕	〔타〕 해방하다 j⁴ von et³ ~ …의 …을 면제하다
entdecken〔엔트·덱켄〕	〔타〕 발견하다
Entdeckung〔엔트·덱쿵그〕	〔여〕 -/-en 발견
Ente〔엔테〕	〔여〕 -/-en 오리, 집오리
entfelten〔엔트·팔텐〕	〔타〕 (접힌 것을)펴다, 풀다, 펼치다; (능력따위를)신장하다 〔재〕 sich⁴ ~ 퍼지다, 넓어지다
entfernen〔엔트·펠넨〕	〔타〕 멀리하다 〔재〕 sich⁴ ~ 멀어지다
entfernt〔엔트·페른트〕	〔형〕 멀리 떨어진
Entfernung〔엔트·펠눙그〕	〔여〕 -/-en 멀어짐; 거리; 먼곳〔의 땅〕
entfliehen*〔엔트·후리-엔〕	〔자〕 (s) j³ 〈et⁴〉 ~ …에서 도망치다
entgegen〔엔트·게-겐〕	〔전〕 《3격지배》 …을 향해서;

…에 반해서

entgegengesetzt 〔엔트게-젠·게젯쓰트〕 〔형〕 역방향의

entgegen|kommen* 〔엔트게-젠·콤멘〕 〔자〕 (s) j³ ⟨et³⟩ ~ …의 쪽을 향해서 오다; j³ ~ …을 맞이하다; …뜻을 받아서 양보한다

entgegen|nehmen* 〔엔트게-젠·네-멘〕 〔타〕 받다, 받아들이다

entgegen|setzen 〔엔트게-젠·젯쎈〕 〔타〕 대립시키다; 대조시키다

entgegnen 〔엔트·게-그넨〕 〔자〕 j³ ⟨et³⟩ ~ …에 답하다, 말대꾸하다, 이의를 말하다

entgehen* 〔엔트·게-엔〕 〔자〕 (s) j³ ⟨et³⟩ ~ …에서 피하다, 도망치다

enthalten* 〔엔트·할텐〕 〔타〕 포함하다, 함유하다
〔재〕 sich⁴ et² ~ …을 체념하다, 그만두다, 포기하다

Enthaltung 〔엔트·할퉁그〕 〔여〕 -/ 절제, 금욕

enthüllen 〔엔트·휘렌〕 〔타〕 et⁴ ~ …의 가면을 벗기다; …을 폭로하다

entkommen* 〔엔트·콤멘〕 〔자〕 (s) j³ ⟨et³⟩ ~ …에서 피하다, 도망치다

entlang 〔엔트·랑그〕 〔전〕 《4격지배, 보통후치된다》 …에 따라서 ★ den Fluß ~ 내를 따라서
〔부〕 …을 따라서

entlassen* 〔엔트·랏센〕 〔타〕 떠나게하다; 방면하다; 해고하다

entnehmen* 〔엔트·네-멘〕 〔타〕 j³ et⁴ ~ …에서 …을 제거하다; et³ ~ …으로 추정하다, 알아차리다; 빌리다

entsagen 〔엔트·자-겐〕 〔자〕 et³ ~ …을 포기하다, 단념하다

entschädigen 〔엔트·쉐-디겐〕 〔타〕 j⁴ für et⁴ ~ …에 …의 보상을 하다

entscheiden* 〔엔트·샤이 〔타〕〔자〕 über et⁴ ~ …을 결정

덴〕	하다, 판정을 내리다
	〔타〕 et⁴ ~ …을 결정하다
	〔재〕 sich⁴ 정해지다
entscheidend〔엔트·샤이덴트〕	〔형〕 결정적인
Entscheidung〔엔트·샤이둥그〕	〔여〕 -/-en 결정, 판정
entschieden〔엔트·사이덴〕	〔과분〕 entscheiden의 과거분사
	〔형〕 단호한
entschließen*〔엔트·슈리-센〕	〔재〕 sich⁴ zu et³ ~ …을 할 결심을 한다
entschlossen〔엔트·슈롯센〕	〔과분〕 entschließen 의 과거분사
	〔형〕 결연한
Entschluß〔엔트·슈루스〕	〔남〕 Entschlusses/Entschlüsse 〔엔트·슈륏세〕 결심, 결의
entschuldigen〔엔트·슐디겐〕	〔타〕 j⁴ 〈et⁴〉 ~ …을 허용하다, 변명하다 ★ Ent schuldigen Sie ! 미안합니다
	〔재〕 sich⁴ ~ 변명하다; 사과하다
Entschuldigung〔엔트·슐디궁그〕	〔여〕 용서; 사과; 변명 ★ Entschuldigung ! 미안해요, 실례해요
entsetzen〔엔트·젯쎈〕	〔타〕 j⁴ ~ …을 깜짝놀라게 하다, 오싹하게 하다
	〔재〕 sich⁴ ~ 깜짝놀라다, 겁을 먹다
Entsetzen〔엔트·젯쎈〕	〔중〕 -s/ (공포·불쾌감이 깃든) 놀램
entsetzlich〔엔트·젯쓰리히〕	〔형〕 겁나는, 놀랄만한
entsprechen*〔엔트·슈프렛헨〕	〔자〕 j³ 〈et³〉 ~ …에 상응하다, 대응〈합치〉하다; …에 응하다
entsprechend〔엔트·슈프렛헨트〕	〔형〕 et³ ~ …에 상응한, 어울리는; 합치된
entspringen*〔엔트·슈프링	〔자〕 (s)〔aus〕 et³ ~ …에서 일

겐〕	어나다, …에 유래하다, 기인하다
entstehen* 〔엔트·슈테-엔〕	〔자〕 (s)생기다, 일어나다; 성립하다
Entstehung 〔엔트·슈테-웅그〕	〔여〕 -/-en 발생; 성립
enttäuschen 〔엔트·토이셴〕	〔타〕 실망〈낙담시키다〉, 환멸을 느끼게 하다
Enttäuschung 〔엔트·토이슝그〕	〔여〕 -/-en 실망, 낙담
entweder 〔엔트·베-다-〕	〔접〕 …이거나 (또는…)
entweder…oder…	〔숙〕 …이거나 아니면 (양자택일)
entwerfen* 〔엔트·**벨**펜〕	〔타〕 입안하다, 설계하다; 기초하다
entwickeln 〔엔트·빅케른〕	〔타〕 발전〈발달〉시키다; 개발하다; (사진을)현상하다
	〔재〕 sich⁴ ~ 발전〈발달〉하다
Entwicklung 〔엔트·빅케룽그〕	〔여〕 -/-en 발전, 발달; 발육; 개발; (사진의)현상
Entwurf 〔엔트·불프〕	〔남〕 -〔e〕s/Entwürfe 〔엔트·**뷜**페〕 입안, 설계; 설계도, 약도, 스케치; 윤곽; 기도
entzücken 〔엔트·쮜켄〕	〔타〕 매혹하다, 황홀하게하다
entzückend 〔엔트·쮜켄트〕	〔형〕 매력적인, 사랑스러운; 멋진
entzünden 〔엔트·쮠덴〕	〔타〕 불붙이다, 점화하다; 염증을 이르키다
Entzündung 〔엔트·쮠둥그〕	〔여〕 -/-en 염증
entzwei 〔엔트·쯔바이〕	〔부〕 둘로〈나누어·쪼개져서〉
Epoche 〔에폿헤〕	〔여〕 -/-n 시기, 시대 ★ ~ machen 신기원을 이루다
er 〔에-어, 에어〕	〔대〕 《인칭대명사》1격, 그; (이미 나온 남성명사를 가르쳐서)그것

```
        er의 격변화
    1격        er
```

2격	seiner	
3격	ihm	
4격	ihn	

erbarmen [에어·바르멘] 〔타〕 j⁴ ~ …에게 동정심을 이르키다 sich⁴ j² ⟨über j⁴⟩ ~ …의 일을 가엾게 생각하다

erbauen [에어·바우엔] 〔타〕 건축하다; 교화하다

Erbe¹ [엘베] 〔남〕 -n/-n 상속인

Erbe¹의 격변화

	(단)		(복)
1격	der Erbe	die	Erben
2격	des Erben	der	Erben
3격	dem Erben	den	Erben
4격	den Erben	die	Erben

Erbe² [엘베] 〔중〕 -s/ 유산

erben [엘벤] 〔타〕 상속하다

erblicken [에어·블리켄] 〔타〕 보다, (눈으로)인정하다

Erbschaft [엘프샤프트] 〔여〕 -/-en 유산〔상속〕

Erbse [엘프제] 〔여〕 -/-n 완두콩

Erdbeben [엘-트·베-벤] 〔중〕 -s/- 지진

Erdboden [엘-트·보-덴] 〔남〕 -s/ 토지, 지면; 대지; 토양

Erde [엘-데] 〔여〕 -/-n 지구; 대지, 흙;《단수로》이세상, 현세 ★ auf ~n 이 세상에서, 현세에서; unter der ~ 지하에서

Erdgeschoß [엘-트·게쇼스] 〔중〕 Erdgeschosses/Erdgeschosse (건물의)1층

Erdkunde [엘-트·쿤데] 〔여〕 -/ 지리학

Erdteil [엘-트·타일] 〔남〕 -[e]s/-e 대륙

ereignen [에어·아이그넨] 〔재〕 sich⁴ ~ 일어나다, 생기다

Ereignis [에어·아이그니스] 〔중〕 Ereignisses/Ereignisse 일, 사건

erfahren* 〔에어·파-렌〕	〔타〕 들어서 알다, 경험하다, 견문하다 〔과분〕 erfahren의 과거분사 〔형〕 경험이 있는, 경험이 풍부한
Erfahrung 〔에어·파룽그〕	〔여〕 -/-en 경험, 견문
erfinden* 〔에어·핀덴〕	〔타〕 발명하다, 고안하다; 날조하다
Erfinder 〔에어·핀다-〕	〔남〕 -s/- 발명자, 발명가
Erfindung 〔에어·핀둥그〕	〔여〕 -/-en 발명; 날조
Erfolg 〔에어·폴크〕	〔남〕 -〔e〕s/-e 성과 ★ mit ～ 성공적으로, 순조롭게
erfolgen 〔에어·폴겐〕	〔자〕 (s) (결과로서)생기다, 일어나다
erfolgreich 〔에어·폴크라이히〕	〔형〕 성과가 많은
erfordern 〔에어·폴데른〕	〔타〕 필요로 하다
erforderlich 〔에어·폴다-리히〕	〔형〕 필요한, 불가결의
erfreuen 〔에어·프로이엔〕	〔타〕 j⁴ ～ …을 기쁘게 하다, 즐겁게 하다 〔재〕 sich⁴ ～ 기뻐하다, 즐기다
erfreulich 〔에어·프로이리히〕	〔형〕 기쁜, 즐거운
erfreut 〔에어·프로이트〕	〔형〕 über et⁴ ～ sein ～ …을 기뻐하고 있는
erfrischen 〔에어·프로이셴〕	〔타〕 j³ mit et³ ～ …을 …으로 생기〈원기〉나게 하다, 신선하게 하다 〔재〕 sich⁴ ～ 원기를 회복하다, 상쾌해지다
Erfrischung 〔에어·프릿슝그〕	〔여〕 -/-en 원기회복; 청량감을 주는 것〈일〉
erfüllen 〔에어·휘렌〕	〔타〕 채우다, 가득하게 하다; (약속·의무따위를) 이행하다, 수행하다; (희망·요구따위를) 실현하다, 성취하다

Erfüllung

Erfüllung 〔에어 · 휘룽그〕 〔여〕 -/-en 채움; 실현, 성취; 이행

ergänzen 〔에어 · 겐쩬〕 〔타〕 보충하다, 보완하다; 채우다

Ergänzung 〔에어 · 겐쭝그〕 〔여〕 -/-en 보충, 보완

ergeben* 〔에어 · 게-벤〕 〔타〕 (결과로서)…을 야기시키다
〔재〕 sich⁴ ~ (결과로서)생기다; sich⁴ j³ 〈et³〉 ~ …에 몸을 내맡기다

Ergebnis 〔에어 · 게-프니스〕 〔중〕 Ergebnisses/Ergebnisse 결과, 성과

ergreifen* 〔에어 · 그라이펜〕 〔타〕 붙들다; 감동시키다

erhaben 〔에어 · 하-벤〕 〔형〕 떠오른, 높아진; 숭고한, 고상한

erhalten* 〔에어 · 할텐〕 〔타〕 받다, 얻다; 보존〈유지〉하다
〔재〕 sich⁴ ~ 보신하다; 보존〈유지〉되다

Erhaltung 〔에어 · 할퉁그〕 〔여〕 -/ 보존, 유지; 부양

erheben* 〔에어 · 헤-벤〕 〔타〕 들어올리다; (소리를)올리다; (요구따위를)제의하다
〔재〕 sich⁴ ~ 들어오르다; 일어서다; 일어나다, 생기다

erheblich 〔에어 · 헤-프리히〕 〔형〕 두드러진, 현저한

erhitzen 〔에어 · 힛쩬〕 〔타〕 가열하다; j⁴ ~ …을 흥분시키다

erhöhen 〔에어 · 회-엔〕 〔타〕 높이다, 올리다, 끌어올리다
〔재〕 sich⁴ ~ 높아지다; 증가하다

erholen 〔에어 · 호-렌〕 〔재〕 sich⁴ ~ (휴양을 취해서) 원기를 회복하다, 휴양하다; 기분전환을 하다

Erholung 〔에어 · 호-룽그〕 〔여〕 -/ 휴양, (원기의)회복

erinnern 〔에어 · 인네른〕 〔타〕 j⁴ an j⁴ 〈et⁴〉 ~ …에게 …을 상기시키다
〔재〕 sich⁴ an j⁴ 〈et⁴〉 ~ …을 상기하다; 기억하고 있다

Erinnerung [에어·인네룽그]	〔여〕	-/-en 기억, 추억; 기념
erkälten [에어·켈텐]	〔재〕	sich⁴ ~ 감기 걸리다
Erkältung [에어·켈퉁그]	〔여〕	-/-en 감기
erkennen* [에어·켄넨]	〔타〕	(누구·무엇인가를)인식하다, 알다; j⁴ ⟨et⁴⟩ an et⁴ ~ …으로 …이라고 알다
Erkenntnis [에어·켄트니즈]	〔여〕	-/Erkenntnisse 지식, 인식
erklären [에어·크레-렌]	〔타〕	j³ et⁴ ~ …에게 …을 설명하다, 밝히다; 언명⟨선언⟩하다
Erklärung [에어·크레-룽그]	〔여〕	-/-en 설명; 선언, 언명
erkranken [에어·랑켄]	〔자〕	병이나다, 병들다
erkundigen [에어·쿤디겐]	〔재〕	sich⁴ nach et³ ~ …에 대해 문의하다, 조회하다
erlangen [에어·랑겐]	〔타〕	et⁴ ~ …에 도달하다, 다다르다; …을 얻다
erlauben [에어·라우벤]	〔타〕	j³ et⁴ ~ …에게 …을 허가하다; sich³ et⁴ ~ …을 감히하다
Erlaubnis [에어·라우프니스]	〔여〕	-/Erlaubnisse 허가 ★ j³ die ~zu et³ erteilen …에게 …의 허가를 주다
erläutern [에어·로이테른]	〔타〕	j³ et⁴ ~ …을 설명하다, 해설하다; 주석하다
erleben [에어·레-벤]	〔타〕	체험하다, 경험하다; 몸소 알다
Erlebnis [에어·레-프니스]	〔중〕	Erlebnisses/Erlebnisse 체험
erledigen [에어·레-디겐]	〔타〕	비우다, 치우다, 처리하다
erleichtern [에어·라-이히테른]	〔타〕	(고통·무거운짐따위를)경감하다
	〔재〕	sich⁴ ~ 가볍게 되다; 기분이 가볍게 되다
erleiden* [에어·라이덴]	〔타〕	(손해·고통따위를) 받다, 입다; 참다, 견디다

erlernen 〔에어·레르넨〕 〔타〕 습득하다
erlöschen* 〔에어·뢰쉔〕 〔자〕 (s) (불·등불따위가) 꺼지다; 퇴색하다; 소멸하다
ermahnen 〔에어·마-넨〕 〔타〕 경고하다
ermitteln 〔에어·밋테른〕 〔타〕 확인하다; 구명하다; 조사하다
ermöglichen 〔에어·뫼-그리헨〕 〔타〕 가능하게 하다
ermorden 〔에어·몰덴〕 〔타〕 (고의로) 살해하다
ermuntern 〔에어·문테른〕 〔타〕 원기를 북돋우다; j^4 zu et^3 ~ …을 격려해서 …을 행하게 한다
ernähren 〔에어·네-렌〕 〔타〕 (…에게) 양분을 주다; 양육하다, 부양하다
〔재〕 sich^4 von 〈mit〉 et^3 ~ …을 먹고 살다; sich^4 durch et^4 〈von et^3/mit et^3〉 ~ …에 의해서 생계를 세우다
Ernährung 〔에어·네-룽그〕 〔여〕 -/ 부양, 양육; 영양
erneuern 〔에어·노이에른〕 〔타〕 새롭게 하다, 갱신하다
Erneuerung 〔에어·노이에룽그〕 〔여〕 -/-en 갱신
erneut 〔에어·노이트〕 〔형〕 새로운, 갱신된
ernst 〔에른스트〕 〔형〕 진지한; 진심의; 중대한; 심각한
Ernst 〔에른스트〕 〔남〕 -es/ 진지; 진심; 위엄; 중대성 ★ im ~ 진지하게; 진심으로
Ernte 〔에-룬테〕 〔여〕 -/-n 수확
ernten 〔에른텐〕 〔타〕 (농작물을) 걷어들이다, 수확하다
erobern 〔에어·오-에른〕 〔타〕 정복하다
Eroberung 〔에어·오-베룽그〕 〔여〕 -/-en 정복
eröffnen 〔에어·욋프넨〕 〔타〕 개시하다; 열다 (개업·개점·개회등); j^3 et^4 ~ …에게 …을 털어놓다

Eröffnung 〔에어욉프눙그〕	〔여〕 -/-en 염, 펼침; 개봉
erörtern 〔에어·욀테른〕	〔타〕 논의〈토의〉하다
Erörterung 〔에어·욀테룽그〕	〔여〕 -/-en 논의, 토의
erquicken 〔에어·쿠빗켄〕	〔타〕 생기가나게 하다, 상쾌하게 하다 〔재〕 sich⁴ ~ 원기를 회복하다, 상쾌하게 되다
erraten* 〔에어·라-텐〕	〔타〕 추측하다, 알아맞히다
erregen 〔에어·레-겐〕	〔타〕 흥분시키다; 야기하다; 자극하다
Erregung 〔에어·레-궁그〕	〔여〕 -/-en 흥분; 야기
erreichen 〔에어·라이헨〕	〔타〕 et⁴ ~ …에 도달하다, 닿다; 달성하다, 실현하다
errichten 〔에어·리히텐〕	〔타〕 (상따위를)세우다; (건물따위를)건설하다; 설립하다
erröten 〔에어·뢰-텐〕	〔자〕 (s) 얼굴이 빨개지다, 낯을 붉히다
Ersatz 〔에어·잣쓰〕	〔남〕 대치, 대체; 대용품; 보상
erscheinen 〔에어·샤이넨〕	〔자〕 (s) 나타나다; (책이) 출판되다; j³ ~ …에 있어서(…으로) 여겨지다
Erscheinung 〔에어·샤이눙그〕	〔여〕 -/-en 연상; 출현; 외관, 상태; 출판〔물〕; 환상
erschöpfen 〔에어·쇱-펜〕	〔타〕 지칠대로 지치게 하다; 다 써버리다
erschöpft 〔에어·쇱프트〕	〔형〕 지칠대로 지친
erschrak 〔에어·슈라-크〕	〔과〕 erschrecken의 과거 기본형
erschräke 〔에어·슈레-게〕	〔접Ⅱ〕 erschrecken 접속법 제Ⅱ식 기본형
erschrecken⁽*⁾ 〔에어·슈렉켄〕	〔타〕 《약변화》놀라게하다, 깜짝 놀라게하다, 무서워하게하다 〔자〕 《강변화》über et⁴ ~ …에 놀라다, 깜짝 놀라다; vor j³ 〈et³〉 ~ …을 무서워하다

erschrickst [에어·슈릭스트] 〔현〕 erschrecken의 2인칭 단수 현재형
erschrickt [에어·슈릭크트] 〔현〕 erschrecken의 3인칭 단수 현재형
erschrocken [에어·슈록켄] 〔과분〕 erschrecken의 과거분사 〔형〕 놀랜, 깜짝놀랜
erschüttern [에어·쉿테른] 〔타〕 흔들어 움직이게 하다; j⁴ ~ …에게 감동을 주다; …에 (정신적인) 타격을 주다
Erschütterung [에어·쉿테룽그] 〔여〕 -/-en 진동; 감동; (정신적인) 타격
ersetzen [에어·젯쩬] 〔타〕 j⁴ ⟨et⁴⟩ …의 대신을 하다, …의 대용이 되다; …을 보상하다
ersparen [에어·슈파렌] 〔타〕 (돈을) 저축하다; 절약하다, 덜다
erst¹ [엘-스트] 〔형〕 《서수》 첫번재의; 최초의 1등의, 일류의 ★ am ~ en 제일먼저, 최초로; aufs ~e 우선; fürs ~e 당분간은; zum ~en/ zum ~en Mal(=zum erstenmal) 처음으로
erst² [엘-스트] 〔부〕 처음에, 최초에; 겨우, 가까스로; 마침, 바로, 이제 막
  erst dann 〔숙〕 그때 비로소
  erst jetzt 〔숙〕 이제 겨우, 이제서야 비로소
erstaunen [에어·슈타우넨] 〔자〕 (s) über et⁴ ~ …에 경탄하다, 깜짝 놀라다
Erstaunen [에어·슈타우넨] 〔중〕 -s/ 경탄
erstaunlich [에어·슈타운리히] 〔형〕 경탄할만한
erstaunt [에어·슈타운트] 〔형〕 경탄한
erstens [엘-스텐스] 〔부〕 첫째로
ersticken [에어·슈틱켄] 〔자〕 (s) 질식하다

	〔타〕 질식시키다
erteilen〔에어·타이렌〕	〔타〕 j³ et⁴ ~ …에게 …을 주다, 수여하다
Ertrag〔에어·트라-크〕	〔남〕 -〔e〕s/Erträge〔에아·트레-게〕 수익, 수입, 소득; 수학〔고〕
ertragen*〔에어·트라-겐〕	〔타〕 (곤란·고통따위를)참다, 견디다
erträglich〔에어·트레-크리히〕	〔형〕 참을 수 있는, 견디어 낼 수 있는
ertrinken*〔에어·트린켄〕	〔자〕 (s)물에 빠지다, 익사하다
erwachen〔에어·밧헨〕	〔자〕 (s)잠을 깨다, 눈을 뜨다
erwachsen〔에어·박크센〕	〔자〕 (s)성인하다; 생기다, 일어나다
Erwachsene〔r〕〔에어·박크세네〈나-〉〕	〔남〕〔여〕《형용사적 변화》 성인, ·어른
erwägen〔에어·뵈-겐〕	〔타〕 숙여〈고려〉 하다; 음미하다
Erwägung〔에어·뵈-궁그〕	〔여〕 -/-en (충분한)고려
erwählen〔에어·뵈-렌〕	〔타〕 고르다, 선택하다
erwähnen〔에어·뵈-넨〕	〔타〕 et⁴ ~ …에 언급하다
erwarten〔에어·발텐〕	〔타〕 기대〈예기〉하다, 〈기대하여〉기다리다
Erwartung〔에어·발퉁그〕	〔여〕 -/-en 기대, 예기, 대망
erwecken〔에어·벡켄〕	〔타〕 잠을 깨게하다; (감정따위를)불러이르키다
erweisen〔에어·바이젠〕	〔타〕 증명하다, 실증하다 〔재〕 sich⁴ ~ 명백하게되다, 증명되다
erweitern〔에어·바이테른〕	〔타〕 넓히다, 확대하다
Erwerb〔에어·벨프〕	〔남〕 -〔e〕s/-e 취득, 수입; 획득; 생업
erwerben*〔에어·벨벤〕	〔타〕 (일해서)손에 넣다, 취득하다
erwidern〔에어·비-데른〕	〔타〕 et⁴ ~ …에 대답하다, 답변하다; …에 보답하다 〔자〕 auf et⁴ ~ …에 대답하다,

erwischen

답변하다

erwischen 〔에어 · 빗셴〕 〔타〕 재빨리 붙잡다, 포착하다
Erz 〔엘-쯔〕 〔중〕 -es/-e 광석
erzählen 〔에어 · 쎄렌〕 〔타〕 j³ et⁴ ~ …에 …을 이야기하다
Erzählung 〔에어 · 쎄룽그〕 〔여〕 -/-en 이야기; 소설
erzeugen 〔에어 · 쪼이겐〕 〔타〕 아이를 낳다; 제작하다, 생산하다
Erzeugnis 〔에어 · 쪼이그니스〕 〔중〕 Erzeugnisses/Erzeugnisse 생산물; 작품
Erzeugung 〔에어 · 쪼이궁그〕 〔여〕 -/ 생산
erziehen 〔에어 · 씨-헨〕 〔타〕 교육하다
Erziehung 〔에어 · 씨-훙그〕 〔여〕 -/-en 교육
es 〔에스〕 〔대〕 《인칭대명사》 1·4격 그것; 《이미 나온 중성명사를 가리켜서》 그것

es의 격변화	
1격	es
2격	seiner
3격	ihm
4격	es

es gibt… (4격) 〔숙〕 …이 존재하다, 있다
Esel 〔에-젤〕 〔남〕 -s/- 당나귀; 바보
essen* 〔엣센〕 〔타〕 먹다 ★ zu Abend 〈zu Mittag〉~ 저녁식사〈점심식사〉를 하다; die Suppe ~ (스푼을 써서)스프를 마시다
〔자〕 식사를 하다
Essen 〔엣센〕 〔중〕 -s/- 식사; nach 〈vor〉 dem ~ 식후〈식전〉에
Essig 〔에시히〕 〔남〕 -s/-e 초
Eßzimmer 〔에스 · 찜마-〕 〔중〕 -s/- 식당
Etage 〔에타-제〕 〔여〕 -/-n (건물의 2층이상의) 층

eu(e)rem

Etat 〔에타-트〕 〔남〕 -s/-s 예산
Ethik 〔에-티크〕 〔여〕 -/ 윤리학
etwa 〔에트바〕 〔부〕 약, 대략; (의문의 기분을 강조해서) 혹시, 어쩌다가
etwas 〔에트바스〕 〔대〕 《부정대명사》《명사적으로》 어떤 것〈일〉; 《부가어로써》 약간의, 조금; 《중성 명사화된 형용사와 함께》 어떤 …한 것 ★ ~ anderes 어떤 다른 것〈일〉; ~ Gutes 어떤 좋은 것〈일〉; ~ Neues 어떤 새로운 것〈일〉, 뉴스
〔부〕 약간, 조금
euch 〔오이히〕 〔대〕《인칭대명사》《재귀대명사》《ihr¹의 3·4격》
euer¹ 〔오이아-〕 〔대〕《인칭대명사》《ihr¹의 2격》《2격 지배의 동사·전치사·형용사의 보족어로써만 쓰여진다》
euer² 〔오이아-〕 〔대〕《소유대명사》《부가어적으로》《단수는 부정관사형, 복수는 정관사형 변화》〔남〕1격, 〔중〕1·4격, 너희들〈당신들〉의…; 《명사적》《정관사형 변화》너희들〈당신들〉의 것

euer²의 격변화

	〔남〕	〔여〕	〔중〕	〔복〕
1격	euer	eu(e)re	euer	eu(e)re
2격	eu(e)res	eu(e)rer	eu(e)res	eu(e)rer
3격	eu(e)rem	eu(e)rer	eu(e)rem	eu(e)ren
4격	eu(e)ren	eu(e)re	euer	eu(e)re

eu(e)re 〔오이〔에〕레〕 〔대〕《소유대명사》 euer²의 〔여〕1·4격, 〔복〕1·4격
eu(e)rem 〔오이〔에〕렘〕 〔대〕《소유대명사》 euer²의 〔남〕3격, 〔중〕3격

eu(e)ren [오이(에)렌]	〔대〕	《소유대명사》 euer²의 〔남〕4격, 〔복〕3격
eu(e)rer [오이(에)라-]	〔대〕	《소유대명사》《부가어적으로》euer²의 〔여〕2·3격, 〔복〕2격; 《명사적으로》〔남〕1격
eu(e)res [오이(에)레스]	〔대〕	《소유대명사》《부가어적으로》euer²의 〔남〕2격, 〔중〕2격; 《명사적으로》〔중〕1·4격
Eule [오이레]	〔여〕	-/-n 올빼미
Europa [오이로-파]	〔중〕	-s/ 유럽
Europäer [오이로페-아-]	〔남〕	-s/- 유럽인
Europäerin [오이로페-에린]	〔여〕	-/Europäerinnen[오이로페-에리넨] 유럽인(여성)
europäisch [오이로페-잇슈]	〔형〕	유럽(인)의
evangelisch [에반게-릿슈]	〔형〕	신교〈프로테스탄트〉의
ewig [에-비히]	〔형〕	영원한, 영구적인 ★ auf ~ 영원히
Ewigkeit [에-비히카이트]	〔여〕	-/-en 영원
exakt [에그사크트]	〔형〕	정확한, 엄밀한
Examen [에그사-멘]	〔중〕	-s/-〈Examina[에그사-미나]〉 시험; 검사 ★ das ~ bestehen 시험에 합격하다; im ~ durchfallen 〈durchs ~ fallen〉 시험에 낙제하다
Examina [에그사-미나]	〔복〕	Examen의 복수형
Exemplar [에그셈프랄-]	〔중〕	-s/-e 견본, 샘플; (서적의) 부, 책
Existenz [에그지스텐쓰]	〔여〕	-/-en 존재; 실존
existieren [에그지스티-렌]	〔자〕	존재하다, 생존하다
Experiment [에그스페리멘트]	〔중〕	-(e)s/-e 실험
explodieren [에그스프로디-렌]	〔자〕	(s) 폭발하다
Explosion [에그스프로지온-]	〔여〕	-/-en 폭발
explosiv [에그스프로지-프]	〔형〕	폭발하기 쉬운

Export 〔에그스폴트〕 〔남〕 -〔e〕s/-e 수출
exportieren 〔에그스폴티-렌〕 〔타〕 수출하다
extra 〔에그스트라〕 〔부〕 특별히; 여분으로
extrem 〔에그스트렘-〕 〔형〕 극단적인, 비상한
exzellent 〔에그스쎄렌트〕 〔형〕 우수한, 걸출한, 빼어난

F

Fabel 〔파-벨〕 〔여〕 -/-n 우화
fabelhaft 〔파-벨하프트〕 〔형〕 우화와 같은; 멋진
Fabrik 〔파브리-크〕 〔여〕 -/-en 공장
Fach 〔팟하〕 〔중〕 -en/Fächer 〔펫히야-〕 간막이; 서랍; 전문, 전공분야; 학과

Fächer 〔펫히야-〕 〔복〕 Fach의 복수형
Fachleute 〔팟하·로이테〕 〔복〕 Fachmann의 복수형
Fachmann 〔팟하·만〕 〔남〕 -(e)s/Fachleute 〔팟하·로이테〕 전문가

Faden 〔파-덴〕 〔남〕 -s/Fäden 〔페-덴〕 실
fähig 〔페-이히〕 〔형〕 능력〔재능〕이 있는 ★ zu et³ ~ sein …의 능력이 있다, …을 할 수 있다

Fähigkeit 〔페-이히카이트〕 〔여〕 -/-en 능력, 재능; 자격
Fahne 〔파-네〕 〔여〕 -/-n 기
Fähre 〔페-레〕 〔여〕 -/-n 나룻배, 페리
fahren* 〔파-렌〕 〔자〕 (s) (탈 것으로) 가다; (탈 것이) 달리다 ★ mit et³ ~ …으로 가다
〔타〕 (탈것을) 운전하다, 조종하다; j⁴ ⟨et⁴⟩ ~ …을 (탈 것으로) 나르다 ★ Auto ~ 차를 운전하다; Schi⟨Schlittschuh⟩~ 스키⟨스케이트⟩를 타다

Fahrer 〔파-라-〕 〔남〕 -s/- 운전수, 운전자
Fahrkarte 〔팔-·칼테〕 〔여〕 -/-n 승차권, 차표
Fahrrad 〔팔-·라-트〕 〔중〕 -(e)s/Fahrräder 〔팔-·레-다-〕 자전거

Fahrschein 〔팔-·샤인〕	〔남〕 -〔e〕s/-e (열분종이의)승차권, 차표
fährst 〔펠-스트〕	〔현〕 fahren의 2인칭 단수현재형
Fahrstuhl 〔팔-·슈툴-〕	〔남〕 -〔e〕s/Fahrstühle 〔팔-·슈튀-레〕 엘리베이터, 승강기
Fahrt 〔팔-트〕	〔여〕 -/-en 주행; 드라이브; (탈 것에 의한)여행; 산책
fährt 〔펠-트〕	〔현〕 fahren의 3인칭 단수현재형
Fahrzeug 〔팔-·쏘이크〕	〔중〕 -〔e〕s/-e 탈 것
Fakultät 〔파쿠르테-트〕	〔여〕 -/-en (대학의)학부
Fall 〔팔〕	〔남〕 -〔e〕s/Fälle 〔페레〕 경우, 케이스; 사건; 낙하, 추락; 전도 ★ auf alle Fälle/auf jeden ~ 어떤경우에도, 어쨌든; auf keinen ~ 결코 …않다; in diesem ~ 이 경우에는; von ~ zu 경우에 따라서는; Knall und ~ 갑자기, 즉석에서
fallen* 〔파-렌〕	〔자〕 (s)떨어지다, 낙하하다; 넘어지다, 전도하다; 전사하다; 몰락하다 ★ auf et^4 ~ …에 맞다 j^3 um den Hals ~ 목에 매달리다; j^3 leicht 〈schwer〉 ~ …에게 용이〈곤란〉하다
fällen 〔페렌〕	〔타〕 (나무를)잘라넘어뜨리다; 결정〈판정〉을 내리다
falls 〔팔스〕	〔접〕 《종속접속사》 …하는 경우에는, 만약 …이라면
fällst 〔펠스트〕	〔현〕 fallen의 2인칭 단수현재형
fällt 〔펠트〕	〔현〕 fallen의 3인칭 단수현재형
falsch 〔팔슈〕	〔형〕 틀린; 가짜의; 거짓의
fälschen 〔펠쉔〕	〔타〕 위조하다
Falte 〔팔테〕	〔여〕 -/-n 주름, 주름살; 접은

금

falten 〔팔텐〕 〔타〕 접다, 접어겹치다

Familie 〔파미-리에〕 〔여〕 -/-n 가족; 가정

Familienname 〔파미-리엔·나-메〕 〔남〕 -ns/-n 가족명; 성 (변화; ⇨ Name)

fand 〔판트〕 〔과〕 finden의 과거 기본형

fände 〔펜데〕 〔접Ⅱ〕 finden의 접속법 제Ⅱ식 기본형

fangen* 〔판겐〕 〔타〕 잡다, 붙잡다; 포획〈체포〉하다

fängst 〔펭그스트〕 〔현〕 fangen의 2인칭 단수현재형

fängt 〔펭그트〕 〔현〕 fangen의 3인칭 단수현재형

Farbe 〔팔베〕 〔여〕 -/-n 색, 색채; 염료, 물감 페인트

färben 〔펠벤〕 〔타〕 물들이다, 착색하다
〔재〕 sich⁴ ~ 물들다, 색이들다

farbig 〔팔비히〕 〔형〕 착색한, 물이든; 생생한

Farbige〔r〕 〔팔비게〈가-〉〕 〔남〕〔여〕《형용사적 변화》 유색인 (특히) 흑인

Faser 〔파-자-〕 〔여〕 -/-en 섬유

Faß 〔파스〕 〔중〕 Fasses/Fässer 〔펫사-〕 통

fassen 〔팟-센〕 〔타〕 잡다; (어떤 양을)수용하다; 파악하다; 이해하다; 표현하다 j⁴ an 〈bei〉 der Hand ~ …의 손을 잡자 j⁴〈et⁴〉ins Auge ~ …을 응시하다; et⁴ in et⁴ ~ …을 …에 끼어넣다
〔재〕 sich⁴ ~ 침착해지다, 냉정해지다

Fässer 〔펫사-〕 〔복〕 Faß의 복수형

Fassung 〔팟숭그〕 〔여〕 -/-en 끼어넘; 침착, 냉정; 표현

fast 〔파-스트〕 〔부〕 거의; 약;《접속법 제Ⅱ식과 함께》 하마터면

faul 〔파-울〕 〔형〕 게으른, 게으른 사람의; 썩

	은
Faulheit [파-울하이트]	〔여〕 -/ 나태, 게으름
Faust [파-우스트]	〔여〕 -/Fäuste [포이스테] 주먹
Februar [페-부르알-]	〔남〕 -[s]/-e 2월
fechten* [페히텐]	〔자〕 펜싱을 하다; 검을 들고 싸우다 ★ mit j³ 〈gegen j⁴〉 ~ …과 싸우다
Feder [페-다-]	〔여〕 -/-n 깃, 깃털; 펜; 태엽, 용수철
fegen [페-겐]	〔타〕 (비로)쓸다, 소제하다, 깨끗이하다
fehlen [페-렌]	〔자〕 없다; 부족하다; 결석하고 있다
	〔비〕 부족하다 ★ es fehlt j³ an et³ …에게 …이 부족하다, 결여되어 있다.
Fehler [페-라-]	〔남〕 -s/- 잘못, 오류; 과실; 결점
Feier [파-이]	〔여〕 -/-n 축일, 축제, 축전
Feierabend [파-이아벤트]	〔남〕 -s/-e (하루일의)종결; 종업; 폐점
feierlich [파-이리히]	〔형〕 축제적인, 장엄한, 엄숙한
feiern [파-이른]	〔타〕 축하하다; (축전따위를)집행하다
	〔자〕 (일을)쉬다
Feiertag [파-이타크]	〔남〕 -[e]s/-e 축제일, 휴일
feig[e] [파-이]	〔형〕 비겁한; 겁많은
fein [파-인]	〔형〕 가는; 섬세한, 고상한; 양질의
feind [파-인트]	〔형〕 《술어적 용법뿐》 j³ ~ sein …의 적이다, …을 미워하고 있다
Feind [파-인트]	〔남〕 -[e]s/-e 적
feindlich [파-인트리히]	〔형〕 적의, 적의있는
Feld [펠트]	〔중〕 -es/-er 들; 밭; 분야; 전장
Fell [펠]	〔중〕 -[e]s/-e 모피
Fels [펠스]	〔남〕 -en/-en 바위, 암석

Fels의 격변화				
		〔단〕		〔복〕
1격	der	Fels	die	Felsen
2격	des	Felsen	der	Felsen
3격	dem	Felsen	den	Felsen
4격	den	Felsen	die	Felsen

Felsen 〔펠젠〕 〔남〕 -s/- 바위, 암석
Fenster 〔펜스타-〕 〔중〕 -s/- 창, 창문
Fensterscheibe 〔펜스타-·샤이베〕 〔여〕 -/-n 창유리
Ferien 〔페-리엔〕 〔복〕 (학교따위의 공공기관의 일제의) 휴가
Ferienreise 〔페-리엔·라이제〕 〔여〕 -/-n 휴가여행
fern 〔페른〕 〔형〕 먼 ★ von ~[e] 먼 곳으로부터; von nah und fern 여기저기로 부터
Ferne 〔페르네〕 〔여〕 -/-n 먼곳 ★ aus der ~ 먼곳으로부터; in der ~ 먼곳에서
ferner 〔페르나-〕 〔형〕 fern의 비교급
〔부〕 금후; 더우기
Ferngespräch 〔페른·게슈프레히〕 〔중〕 -s/-e 시외〈장거리〉통화
Fernsehapparat 〔페른제-·아파라-트〕 〔남〕 -[e]s/-e 텔레비젼 수상기
fernsehen* 〔페른·제-엔〕 〔자〕 텔레비젼을 보다
Fernsehen 〔페른·제-엔〕 〔중〕 -s/ 텔레비젼〔방송·수상〕
Fernsprecher 〔페른·슈프렛히야-〕 〔남〕 -s/ 전화〔기〕
Ferse 〔펠제〕 〔여〕 발꿈치
fertig 〔펠티히〕 〔형〕 끝난, 완성된; 준비가 된 ★ mit et^3 ~ sein …을 끝내버리고 있다, 완성되어 버렸다; mit et^3 〈j^3〉 ~ werden …을 끝내다 〈…을

뜻대로 하다〉; zu et³ ~ sein …의 준비가 되어 있다

fertigen 〔페르티겐〕 〔타〕 만들다, 제조하다; (문서를) 작성하다; 서명하다

fertig|machen 〔페르티히·맛헨〕 〔타〕 완성하다
〔재〕 sich⁴ ~ 몸차림을 하다

Fessel 〔페셀〕 〔여〕 -/-n 사슬, 수갑; 속박

fesseln 〔페세른〕 〔타〕 j⁴ 〈et⁴〉 ~ 을 사슬에 얽어매다, …에 수갑을 채우다; …을 속박하다; 매료하다

fest 〔페스트〕 〔형〕 단단함; 튼튼한; 굳은; 확실한;
〔부〕 굳게, 단단히 ★ steif und ~ 완고하게

Fest 〔페스트〕 〔중〕 -(e)s/-e 축제, 축연

fest|halten 〔페스트·할텐〕 〔타〕 꽉 가지고 (쥐고) 있다
〔재〕 sich⁴ an et³ ~ …에 꽉 달라붙다
〔자〕 an et³ ~ …을 고집하다

festigen 〔페스트겐〕 〔타〕 굳히다, 강화하다
〔재〕 sich⁴ ~ 굳혀지다, 강해지다

festlich 〔페스트리히〕 〔형〕 축제의; 화려한

fest|setzen 〔페스트·젯센〕 〔타〕 (기일·값따위를) 확정하다, 결정하다

fest|stellen 〔페스트·슈테렌〕 〔타〕 확인하다, 확증〈확정〉하다

Festtag 〔페스트·타-크〕 〔남〕 -(e)s/-e 축제일; 휴일

fett 〔펫트〕 〔형〕 기름진; 살찐, 뚱뚱한

Fett 〔펫트〕 〔중〕 -(e)s/-e 지방

feucht 〔호이히트〕 〔형〕 축축한, 젖은

Feuchtigkeit 〔호이히티히카이트〕 〔여〕 -/ 습기

feudal 〔호이달-〕 〔형〕 봉건적인

Feudalismus 〔호이다리스무스〕 〔남〕 -/ 봉건제도, 봉건주의

Feuer 〔호이아-〕 〔중〕 -s/ 불; 화재; 정열 ★ ~ fangen 불이붙다, 타기 시작하다

Feuerwehr 〔호이아-·베-아〕 〔여〕 -/-en 소방대

Feuerzeug 〔호이아-·쏘이크〕 〔중〕 -[e] s/-e (담배의) 라이터
ficht 〔피히트〕 〔현〕 fechten의 3인칭 단수현재형
〔명〕 fechten의 명령형
fichtst 〔피히쓰트〕 〔현〕 fechten의 2인칭 단수현재형
Fieber 〔피-바-〕 〔중〕 -s/- 열; 열병; 열중 ★ ~ haben 열이있다
fiel 〔필-〕 〔과〕 fallen의 과거기본형
fiele 〔피-레〕 〔접Ⅱ〕 fallen의 접속법 제Ⅱ식 기본형
Figur 〔피구-아〕 〔여〕 -/-en 모습; 자태, 몸매; 상; 도안
film 〔피름〕 〔남〕 -s/-e 필름; 영화
Finanz 〔피난쯔〕 〔여〕 -/-en 금융; 재정
finanziell 〔피난씨엘, 피난씨엘〕 〔형〕 금융상의; 재정상의; 경제상의
finanzieren 〔피난씨-렌〕 〔타〕 j⁴ ⟨et⁴⟩ ~ 에게 자금을 공급하다
finden* 〔핀덴〕 〔타〕 발견하다, 찾아내다; (…이 …이라고) 생각하다
〔재〕 sich⁴ ~ 발견되다, 있다; 재 정신이들다; (형편을) 알다 ★ sich⁴ in et⁴ ~ …에 순응하다
fing 〔핑그〕 〔과〕 fangen의 과거기본형
finge 〔핑게〕 〔접Ⅱ〕 fangen의 접속법 제Ⅱ식 기본형
Finger 〔핑가〕 〔남〕 -s/- 손가락
Finnland 〔핀란트〕 〔중〕 -s 핀란드
Finne 〔핀네〕 〔남〕 -n/-n 핀란드인

Finne의 격변화

	〔단〕		〔복〕
1격 der Finne		die Finnen	
2격 des Finnen		der Finnen	
3격 dem Finnen		den Finnen	
4격 den Finnen		die Finnen	

Finnin 〔피닌〕	〔여〕 -/Finninnen 〔피니넨〕 핀란드인〔여성〕
finnisch 〔피니슈〕	〔형〕 핀란드〔인·어〕의
Finnisch 〔피니슈〕	〔중〕 -〔S〕/ 핀란드어
finster 〔핀스타-〕	〔형〕 깜깜한; 음울〈침울〉한
Finsternis 〔핀스타-니스〕	〔여〕 -/Finsternisse 〔핀스타-닛제〕 어둠, 암흑; 일식, 월식
Firma 〔필마〕	〔여〕 -/Firmen 〔필맨〕 회사, 상사, 상호
Firmen 〔필맨〕	〔복〕 Firma의 복수형
Fisch 〔핏슈〕	〔남〕 -es/-e 물고기
fischen 〔핏쉔〕	〔타〕 (물고기를) 잡다, 낚다
Fischer 〔핏샤-〕	〔남〕 -s/- 어부
flach 〔후랏하〕	〔형〕 편편한, 평탄한; 얕은
Fläche 〔후렛헤〕	〔여〕 -/-n 평면; 표면; 평지; 면적
Flagge 〔후락게〕	〔여〕 -/-en (배따위의) 기; 국기
Flamme 〔후람메〕	〔여〕 -/-n 불꽃, 화염
Flasche 〔후랏쉐〕	〔여〕 -/-n 병
flattern 〔후랏테른〕	〔자〕 (h, s) 훨훨날다; 펄럭이다; 바람에 나부끼다
flechten* 〔후레히텐〕	〔타〕 엮다
Fleck 〔후렉케〕	〔남〕 -〔e〕s/-e 장소, 지점; (작은) 구혁〈지면〉; 얼룩, 반점
flehen 〔후레-엔〕	〔자〕 zu j³ um et⁴ ~ …에게 …을 애원하다, 간청하다
Fleisch 〔후라이슈〕	〔중〕 -es/ 고기, 육류
Fleischer 〔후라이샤-〕	〔남〕 -s/- 푸줏간 주인, 백정
Fleiß 〔후라이스〕	〔남〕 -es/ 근면 ★ mit ~ 열심히
fleißig 〔후라이시히〕	〔형〕 근면한, 부지런한
flicht 〔후리히트〕	〔현〕 flechten의 3인칭 단수현재형 〔명〕 flechten의 명령형
flichtst 〔후리히쓰트〕	〔현〕 flechten의 2인칭 단수현재형
flicken 〔후릭켄〕	〔타〕 수선하다; 헝겊을 대다

Fliege 〔후리-게〕	〔여〕 -/-n 파리; 나는 곤충
fliegen* 〔후리-겐〕	〔자〕 (s, h) 날다; 비행기로 가다
Flieger 〔후리-가-〕	〔남〕 -s/- 비행사, 파이롯트
fliehen* 〔후리-엔〕	〔자〕 (s) 도망치다, vor j³ 〈et³〉 ~ …으로부터 도망치다
fließen* 〔후리-센〕	〔자〕 (s) (물·공기·시간따위가) 흐르다; (말따위가 유창하게) 흘러나오다
fließend 〔후리-센트〕	〔형〕 흐르는듯한; 유창한 ★ ~es Wasser (실내에 설치된) 수도 〔에서 나오는 물〕
flimmern 〔후림메른〕	〔자〕 번쩍 번쩍 빛나다, 가물거리다
flink 〔후린크〕	〔형〕 민첩한, 재빠른
flocht 〔후로호트〕	〔과〕 flechten의 과거기본형
flöchte 〔후뢰히테〕	〔접 II〕 flechten의 접속법 제 II 식 기본형
Flocke 〔후록케〕	〔여〕 -/-n 부스러기, 작은조각; (눈의) 한송이; 털〈면〉넝마
flog 〔후로-크〕	〔과〕 fliegen의 과거기본형
flöge 〔후뢰-게〕	〔접 II〕 fliegen의 접속법 제 II 식 기본형
floh 〔후로-〕	〔과〕 fliehen의 과거기본형
Floh 〔후로-〕	〔남〕 -〔e〕s/Flöhe 〔후뢰-에〕 벼룩
flöhe 〔후뢰-에〕	〔접 II〕 fliehen의 접속법 제 II 식 기본형
floß 〔후로스〕	〔과〕 fließen의 과거기본형
flösse 〔후룃세〕	〔접 II〕 fließen의 접속법 제 II 식 기본형
Flöte 〔후룃-테〕	〔여〕 -/-n 피리, 플루트
flott 〔후롯트〕	〔형〕 빠른, 재빠른; 멋진; 빈틈없는; 명랑한; 속편한
Flotte 〔후롯테〕	〔여〕 -/-n 함대, 선단
Fluch 〔후루-후〕	〔남〕 -〔e〕s/ Flüche 〔후뤼-헤〕 저주; 욕
fluchen 〔후루-헨〕	〔자〕 j³ 〈auf j⁴〉 ~ …을 저주하다; …의 욕을하다

Flucht 〔후루후트〕	〔여〕 -/-en 《단수로》도주, 도망 ★ auf der ~ 도망〈도피〉중의
flüchten 〔후뤼히텐〕	〔자〕 도망하다; vor et³ ~ …로부터 도망치다
flüchting 〔후뤼히티히〕	〔형〕 도망중의; 일시적인; 재빠른; 날림의
Flüchtling 〔후뤼히트링그〕	〔남〕 -s/-e 도망자; 망명자
Flug 〔후루-크〕	〔남〕 -[e]s/Flüge〔후루-게〕비행; 항공기로의 여행
Flügel 〔후뤼-겔〕	〔남〕 -s/- 날개; 깃; 그랜드피아노
Flughafen 〔후루-크·하-펜〕	〔남〕 -s/Flughäfen〔후루-크·헤-펜〕
Flugplatz 〔후루-크·프랏쏘〕	〔남〕 -es/Flugplätze〔후루-크·프렛쩨〕 비행장
Flugzeug 〔후루-크·쏘이크〕	〔중〕 -[e]s/-e 비행기, 항공기
Flur¹ 〔후루-아〕	〔남〕 -[e]s/-e 현관; 낭하; 로비
Flur² 〔후루-아〕	〔여〕 -/-en 평야
Fluß 〔후루스〕	〔남〕 Flusses/Flüsse〔후륏-세〕 내, 하천; 흐름
Flüsse 〔후륏세〕	〔복〕 Fluß의 복수
flüssig 〔후륏시히〕	〔형〕 액체의; 유동하는
Flüssigkeit 〔후륏시히카이트〕	〔여〕 -/-en 액체; 유동상태
flüstern 〔후뤼스테른〕	〔타〕〔자〕 속사기다
Flut 〔후루-트〕	〔여〕 -/-en 만조; 큰물, 홍수
focht 〔포호트〕	〔과〕 fechten의 과거기본형
föchte 〔푀히테〕	〔접Ⅱ〕 fechten의 접속법 제Ⅱ식 기본형
Folge 〔폴게〕	〔여〕 -/-n 결과; 연속; 시리즈; 복종 ★ et⁴ zur ~ haben …이란 결과를 초래하다; et³ ~ leiten …에 복종하다
folgen 〔폴겐〕	〔자〕 (s) (j³ ~) …의 뒤를 따라가다, 따르다 ★ auf et⁴ ~ /nach et³ …의 뒤로 이어지다; aus et³ ~ …에서 결과로서 생기다 wie folgt

다음과 같이

folgend 〔폴겐트〕 〔형〕 다음의, 이하의 ★ am ~en Tag 그 다음날에; im ~en Jahr 그 다음해에; in folgenden/im folgenden 이하에, 다음에

folgern 〔폴게른〕 〔타〕 et⁴ aus et³ ~ …을 …에서 추론하다

Folgerung 〔폴게룽그〕 〔여〕 -/-en 추론; 결론

folglich 〔폴크리히〕 〔부〕 따라서

fordern 〔폴데른〕 〔타〕 요구하다; 필요로하다 ★ et⁴ von j³ ~ …을 …에게 요구하다

fördern 〔푈데른〕 〔타〕 촉진하다, 조성하다; (광석 따위를) 채굴하다

Forderung 〔폴데룽그〕 〔여〕 -/-en 요구, 청구

Förderung 〔푈데룽그〕 〔여〕 -/-en 촉성, 조성, 채굴

Forelle 〔포렐레〕 〔여〕 -/-n 송어

Form 〔포름〕 〔여〕 -/-n 형, 형태, 형식, 타입; 《복수로》행실, 예의범절

formal 〔폴말-〕 〔형〕 형식상의, 형식적인

Formel 〔폴멜〕 〔여〕 -/-n 공식; (일정한) 형식, 양식

formen 〔폴맨〕 〔타〕 꼴을 만든다, 형성하다
〔재〕 sich⁴ ~ 형성되다

förmlich 〔푈므리히〕 〔형〕 정식의; 형식적인; 문자그대로의

Formular 〔폴무랄-〕 〔중〕 〔e〕s/-e 신입 (계출) 용지, 서식용지

forschen 〔폴쉔〕 〔자〕 연구하다 nach et³ ~ …을 조사하다

Forscher 〔폴샤-〕 〔남〕 -s/- 연구자

Forschung 〔폴슝그〕 〔여〕 -/-en 연구; 탐구; 조사

Forst 〔폴스트〕 〔남〕 -es/-e 숲, 산림, 영림

fort 〔폴트〕 〔부〕 앞으로, 전방으로; 떠나서, 없어져서 ★ in einem ~ / immer ~ 계속해서, 끊임없이, 연명히

fort und fort	〔숙〕	계속해서, 끊임없이, 연명히; und so ~ (약: usf) …등등
fort|fahren* 〔폴트·파-렌〕	〔자〕	(s) (탈것으로) 출발하다; (h) mit ⟨in⟩et⁴ ~ …을 계속하다
fort|gehen* 〔폴트·게-엔〕	〔자〕	(s) 출발하다; 떠나다
fort|pflanzen 〔폴트·프흐란쎈〕	〔재〕	sich⁴ ~ 번식하다; 전해지다; 만연하다
Fortschritt 〔폴트·슈릿트〕	〔남〕	-〔e〕s/-e 진보, 발달
fortschrittlich 〔폴트·슈릿트리히〕	〔형〕	진보적인
fort|setzen 〔폴트·젯쎈〕	〔타〕	속행하다, 계속하다
	〔재〕	sich⁴ ~ 계속되다, 이어지다
Fortsetzung 〔폴트·젯쭝그〕	〔여〕	-/-en 속행, 계속
fortwährend 〔폴트·뵈-렌트〕	〔형〕	지속적인, 끊임없는
Foto 〔포-토〕	〔중〕	-s/-s 사진
Fotoapparat 〔포-토·아파라-트〕	〔남〕	-〔e〕s/-e 사진기, 카메라
Fotograf 〔포오그라-프〕	〔남〕	-en/-en 사진가(사)

Fotograf의 격변화			
	〔단〕		〔복〕
1격	der Fotograf	die	Fotografen
2격	des Fotografen	der	Fotografen
3격	dem Fotografen	den	Fotografen
4격	den Fotografen	die	Fotografen

Fotografie 〔포토그라피-〕	〔여〕	-/Fotografien 〔포토그라피-엔〕 사진; 사진술 ⇨ Photographie
fotografieren 〔포토그라피-렌〕	〔타〕	j⁴ ⟨et⁴⟩ ~ …의 사진을 찍다
Fracht 〔후라하트〕	〔여〕	-/-en 화물; 화물운임
Frachter 〔후라하타-〕	〔남〕	-s/- 화물선
Frage 〔후라-게〕	〔여〕	-/-n 물음, 질문; 문제 ★ das kommt nicht in ~ 그

것은 문제가 되지 않는다; et⁴ in ~ stellen …을 문제로 삼다; in ~ kommen 문제가 되다; j³ ⟨an j⁴⟩eine ~ stellen …에게 질문하다; ohne Frage 틀림없이, 명백히

fragen 〔후라-겐〕 〔타〕 질문하다; j⁴ nach et³ ⟨über et⁴⟩ ~ …에게 …을 (…에 대해서) 묻다; j⁴ um et⁴ ~ …에게 …을 요구하다
〔자〕 nach et³ ~ …을 묻다; …을 걱정하다

Fragezeichen 〔후라-게·싸이헨〕 〔중〕 -s/- 의문부호(기호: ?)

Frankreich 〔후란크라이히〕 〔중〕 -s/ 프랑스

Franzose 〔후란쏘-제〕 〔남〕 -n/-n 프랑스인

Franzose의 격변화				
	(단)		(복)	
1격	der	Franzose	die	Franzosen
2격	des	Franzosen	der	Franzosen
3격	dem	Franzosen	den	Franzosen
4격	den	Franzosen	die	Franzosen

Französin 〔후란쐬-진〕 〔여〕 -/Französinnen 〔프란씨-넨〕 프랑스인 (여성)

französisch 〔후란쐬-지슈〕 〔형〕 프랑스〔인·어〕의 ★ auf ~ 프랑스어로

Französisch 〔후란쐬-지슈〕 〔중〕 -〔s〕/프랑스어

fraß 〔후라-스〕 〔과〕 fressen의 과거기본형

fräße 〔후레-세〕 〔접Ⅱ〕 fressen의 접속법 제Ⅱ식 기본형

Frau 〔후라우〕 〔여〕 -/-en 여성, 부인; 처; …부인

Fräulein 〔후로이라인〕 〔중〕 -s/- 미혼여성; 영양; …양

frech 〔후렛히〕 〔형〕 뻔뻔스러운, 사양이 없는,

건방진

Frechheit [후레히하이트] 〔여〕 -/-en 《단수로》 뻔뻔스러움, 건방짐; 사양없는 언동

frei [후라이] 〔형〕자유로운, 자립독립의; 솔직한; 넓다란; 비어있는; 공석의; 무료의

Freie [후라이에] 〔중〕《형용사적 변화》《단수로》옥외, 야외 ★ im ~ en 옥외〈야외〉에서

freigebig [후라이·게-비히] 〔형〕 아끼지 않는, 인색하지 않은

Freiheit [후라이하이트] 〔여〕 -/-en 《단수로》자유, 〔자주〕독립; 《복수로》제멋대로의 행동

frei|lassen* [후라이·랏센] 〔타〕 (포로·죄수따위를) 자유의 몸으로하다, 석방하다

freilich [후라이리히] 〔부〕 물론 ★ ~ , …aber… 물론 …이지만, 그러나…

freimütig [후라이·뮈-티히] 〔형〕 솔직한

frei|sprechen* [후라이·슈프렛헨] 〔타〕 j⁴ …에 무죄를 언도한다

Freitag [후라이·타-크] 〔남〕 -s/-e 금요일

freiwillig [후라이·비리히] 〔형〕 자유의사의, 자발적인

fremd [후렘트] 〔형〕 낯선, 남의; 외국의

Fremde[1] [후렘데] 〔여〕 -/ 남의나라, 이향

Fremde[r][1] [후렘데〈다-〉] 〔남〕〔여〕《형용사적 변화》 낯선사람, 타향사람; 외국인

Fremdenverkehr [후렘덴·페어케-아] 〔남〕 -s/관광; 관광사업

Fremdenverkehrsbüro [후렘덴·페어케-아스뷔로-] 〔중〕 -s/-s 여행안내소

Fremdsprache [후렘트·슈프라-헤] 〔여〕 -/-n 외국어

fressen* [후렛센] 〔타〕〔자〕 (동물이) 먹다; (사람이) 마구처먹다

Freude [후로이데] 〔여〕 -/-n 기쁨, 즐거움 ★ mit ~ 기꺼이, 서둘어서; vor ~ 기뻐서; voller Freude 기쁨에 넘쳐

freudig 〔후로이디히〕	〔형〕 기뻐하는, 즐거운 듯한
freuen 〔후로이엔〕	〔타〕 기쁘게 〈즐겁게〉하다
	〔재〕 sich⁴ an et³ ~ …을 .즐기다
	sich⁴ anf et⁴ ~ …을 즐기고 있다; sich⁴ über et⁴ ~ …에 대해서 기뻐하다
Freund 〔후로인트〕	〔남〕 -[e]s/-e (남자의) 친구; 보이 프랜드; 애호자
Freundin 〔후로인딘〕	〔여〕 -/Freundinnen〔후로인디넨〕 (여자의) 친구; 걸프랜드
freundlich 〔후로인트리히〕	〔형〕 친절한; 호의적인; 쾌적인
Freundlichkeit 〔후로인트리히카이트〕	〔여〕 -/-en 친절, 호의
Freundschaft 〔후로인트샤프트〕	〔여〕 -/-en 우인관계; 우정
Friede 〔후리-데〕	〔남〕 -ns/-n 평화

```
           Friede의 격변화
              〔단〕            〔복〕
     1격  der  Friede     die  Frieden
     2격  des  Friedens   der  Frieden
     3격  dem  Frieden    den  Frieden
     4격  den  Frieden    die  Frieden
```

Friedhof 〔후리-트·호-프〕	〔남〕 -[e]s/Friedhöfe〔후리-트·회-페〕묘지
friedlich 〔후리-트리히〕	〔형〕 평화적인
frieren 〔후리-렌〕	〔자〕 (s) 얼다; (h) 춥다, 차갑다
	〔비〕 es friert 얼음이 얼다, 춥다
frisch 〔후릿슈〕	〔형〕 신선한, 새로운, 활발한
Friseur, Frisör 〔후리제-아〕	〔남〕 -s/-e 이발사, 미용사
friß 〔후리스〕	〔명〕 fressen의 명령형
frissest 〔후릿세스트〕	〔현〕 fressen의 2인칭 단수현재형
frißt 〔후리스트〕	〔현〕 fressen의 2·3인칭 단수현재형
Frist 〔후리스트〕	〔여〕 -/-en 기한, 일한, 기간

Früher

Frisur〔후리주-아〕	〔여〕 -/-en 머리형
froh〔후로-〕	〔형〕 명랑한, 쾌활한; 기뻐하는, 즐거운 ★ über et⁴ ~ sein …을 기뻐하고 있다
fröhlich〔후레-리히〕	〔형〕 기뻐하는, 기쁜, 즐거운
fromm⁽*⁾〔후롬〕	〔형〕 심신 깊은, 경건한
frommer〔후롬마-〕 **frömmer**〔후룀마-〕	〔형〕 fromm의 비교급
frommst〔후롬스트〕 **frömmst**〔후룀스트〕	〔형〕 fromm의 최상급
Front〔후론트〕	〔여〕 -/-en (건물의)정면, 전면; 전선(前線), 전선(戰線)
fror〔후로-아〕	〔과〕 frieren의 기본 과거형
fröre〔후뢰-레〕	〔접Ⅱ〕 frieren의 접속법 제Ⅱ식 기본형
Frosch〔후롯슈〕	〔남〕 -es/Frösche〔후렛쇠〕 개구리
Frost〔후로스트〕	〔남〕 -es/Fröste〔후레스테〕 서리; (0℃이하의) 한기; 오한
Frucht〔후루후트〕	〔여〕 -/Früchte〔후뤼히테〕 과실; 성과
fruchtbar〔후루후트발-〕	〔형〕 열매를 맺는, 생산력이 있는; 비옥한
Früchte〔후뤼히테〕	〔복〕 Frucht의 복수형
Fruchtsaft〔후루후트·자프트〕	〔남〕 -[e]s/ 과즙·프루쓰쥬스
früh〔후뤼-〕	〔형〕 (시간·시기 따위가) 이른 ★ am ~ en Morgen 이른 아침에
	〔부〕 일찍 ★ morgen 〈gestern〉 ~ 오늘 〈어제〉 아침에; von ~ bis spät 아침부터 밤까지
früh am Morgen	〔숙〕 아침 일찍
früh morgens	〔숙〕 아침 일찍
Frühe〔후뤼-에〕	〔여〕 -/- 이른 아침
Früher〔후뤼-아-〕	〔형〕 früh의 비교급
	〔부〕 보다일찍; 이전에는, 원래는

frühestens

früher oder später	〔숙〕	조만간
frühestens〔후뤼-에스텐스〕	〔부〕	빨라도
Frujahr〔후뤼-·얄-〕	〔중〕	-(e)s/-e 봄
Frühling〔후뤼-링그〕	〔남〕	-s/-e 봄
Frühstück〔후뤼-·슈뛱크〕	〔중〕	-(e)s/-e 아침식사
frühstücken〔후뤼-·슈뛱켄〕	〔자〕	아침 식사를 하다
frühzeitig〔후뤼-·쯔아이티히〕	〔형〕	이른, 조기의; 너무이른, 시기상조의

Fuchs〔훅스〕 〔남〕 -es/Füchse〔휙세〕 여우
Füchse〔휙세〕 〔복〕 Fuchs의 복수형
Fuge〔후-게〕 〔여〕 -/-n (공작물 따위의) 이음새; 푸가, 둔주곡(遁走曲)

fügen〔휘-겐〕
〔타〕 et⁴ an 〈in〉 et⁴ ~ …에 …을 이어 맞추다; 정돈하다
〔재〕 sich⁴ j³ 〈et³〉 ~ …에 복종하다
sich⁴ in et⁴ ~ …에 적합〈순응〉하다

Fügung〔휘-궁그〕 〔여〕 -/-en 접합; 순응; (신의) 섭리

fühlen〔휘-렌〕
〔타〕 느끼다, 지각하다; 접촉하다
★ einen Schmerz ~ 아픔을 느끼다
〔재〕 sich⁴ (자신이 …임을) 느끼다 ★ sich⁴ krank ~ 기분이 나쁘다

fuhr〔후-아〕 〔과〕 fahren의 과거기본형
führe〔휘-레〕 〔접Ⅱ〕 fahren의 접속법 제Ⅱ식 기본형

führen〔휘-렌〕
〔타〕 이끌다; 안내하다; 행하다; et⁴ bei 〈mit〉 sich³ ~ …을 휴대하다
〔자〕 (길 따위가) 통하다, 향하고 있다

Führer〔휘-라-〕 〔남〕 -s/- 지도자; 안내자; 지휘자; 운전수

Führerschein〔휘-라-·샤인〕 〔남〕 -s/-e 운전면허증

Führung 〔휘-룽그〕	〔여〕 -/-en 지도; 지시; 안내; 관리; 운전; 품행; 태도
Fülle 〔휘레〕	〔여〕 -/-n 풍부, 풍요
füllen 〔휘렌〕	〔타〕 (가득)채우다, 충만시키다 〔재〕 sich⁴ ~ 가득차다
Füller 〔휘라-〕	〔남〕 -s/- 만년필
Füll〔feder〕halter 〔휠〔페-다-〕·할타-〕	〔남〕 -s/- 만년필
Fundament 〔훈다멘트〕	〔중〕 -(e)s/-e 기초, 토대
fünf 〔휜프〕	〔수〕 5〔의〕
fünft 〔휜프트〕	〔형〕 《서수의》 제5〔번째〕의
fünfzehn 〔휜프·쎈-〕	〔수〕 15〔의〕
fünfzig 〔휜프씻히〕	〔수〕 50〔의〕
Funke 〔훈케〕	〔남〕 -ns/-n 불꽃; 스파크, 섬광

```
          Funke의 격변화
              〔단〕              〔복〕
     1격  der  Funke       die  Funken
     2격  des  Funkens      der  Funken
     3격  dem  Funken       den  Funken
     4격  den  Funken       die  Funken
```

funkeln 〔훈케른〕	〔자〕 불꽃을 튀기다; 반짝이다
Funken¹ 〔훈켄〕	〔중〕 -s/ 라디오 방송; 무선
Funken² 〔훈켄〕	〔남〕 -s/- 불티, 불꽃(=Funke)
Funktion 〔훈크씨온-〕	〔여〕 -/-en 기능; 작용; 직무
funktionieren 〔훈크씨오니-렌〕	〔자〕 기능하다; 작용하다, 일하다
für 〔휘-아〕	〔전〕 《4격지배》 …을 위하여, …에 대해서; …에 있어서, …에 관해서; …대신에, …의 값으로(교환), …에 찬성해서 ★ was ~ 〔ein〕 어떤 종류의; 참으로
für diesen Fall	〔숙〕 이런 경우에는
für diesen Mal	〔숙〕 이회〔만〕은

für diesmal	〔숙〕 이번〔만〕은, 이번은
für heute	〔숙〕 오늘로써는
für jetzt	〔숙〕 지금으로써는
für sich⁴	〔숙〕 그것 자체〔로써는〕; 자신을 위해서
Furcht 〔훌히트〕	〔여〕 -/ 두려움, 공포 ★ vor ~ 공포의 나머지 vor j³ 〈et³〉 ~ haben …을 두려워하다
furchtbar 〔훌히트발-〕	〔형〕 무서운; 엄청난
fürchten 〔휠히텐〕	〔타〕 무서워하다
	〔자〕 für j⁴ 〈et⁴〉 ~ …을 걱정하다, …에 신경을 쓰다
	〔재〕 sich⁴ vor j³ 〈et³〉 ~ …을 무서워하다
fürchterlich 〔휠히타-리히〕	〔형〕 무서운, 두려운
furchtsam 〔훌히트잠-〕	〔형〕 두려워하는, 겁장이의; 비겁한
fürs 〔휘-아스〕	〔융합〕 《전치사》 für와 정관사 das의 융합형 ⇨ für
fürs erste	〔숙〕 우선, 당분간은
fürs ganze Leben	〔숙〕 일생동안
furs nächste	〔숙〕 우선, 당분간
Fürsorge 〔휘-아·졸게〕	〔여〕 -/ 돌봄, 간호; 〔생활〕보호
Fürst 〔휠스트〕	〔남〕 -en/-en 군주; 후작

Fürst의 격변화

	〔단〕		〔복〕	
1격	der	Fürst	die	Fürsten
2격	des	Fürsten	der	Fürsten
3격	dem	Fürsten	den	Fürsten
4격	den	Fürsten	die	Fürsten

Fuß 〔후-스〕	〔남〕 -es/Füße 〔휘-세〕 (복사뼈 아래의) 발 ★ zu ~ 도보로
Fußball 〔후-스·발〕	〔남〕 -s/Fußbälle〔후-·스·베레〕 축구; 축구용의 공
Fußboden 〔후-스·보-덴〕	〔남〕 -s/Fußböden〔후-·스·뵈·

	덴〕 마루
Füße〔휘-세〕	〔복〕 Fuß의 복수형
Fußgänger〔후-스·겡가-〕	〔남〕 -s/- 보행자
Futter[1]〔훗타-〕	〔중〕 -s/- 사료, 여물, 모이
Futter[2]〔훗타-〕	〔중〕 -s/- (의복의)안감
füttern[1]〔휫테른〕	〔타〕 (가축 등에) 사료 〈여물〉를 주다; (…에) 먹이를 주다, 육하다
füttern[2]〔휫테른〕	〔타〕 et^4 ~ (…에) 안감을 대다

G

gab 〔가-프〕 〔과〕 geben의 과거기본형
Gabe 〔가-베〕 〔여〕 -/-n 선물; 천분, 재능
gäbe 〔게-베〕 〔접Ⅱ〕 geben의 접속법 제Ⅱ식 기본형
Gabel 〔가-벨〕 〔여〕 -/-n 포크
gähnen 〔게-넨〕 〔자〕 하품하다
galt 〔갈트〕 〔과〕 gelten의 과거기본형
gälte 〔겔테〕 〔접Ⅱ〕 gelten의 접속법 제Ⅱ식 기본형
Gang 〔강그〕 〔남〕 -[e]s/Gänge〔겡게〕 보행; 운행; 활동; 복도; (요리의 코스 ★ et⁴ in ~ bringen 〈setzen〉 …을 움직이다, …을 작동시키다; …을 진행시키다
Gans 〔간스〕 〔여〕 -/Gänse〔겐제〕 거위
Gänse 〔겐제〕 〔복〕 Gans의 복수형
ganz 〔간쯔〕 〔형〕 전체의, 전부의 ★ im 〔großen und〕 ~ en 전체로서; voll und ~ 완전히, 전혀
〔부〕 완전히; 대단히; 꽤, 그저
  ganz und gar 〔숙〕 전혀, 철두철미
gänzlich 〔겐쯔리히〕 〔형〕 완전한, 충분한, 굉장한
〔부〕 전혀, 철두철미, 몽땅
gar 〔갈-〕 〔부〕 아주, 충분하게, 몹시; 설마, 혹시나; 그렇기는 커녕; (부정사와 함께) 전혀 …않다 ★ ganz und ~ 전혀, 철두철미
  gar nicht 〔숙〕 전혀 …않다
Garage 〔가라-제〕 〔여〕 -/-n 차고, 카레지

Gattin

Garantie 〔가란티-렌〕 〔여〕 -/Garantien 〔가란티-엔〕 보증; 신뢰

garantieren 〔가란티-렌〕 〔타〕 보증하다

Garderobe 〔갈데로-베〕 〔여〕 -/-n 휴대품 보관소, 옷장; 의상실

Gardine 〔갈디-네〕 〔여〕 -/-n 커텐

gären* 〔게-렌〕 〔자〕 (s, h)발효하다

Garn 〔갈-은〕 〔중〕 -〔e〕s/-e (방사용)실

Garten 〔갈-텐〕 〔남〕 -s/Gärten 〔겔텐〕 뜰, 정원

Gärten 〔겔-텐〕 〔복〕 Garten의 복수형

Gas 〔가-스〕 〔중〕 -es/-e 가스

Gasse 〔갓세〕 〔여〕 -/-n 곡목길; 골목

Gast 〔가스트〕 〔남〕 -es/Gäste 〔게스테〕 손님, 내객

Gastarbeiter 〔가스트·알바이타-〕 〔남〕 -s/- (돈벌이하러온) 외국인 노동자

Gäste 〔게스테〕 〔복〕 Gast의 복수형

Gastgeber 〔가스트·게-바-〕 〔남〕 -s/- (초대된 손님에 대해서) 주인〔역〕, 호스트

Gästehaus 〔게스테·하우스〕 〔중〕 -es/Gästehäuser 〔게스테·호이자-〕 영빈관

Gasthaus 〔가스트·하우스 호이자-〕 〔중〕 -es/Gasthäuser 〔가스트·호이자-〕 요리집겸 여관

Gaststätte 〔가스트·슈텟테〕 〔여〕 -/-n 음식점, 레스토랑

Gatte 〔갓테〕 〔남〕 -n/-n 주인 (상대방의 남편에 대한 공손한 호칭)

```
         Gatt의 격변화
           〔단〕         〔복〕
    1격  der  Gatte   die  Gatten
    2격  des  Gatten  der  Gatten
    3격  dem  Gatten  den  Gatten
    4격  den  Gatten  die  Gatten
```

Gattin 〔갓틴〕 〔여〕 /Gattinnen 〔갓티넨〕 아내, 부인 (상대방의 부인에 대한

gebacken 〔게 · 박켄〕 〔과분〕 backen의 과거분사
Gebäck 〔게 · 뵈크〕 〔중〕 쿠키, 비스켓
gebar 〔게 · 발-〕 〔과〕 gebären의 과거기본형
Gebärde 〔게 · 베-아데〕 〔여〕 -/-n 몸짓, 거동
gebäre 〔게 · 베-레〕 〔접Ⅱ〕 gebären의 접속법 제Ⅱ식 기본형
gebären* 〔게 · 베-렌〕 〔타〕 낳다 ★ geboren werden 태어나다; in München geboren sein 뮌헨 태생이다
Gebäude 〔게 · 보이데〕 〔중〕 -s/- 건물, 가옥
geben* 〔게-벤〕 〔타〕 j³ et⁴ …에게 …을 주다; et⁴ ~ (결과로서) …을 낳다, 야기시키다
〔비〕 es gibt+4격 …이있다, 존재하다; …이 일어나다
Gebet 〔게 · 베-트〕 〔중〕 -(e)s/-e 기도
gebeten 〔게 · 베-텐〕 〔과분〕 bitten의 과거분사
gebier 〔게 · 비-아〕 〔명〕 gebären
gebierst 〔게 · 빌-스트〕 〔현〕 gebären
gebiert 〔게 · 빌-트〕 〔현〕 gebären
Gebiet 〔게 · 비-트〕 〔중〕 -(e)s/-e 지역; 영역, 분야
gebieten* 〔게 · 비-텐〕 〔타〕 j³ et⁴ ~ …을 명령하다
〔자〕 über j⁴ 〈et⁴〉 ~ …을 지배하다
gebildet 〔게 · 빌뎃트〕 〔형〕 모양있는
Gebildete〈r〉 〔게 · 빌뎃테〈타-〉〕 〔남〕〔여〕 《형용사적 변화》모양이 있는 사람
Gebirge 〔게 · 빌게〕 〔중〕 -s/- 산맥, 연산 ★ ins ~ fahren 산으로가다
gebissen 〔게 · 빌센〕 〔과분〕 beißen의 과거분사
geblasen 〔게 · 부라-젠〕 〔과분〕 blasen의 과거분사
geblieben 〔게 · 부리-벤〕 〔과분〕 bleiben의 과거분사
gebogen 〔게 · 보-겐〕 〔과분〕 biegen의 과거분사
geboren 〔게 · 보-렌〕 〔과분〕 gebären의 과거분사
〔형〕 타고난; 토착의
Gebot 〔게 · 보-트〕 〔중〕 -(e)s/-e 계율, 규정; (양

심·도덕에 호소하는)명령

geborgen 〔게·볼겐〕 〔과분〕 bergen의 과거분사
geboten 〔게·보-텐〕 〔과분〕 bieten의 과거분사
gebracht 〔게·부라하트〕 〔과분〕 bringen의 과거분사
gebrannt 〔게·부란트〕 〔과분〕 brenner의 과거분사
gebraten 〔게·부라-텐〕 〔과분〕 braten의 과거분사
Gebrauch 〔게·부라우흐〕 〔남〕 -(e)s/Gebräuche 〔게·부로이헤〕 《단수로》사용, 《복수로》풍습, 관습

gebrauchen 〔제·부라우헨〕 〔타〕 쓰다, 사용하다
gebrochen 〔게·부롯헨〕 〔과분〕 brechen의 과거분사
〔형〕 끊어진, 꺾어진, 깨진
Gebühr 〔게·뷔-아〕 〔여〕 -/-en 요금
gebunden 〔게·분덴〕 〔과분〕 binden의 과거분사
〔형〕 강제된, 고정된
Geburt 〔게·불트〕 〔여〕 -/-en 탄생, 출생
Geburtstag 〔게불-쯔·타-크〕 〔남〕 -(e)s/-e 생일
gedacht 〔게·다하트〕 〔과분〕 denken의 과거분사
Gedächtnis 〔게·데히트니스〕 〔중〕 Gedächtnisses/Gedächtnisse 기억〔력〕
Gedanke 〔게·당케〕 〔남〕 -ns/-n 생각; 사상

Gedanke의 격변화

	〔단〕		〔복〕
1격	der Gedanke	die	Gedanken
2격	des Gedankens	der	Gedanken
3격	dem Gedanken	den	Gedanken
4격	den Gedanken	die	Gedanken

---

gedeihen* 〔게·다이엔〕 〔자〕 (s) 번영하다; 무성하다; 성장하다
gedenken* 〔게·덴켄〕 〔자〕 j² ⟨et²⟩ ~ …의 일을 생각하다; 《zu를 갖인 부정사를 동반하여》 …할 예정이다
Gedicht 〔게·디히트〕 〔중〕 -(e)s/-e 시
gedieh 〔게·디-〕 〔과〕 gedeihen의 과거기본형

gediehe [게·디-에]	〔접Ⅱ〕 gedeihen의 접속법 제Ⅱ식 기본형
gediehen [게·디-엔]	〔과분〕 gedeihen의 과거분사
Gedränge [게·드렝게]	〔중〕 -s/- 잡담; 운집; 붐빔
gedrungen [게·드룽겐]	〔과분〕 dringen의 과거분사
Geduld [게·둘트]	〔여〕 -/인내, 끈기
geduldig [게·둘디히]	〔형〕 참을성이 강한, 끈기있는
gedurft [게·둘프트]	〔과분〕 dürfen의 과거분사
geeignet [게·아이그넷트]	〔형〕 적합한, 알맞는
Gefahr [게·팔-]	〔여〕 -/-en 위험 ★ ~ laufen 위험을 범하다
gefahren [게·파-렌]	〔과분〕 fahren의 과거분사
gefährlich [게·페-아리히]	〔형〕 위험한, 위태로운
Gefährte [게·페-르테]	〔남〕 -n/-n 동반자; 동료; 반려

```
        Gefährte의 격변화
            〔단〕         〔복〕
    1격  der Gefährte   die Gefährten
    2격  des Gefährten  der Gefährten
    3격  dem Gefährten  den Gefährten
    4격  den Gefährten  die Gefährten
```

gefallen¹* [게·파렌]	〔자〕 j³ ~ …의 마음에 들다, …의 귀염을 받다; sich³ et⁴ ~ lassen …에게 동의하다, …을 감수하다; sich³ in et³ ~ …을 즐긴다, 자랑하다
gefallen² [게·파렌]	〔과분〕 fallen의 과거분사
Gefallen² [게·파렌]	〔남〕 -s/- 호의, 친절
gefangen [게·팡겐]	〔과분〕 fangen의 과거분사
Gefangene(r) [게·팡게레〈나-〉]	〔남〕〔여〕《형용사적 변화》죄수, 포로
Gefängnis [게·펜그니스]	〔중〕 Gefängnisses/Gefängnisse 감옥, 형무소
Gefäß [게·페스]	〔중〕 -es/- 용기, 그릇
geflochten [게·프로흐텐]	〔과분〕 flechten의 과거분사

gegenüber|stellen

geflogen [게·프로-겐] 〔과분〕 fliegen의 과거분사
geflohen [게·프로-엔] 〔과분〕 fliehen의 과거분사
geflossen [게·프롯-센] 〔과분〕 fließen의 과거분사
gefochten [게·포호텐] 〔과분〕 fechten의 과거분사
gefressen [게·프렛센] 〔과분〕 fressen의 과거분사
gefroren [게·프로-렌] 〔과분〕 frieren의 과거분사
Gefühl [게·퓔-센] 〔중〕 -[e]s/-e 감정, 기분; 촉감, 촉각 ★ mit ~ 감정을 곁들여서

gefunden [게·푼덴] 〔과분〕 finden의 과거분사
gegangen [게·강겐] 〔과분〕 gehen의 과거분사
gegeben [게·게-벤] 〔과분〕 geben의 과거분사
gegen [게-겐] 〔전〕《4격지배》…에 대해서; …에 반해서, …에 대항해서; …을 향해서; …무렵에

 gegen Abend 〔숙〕 저녁 무렵에, 해질무렵에
 gegen Mittag 〔숙〕 낮 무렵에
Gegend [게-겐트] 〔여〕 -/-en 지방; 지대
gegeneinander [게-겐·아이난다-] 〔부〕 상대해서, 상호간에

Gegensatz [게-겐·잣쓰] 〔남〕 -es/Gegensätze [게-겐·젯쎄] 반대, 대립, 대비 ★ im ~ zu j³ ⟨et³⟩ …와는 대조적으로, …과는 반대로, …과는 달리; in ~ zu j³ stehen …에 대립하다

gegenseitig [게-겐·자이티히] 〔형〕 상호간의, 서로의
Gegenstand [게-겐·슈탄트] 〔남〕 -[e]s/Gegenstände [게-겐·슈텐데] 물체; 대상; 본체, 모티브

Gegenteil [게-겐·타일] 〔중〕 -[e]s/-e 반대 ★ im ~ 반대로, 역으로

gegenüber [게-겐·위-바-] 〔전〕《3격 지배》…의 맞은편에, …에 대해서 (후치되는 경우가 많다)

gegenüber|stellen [게-겐위-바-·슈테렌] 〔타〕 j³ ⟨et³⟩ j⁴ ⟨et⁴⟩ ~ …에 …을 대치하다; 대비하다

Gegenwart 〔게-겐 · 발트〕 〔여〕 -/ 현재, 현대; (그 자리에) 있는 것

gegenwärtig 〔게-겐 · 벨티히〕 〔현〕 현재의, 현대의, (그 자리에) 있는 ★ j³ ~ sein …의 기억에 남아 있다

gegessen 〔게 · 겟센〕 〔과분〕 essen의 과거분사
geglichen 〔게 · 그릿헨〕 〔과분〕 gleichen의 과거분사
geglitten 〔게 · 그릿텐〕 〔과분〕 gleiten의 과거분사
Gegner 〔게-그나-〕 〔남〕 -s/- 적, 대립자, 경쟁상대
gegolten 〔게 · 골텐〕 〔과분〕 gelten의 과거분사
gegossen 〔게 · 곳센〕 〔과분〕 gießen의 과거분사
gegraben 〔게 · 그라-벤〕 〔과분〕 graben의 과거분사
gegriffen 〔게 · 그릿펜〕 〔과분〕 greifen의 과거분사
gehabt 〔게 · 하프트〕 〔과분〕 haben의 과거분사
Gehalt¹ 〔게 · 할트〕 〔중〕 -[e]s/Gehälter 〔게 · 헬타-〕 급료, 봉급
Gehalt² 〔게 · 할트〕 〔남〕 -[e]s/-e 내용, 성분
gehalten 〔게 · 할텐〕 〔과분〕 halten의 과거분사
Gehälter 〔게 · 헬타-〕 〔복〕 Gehalt¹의 복수형
gehangen 〔게 · 한겐〕 〔과분〕 hängen의 과거분사
gehauen 〔게 · 하우엔〕 〔과분〕 hauen의 과거분사
geheim 〔게 · 하임〕 〔형〕 비밀의
Geheimnis 〔게 · 하임니스〕 〔중〕 Geheimnisses/Geheimnisse 비밀
geheimnisvoll 〔게하임니스 · 폴〕 〔형〕 이상한, 불가사의한, 신비적인
geheißen 〔게 · 하이센〕 〔과분〕 heißen의 과거분사
gehen* 〔게-엔〕 〔자〕 (s) 가다; 걷다; (기계따위가) 작동하다; (일이) 진행하다; (사정 · 상태따위가)…의 상태에 있다;《zu가 없는 부정사와 함께》…하려가다 ★ an Land ~ 상륙하다 aufs Land ~ 시골로 가다. in die 〈zur〉 Schule ~ 학교로가다; in sich⁴ ~ 자성하다; ins 〈zu〉 Bett ~ 자러가다; ins Kino 〈Theater

		~ 영화〈연극〉구경을 가다; nach Hause ~ 집으로 돌아가다; vor sich³ ~ 일어나다, 생기다; zu Ende ~ 끝나다, 수료하다
		〔비〕 es geht j³··· ···의 상태〈컨디션·기분〉은 ···이다 ★ Wie geht es Ihnen? 안녕하세요
Gehilfe 〔게·힐페〕		〔남〕 -n/-n 조수, 조교, 아시스탄트; 점원

Gehilfe의 격변화

	〔단〕		〔복〕
1격	der Gehilfe	die	Gehilfen
2격	des Gehilfen	der	Gehilfen
3격	dem Gehilfen	den	Gehilfen
4격	den Gehilfen	die	Gehilfen

Gehirn 〔게·힐은〕 〔중〕 -(e)s/-e 뇌

gehoben 〔게·호-벤〕 〔과분〕 heben의 과거분사
〔형〕 상위의; (기분이) 고양된; 고상한, 우아한

geholfen 〔게·홀펜〕 〔과분〕 helfen의 과거분사

Gehör 〔게·회-아〕 〔중〕 -(e)s/ 청각

gehorchen 〔게·홀헨〕 〔자〕 j³ 〈et³〉 ~ ···에 따르다, ···에 복종하다

gehören 〔게·회-렌〕 〔자〕 j³ ~ ···에 속하다, ···의 것이다; zu et³ ~ ···의 일부〈일원〉이다; 〔zu〕 j³ 〈et³〉 ~ ···에 어울린다, ···에 적합하다

gehorsam 〔게·홀-잠-〕 〔형〕 순종하는, 말을 잘 듣는, 순수한

Geige 〔가이게〕 〔여〕 -/-n 바이올린

Geist 〔가이스트〕 〔남〕 -es/-er 《단수로》정신〔력〕, 지력; 《단수로》생기, 기력; (···의) 정신의 소유자:《단

	수로》사조, 본질; 망령, 유령
	〔남〕 -es/-e 알콜, 주정
Geisteswissenschaft 〔가이스테스·빗센샤프트〕	〔여〕 -/-en 정신과학
geistig 〔가이스티히〕	〔형〕 정신의, 정신적인; 알콜을 포함한
geistlich 〔가이스트리히〕	〔형〕 종교〔상〕의, 교회의
Geistliche〔r〕 〔가이스트릿헤스〈히야〉〕	〔남〕〔여〕《형용사적 변화》성직자
Geiz 〔가이쓰〕	〔남〕 -es/-e 탐욕, 인색
geizig 〔가이씨힌〕	〔형〕 탐내는, 인색한
gekannt 〔게·칸트〕	〔과분〕 kennen의 과거분사
geklungen 〔게·크룽겐〕	〔과분〕 klingen의 과거분사
gekniffen 〔게·크닛펜〕	〔과분〕 kneifen의 과거분사
gekommen 〔게·콤맨〕	〔과분〕 kommen의 과거분사
gekonnt 〔게·콘트〕	〔과분〕 können의 과거분사
gekrochen 〔게·크롯헨〕	〔과분〕 kriechen의 과거분사
geladen 〔게·라-덴〕	〔과분〕 laden의 과거분사
Gelände 〔게·렌데〕	〔중〕 -s/- (특정한 목적에 사용되는) 토지; 구역
gelang 〔게·랑그〕	〔과〕 gelingen의 과거기본형
gelänge 〔게·렝게〕	〔접Ⅱ〕 gelingen의 접속법 제Ⅱ식 기본형
gelangen 〔게·랑겐〕	〔자〕 (s) an et^4 〈zu et^3〉 ~ … 에 도달하다
gelassen^1 〔게·랏센〕	〔과분〕 lassen의 과거분사
gelassen^2 〔게·랏센〕	〔형〕 평정한, 침착한, 안정된
gelaufen 〔게·라우펜〕	〔과분〕 laufen의 과거분사
gelb 〔겔프〕	〔형〕 노란색의
Geld 〔겔트〕	〔중〕 -es/-er 돈
Geldbeutel 〔겔트·보이텔〕	〔남〕 -s/- 돈지갑
Geldschein 〔겔트·샤인〕	〔남〕 -〔e〕s/-e 지폐
Geldstück 〔겔트·슈튝크〕	〔중〕 -〔e〕s/-e 경화
gelegen 〔게레-겐〕	〔과분〕 liegen의 과거분사
Gelegenheit 〔게·레-겐하이트〕	〔여〕 -/-en 기회, 찬스 ★ bei ~ …하는 기회에, 겸해서

gelegentlich〔게·레-겐트리히〕
〔형〕때에 따라서의, 그때 그대로의
〔부〕때에 따라서, 이따금

gelehrt〔게·레-르트〕
〔형〕학식이 있는

Gelehrt[r]〔게·레-르테〈타-〉〕
〔남〕〔여〕《형용사적 변화》학자

Gelenk〔게·렌크〕
〔중〕-[e]s/-e 관절; (기계의) 링크, 이은자리

gelesen〔게·레-젠〕
〔과분〕lesen의 과거분사

Geliebte[r]〔게·리-프테〈타-〉〕
〔남〕〔여〕《형용사적 변화》애인

geliehen〔게·리-엔〕
〔과분〕leihen의 과거분사

gelingen*〔게·링겐〕
〔자〕(s)잘되다, 성공하다

Gelingen〔게·링겐〕
〔중〕-s/ j^3 ~ (…에 있어서의) 성공

gelitten〔게·릿-텐〕
〔과분〕leiden의 과거분사

geloben〔게·로-벤〕
〔타〕맹세하다, 맹세해서, 약속하다

gelogen〔게·로-겐〕
〔과분〕lügen의 과거분사

geloschen〔게·롯-센〕
〔과분〕löschen의 과거분사

gelten*〔겔텐〕
〔자〕유효하다, 통용하다; (…의) 가치가 있다; als… ~ …으로 간주되다 für j^4 ⟨et^4⟩ ~ …에 해당되다
〔타〕et^4 ~ …과 같은 가격이다

geltend〔겔텐트〕
〔형〕《현재분사》유효한, 통용하는 ★ et^4 ~ machen …을 주장하다

Geltung〔겔퉁그〕
〔여〕-/ 평가, 통용; 효과 ★ zur ~ kommen 효과⟨효력⟩를 발휘하다

gelungen〔게·룽겐〕
〔과분〕gelingen의 과거분사

Gemahl〔게말-〕
〔남〕-[e]s/-e 주인양반 (상대의 남편에 대한 공손한 호칭)

gemahlen〔게·마-렌〕
〔과분〕mahlen의 과거분사

Gemahlin〔게·마-린〕
〔여〕/Gemahlinnen〔게·마-리넨〕사모님, 영부인

Gemälde [게·멜데]	[중]	-s/- 그림, 회화
gemäß [게메-스]	[전]	《3격지배》 …에 따라서; …에 의해서 (후회되기도 한다)
gemein [게·마인]	[형]	공동의; 공공의; 비천한, 비열한 ★ et⁴ mit j³ ~ haben …와 …을 공유하고 있다
Gemeinde [게·마인데]	[여]	-/-n 공동체, 지방자치제
gemeinsam [게·마인잠-]	[형]	공통의, 공동의; 상호의
Gemeinschaft [게·마인샤프트]	[여]	-/-en 공동체, 공동사회
gemessen [게·멧센]	[과분]	messen의 과거분사
gemieden [게·미-덴]	[과분]	meiden의 과거분사
gemocht [게·모호트]	[과분]	mögen의 과거분사
Gemüse [게·뮈-제]	[중]	-s/- 야채
Gemußt [게무스트]	[과분]	müssen의 과거분사
Gemüt [게·뮈-트]	[중]	-(e)s/-er 《단수로》 심정, 기분; 인심; 기질
gemütlich [게·뮈-트리히]	[형]	기분이 좋은, 유쾌한; 아늑한, 인정미가 있는
Gen [겐-]	[중]	-s/-e 유전자
genannt [게·난트]	[과분]	gennen의 과거분사
genas [게·나-스]	[과]	genesen의 과거기본형
genäse [게·네-제]	[접Ⅱ]	genesen의 접촉법 제Ⅱ식 기본형
genau [게나우]	[형]	정확한, 정밀한; 엄밀한, 엄격한; 딱 들어맞는; 빠듯한
	[부]	정확히, 마침, 딱맞게
genauso [게나우·조-]	[부]	똑같이; 바로 그대로
genehmigen [게·네-미겐]	[타]	(관청 따위가) 허가하다
Genehmigung [게·네-미궁그]	[여]	-/-en (관청 따위의) 허가
General [게네랄-]	[남]	-s/Generäle [게네레-레] (육군의)장군, 대장
Generäle [게네레-레]	[복]	General의 복수형
Generation [게네라씨온-]	[여]	-/-en 세대

Genuß

genesen* 〔게·네-젠〕
〔자〕(s) (병따위가) 낫다, 회복 하다
〔과분〕 genesen의 과거분사

Genesung 〔게·네-중그〕
〔여〕 -/ (병따위의) 회복

Genetik 〔게네-티-크〕
〔여〕 -/ 유전학

genial 〔게니알-〕
〔형〕 천재적인

Genie 〔제니-〕
〔중〕 -s/-s 천재

genießen* 〔게·니-센〕
〔타〕 향유하다, 누리다, 즐기다; 먹다, 마시다; (신용따위를) 얻다

genommen 〔게·놈맨〕
〔과분〕 nehmen의 과거분사

genoß 〔게·노스〕
〔과〕 genießen의 과거기본형

Genosse 〔게·놋세〕
〔남〕 -n/-n 동료, 동무; 당원, 동지

Genosse의 격변화

	〔단〕	〔복〕
1격	der Genosse	die Genossen
2격	des Genossen	der Genossen
3격	dem Genossen	den Genossen
4격	den Genossen	die Genossen

---

genösse 〔게·넷세〕
〔접II〕 genießen의 접속법 제II식 기본형

genossen 〔게·놋센〕
〔과분〕 genießen의 과거분사

genug 〔게누-크〕
〔형〕 충분한, 넉넉한
〔부〕 충분히, 넉넉히 ★ von et^3 ~ haben …에는 진절 머리가 나다

Genüge 〔게·뉘-게〕
〔여〕 -/ 충족, 만족 ★ zur ~ 충분히

genügen 〔게·뉘-겐〕
〔자〕 j^3 ⟨et^3⟩ …을 만족시키다; für j^4 ⟨et^4⟩ …에게는 충분하다 ★ sich^3 an et^3 ~ lassen …에 만족하다

genügend 〔게·뉘-겐트〕
〔형〕 충분한, 넉넉한

Genuß 〔게·누스〕
〔남〕 Genusses/Genüsse 〔게·뉘

세〕 향수; 즐거움; 기쁨; 섭취

Genüsse 〔게 · 뉫세〕 〔복〕 Genuß의 복수형
Geographie 〔게오 · 그라피-〕 〔여〕 -/ 지리학
Geometrie 〔게오 · 메토리-〕 〔여〕 -/ 기하학
Gepäck 〔게 · 펙크〕 〔중〕 -(e)s/ 수하물
Gepäckträger 〔게 · 펙크 · 트레-가-〕 〔남〕 -s/- 수하물 운반인, 포터
gepfiffen 〔게 · 프휫펜〕 〔과분〕 pfeifen의 과거분사
gepriesen 〔게 · 프리-젠〕 〔과분〕 preisen의 과거분사
gerade 〔게라-데〕 〔형〕 똑바로; 곧은; 정직한; 완전한
〔부〕 바로; 정직하게; 막, 지금 ★ nicht ~ 반드시 …은 아니다

　gerade jetzt 〔숙〕 바로 지금, 막
geradeaus 〔게라-데 · 아우스〕 〔부〕 똑바로
gerannt 〔게 · 란트〕 〔과분〕 rennen의 과거분사
Gerät 〔게 · 레-트〕 〔중〕 -(e)/s/-e 도구, 기구
geraten¹* 〔게 · 라-텐〕 〔자〕 (s) (어떤 상태로) 되다, 빠다 ★ an j⁴ ~ …우연히 만나다; in et⁴ ~ …〔의 상태〕에 빠다

geraten² 〔게 · 라-텐〕 〔과분〕 raten의 과거분사
〔과분〕 geraten의 과거분사

Geräusch 〔게 · 로이슈〕 〔중〕 '-es/-e 소음, 잡음
gerecht 〔게 · 레히트〕 〔형〕 공정〈공평〉한; 정의의 ★ j³〈et³〉 ~ werden …을 정당히 평가한다, …에 정당히 대응한다

Gerechtigkeit 〔게 · 레티히〕 〔여〕 -/-en 공정, 공평; 정의
Gerede 〔게 · 레-데〕 〔중〕 -s/ 지껄임, 수다스러움; 소문

Gericht¹ 〔게 · 리히트〕 〔중〕 -(e)s/-e 요리
Gericht² 〔게 · 리히트〕 〔중〕 -(e)s/-e 재판; 법정; 심사
gerichtlich 〔게 · 리하트리히〕 〔형〕 재판의, 법정의
gerieben 〔게 · 리-벤〕 〔과분〕 reiben의 과거분사

gering 〔게·링그〕 〔형〕 적은, 경미한, 사소한
gerissen 〔게·릿센〕 〔과분〕 reißen의 과거분사
geritten 〔게·릿텐〕 〔과분〕 reiten의 과거분사
gern* 〔게른〕 〔과분〕 riechen의 과거분사
  gerne 〔게르네〕 〔부〕 즐겨, 기꺼이 ★ j⁴〈et⁴〉~ haben …을 좋아한다

gerochen 〔게·롯헨〕 〔과분〕 riechen의 과거분사
Gerste 〔겔스테〕 〔여〕 -/-n 밀
Geruch 〔게·룻후〕 〔남〕 -(e)s/Gerüche〔게·륏헤〕 냄새; 향기

Gerüche 〔게·륏헤〕 〔복〕 Geruch의 복수형
Gerücht 〔게·륏히트〕 〔중〕 -(e)s/-e 소문, 풍문
gerufen 〔게·루-펜〕 〔과분〕 rufen의 과거분사
gerungen 〔게·룬-겐〕 〔과분〕 ringen의 과거분사
gesamt 〔게·잠트〕 〔형〕 전체의, 모든
gesandt 〔게·잔트〕 〔과분〕 senden의 과거분사
Gesandte[r] 〔게잔테〈타-〉〕 〔남〕《형용사적 변화》사자(使者); 공사

Gesang 〔게·장그〕 〔남〕 -(e)s/Gesänge〔게젱게〕 노래, 가곡; 《단수형으로》 노래하는 것, 성악

Gesänge 〔게·젱제〕 〔복〕 Gesang의 복수형
geschaffen 〔게·샤펜〕 〔과분〕 schaffen¹의 과거분사
Geschäft 〔게·세프트〕 〔중〕 -(e)s/-e 거래, 장사, 비지니스; 일, 용건; 상점, 가게

geschäftig 〔게·세프티히〕 〔형〕 활기있는, 활동적인; 바쁜
Geschäftsleute 〔게쇠프쓰·로이테〕 〔복〕 Geschäftsmann의 복수형

Geschäftsmann 〔게쇠프쓰·만〕 〔남〕 -(e)s/Geschäftsleute〔게쇠프쓰·로이테〕 상인, 실업가, 비즈니스맨

geschah 〔게·샤-〕 〔과〕 geschehen의 과거기본형
geschähe 〔게·쇠-에〕 〔접Ⅱ〕 geschehen의 접속법 제Ⅱ식 기본형

geschehen* 〔게·쇠-엔〕 〔자〕 (s) 일어나다, 생기다; 행해지다; j³ ~ …의 몸에 일어나다

	〔과분〕 geschehen의 과거분사
Geschehnis〔게·쉐-니스〕	〔중〕 Geschehnisses/Geschehnisse 사건, 일어난 일
gescheit〔게·샤이트〕	〔형〕 영리한, 재치가 있는, 현명한
Geschenk〔게·셴크〕	〔중〕 -〔e〕s/-e 선물, 프레센트
Geschichte〔게·쉬히테〕	〔여〕 -/-en 사건; 역사; 이야기
Geschick〔게·쉭크〕	〔중〕 -〔e〕s/ 교묘, 숙련
geschickt〔게·쉭크트〕	〔형〕 숙련된, 재치있는, 교묘한
geschieden〔게·쉬-덴〕	〔과분〕 scheiden의 과거분사
geschieht〔게·쉬-트〕	〔현〕 geschehen의 3인칭 단수현재형
geschienen〔게·쉬-넨〕	〔과분〕 scheinen의 과거분사
Geschirr〔게·쉴〕	〔중〕 -〔e〕/-e (총칭적으로) 식기〔류〕; (식기의) 세트
geschlafen〔게·슈라-펜〕	〔과분〕 schlafen의 과거분사
geschlagen〔게·슈라-겐〕	〔과분〕 schlagen의 과거분사
Geschlecht〔게·슈레히트〕	〔중〕 -〔e〕s/-er (남·여의) 성, 섹스; 종, 종족; 가계
geschlichen〔게·슈릿헨〕	〔과분〕 schleichen의 과거분사
geschliffen〔게·슈릿펜〕	〔과분〕 schleifen¹의 과거분사
geschlossen〔게·슈롯센〕	〔과분〕 schließen의 과거분사
geschlungen〔게·슈룽겐〕	〔과분〕 schlingen의 과거분사
Geschmack〔게·슈막크〕	〔남〕 -〔e〕s/Geschmäcke〔게·슈멕케〕 맛, 미각; 취미
Geschmäcke〔게·슈멕케〕	〔복〕 Geschmack의 복수형
geschmacklos〔게·슈막크·로-스〕	〔형〕 무취미의, 악취미의
geschmolzen〔게·슈몰쎈〕	〔과분〕 schmelzen의 과거분사
geschnitten〔게·슈닛텐〕	〔과분〕 schneiden의 과거분사
geschoben〔게·쇼-벤〕	〔과분〕 schieben의 과거분사
Geschoß〔게·쇼스〕	〔중〕 Geschosses/Geschosse (건물의) 층계; (총·포의) 탄환
geschossen〔게·숏센〕	〔과분〕 schießen의 과거분사
geschrieben〔게·슈리-벤〕	〔과분〕 schreiben의 과거분사
geschrie〔e〕n〔게·슈리-엔〕	〔과분〕 schreien의 과거분사

geschritten〔게·슈릿텐〕	〔과분〕 schreiten의 과거분사
Geschrei〔게·슈라이〕	〔중〕 -s/ 외치는 소리
geschrocken〔게·슈록켄〕	〔과분〕 schrecken의 과거분사
Geschütz〔게·륏쏘〕	〔중〕 -es/-e 대포
geschwiegen〔게·슈비-〕	〔과분〕 schweigen의 과거분사
geschwind〔게·슈빈트〕	〔형〕 빠른, 민첩한
Geschwindigkeit〔게·슈빈디히카이트〕	〔여〕 -/-en 속도, 속력
Geschwister〔게·슈비스타-〕	〔복〕 형제자매
geschwollen〔게·슈볼렌〕	〔과분〕 schwellen의 과거분사
geschwommen〔게·슈봄맨〕	〔과분〕 schwimmen의 과거분사
geschworen〔게·슈보-렌〕	〔과분〕 schwören의 과거분사
geschwunden〔게·슈분덴〕	〔과분〕 schwinden의 과거분사
geschwungen〔게·슈붕겐〕	〔과분〕 schwingen의 과거분사
gesehen〔게·제-엔〕	〔과분〕 sehen의 과거분사
Geselle〔게·제레〕	〔남〕 -n/-n (견습기간을 끝낸 의젓한)직인; 동무, 동료

```
             Geselle의 격변화
                  〔단〕              〔복〕
          1격  der  Geselle    die  Gesellen
          2격  des  Gesellen   der  Gesellen
          3격  dem  Gesellen   den  Gesellen
          4격  den  Gesellen   die  Gesellen
```

gesellen〔게·제렌〕	〔타〕 j⁴ zu et³ ~ …를 …의 동료로 넣다
	〔재〕 sich⁴ j³ 〈zu j³〉 ~ …의 동료로 들어가다
gesellig〔게·제리히〕	〔형〕 사교적인, 사귐성이 좋은
Gesellschaft〔게·젤샤프트〕	〔여〕 -/-en 사회; 회사, 단체; 《단수로》동료
gesellschaftlich〔게·젤샤프트리히〕	〔형〕 사회의, 사교상의; 공동의
gesessen〔게·젯센〕	〔과분〕 sitzen의 과거분사

Gesetz [게 · 젯쓰]	〔중〕 -es/-e 법률, 규정; 법칙
Gesicht [게 · 지히트]	〔중〕 -(e)s/-er 얼굴; 《단수로》 시력, 시각 ★ j³ et⁴ ins ~ sagen …에게 마주보고 말하다; j³ ins ~ sehen …의 얼굴을 정면으로 보다
Gesichtspunkt [게지힛 · 푼크트]	〔남〕 -(e)s/-e 시점; 관점, 견지
Gesinnung [게 · 진눙그]	〔여〕 -/-en 마음가짐, 마음씨; 사고방식, 견해; 신념
gesoffen [게 · 좃펜]	〔과분〕 saufen의 과거분사
gesogen [게 · 조-겐]	〔과분〕 saugen의 과거분사
gesonnen [게 · 존넨]	〔과분〕 sinnen의 과거분사
gespalten [게 · 슈팔텐]	〔과분〕 spalten의 과거분사
gespannt [게 · 슈판트]	〔형〕 팽팽한, 긴장한; 기대에 찬, 기다려지는
Gespenst [게 · 슈펜스트]	〔중〕 -es/-er 유령, 요괴
gespie(e)n [게 · 슈피엔]	〔과분〕 speien의 과거분사
gesponnen [게 · 슈폰넨]	〔과분〕 spinnen의 과거분사
Gespräch [게 · 슈프레-히]	〔중〕 -(e)s/-e 대화, 담화; (전화의) 통화 ★ mit j³ ins ~ kommen (어떤 계기로) …와 이야기〈대화〉하게 되다
gesprochen [게 · 슈프롯헨]	〔과분〕 sprechen의 과거분사
gesprungen [게 · 슈프룽겐]	〔과분〕 springen의 과거분사
Gestalt [게 · 슈탈트]	〔여〕 -/-en 모습, 형태, 형자; (작품중의) 인물
gestalten [게 · 슈탈텐]	〔타〕 형성하다, 모습을 갖추다
gestanden [게 · 슈탄덴]	〔과분〕 stehen의 과거분사 〔과분〕 gestehen의 과거분사
Geständnis [게 · 슈텐니스]	〔중〕 Geständnisses/Geständnisse 자백, 고백
gestatten [게 · 슈탓텐]	〔타〕 허락하다, 허가하다
Geste [게스테, 게-스테]	〔여〕 -/-n 몸짓, 손짓
gestehen [게 · 슈테-엔]	〔타〕 고백하다, 자백하다
gestern [게스테른]	〔부〕 어제, 작일
gestern abend	〔숙〕 어제 저녁

gestern morgen		〔숙〕 어제 아침
gestern nacht		〔숙〕 어제 밤
gestiegen 〔게·슈티-겐〕		〔과분〕 steigen의 과거분사
Gestirn 〔게·슈티른〕		〔중〕 -〔e〕s/-e 천체, 성좌
gestochen 〔게·슈톳헨〕		〔과분〕 stechen의 과거분사
gestohlen 〔게·슈토-렌〕		〔과분〕 stehlen의 과거분사
gestorben 〔게·슈톨벤〕		〔과분〕 sterben의 과거분사
gestoßen 〔게·슈토-센〕		〔과분〕 stoßen의 과거분사
gestrichen 〔게·슈트릿헨〕		〔과분〕 streichen의 과거분사
gestritten 〔게·슈트릿텐〕		〔과분〕 streiten의 과거분사
gestunken 〔게·슈툰켄〕		〔과분〕 stinken의 과거분사
gesund* 〔게·준트〕		〔형〕 건강한, 건전한; 건강에 좋은, 몸에 좋은
gesünder 〔게·쥔다-〕		〔형〕 gesund의 비교급
gesünder 〔게·쥔데스트〕		〔형〕 gesund의 최상급
Gesundheit 〔게·준트하이트〕		〔여〕 -/ 건강, 건전
gesundheitlich 〔게·준트하이트리히〕		〔형〕 건강상의
gesungen 〔게·준겐〕		〔과분〕 singen의 과거분사
gesunken 〔게·준켄〕		〔과분〕 sinken의 과거분사
getan 〔게·탄-〕		〔과분〕 tun의 과거분사
getragen 〔게·트라-겐〕		〔과분〕 tragen의 과거분사
Getränk 〔게·트렝크〕		〔중〕 -〔e〕s/-e 음료, 마실것
getrauen 〔게·트라우엔〕		〔재〕 sich^3 et^4 ~ …을 감히하다, 결단코 …을하다
Getreide 〔게·트라이데〕		〔중〕 -s/- 곡물, 곡식
getreten 〔게·트레-텐〕		〔과분〕 treten의 과거분사
getreu 〔게·트로이〕		〔형〕 충실한, 성실한
getrieben 〔게·트리-벤〕		〔과분〕 treiben의 과거분사
getroffen 〔게·트롯펜〕		〔과분〕 treffen의 과거분사
getrogen 〔게·트로-겐〕		〔과분〕 trügen의 과거분사
getrunken 〔게·트룬켄〕		〔과분〕 trinken의 과거분사
Gewächs 〔게·뱃크스〕		〔중〕 -es/-e 식물; 작물
gewachsen 〔게·박-센〕		〔과분〕 wachsen의 과거분사
gewähren 〔게·뵈-렌〕		〔타〕 j^3 et^4 ~ …에게 …을 허가

하다; …에게 …을 주다

Gewalt 〔게·발트〕 〔여〕 -/-en 폭력; 권력 ★ mit ~ 억지로, 폭력으로

gewaltig 〔게·발티히〕 〔형〕 강력한, 격심한

gewandt 〔게·반트〕 〔과분〕 wenden
〔형〕 기민한; 숙련된, 유능한

gewann 〔게·반〕 〔과〕 gewinnen의 과거기본형

gewaschen 〔게·바쉔〕 〔과분〕 waschen의 과거분사

Gewebe 〔게·베-베〕 〔중〕 -s/- 직물, 옷감

Gewebesteuer 〔게·베-·슈토이야-〕 〔여〕 -/-n 영업세

Gewehr 〔게·베-아〕 〔중〕 -(e)s/-e (소)총, 무기

Gewerbe 〔게·벨베〕 〔중〕 -s/- 생업, 직업

gewesen 〔게·베-젠〕 〔과분〕 sein¹의 과거분사

gewichen 〔게·빗헨〕 〔과분〕 weichen의 과거분사

Gewicht 〔게·비히트〕 〔중〕 -(e)s/-e 무게, 중량; 중요성; (저울의) 추

gewiesen 〔게·비-젠〕 〔과분〕 weisen의 과거분사

Gewinn 〔게·빈〕 〔남〕 -(e)s/-e 획득; 이익

gewinnen* 〔게·빈넨〕 〔타〕 획득하다, 손에넣다; et⁴ ~ …에 (승부에서) …이기다; (어떤 장소 등에) 도달하다
〔자〕 an et³ ~ …을 더하다, …을 벌다

gewiß 〔게·비스〕 〔형〕 확실한; 어떤 종류의
〔부〕 확실히, 틀림없이

Gewissen 〔게·빗센〕 〔중〕 -s/ 양심

gewissenhaft 〔게·빗센하프트〕 〔형〕 양심적인

gewissermaßen 〔게·빗사-·마-센〕 〔부〕 어느정도까지, 약간; 말하자면

Gewißheit 〔게·빗스하이트〕 〔여〕 -/-en 확실성; 확신

Gewitter 〔게·빗타-〕 〔중〕 -s/- 뇌우

gewogen 〔게·보-겐〕 〔과분〕 wägen의 과거분사
〔과분〕 wiegen의 과거분사

gewöhnen 〔게·뵈-넨〕 〔타〕 j⁴ an et⁴ ~ …을 …에게 익숙케하다

	〔재〕 sich⁴ an et⁴ ~ …길들어지다
Gewohnheit 〔게·본-하이트〕	〔여〕 -/-en 버릇, 습관, 풍습
gewöhnlich 〔게·뵌-리히〕	〔형〕 보통의, 습관적인, 일반적인 〔부〕 일반적으로, 대개
gewohnt 〔게·본트〕	〔형〕 익숙한, 길들어진 ★ et⁴ ~ sein …에 익숙해있다
gewöhnt 〔게·뵌트〕	〔형〕 익숙한, 길들어진 ★ an et⁴ ~ sein …에 길들어있다
Gewölbe 〔게·뵐베〕	〔중〕 -s/- 둥근 천장; 돔, 아치
gewönne (gewänne) 〔게·뵌네〕	〔접Ⅱ〕 gewinnen의 접속법 제Ⅱ식 기본형
gewonnen 〔게·본넨〕	〔과분〕 gewinnen의 과거분사
geworben 〔게·볼벤〕	〔과분〕 werben의 과거분사
geworden 〔게·볼덴〕	〔과분〕 werden의 과거분사
geworfen 〔게·볼펜〕	〔과분〕 wêrfen의 과거분사
gewunden 〔게·분덴〕	〔과분〕 winden의 과거분사
Gewürz 〔게·뷜쓰〕	〔중〕 -es/-e 양념, 향료, 조미료, 스파이스
gewußt 〔게·부스트〕	〔과분〕 wissen의 과거분사
gezogen 〔게·쪼-겐〕	〔과분〕 ziehen의 과거분사
gezwungen 〔게·쯔분겐〕	〔과분〕 zwingen의 과거분사
gib 〔기-프〕	〔명〕 geben의 명령형
gibst 〔기-프스트〕	〔현〕 geben의 2인칭 단수현재형
gibt 〔기-프트〕	〔현〕 geben의 3인칭 단수현재형
Giebel 〔기-벨〕	〔남〕 -s/- 합각 머리
gierig 〔기-리히〕	〔형〕 탐욕한
gießen* 〔기-센〕	〔타〕 붓다, (식물 따위에) 물을 주다
gießt 〔기-스트〕	〔현〕 gießen의 2·3인칭 단수현재형
Gift 〔기프트〕	〔중〕 -〔e〕s/-e 독물, 독약
gilt 〔길트〕	〔현〕 gelten의 3인칭 단수현재형 〔명〕 gelten의 명령형
giltst 〔길쓰트〕	〔현〕 gelten의 2인칭 단수현재형
ging 〔깅그〕	〔과〕 gehen의 과거기본형

ginge〔깅게〕	〔접Ⅱ〕 gehen의 접속법 제Ⅱ식 기본형
Gipfel〔깁프헬〕	〔남〕 -s/- 꼭대기, 산정; 정점
Gips〔기프스〕	〔남〕 -es/-e 석고, 기브스
Gitter〔깃타-〕	〔여〕-s/- 격차, 창살
Gitarre〔기타레〕	〔남〕 -es/-e 빛남, 광태〈채〉; 영광 ★ mit ~ 훌륭하게
Glanz〔그란쓰〕	〔중〕 -/-n 기타
glänzen〔그렌쩬〕	〔타〕 빛나게하다 〔자〕 빛나다, 번쩍거리다
glänzend〔그렌쩬트〕	〔형〕 빛나는; 번쩍이는
Glas〔그라-스〕	〔중〕 -es/Gläser〔그레-자〕《단수로》유리, 유리잔
Gläser〔그레-자-〕	〔복〕 Glas의 복수형
gläsern〔그레-제른〕	〔형〕 유리로 만든
glatt*〔그랏트〕	〔형〕 평평한; 매끄러운, 미끄러운
glatter〔그랏타〕	
glätter〔그렛타-〕	〔형〕 glatt의 비교급
glattest〔그랏테스트〕	
glättest〔그렛테스트〕	〔형〕 glatt의 최상급
Glaube〔그라우베〕	〔남〕 -ns/-n 믿음, 신념; 신앙

```
           Glaube의 격변화
              〔단〕            〔복〕
    1격  der  Glaube     die  Glauben
    2격  des  Glaubens   der  Glauben
    3격  dem  Glauben    den  Glauben
    4격  den  Glauben    die  Glauben
```

glauben〔그라우벤〕	〔타〕 믿다; 생각하다; j^3 et^4 ~ …에 대해서 …을 믿다 〔자〕 j^3 ~ …의 말한 것을 믿다; an et^3 ~ …의 존재를 믿다
gleich〔그라이스〕	〔형〕 같은; 유사한; 닮은; 아무렇게나 좋은 〔부〕 똑같이; 곧, 직각; 마침;

	(wenn/ob 와 함께) 설사 …일지라도
gleich jetzt	〔숙〕지금 곧, 바로
gleichen* 〔그라이헨〕	〔자〕 j³ ~ …과 같다, 닮다; …에 알맞다
gleichfalls 〔그라이히·팔스〕	〔부〕 마찬가지로, 같게
Gleichgewicht 〔그라이히·게비히트〕	〔중〕 -(e)s 평형, 균형, 밸런스
gleichgültig 〔그라이히·귈티히〕	〔형〕 어떻든 상관이없는, 무관심한
Gleichgültigkeit 〔그라이히·귈티히카이트〕	〔여〕 -/ 무관심; 무심, 냉담
gleichmäßig 〔그라이히·메시히〕	〔형〕 균형이 잡힌, 한결같은
gleichsam 〔그라이히잠-〕	〔부〕 말하자면, 마치
gleichzeitig 〔그라이히·싸이티히〕	〔형〕 동시의, 동시에 일어나는
Gleis 〔그라이스〕	〔중〕 -es/-e 궤도, 레일; (열차발착의) …번선 (홈)
gleiten* 〔그라이텐〕	〔자〕 (s, h) 미끄러지다, 미끄러져 가다
Gletscher 〔그렛쳐-〕	〔남〕 -s/- 빙하
glich 〔그릿히〕	〔과〕 gleichen의 과거기본형
gliche 〔그릿혜〕	〔접Ⅱ〕 gleichen의 접속법 제Ⅱ식 기본형
Glied 〔그리-트〕	〔중〕 -(e)s/-er (신체의 부분으로써의) 사지; (단체·가족 등의) 일원, 멤버
glitt 〔그릿트〕	〔과〕 gleiten의 과거기본형
glitte 〔그릿테〕	〔접Ⅱ〕 gleiten의 접속법 제Ⅱ식 기본형
Glocke 〔그록케〕	〔여〕 -/-n 종
Glück 〔그뤽헤크〕	〔중〕 -(e)s/-e 행운, 행복 ★ zum ~ 다행이도; ~ haben 운이 좋다
glücklich 〔그뤽크리히〕	〔형〕 행복한, 운이 좋은
glücklicherweise 〔그뤽크리혀바이제〕	〔부〕 다행히, 운좋게도

Glückwunsch

히야- · 바이제)

Glückwunsch [그륙크·분슈]	〔남〕 -es/Glückwünsche 〔그뤼크·바이쉐〕 축사, 축하
glühen [그뤼-엔]	〔자〕 작열하다; (찬란하게) 빛나다; (감정이) 격해지다
Gnade [그나-데]	〔여〕 -/-n (신의) 은총; 자비; 은혜
gnädig [그레-디히]	〔형〕 자비로운, 은혜깊은; 관대한; 친절한
Gold [골트]	〔중〕 -(e)s/ 금
golden [골덴]	〔형〕 금으로된, 금색의
gölte, gälte [겔테]	〔접Ⅱ〕 gelten의 접속법 제Ⅱ식 기본형
gönnen [괸넨]	〔타〕 j³ et⁴ ~ …에 …을 (기꺼이) 허락하다, 주다, 베풀다
gor [고-아]	〔과〕 gären의 과거기본형
göre [괴-레]	〔접Ⅱ〕 gären의 접속법 제Ⅱ식 기본형
goß [고스]	〔과〕 gießen의 과거기본형
gösse [괴세]	〔접Ⅱ〕 gießen의 접속법 제Ⅱ식 기본형
Gott [곳트]	〔남〕 -(e)s/Götter 〔굇타-〕 신 (그리스도교의 하느님은 단수뿐)
Gott sei Dank !	〔숙〕 아유, 고마워라
Götter [굇타-]	〔복〕 Gott의 복수형
Göttin [굇틴]	〔여〕 -/Göttinnen 〔굇티넨〕 여신
göttlich [굇트리히]	〔형〕 신의, 신같은; 거룩한
Grab [그라-프]	〔중〕 -(e)s/Gräber 〔그레-바〕 무덤
graben* [그라-벤]	〔자〕 파다, 캐다
	〔타〕 파내다; 새기다
Graben [그라-벤]	〔남〕 -s/Gräben 〔그레-벤〕 도랑; 하수구
Gräben [그레-벤]	〔복〕 Graben의 복수형
Gräber [그레-바-]	〔복〕 Grab의 복수형
gräbst [그레-프스트]	〔현〕 graben의 2인칭 단수형

gräbt 〔그레-프트〕 〔현〕 graben의 3인칭 단수형
Grad 〔그라-트〕 〔남〕 -(e)s/-e (각도, 온도따위의)도; 정도; 등급; 학위 ★ in höchsten ~ 극도로; in hohem ~ 매우
graduieren 〔그라두이-렌〕 〔타〕 et⁴ ~ …에 눈금을 새기다, …을 등급별로하다 j⁴ ~ …에게 학사호를 주다
Graf 〔그라-프〕 〔남〕 -en/-en 백작

Graf의 격변화			
	〔단〕		〔복〕
1격	der Graf	die	Grafen
2격	des Grafen	der	Grafen
3격	dem Grafen	den	Grafen
4격	den Grafen	die	Grafen

Gramm 〔그람〕 〔중〕 -s/- 그램
Grammatik 〔그라마티-크〕 〔여〕 -/-en 문법
grammatisch 〔그라마띁슈〕 〔형〕 문법(상)의
Gras 〔그라-스〕 〔중〕 -es/Gräser 〔그레-자-〕 풀
Gräser 〔그레-자-〕 〔복〕 Gras의 복수형
gräßlich 〔그레스리히〕 〔형〕 무서운, 소름이끼치는; 심한
gratulieren 〔그라우투리-렌〕 〔자〕 j³ zu et³ ~ …에게 …에 대한 축하를하다
grau 〔그라우〕 〔형〕 회색의
grauen 〔그라우엔〕 〔비〕 es graut j³ vor j³ ⟨et³⟩ …는 …이 무섭다⟨두렵다⟩
〔재〕 sich⁴ vor j³ ⟨et³⟩ ~ …을 무서워하다⟨두려워하다⟩
grausam 〔그라우잠-〕 〔형〕 잔혹한, 잔인한, 무서운
greifen* 〔그라이펜〕 〔타〕 잡다, 붙잡다
〔자〕 nach et³ ~ …을 잡으려하다; um sich⁴ ~ 퍼지다, 넓어지다; et³ ~ …을 〔손에〕쥐다
greis 〔그라이스〕 〔형〕 백발의; 늙은

Greis [그라이스]	〔남〕 -es/-e (고령의) 노인
grell [그렐]	〔형〕 날카로운, 째지는듯한; 번쩍이는, 눈부신
Grenze [그렌쎄]	〔여〕 -/-en 경계, 국경; 한계; 한도
Grieche [그리-헤]	〔남〕 -n/-n 그리스인

Grieche의 격변화

	〔단〕	〔복〕
1격	der Grieche	die Griechen
2격	des Griechen	der Griechen
3격	dem Griechen	den Griechen
4격	den Griechen	die Griechen

Griechenland [그리-헨·란트]	〔중〕 -(e)s/ 그리스
Griechin [그리-힌]	〔여〕 -/Griechinnen [그리-히넨] 그리스인 (여성)
griechisch [그리-힛슈]	〔형〕 그리스(인·어)의 ★ auf ~ 그리스어로
Griechisch [그리-힛슈]	〔중〕 -(s)/ 그리스어
griff [그리프]	〔과〕 greifen의 과거기본형
Griff [그리프]	〔남〕 -(e)s/-e 잡음; 자루, 손잡이
griffe [그리페]	〔접Ⅱ〕 greifen의 접속법 제Ⅱ식 기본형
Grippe [그리페]	〔여〕 -/-n 독감, 유행성 감기
grob* [그로-프]	〔형〕 거친, 버릇없는; 두꺼운
gröber [그뢰-바-]	〔형〕 grob의 비교급
gröbst [그뢰-프스트]	〔형〕 grob의 최상급
Groschen [그롯쉔]	〔남〕 -s/ 10페니히의 화폐
groß* [그로-스]	〔형〕 큰; 키가큰; 위대한 ★ im ~ en (und) ganzen 전체로써, 대개
groß und breit	〔숙〕 자세히, 번거롭게, 장황하게
groß und klein	〔숙〕 어른이나 아이도
großartig [그로-스·알티히]	〔형〕 훌륭한, 대규모의; 당당한

Größe [그뢰-세]	〔여〕	-/-n 크기, 사이즈; 신장; 위대함
Großeltern [그로-스·엘테른]	〔복〕	조부모
größer [그뢰-사-]	〔형〕	groß의 비교급
Großmutter [그로-스·뭇타-]	〔여〕	-/Großmütter [그로-스·뮛타-] 할머니
größt [그뢰-스트]	〔형〕	groß의 최상급
Großvater [그로-스·파-타-]	〔남〕	-s/Großväter [그로-스·페-타-] 할아버지
großzügig [그로-스·쑤-기히]	〔형〕	선이 굵은, 배짱이센; 규모가 큰
grub [그루-프]	〔과〕	graben의 과거기본형
Grube [그루-베]	〔여〕	-/-n 구멍, 함정; 묘
grübe [그뤼-베]	〔접Ⅱ〕	graben의 접속법 제Ⅱ식 기본형
grün [그륀-]	〔형〕	녹색의
Grün [그륀-]	〔중〕	-s/ 녹색
grüne[s] [그뤼-네⟨스⟩]	〔중〕	《형용사적 변화》초록〔의 자연〕
Grund [그룬트]	〔남〕	-[e]s/Geünde [그륀데] 《단수로》토지; 《단수로》바닥; 《단수로》기초; 이유, 근거 ★ auf ~ et² ⟨von³⟩ …을 근거로써; aus diesem ~ e 이 이유로; im ~ e 근본에 있어서는; in ~ und Boden 철저하게; ohne ~ 이유 ⟨까닭⟩없이; von ~ aus 근본부터, 완전히
Gründe [그륀데]	〔복〕	Grund의 복수형
gründen [그륀덴]	〔타〕	창설⟨창립⟩하다
	〔재〕	sich⁴ auf et⁴ ~ …에 기초를 두다
Gründer [그륀다-]	〔남〕	-s/- 창립자, 발기인
Grundlage [그룬트·라-게]	〔여〕	-/-n 기초; 토대; 원칙
gründlich [그륀트리히]	〔형〕	철저한, 근본적인
grundlos [그룬트·로-스]	〔형〕	근거가 없는

Grundsatz〔그룬트·잣쓰〕	〔남〕	-es/Grundsätze〔그룬트·젯쎄〕 원칙, 주의
grundsätzlich〔그룬트·젯쓰리히〕	〔형〕	원칙으로써의, 원칙적인
Grundstück〔그룬트·슈튁크〕	〔중〕	-〔e〕s/-e 집터, 토지; 부동산
Gruppe〔그룻페〕	〔여〕	-/-n 그룹, 떼, 집단
Gruß〔그루-스〕	〔남〕	-es/Grüße〔그뤼-세〕인사〔의 말〕, 절, 목례
Grüße〔그뤼-세〕	〔복〕	Gruß의 복수형
Grüßen〔그뤼-센〕	〔타〕	j⁴ ~ …에게 인사하다, 목례하다
gucken〔굿켄〕	〔자〕	엿보다, 보다
gültig〔귈티히〕	〔형〕	유효한, 가치있는
Gummi〔구미-〕	〔남〕	-s/-〔s〕 고무; 고무지우개
Gunst〔군즈트〕	〔여〕	-/Günste〔귄스테〕호의, 친절; 편애; 총애
Günste〔귄스테〕	〔복〕	Gunst의 복수형
günstig〔귄스티히〕	〔형〕	친절한, 유리한; 편리한, 호의있는
Gurke〔굴케〕	〔여〕	-/-n 오이
Gürtel〔귈스텔〕	〔남〕	-s/- 벨트, 밴드, 띠
gut*〔구-트〕	〔형〕	좋은, 선량한; 친절한; 잘하는 ★ so ~ wie… …과 같이; 마치 …처럼
gute Besserung!	〔숙〕	몸조심하세요
gute Nacht!	〔숙〕	편히 주무세요
gute Reise!	〔숙〕	즐거운 여행을
guten Abend!	〔숙〕	안녕하세요(저녁·밤)의 인사
guten Appetit!	〔숙〕	(식사전의 인사) 많이드세요; (그것에 대한 답으로써) 잘 먹겠어요
guten Morgen!	〔숙〕	안녕하세요(아침인사)
guten Tag!	〔숙〕	안녕하세요(주간인사)
Gut〔구-트〕	〔중〕	-〔e〕s/Güter〔귀-타-〕 재산; 농장; 하물

Gute[s] 〔구-테〈스〉〕	〔중〕《형용사적 변화》**좋은일; 좋음**
Güte 〔귀-테〕	〔여〕 -/-n 품질; 선량, 호의; 좋음 ★ in ~ 호의적으로, 은당하게
Güter 〔귀-타-〕	〔복〕 Gut의 복수형
Güterwagen 〔귀-타-바-겐〕	〔남〕 -s/- (철도의) 하물
Gymnasien 〔김나-지엔〕	〔복〕 Gymnasium의 복수형
Gymnasium 〔김나-지움〕	〔중〕 -s/Gymnasien〔귐나-지엔〕 김나지움 (독일의 9년제 고등중학교)
Gymnastik 〔김나스티크〕	〔여〕 ★ ~ treiben 체조를 하다

H

Haar 〔할-〕 〔중〕 -(e)s/-e 머리털, 털 ★ um ein ~ 하마터면

haben* 〔하-벤〕 〔타〕 …을 가지고 있다 《zu를 갖인 부정사와 함께》 …을 하지 않으면 안된다
〔조〕 《완료의 조동사 haben + 과거분사》 …해 버렸다; …한 적이 있다

haben의 현재인칭변화			
ich	habe	wir	haben
du	hast	ihr	habt
er	hat	sie	haben

hacken 〔학켄〕 〔타〕 (흙을) 파서 빼개다; (장작따위를) 쳐 빼개다; 잘게 썰다

Hafen 〔하-펜〕 〔남〕 -s/Häfen 〔헤-펜〕 항구
Häfen 〔헤-펜〕 〔복〕 Hafen의 복수형
haften 〔하프텐〕 〔자〕 an et³ ~ …에 부착해 있다; für et⁴ ~ …을 보증하다

Hagel 〔하-겔〕 〔남〕 -s/ 우박, 싸리기눈
hageln 〔하-게른〕 〔자〕〔비〕 es hagelt 우박〈싸리기눈〉이 내린다

hager 〔하-가-〕 〔형〕 마른, 수척한
Hahn 〔한-〕 〔남〕 -s/Hähne 〔헤-네〕 수닭; (수도・가스관의) 꼭지

Hähne 〔헤-네〕 〔복〕 Hahn의 복수형
Haken 〔학-켄〕 〔남〕 -s/- 거리못, 옷거리; 후크
halb 〔할프〕 〔형〕 반〈절〉의, 2분의 1의 ★ ~

	eins〈zwei〉 12시반〈1시반〉
Halbinsel 〔할프·인젤〕	〔여〕 -/-n 반도
Halbkugel 〔할프·쿠-겔〕	〔여〕 -/-n 반구
half 〔할프〕	〔과〕 helfen의 과거기본형
hälfe 〔헬페〕	〔접Ⅱ〕 helfen의 접속법 제Ⅱ식 기본형
Hälfte 〔헬프테〕	〔형〕 -/-n 반절; 2분의 1 ★ zur ~ 반절만
Halle 〔하레〕	〔여〕 -/-n 홀, 공회당
hallen 〔하렌〕	〔자〕 울리다, 반향하다
Halm 〔하룸〕	〔남〕 -[e]s/-e
Hals 〔할스〕	〔남〕 -es/Hälse 〔헬제〕 목, 목구멍, 목덜미 ★ j³ um den ~ fallen …의 목을 껴안다
Hälse 〔헬제〕	〔복〕 Hals의 복수형
Halstuch 〔할스·투-후〕	〔중〕 -[e]s/Halstücher 〔하르스·튀-히야-〕 스커프, 넥커치프, 목도리
halt 〔할트〕	〔명〕 halten의 명령형
Halt 〔할트〕	〔남〕 -[e]s/-e
hält 〔헬트〕	〔현〕 halten의 3인칭 단수현재형
halten* 〔할텐〕	〔타〕 붙잡고 있다; 유지하고 있다; 지탱하다; 행하다; 지키다 ★ eine Rede 〈eine Vorlesung〉 ~ 연설〈강의〉를 하다; j⁴ 〈et⁴〉 für… ~ 을 …으로 간주하다; von et³ viel 〈nichts〉 ~ …을 중시〈경시〉하다
	〔자〕 지속하다; 멈추다, 정지하다
Haltestelle 〔하트·슈테레〕	〔여〕 -/-n (버스·시가 전차 따위의) 정류장
hältst 〔헬쓰트〕	〔현〕 halten의 2인칭 단수현재형
Haltung 〔할퉁지〕	〔여〕 -/-en 자세; 태도, 몸가짐; 평정, 침착
Hammer 〔함마-〕	〔남〕 -s/Hämmer 〔헴마-〕 망치, 햄머
Hand 〔한트〕	〔여〕 -/Hände 〔헨데〕 손; 인력,

노력; 소유, 관리; 필적; 솜씨; 쪽 ★ in der ~ 손 안에 가지고; die ~ geben …에게 악수를 청하여 손내민다; mit beiden Hänen 두손으로; von der ~ in den Mund leben 그날그날 근근이 살아가다 zur ~ 바로 옆에; zur linken ⟨rechten⟩ ~ 좌(우) 측에; j³

Hand in Hand 〔숙〕 손을 맞잡고
Hände 〔헨데〕 〔복〕 Hand의 복수형
Handel 〔한델〕 〔남〕 -s/Hänel 〔헨델〕 《단수로》장사, 상업, 거래소; 《복수로》다툼, 싸움, 소송; 사건

Händel 〔헨델〕 〔복〕 Handel의 복수형
handeln 〔한데른〕 〔자〕 행하다, 행동하다 über j⁴ ⟨et⁴⟩ ~ /von j³ ⟨et³⟩ ~ …에 대해서 취급하다⟨논하다⟩
〔재〕 《비인칭 동사로서》 ★ es handelt sich⁴ um et⁴ …이 중요하다, 문제이다

Händler 〔헨드라-〕 〔남〕 -s/- (소매) 상인
Handlung 〔한트룽그〕 〔여〕 -/-en 행위, 행동; (소설·극 따위의) 줄거리; 상점
Handschrift 〔한트·슈리프트〕 〔여〕 -/-en 필적; 〔손〕사본
Handschuh 〔한트·슈-〕 〔남〕 -s/-e 장갑
Handtasche 〔한트·탓셰〕 〔여〕 -/-n 핸드백
Handtuch 〔한트·투-후〕 〔중〕 -(e)s/Handtücher 〔한트·튀-히야-〕 타올
Handwerk 〔한트·벨크〕 〔중〕 -(e)s/-e 손일; 수공업
Handwerker 〔한트·벨카-〕 〔남〕 -s/- 수공업자, 직인
Hang 〔항그〕 〔남〕 -(e)s/Hünge 〔헹게〕 사면; 경향
Hänge 〔헹게〕 〔복〕 Hang의 복수형
Hängen(*) 〔헹겐〕 〔타〕 《약변화》걸다
〔자〕 《강변화》걸여 있다; an et³

hauen*

	~ …에 걸여 있다; …에 집착하고 있다
Harfe 〔할페〕	〔여〕 -/-n 하프
harmlos 〔하름·로-스〕	〔형〕 위험이 없는, 무해의; 천진한
Harmonie 〔할모니-〕	〔여〕 -/Harmonien 〔할모니-엔〕 조화, 하모니; 융화
Harn 〔하른〕	〔남〕 -(e)s/-e 오줌, 소변
harren 〔하렌〕	〔자〕 auf j^4 ⟨et^4⟩ ~ /j^2 ⟨et^2⟩ ~ …을 고대하다, 기대하다
hart 〔할트〕	〔형〕 단단한; 엄격한; 가혹한
Härte 〔헬테〕	〔여〕 -/-n 단단함; 엄격함; 가혹함
hartnäckig 〔할트·넷키히〕	〔형〕 완고한, 고집센
Hase 〔하-제〕	〔남〕 -n/-n 〔들〕토끼

Hase의 격변화

	〔단〕		〔복〕	
1격	der	Hase	die	Hasen
2격	des	Hasen	der	Hasen
3격	dem	Hasen	den	Hasen
4격	den	Hasen	die	Hasen

Haß 〔하스〕	〔남〕 Hasses/ 미움, 증오
hassen 〔핫센〕	〔타〕 미워하다, 싫어하다
häßlich 〔헤스리히〕	〔형〕 흉한, 못생긴; 성급한
hast 〔하스트〕	〔현〕 haben의 2인칭 단수현재형
Hast 〔하스트〕	〔여〕 -/ 서두름, 조급, 성급 ★ ohne ~ 당황하지 않고
hastig 〔하스티히〕	〔형〕 급한, 성급한
hat 〔핫트〕	〔현〕 haben의 3인칭 단수현재형
hatte 〔핫테〕	〔과〕 haben의 과거기본형
hätte 〔헷테〕	〔접Ⅱ〕 haben의 접속법 제Ⅱ식 기본형
Hauch 〔하우호〕	〔남〕 -(e)s/-e 입김, 호흡; 미풍
hauen* 〔하우엔〕	〔타〕 때리다, 치다; (나무·돌 따위를) 자르다

Haufen 〔하우휀〕	〔남〕 -s/- 더미; 퇴적; (사람·사물의) 다수; 무리
häufig 〔호이피히〕	〔형〕 빈번한, 잦은
Haupt 〔하우프트〕	〔중〕 -〔e〕s/Häupter 〔호이프타-〕 머리, 목; 수장, 수령, 지도자
Häupter 〔호이프타-〕	〔복〕 Haupt의 복수형
Hauptsache 〔하우프트·잣헤〕	〔여〕 -/-n 중요한점〈문제〉
hauptsächlich 〔하우프트·제히리히〕	〔부〕 주로 〔형〕 주요한, 주된
Hauptstadt 〔하우프트·슈탓트〕	〔여〕 -/Hauptstädte 〔하우프트·슈텟테〕 수도
Hauptstraße 〔하우프트·슈트라-세〕	〔여〕 -/-n 간선도로, 큰거리
Haus 〔하우스〕	〔중〕 -es/Häuser 〔호이자-〕 가옥, 집; 가정; 자택 ★ im ~ 〔e〕 옥내에서; nach ~ 〔e〕 gehen/nach ~ 〔e〕 kommen 집으로 돌아가다, 귀가하다 von ~ zu ~ 집집마다, 가가호호로; zu ~ 〔e〕 sein 집안에 있다
Hausarzt 〔하우스·알-쓰트〕	〔남〕 -es/Hausärzte 〔하우스·엘-쓰테〕 가정의, 홈닥터
Hausaufgabe 〔하우스·아우프가-베〕	〔여〕 -/-n 숙제
Häuser 〔호이자-〕	〔복〕 Haus의 복수형
Hausfrau 〔하우스·후라우〕	〔여〕 -/-en 주부
Haushalt 〔하우스·할트〕	〔남〕 -〔e〕s/- 가정(家庭), 가계; 살림
haus|halten* 〔하우스·할텐〕	〔자〕 가정을 다스리다
häuslich 〔호이스리히〕	〔형〕 가정〔적인〕의
Haut 〔하우트〕	〔여〕 -/Häute 〔호이테〕 피부, 살갗
Häute 〔호이테〕	〔복〕 Haut의 복수형
heben* 〔헤-빈〕	〔타〕 (들어) 올리다; 높이다
Heer 〔헤아〕	〔중〕 -〔e〕s/-e 군대; 육군; 대군

Heimweh

(大軍)

Heft [헤프트] 〔중〕 -[e]s/-e 노트, 가철본; 분책

heftig [헤프티히] 〔형〕 격렬한, 심한
Heide¹ [하이데] 〔여〕 -/-n 황무지, 황야
Heide² [하이데] 〔남〕 -n/-n 이교도

```
            Heide²의 격변화
                 〔단〕            〔복〕
       1격  der  Heide      die  Heiden
       2격  des  Heiden     der  Heiden
       3격  dem  Heiden     den  Heiden
       4격  den  Heiden     die  Heiden
```

heikel [하이켈] 〔형〕 다루기 어려운, 까다로운;
heil [하일] 〔형〕 건전한, 나은, 무사한
Heil [하일] 〔중〕 -[e]s/ 축복; 은총; 행복; 구조, 치유 ★ ~ …〈… ~ 〉! …만세!

heilen [하이렌] 〔타〕 (병따위를) 고치다, 치료하다
 〔자〕 (h, s) (병따위가) 낫다, 치유되다

heilig [하이리히] 〔형〕 신성한
Heilung [하이룽그] 〔여〕 -/-en 치유
Heiliger[r] [하이리게〈가-〉] 〔남〕〔여〕《형용사적변화》성자, 성인

heim [하임] 〔부〕 내집으로; 고향으로, 향리로
Heim [하임] 〔중〕 -[e]s/-e 내집, 가정; 홈, 시설, 기숙사
Heimat [하이마-트] 〔여〕 -/ 고향, 향리; 고국
heim|gehen* [하임・게-엔] 〔자〕 (s) 귀가〈귀향・귀국〉하다
heimisch [하이미슈] 〔형〕 고향의; 국내의; 토착의; 아늑한

heim|kehren [하임・케-렌] 〔자〕 (s) 귀가〈귀향・귀국〉하다
heimlich [하임리히] 〔형〕 비밀의, 숨은
 〔부〕 비밀로, 남몰래
Heimweh [하임・베-] 〔중〕 -s/ 향수

Heirat 〔하이라-트〕 〔여〕 -/-en 결혼, 혼인
heiraten 〔하이라-텐〕 〔타〕 j⁴ ~ …와 결혼하다
　　　　　　　　　　　　〔자〕 결혼하다
heiser 〔하이자-〕 〔형〕 (음성의) 목쉰
heiß 〔하이스〕 〔형〕 더운, 뜨거운, 흥분한
heißen* 〔하이센〕 〔자〕 …이란 이름이다, …으로 불여지고 있다; …이란 뜻이다
　　★ das heißt 즉 (약어: d. h.)
　　〔타〕 j⁴ 〈et⁴〉 et⁴ ~ 을 …으로 명명한다; 명령하다
heißest 〔하이세스트〕 〔현〕 heißen의 2인칭 단수현재형
heißt 〔하이스트〕 〔현〕 heißen의 3인칭 단수현재형
heiter 〔하이타-〕 〔형〕 명랑한, 쾌활한; 맑은
Heiterkeit 〔하이타-카이트〕 〔여〕 -/ 밝음, 쾌활
heizen 〔하이첸〕 〔타〕 (방을) 난방하다
Heizung 〔하이쭝그〕 〔여〕 -/-en 난방〔장치〕
Held 〔헬트〕 〔남〕 -en/-en 영웅; 주인공, 히로

```
           Held의 격변화
              〔단〕            〔복〕
    1격  der   Held      die   Helden
    2격  des   Helden    der   Helden
    3격  dem   Helden    den   Helden
    4격  den   Helden    die   Helden
```

Heldin 〔헬딘〕 〔여〕 …/Heldinnen 〔헬디넨〕 여걸; 여주인공, 히로인
helfen* 〔헬펜〕 〔자〕 j³ ~ …을 돕다, 조력하다; j³ (zu가 없는 부정사와 함께) …가 …하는 것을 돕다; zu et³ ~ …에 쓸모있다, 유익하다
hell 〔헬〕 〔형〕 밝은; 맑은; (색이) 옅은
Helm 〔헤름〕 〔남〕 -(e)s/-e 투구, 헬멧
Hemd 〔헴트〕 〔중〕 -(e)s/-en 샤스, 내의

hemmen 〔헴맨〕	〔타〕 (운동·진행을) 가로막다, 방해하다; (감정 따위를) 억제하다
Hemmung 〔헴뭉그〕	〔여〕 -/-en 저지, 방해; 장해; 억제
Hengst 〔헹그스트〕	〔남〕 -(e)s/-e 말의 수컷
Henne 〔헨네〕	〔여〕 -/-n 암닭
her 〔헤-아〕	〔부〕 이쪽으로 ★ von··· ~ ···에서 이쪽으로 hinter··· ~ ···의 뒤에서
herab 〔헤랍프〕	〔부〕 (위에서 이쪽의) 아래로
herab|setzen 〔헤랍프·젯쩬〕	〔타〕 내리다, 내려놓다; 멸시하다
heran 〔헤란〕	〔부〕 (저쪽으로부터) 이쪽으로 〔다가오고〕
heran|kommen* 〔헤란·콤맨〕	〔자〕 (s) an j⁴ (et⁴)···에 가까이 가다, 따라잡다
herauf 〔헤라우프〕	〔부〕 (이쪽의) 위로
heraus 〔헤라우스〕	〔부〕 (이쪽의) 아래로
heraus|finden* 〔헤라우스·핀덴〕	〔타〕 (많은것 중에서) 발견하다, 찾아내다
heraus|geben* 〔헤라우스·게-벤〕	〔타〕 인도하다; (거스름돈을) 돌려주다; (책을) 발행하다, 출판하다
Herausgeber 〔헤라우스·게-바-〕	〔남〕 -s/- 발행자, 출판자
heraus|gehen* 〔헤라우스·게-엔〕	〔자〕 (s) 밖으로 나오다
heraus|kommen* 〔헤라우스·콤맨〕	〔자〕 (s) aus et³ ~ ···에서 밖으로 나오다; 나타나다; 명백하게 되다; (책이) 출판되다; ···의 결과가 되다
heraus|nehmen* 〔헤라우스·네-맨〕	〔타〕 et⁴ aus et³ ~ ···에서 ···을 끄집어 내다 ★ sich³ et⁴ ~ 대담하게도⟨뻔뻔스럽게도⟩ ···을 하다
heraus|stellen 〔헤라우스·슈테렌〕	〔타〕 밖에 두다; 명백히 보여주다 〔재〕 sich⁴ ~ (···인 것이) 밝혀지다, 명백해지다

herbei [헤아바이] 〔부〕 이쪽으로
herbei|führen [헤아바이 · 휘렌] 〔타〕 야기하다; 이끌어오다; (불행 따위를) 초래하다
Herbst [헬프스트] 〔남〕 -es/-e 가을
Herd [헬-트] 〔남〕 -[e]s/-e 아궁이, 레인지, 난로
Herde [헬-데] 〔여〕 -/-n 가축〈동물〉의 무리, 집단
herein [헤라인] 〔부〕 (이쪽의) 안으로
herein|treten* [헤라인 · 트레-텐] 〔자〕 (s) 들어오다
her|geben* [헤-아 · 게-벤] 〔타〕 인도하다; 교부하다
Hering [헤-링그] 〔남〕 -s/-e 청어
her|kommen* [헤-아 · 콤맨] 〔자〕 (s) 이쪽으로 오다 von et^3 ~ …에 유래하다, …에서 파생하다
Herkunft [헤-아 · 쿤프트] 〔여〕 -/ 기원; 유래; 혈통; 가문
Herr [헬] 〔남〕 -n/-en 주인; 신사; …씨, 님

Herr의 격변화			
	〔단〕		〔복〕
1격	der Herr	die	Herren
2격	des Herrn	der	Herren
3격	dem Herrn	den	Herren
4격	den Herrn	die	Herren

herrlich [헬리히] 〔형〕 멋진; 굉장한; 훌륭한
herrschen [헬셴] 〔자〕 (어떤 상태가) 지배하고 있다; über j^4 〈et^4〉 ~ …을 지배하다
Herrscher [헬샤-] 〔남〕 -s/- 지배자, 통치자, 군주
her|stellen [헤-아 · 슈테렌] 〔타〕 제조하다, 만들다; 이쪽에 두다
 〔재〕 sich^4 ~ 회복하다
Hersteller [헤-아 · 슈테라-] 〔남〕 -s/- 제조자, 제조원

heute

Herstellung 〔헤-아·슈테룽그〕 〔여〕 -/ 제조
herüber 〔헤뤼-바-〕 〔부〕 (넘어서) 이쪽으로
herum 〔헤룸〕 〔부〕 주위에, 돌아서
herunter 〔헤룬타-〕 〔부〕 (이쪽의) 아랫쪽으로
hervor 〔헤아·포-아〕 〔부〕 (안에서) 밖으로; 표면으로; 위로
hervor|bringen* 〔헤아·포-아·부링겐〕 〔타〕 만들어내다; 제조하다; 생기다; 가지고 나오다
hervor|ragen 〔헤아포-아·라-겐〕 〔자〕 솟아있다; 출중하다
hervorragend 〔헤아포-아·라-겐트〕 〔형〕 탁월한
hervor|rufen* 〔헤아포-아·루-펜〕 〔타〕 불러일으키다; 야기하다
hervor|treten* 〔헤아포-아·트레-텐〕 〔자〕 (s) 걸어나오다; 돌출하다; 뛰어나다; 나타나다
Herz 〔헬쯔〕 〔중〕 -ens/-en 심장; 마음

Herz의 격변화			
	〔단〕		〔복〕
1격	das Herz	die	Herzen
2격	des Herzens	der	Herzen
3격	dem Herzen	den	Herzen
4격	den Herz	die	Herzen

herzlich 〔헬쯔리히〕 〔형〕 진심으로의, 간절한, 충정의
Herzog 〔헬쏘-크〕 〔남〕 -[e]s/Herzöge 〔헬쩨-게〕 공작; 대공
Heu 〔호이〕 〔중〕 -s/ 건초
heulen 〔호이렌〕 〔자〕 (개따위가) 울부짓다; (사람이) 엉엉울다
heute 〔호이테〕 〔부〕 오늘; 금일, 현대; 요즘 ★ für ~ 오늘은, 오늘로서는; von ~ ab⟨an⟩오늘부터 이후에는
   heute abend 〔숙〕 오늘밤

heute mittag	〔숙〕 오늘 낮에
heute morgen	〔숙〕 오늘 아침
heute nacht	〔숙〕 어제밤; 오늘밤
heute nachmittag	〔숙〕 오늘 오후
heute oder morgen	〔숙〕 오늘이나 내일이라도, 곧장이라도
heute vormittag	〔숙〕 오늘 오전중
heutig 〔호이티히〕	〔형〕 오늘의; 금일의, 현대의
heutzutage 〔호이트·쓰타-게〕	〔부〕 오늘날, 요즈음
Hexe 〔헥세〕	〔여〕 -/-n 마녀
hieb 〔히-프〕	〔과〕 hauen의 과거기본형
hiebe 〔히-베〕	〔접Ⅱ〕 hauen의 접속법 제Ⅱ식 기본형
hielt 〔힐트〕	〔과〕 halten의 과거기본형
hielte 〔힐테〕	〔접Ⅱ〕 halten의 접속법 제Ⅱ식 기본형
hier 〔히-아〕	〔부〕 여기에, 여기서 ★ von ~ an 여기로부터; 이때부터
hier und da⟨dort⟩	〔숙〕 여기 저기에
hier und heute	〔숙〕 이제 곧, 당장, 즉석에서
hierher 〔히아·헤-아〕	〔부〕 이쪽⟨곳⟩으로
hieß 〔히-스〕	〔과〕 heißen의 과거기본형
hieße 〔히-세〕	〔접Ⅱ〕 heißen의 제Ⅱ식 기본형
hilf 〔힐프〕	〔명〕 helfen의 명령형
Hilfe 〔힐페〕	〔여〕 -/-n 조력, 원조; 조력자 ★ mit ~ von j³ ⟨et³⟩ ⋯의 도움을 빌려서; ohne ~ 도움을 빌리지 않고서; j⁴ um ~ bitten ⋯에게 도움을 청하다
hilflos 〔힐프·로-스〕	〔형〕 도움이 없는, 의지할바 없는; 어찌할바를 모르는
hilfreich 〔힐프·라이히〕	〔형〕 도움이되는; 쓸모있는
hilfsbereit 〔힐프스·베라이트〕	〔형〕 노력할 용의가 되어 있는
hilfst 〔힐프스트〕	〔현〕 helfen의 2인칭 단수현재형
hilft 〔힐프트〕	〔현〕 helfen의 3인칭 단수현재형

Himmel 〔힘멜〕	〔남〕 -s/- 하늘; 천국 ★ am ~ 하늘에; im ~ 천국에
hin 〔힌〕	〔부〕 저쪽으로; 떠나서 ★ nach außen hin 외부에 대해서; vor sich^4 ~ 멍하니, 막연히, 정처없이
hin und her	〔숙〕 이리 저리로
hin und wieder	〔숙〕 갔다가 왔다가; 가끔
hin und zurück	〔숙〕 가서 되돌아 와서, 왕복
hinab 〔히낲프〕	〔부〕 (저쪽의) 아래로
hinauf 〔히나우프〕	〔부〕 (저쪽의) 위로
hinaus 〔히나우스〕	〔부〕 (저쪽의) 밖으로 ★ über et^4 ~ …을 넘어서
hinaus|gehen* 〔히라우스·게-엔〕	〔자〕 (s) 밖으로 나가다 ★ auf et^4 ~ 를 면하고 있다; über et^4 ~ …을 넘다; 능가하다
hinaus|kommen* 〔히나우스·콤맨〕	〔자〕 (s) 나오다 ★ auf et^4 ~ …이 되다, …의 결과를 끝나다 über et^4 ~ …을 능가하다
hinaus|schauen 〔히나우스·샤우엔〕	〔자〕 바깥을 보다
hin|bringen* 〔힌·부린겐〕	〔타〕 거기로 데리고 〈가지고〉가다
hindern 〔힌데른〕	〔타〕 j^4 an et^3 ~ /bei et^3 ~ …의 …을 방해하다, 가로막다
Hindernis 〔힌다-니스〕	〔중〕 Hindernisses/Hindernisse 방해, 장애물
hindurch 〔힌·둘히〕	〔부〕 (장소적으로) …을 지나서, …을 통하여; (시간적으로) 줄곧 ★ die ganze Nacht 밤 새도록
hinein 〔히나인〕	〔부〕 (저쪽의) 안으로
hinein|gehen* 〔히나인·게-엔〕	〔자〕 (s) in et^4 ~ …의 안으로 들어가다
hinein|kommen* 〔히나인·콤맨〕	〔자〕 (s) 안으로 들어가다
hin|fallen* 〔힌·파렌〕	〔자〕 넘어지다, 전도하다

hing 〔힝그〕 〔과〕 hängen의 과거기본형
hinge 〔힝게〕 〔접Ⅱ〕 hängen의 접속법 제Ⅱ식 기본형
hin|geben* 〔힌·게-벤〕 〔타〕 손에서 놓다, 내어주다; 바치다
　〔재〕 sich⁴ et³ ~ …에 헌신하다, 몰두하다
hinken 〔힌켄〕 〔자〕 절뚝거리다
hin|legen 〔힌·레-겐〕 〔타〕 (어떤 장소로) 눕히다, 놓다
　〔재〕 sich⁴ ~ 드러눕다
hin|richten 〔힌·리히텐〕 〔타〕 처형하다
Hinsicht 〔힌·지히트〕 〔여〕 -/ 관계, 관점 ★ in dieser ~ 이점에 관해서; in ~ auf et⁴ …에 관해서
hin|stellen 〔힌·슈테렌〕 〔타〕 거기에 세우다 ★ et⁴ als et⁴ ~ …을 …으로 칭하다, 형용하다
　〔재〕 sich⁴ als et⁴ ~ …으로 자칭하다
hinten 〔힌텐〕 〔부〕 뒤에, 배후에; 안쪽 깊숙이
hinter 〔힌타-〕 〔전〕《3·4격 지배》《3격지배》의 뒤에서,《4격지배》위로,
　〔형〕 뒤의, 배후의; 안쪽의
hintereinander 〔힌타-·아이난다-〕 〔부〕 전후해서, 잇달아; 차례차례로
hintergehen* 〔힌타-·게-엔〕 〔타〕 j⁴ ~ 을 속이다, 기만하다
Hintergrund 〔힌타-·그룬트〕 〔남〕 -[e]s/Hintergründe 〔힌타-·그륀데〕 안쪽, 배경;《복수로》배후관계
hinterher 〔힌타-·헤-아〕 〔부〕《공간적으로》뒤로부터;《시간적으로》뒤늦게, 나중에
hinterlassen* 〔힌타-·랏센〕 〔타〕 뒤에 남기다, 남겨두다
hinüber 〔히뉴-바-〕 〔부〕 (넘어서) 저쪽으로
hinunter 〔히눈타-〕 〔부〕 (저쪽의) 아래로
hinweg 〔힌·벡크〕 〔부〕 저편으로, 저멀리; 떠나서
Hinweis 〔힌·바이스〕 〔남〕 -es/-e 지시, 지적; 언급, 시사
hin|weisen* 〔힌·바이젠〕 〔자〕 auf et⁴ ~ …을 가리키다.

	지적하다; …을 시사하다
	〔타〕 j⁴ auf et⁴ ~ …에 …을 가리키다, 지시하다, 주의시키다
hinzu 〔힌 · 쭈-〕	〔부〕 그것에 덧붙어, 게다가
hinzu|fügen 〔힌쭈- · 휘-겐〕	〔타〕 덧붙이다
hinzu|treten* 〔힌쭈- · 트레-텐〕	〔자〕 (s) 걸어서 다가가다, 가까이 가다; 다시 첨가되다
Hirn 〔히른〕	〔중〕 -〔e〕s/-e 뇌
Hirsch 〔힐슈〕	〔남〕 -es/-e 사슴; 숫사슴
Hirt 〔힐트〕	〔남〕 -en/-en 양치기, 목자; 목사; 지도자

```
            Hirt의 격변화
              〔단〕            〔복〕
      1격  der  Hirt      die  Hirten
      2격  des  Hirten    der  Hirten
      3격  dem  Hirten    den  Hirten
      4격  den  Hirten    die  Hirten
```

historisch 〔히스토 · 릿슈〕	〔형〕 역사〔상〕의
Hitze 〔힛쩨〕	〔여〕 -/ 더위, 뜨거움; 분노, 흥분
hob 〔호-프〕	〔과〕 heben의 과거기본형
Hobby 〔호-비-〕	〔중〕 -s/-s 취미
höbe 〔회-베〕	〔접Ⅱ〕 heben의 접속법 제Ⅱ식 기본형
hoch* 〔호-호〕	〔형〕 높은
hoch|achten 〔호-호 · 아하텐〕	〔타〕 존경〈존중〉하다
hoch|halten* 〔호-호 · 할텐〕	〔타〕 높이 올리고 있다; 존중하다
Hochmut 〔호-호 · 무-트〕	〔남〕 -〔e〕s/ 거만, 존대
hochmütig 〔호-호 · 뮈-티히〕	〔형〕 거만한, 교만한
Hochschule 〔호-호 · 슈-레〕	〔여〕 -/-n 〔단과〕대학
höchst 〔회-히스트〕	〔형〕 hoch의 최상급
	〔부〕 매우, 지극히, 극도로
höchstens 〔회-히스텐스〕	〔부〕 기껏해야, 고작해서

Hochwasser

Hochwasser 〔홋-호·밧사〕	〔중〕 -s/- 고조, 큰물, 홍수
Hochzeit 〔홋호·싸이트〕	〔여〕 -/-en 결혼식
hocken 〔혹켄〕	〔자〕 웅크리고 앉다, 쪼그리고 앉다
Hof 〔호-프〕	〔남〕 -(e)s/Höfe 〔회-페〕 안뜰. 교정; 농장; 궁정
Höfe 〔회-페〕	〔복〕 Hof의 복수형
hoffen 〔홋-펜〕	〔타〕 희망〈기대〉하다, 바라다 〔자〕 auf et⁴ ~ …을 희망하다, 바라다, 의지하다
hoffentlich 〔홋펜트리히〕	〔부〕 원컨대, 바라건대
Hoffnung 〔호프눙그〕	〔여〕 -/-en 희망, 소망, 기대
hoffnungslos 〔호프눙그스·로-스〕	〔형〕 희망이 없는, 절망적인
höflich 〔회-프리히〕	〔형〕 예의바른, 공손한
Höflichkeit 〔회-프리히카이트〕	〔여〕 -/ 예의바른
hoh 〔호-〕	〔형〕 높은 《hoch에 변화 어미가 붙는 경우》
Höhe 〔회-에〕	〔여〕 -/-n 높이, 고도; 정상, 절정, 정도; (돈의)액수
Höhepunkt 〔회-에·푼크트〕	〔남〕 -(e)s/e 정점, 크라이막스
höher 〔회-아-〕	〔형〕 hoch의 비교급
hohl 〔홀-〕	〔형〕 속이빈; 공허한
Höhle 〔회-레〕	〔여〕 -/-n 동굴, 공동, 구멍
Hohn 〔혼〕	〔남〕 -(e)s/ 조소, 조롱
holen 〔호렌〕	〔타〕 가지려〈마지하려〉가다, 가지고〈데리고〉가다
Halland 〔호란트〕	〔중〕 네덜란드
Halländer 〔호렌다-〕	〔남〕 네덜란드인
Halländerin 〔호렌데린〕	〔여〕 -/Holländerinnen 〔호-렌테리〕 네델란드인 (여성)
holländisch 〔호렌딧슈〕	〔형〕 네덜란드〔인·어〕의
Holländisch 〔호렌딧슈〕	〔중〕 -(s) 네덜란드어
Hölle 〔회레〕	〔여〕 -/ 지옥
Holz 〔홀쓰〕	〔중〕 -es/Hölzer 〔횔쓰아-〕 목재, 장작

Hölzer 〔휠싸-〕	〔복〕 Holz의 복수형
hölzern 〔휠쩨른〕	〔형〕 목제의
Honig 〔호-니히〕	〔남〕 -s/-e 벌꿀
horchen 〔홀헨〕	〔자〕 auf et⁴ ~ …에 귀를 기울이다, 엿듣다
hören 〔회-렌〕	〔타〕 듣다 〔자〕 auf j⁴ ~ …의 분부를 따르다 bei j³ ~ …의 강의를 듣다; von j³ ⟨et³⟩ ~ …의 소문을 듣다
Hörer 〔회-라-〕	〔남〕 -s/ 듣는 사람, 수화기, 이어폰
Horizont 〔호리쏜트〕	〔남〕 -(e)s/-e 지⟨수⟩평선; (지적인)시야, 한계
Horn 〔호른〕	〔중〕 -(e)s/Hörner 〔회르나-〕 뿔, 각적; 호른
Hörner 〔횔나-〕	〔복〕 Horn의 복수형
Hörsaal 〔회-아·잘-〕	〔남〕 -(e)s/Hörsäle 〔회-아·제-레〕 (대학의)교실, 강의실
Hose 〔호-제〕	〔여〕 -/-n 바지
Hotel 〔호텔〕	〔중〕 -s/-s 호텔
hübsch 〔휩프슈〕	〔형〕 귀여운, 사랑스러운
Hubschrauber 〔후-프·슈라우바-〕	〔남〕 -s/- 헬리콥터
Huf 〔후-프〕	〔남〕 -(e)s/-e (소·말 따위의)발굽
Hüfte 〔휘프테〕	〔여〕 -/-n 허리, 히프
Hügel 〔휘-겔〕	〔남〕 -s/- 언덕, 작은산
Huhn 〔훈-〕	〔중〕 -(e)s/Hühner 〔휘-나-〕 닭; (요리)치킨
Hühner 〔휘-나-〕	〔복〕 Huhn의 복수형
Hühnerbrühe 〔휘-나-·브뤼-에〕	〔여〕 -/ 치킨 콘소에
hülfe 〔휠페〕	〔접Ⅱ〕 helfen의 접속법 제Ⅱ식 기본형
Hülle 〔휘레〕	〔여〕 -/-n 싸게, 보, 커버
hüllen 〔휘렌〕	〔타〕 덮다, 쌓다

Humanismus〔후마니스무스〕	〔남〕 -/ 인문주의; 휴머니즘
humanistisch〔후마니스팃슈〕	〔형〕 인문주의의; 고전문학의, 휴머니즘의
Humanität〔후마니테-트〕	〔여〕 -/ 인간성
Humor〔후모-아〕	〔남〕 -s/-e 익살, 유머
Hund〔훈트〕	〔남〕 -[e]s/-e 개
hundert〔훈델트〕	〔수〕 100〔의〕
Hundert〔훈델트〕	〔중〕 -s/-e 100〔의수〕
hundertst〔훈델쓰트〕	〔형〕 《서수》 제100〔번째〕의
hundertstel〔훈델쓰텔〕	〔형〕 100분의 1〔의〕, 1페센트
Hundertstel〔훈델쓰텔〕	〔중〕〔남〕 100분의 1, 1페센트
Hunger〔훙가-〕	〔남〕 -s/ 배고픔; 갈망 ★ ~ haben 배가고프다
hungern〔훙게른〕	〔자〕 배고프게하다, 굶주리고 있다 〔비〕 es hungert j⁴ nach et³ … 이 …을 갈망하고 있다
hungrig〔훙그리히〕	〔형〕 배고픈, 공복의; 갈망하고 있는
Hupe〔후-페〕	〔여〕 -/-n (자동차의) 경적, 크랙션
hupen〔후-펜〕	〔자〕 경적을 울리다
hüpfen〔휫프펜〕	〔자〕 (h, s) (껑충껑충) 뛰다, (높이) 뛰다
husten〔후-스텐〕	〔자〕 기침하다
Husten〔후-스텐〕	〔남〕 -s/ 기침
Hut〔후-트〕	〔남〕 -[e]s/Hüte〔휘-테〕 (테있는) 모자
Hüte〔휘-테〕	〔복〕 Hut의 복수형
hüten〔휘-텐〕	〔타〕 망보다, 지키다 〔재〕 sich⁴ vor j³ 〈et³〉 ~ …에 조심하다, …을 경계하다
Hütte〔휫테〕	〔여〕 -/-n 오두막집; 정련소
Hymne〔휨네〕	〔여〕 -/-n 찬가; 찬미가
Hypothese〔히포테-제〕	〔여〕 -/-n 가정; 가설

I

ich [잇히] 〔대〕《인칭 대명사》나

ich의 격변화
1격 ich
2격 meiner
3격 mir
4격 mich

ideal [이데알-] 〔형〕 이상적인
Ideal [이데알-] 〔중〕 -s/-e 이상
Idealismus [이데아리스무스] 〔남〕 -/ 관념론; 이상주의
Idee [이데-] 〔여〕 -/Ideen [이데-엔] 이념, 관념; 생각, 사고, 아이디어
Ideologie [이데오로기-] 〔여〕 -/Ideologien [이데오로기-엔] 이데올로기, 개념형태
ihm [임-] 〔대〕《인칭대명사》《er의 3격》《es의 3격》
ihn [인-] 〔대〕《인칭대명사》《er의 4격》
ihnen [이-넨] 〔대〕《인칭대명사》《sie^{2}의 3격》
Ihnen [이-넨] 〔대〕《인칭대명사》《sie의 3격》
ihr^1 [이-어] 〔대〕《인칭대명사》너희들

ihr^{1}의 격변화
1격 ihr
2격 euer
3격 euch
4격 euch

ihr^2 [이-어] 〔대〕《인칭대명사》《sie^{1}의 3격》

ihr³ 〔이-어〕 〔대〕《소유대명사》《부가어적으로》《단수는 부정관사형, 복수는 정관사형 변화》〔남〕1격, 〔중〕1·4격, 그녀의 그들〈그녀들·그것들〉의 …;《명사적으로》《정관사형 변화》그녀·그들〈그녀들·그것들〉의 것

	ihr³의 격변화			
	〔남〕	〔여〕	〔중〕	〔복〕
1격	ihr	ihre	ihr	ihre
2격	ihres	ihrer	ihres	ihrer
3격	ihrem	ihrer	ihrem	ihren
4격	ihren	ihre	ihr	ihre

Ihr 〔이-어〕 〔대〕《소유대명사》《부가어로서》《단수는 부정관사형, 복수는 정관사형 변화》〔남〕1격, 〔중〕1·4격 당신〔들〕의…;《명사적으로》《정관사형변화》당신〔들〕의 것

	ihr의 격변화			
	〔남〕	〔여〕	〔중〕	〔복〕
1격	Ihr	Ihre	Ihr	Ihre
2격	Ihres	Ihrer	Ihres	Ihrer
3격	Ihrem	Ihrer	Ihrem	Ihren
4격	Ihren	Ihre	Ihr	Ihre

ihre 〔이-레〕 〔대〕《소유대명사》ihr³의 〔여〕1·4격, 〔복〕1·4격

Ihre 〔이-레〕 〔대〕《소유대명사》Ihr의 〔여〕1·4격, 〔복〕1·4격

ihrem 〔이-렘〕 〔대〕《소유대명사》ihr³의 〔남〕3격, 〔중〕3격

Ihrem 〔이-렘〕 〔대〕《소유대명사》Ihr의 〔남〕3격, 〔중〕3격

ihren [이-렌] 〔대〕《소유대명사》Ihr³의 〔남〕4격, 〔복〕3격

Ihren [이-렌] 〔대〕《소유대명사》Ihr의 〔남〕4격, 〔복〕3격

ihren [이-렌] 〔대〕《소유대명사》Ihr³의 〔남〕4격, 〔복〕3격

ihrer¹ [이-라-] 〔대〕《인칭대명사》《sie¹, sie²의 2격》,《2격 지배의 동사·전치사·형용사의 보족어로써만 쓰여진다》

ihrer² [이-라-] 〔대〕《소유대명사》《부가어적으로》ihr³의 〔여〕2·3, 〔복〕2격;《명사적으로》〔남〕1격

Ihrer¹ [이-라-] 〔대〕《인칭대명사》《sie의 2격》《2격 지배의 동사·전치사·형용사의 보족어로써만 쓰여진다》

Ihrer² [이-라-] 〔대〕《소유대명사》《부가어적으로》Ihr의 〔여〕2·3격, 〔복〕2격;《명사적으로》〔남〕1격

ihres [이-레스] 〔대〕《소유대명사》《부가어적으로》ihr³의 〔남〕2격, 〔중〕2격;《명사적으로》〔중〕1·4격

Ihres [이-레스] 〔대〕《소유대명사》《부가어적으로》Ihr의 〔남〕2격, 〔중〕2격;《명사적으로》〔중〕1·4격

Illusion [이루지온-] 〔여〕-/-en 환상, 환각

illustrieren [이루스트리-렌] 〔타〕 et⁴ ~ …에 삽화를 집어 넣다, …을 도해하다

Illustrierte [이루스트리-르테] 〔여〕《형용사적 변화》그림이든 잡지, (주간·월간의) 그래프 잡지

im [임] 〔융합〕《전치사 in과 정관사 dem의 융합형》⇨ in

  im allgemeinen 〔숙〕일반적으로, 전체로서
  im Anfang 〔숙〕처음에, 시초에

im **Augenblick**	〔숙〕 목하, 이순간
im **Durchschnitt**	〔숙〕 평균해서
im **einzelnen**	〔숙〕 개별적으로, 따로따로
im **Ernst**	〔숙〕 진지하게, 제정신으로
im **folgenden**	〔숙〕 이하에, 다음에
im **ganzen**	〔숙〕 대체로
im **Gegensatz zu** et³	〔숙〕 …과는 대조적으로, …과는 반대로 …과는 달리
im **großen** 〔**und**〕 **ganzen**	〔숙〕 전체로서
im **Gegenteil**	〔숙〕 역으로 반대로
im **Grunde**	〔숙〕 근본에 있어서, 근본적으로
im **Mittel**	〔숙〕 평균해서
im **Moment**	〔숙〕 목하, 지금은
im **Prinzip**	〔숙〕 원칙적으로는
im **übrigen**	〔숙〕 기타의 점에서는
im **voraus**	〔숙〕 미리
Imbiß 〔임·비스〕	〔남〕 Imbisses/Imbisse 경양식
immer 〔임마-〕	〔부〕 언제나, 항상 ★ auf ~ /für ~ 영구히; nicht ~ 반드시 …이라고는 할 수 없다; noch ~ 변함없이, 여전히; ~ +비교급; 더욱더…
immer fort	〔숙〕 계속해서, 끊임없이, 연연히
immer noch	〔숙〕 여전히 변함없이
immer wieder	〔숙〕 재삼 재사, 거듭 되풀이해서
immerhin 〔임마-·힌〕	〔부〕 (그래도) 어쨌든, 뭐니뭐니해도
impfen 〔임프펜〕	〔타〕 j⁴ ~ …에게 예방접종을 하다; 종두를 놓다
Import 〔임·폴트〕	〔남〕 -〔e〕s/-e 수입
importieren 〔임·폴티-렌〕	〔타〕 수입하다
imstande 〔임·슈탄데〕	〔형〕 ~ sein 《zu를 갖인 부정사와 함께》 …을 할 수 있다
in 〔인〕	〔전〕 《3·4격 지배》 《3격지배》 …의 안에서, …의 속에서;

	(시간적으로) …지나서; 《4격 지배》 …의 안〈속〉으로
in acht Tagen	〔숙〕 1주일후에
in den nächsten Tagen	〔숙〕 근간에, 가까운 시기에
in der Ferne	〔숙〕 멀리서〈로〉
in der Nacht	〔숙〕 밤에
in der Nähe	〔숙〕 가까이에서, 근처에서
in der Not	〔숙〕 곤경에 빠져서, 다급해져서
in der Regel	〔숙〕 일반적으로, 보통, 통례
in aller Stille	〔숙〕 남몰래, 살그머니
in der Tat	〔숙〕 실제로, 사실상
in der ⟨tiefster⟩ Seele	〔숙〕 마음의 깊은 곳에서
in diesem Fall	〔숙〕 이 경우에
in diesem Sinne	〔숙〕 이 의미에 있어서
in dieser Art	〔숙〕 이 방법으로
in dieser Weise	〔숙〕 이 방법으로, 이렇게해서
in einem fort	〔숙〕 계속해서, 끊임없이, 연연히
in einem Satz	〔숙〕 한번 뛰어서
in einem Zug	〔숙〕 단숨에, 일기에
in einer Woche	〔숙〕 1주일로; 1주일후에
in erster Linie	〔숙〕 제일먼저
in folgendem	〔숙〕 다음에
in früherer Zeit	〔숙〕 옛날, 옛적에
in gewissen Sinne	〔숙〕 어떤 의미에 있어서
in großen Zügen	〔숙〕 대략, 대충
in großer Zahl	〔숙〕 다수, 많이
in Grund und Boden	〔숙〕 철저히
in höchsten Grad	〔숙〕 극도로
in hohem Grad	〔숙〕 대단히, 매우
in hohem Maße	〔숙〕 대단히, 많이
in Kürze	〔숙〕 곧, 머지않아
in kurzem	〔숙〕 근간에
in letzter Linie	〔숙〕 최후에, 마지막으로
in manchem	〔숙〕 많은점에서

in Massen	〔숙〕 대량으로
in Mühe und Not	〔숙〕 가까스로
in Muße	〔숙〕 시간을 들여서, 천천히
in Orte	〔숙〕 당지에서
in Spaß	〔숙〕 농담으로
in vierzehn Tagen	〔숙〕 2주일후에
in Wahrheit	〔숙〕 실제로는, 사실상
in Wirklichkeit	〔숙〕 실제로는, 사실상
in Zukunft	〔숙〕 장차, 미래에
indem 〔인·뎀-〕	〔접Ⅱ〕《종속접속사》 …하면서; …하는 사이에; …함으로써; …하기에
indessen 〔인·뎃센〕	〔부〕《시간적으로》 그렇게 하고 있는 사이에; 그럼에도 불구하고; …함으로써
indirekt 〔인·디레크트〕	〔형〕 간접의
individuell 〔인·디비두엘〕	〔형〕 개개의; 개인적인; 개성적인
Individuen 〔인·디비-두엔〕	〔복〕 Individuum의 복수형
Individuum 〔인·디비-두움〕	〔중〕 -s/Individuen〔인디비-두엔〕 개인, 개체
Industrie 〔인두스트리-〕	〔여〕 -/Industrien〔인두스트리-엔〕 산업, 공업
industriell 〔인두스트리엘〕	〔형〕 산업의, 공업의
infolge 〔인·폴게〕	〔전〕《2격 지배》 …의 결과로서; …때문에
infolgedessen 〔인폴게·뎃센〕	〔부〕 그 결과, 그 때문에
Information 〔인폴마씨온-〕	〔여〕 -/-en 정보, 통보, 교시; 안내소
Ingenieur 〔인제니에-아〕	〔남〕 -s/-e 기사, 엔지니어
Inhalt 〔인·할트〕	〔남〕 -〔e〕s/-e 내용, 알맹이; 용적
Initiale 〔이니씨아-레〕	〔여〕 첫글자, 이니시알
Inland 〔인·란트〕	〔중〕 -〔e〕s/Inländer〔인렌다-〕 국내, 내국; 내륙
innen 〔인넨〕	〔부〕 안에, 속에, 내부에
Innenstadt 〔인넨·슈탓트〕	〔여〕 -/Innenstädte〔인넨·슈텟

	테] 도심
inner 〔인나-〕	〔형〕 내부의; 내면의; 정신적인
innerhalb 〔인나-·할프〕	〔전〕《2격지배》…의 내부에; …이내에
innerlich 〔인나-리히〕	〔형〕 내면적인
innig 〔인니히〕	〔형〕 진심으로 부터의; 치밀한, 밀접한
ins 〔인스〕	〔융합〕《전치사 in과 정관사 das 의 융합형》⇨ in
ins Bett gehen	〔숙〕 취침하다
ins Deutsche über-setzen	〔숙〕 독일어로 번역하다
ins Kino gehen	〔숙〕 영화구경을 가다
ins Konzert gehen	〔숙〕 콘서트에 가다
ins Theater gehen	〔숙〕 극장에 가다
Inschrift 〔인·슈리프트〕	〔여〕 -/-en 명(銘), 비문
Insekt 〔인제크트〕	〔중〕 -〔e〕s/-en 곤충
Insel 〔인젤〕	〔여〕 -/-n 섬
insofern 〔인조-·페른 인조-·페른〕	〔부〕 거기까지는, 그 한도에서는 〔접〕〔인조-·페룬〕《종속접속사》…인 한도에서는
insoweit 〔인조-·바이트, 인조-·이트〕	〔부〕 거기까지는, 그 한도에서는 〔접〕《종속접속사》〔인조-·바이트〕…인한도에서는
Instinkt 〔인·스틴크트〕	〔중〕 -〔e〕s/-e 본능
Institut 〔인스티투-트〕	〔중〕 -〔e〕s/-e 연구소; 협회
Instrument 〔인스트루멘트〕	〔중〕 -〔e〕s/-e 기구, 도구; 악기
intelligent 〔인테리겐트〕	〔형〕 이해력있는, 이지적인
Intelligenz 〔인테리겐쓰〕	〔여〕 -/-en 지성, 지력
interessant 〔인테렛산트〕	〔형〕 재미있는, 흥미있는
Interesse 〔인테렛세〕	〔중〕 -s/-n 흥미, 관심; 이해
interessieren 〔인테렛시-렌〕	〔타〕 j^4 an et^3 〈für et^4 ~ …에 …으로의 흥미를 이르키게 하다, 관심을 끌다 〔재〕 sich^4 für et^4〈j^4〉 ~ …에 관심을 갖다, …에 흥미를 갖다

international〔인타-나씨오날-〕 〔형〕 국제적인
inzwischen〔인 · 쯔빗센〕 〔부〕 그 사이에
irdisch〔일딧슈〕 〔형〕 지상의; 현세의
irgend〔일겐트〕 〔부〕 좌우간, 어떻게든지; 도대체
〔대〕 누구인가〔어떤사람〕 무엇인가〔어떤것〕 ★ ~ jemand 그 어느누구; ~ etwas 그 어떤 것

irgendein〔일겐트 · 아인〕 〔대〕《부정대명사》《복수는 irgendwelche》《부가어적으로》《부정관사변화형》 그 어떤…, 그 누구…;《명사적으로》《dieser형 변화》그 어떤것, 그 어떤 사람

irgendein의 격변화

	〔남〕	〔여〕	〔중〕	〔복〕
1격	irgendein	irgendeine	irgendein	irgendwelche
2격	irgendeines	irgendeiner	irgendeines	irgendwelcher
3격	irgendeinem	irgendeiner	irgendeinem	irgendwelchen
4격	irgendeinen	irgendeine	irgendein	irgendwelche

irgendwann〔일겐트 · 반〕 〔부〕 (언젠가) 어느때에
irgendwelcher〔일겐트 · 벨히야-〕 〔대〕《부정대명사》《정관사형변화》(누구인가) 그 어떤 사람, 그 어떤것

irgendwelcher의 격변화

	〔남〕	〔여〕	〔중〕	〔복〕
1격	irgendwelcher	irgendwelche	irgendwelches	irgendwelche
2격	irgendwelches	irgendwelcher	irgendwelches	irgendwelcher
3격	irgendwelchem	irgendwelcher	irgendwelchem	irgendwelchen
4격	irgendwelchen	irgendwelche	irgendwelches	irgendwelche

irgendwer〔일겐트 · 베-아〕 〔대〕《부정대명사》그 어떤 사람

irgendwer의 격변화

1격	irgendwer

Italienisch

2격	irgendwessen
3격	irgendwem
4격	irgendwen

irgendwie 〔일겐트·비-〕 〔부〕 어떤 방법으로든지; 어쩐지
irgendwo 〔일겐트·보-〕 〔부〕 어딘가, 어떤곳에서
Ironie 〔이로니-〕 〔여〕 -/Ironien 〔이로니-엔〕 비꼼, 풍자; 반어
ironisch 〔이로-닛슈〕 〔형〕 비꼬는, 풍자적인; 반어적인
irren 〔이렌〕 〔자〕 (h, s) (길을)잃다, 헤메다, 방황하다; 잘못하다
〔재〕 sich⁴ ~ 잘못 생각하다
Irrtum 〔일툼-〕 〔남〕 -s/Irrtümer 〔일튀-마-〕 잘못, 오류, 틀림, 착오
Irrtümer 〔일튀-마-〕 〔복〕 Irrtum의 복수형
iß 〔이스〕 〔명〕 essen의 명령형
issest 〔잇세스트〕 〔현〕 essen의 2인칭 단수현재형
ißt 〔이스트〕 〔현〕 essen의 2·3인칭 단수현재형
ist 〔이스트〕 〔현〕 sein¹의 3인칭 단수현재형
Italien 〔이타-리엔〕 〔중〕 -s/- 이탈리아
Italiener 〔이타리에-나-〕 〔남〕 -s/- 이탈리아인
Italienerin 〔이타리에-네린〕 〔여〕 -/Italienerinnen 〔이타리에-네리넨〕 이탈리아인 (여성)
italienisch 〔이타리에-닛슈〕 〔형〕 이탈리아〔인·어〕의 ★ auf ~ 이탈리아어로
Italienisch 〔이타리에-닛슈〕 〔중〕 이탈리아어

J

ja〔야-〕 〔부〕《긍정의 대답으로》예, 그렇소; (앞 말의 긍정·강조) 아니 그렇기는 커녕; (강조하고 싶은 기분을 곁들여서) 확실히, 어쨌든, …이 아닌가, 역시, 틀림없이, 꼭, 반드시, 참으로

Jacke〔야케〕 〔여〕-/-n 자켓, 웃옷

Jagd〔야-크트〕 〔여〕-/-en 사냥, 수렵, 추적, 추구

Jagen〔야-겐〕 〔타〕 몰다, 쫓다; 사냥하다
〔자〕 (h, s) auf et^4 ~ …을 사냥하다; nach et^3 ~ …을 추구하다

Jäger〔예-가-〕 〔남〕 -s/- 사냥꾼, 한터; 전투기

jäh〔예-〕 〔형〕 불의의, 돌연의

Jahr〔얄-〕 〔중〕 -(e)s/-e 연, 연월 ★ dieses ~ 금년; nach ⟨vor⟩ ~ en 수년 후⟨전⟩에 nächstes ⟨voriges⟩ ~ 내(작)년; seit ~ en 수년이래; übers ~ 1년후에; … ~ e alt sein …세이다

  Jahr für Jahr 〔숙〕 매년; 해마다

jahrelang〔야-레·랑그〕 〔부〕 몇해고; 다년간에 걸쳐서

Jahreszeit〔야-레스·짜이트〕 〔여〕-/-en 계절

Jahrgang〔얄-·강그〕 〔남〕 -(e)s/Jahrgänge〔얄-·겡게〕 (학교)의 학년; (잡지의) 1년분; (사람 따위에) …기(期), …년도; …년생

Jahrhundert〔얄-·훈델트〕 〔중〕 -(e)s/-e 100년, 〔1〕세기

★ im 20. ~ 20세기에

jährlich 〔예-르리히〕 〔형〕 매년의; 연간의
〔부〕 매년, 예년

Jahrtausend 〔얄-·타우젠트〕 〔중〕 -s/-e 1000년

Jahrzehnt 〔얄-·쩬트〕 〔중〕 -s/-e 10년

Jammer 〔얌마-〕 〔남〕 -s/- 비탄, 비참

jämmerlich 〔엠마-리히〕 〔형〕 비참한, 가엾은; 한심한

jammern 〔얌메른〕 〔자〕 über et⁴ ~ …의 일을 슬퍼 탄식하다
〔타〕 한탄케하다, 가엾게 여기게 하다

Januar 〔야누알-〕 〔남〕 -[s]/-e 1월

Japan 〔야-판〕 〔중〕 -s/ 일본

Japaner 〔야파-나-〕 〔남〕 -s/ -일본인

Japanerin 〔야파-네린〕 〔여〕 -/Japanerinnen 〔야파-네리넨〕 일본인 (여성)

japanisch 〔야파-닛슈〕 〔형〕 일본〔인·어〕의 ★ auf ~ 일본어로

Japanisch 〔야파-닛슈〕 〔중〕 -[s]/ 일본어

jawohl 〔야·볼-〕 〔부〕 《ja의 강조》그렇고 말고요, 잘 알았습니다

je 〔예-〕 〔부〕 언젠가; 일찌기; (수와함께) …마다, …씩
〔접〕 《종속접속사》 …하면 할수록, …이면 일수록 ★ je+비교급, desto+비교급 …하면 할수록 …하다; ~ nach et³ …에 응해서, …에 따라서; seit⟨von⟩ ~ 아주 이전부터

je nach Wunsch 〔숙〕 소망에 따라서

je nachdem 〔숙〕 …에 따라서, …에 응해서

jede 〔예-데〕 〔대〕 《부정대명사》 jeder의 〔여〕 1·4격

jedem 〔예-뎀〕 〔대〕 《부정대명사》jeder의 〔남〕3격, 〔중〕3격

jeden 〔예-덴〕 〔대〕 《부정대명사》jeder의 〔남〕4

격 ★ auf ~ Fall 어쨌든, 여하튼; um ~ Preis 어떤 희생을 무릅쓰고서도

jeden Abend	〔숙〕 매일밤, 밤마다
jeden Augenblick	〔숙〕 언제 어느때고
jeden Morgen	〔숙〕 매일 아침
jeden Tag	〔숙〕 매일

jedenfalls 〔예-덴·팔스〕 〔부〕 어느 경우든, 어쨌든; 결국은

jeder 〔예-다-〕 〔대〕 《부정대명사》《정관사형변화》《단수》〔남〕1격, 〔여〕2·3격 《부가어로서》 각기 〈자〉의…, 모든…; 《명사적으로》 각자, 모든 사람 ★ zu ~ Zeit 어떤때에도; all und ~ 누구나 모두

```
          jeder의 격변화
        〔남〕    〔여〕    〔중〕   〔복〕
  1격   jeder   jede    jedes    없
  2격   jedes   jeder   jedes
  3격   jedem   jeder   jedem    음
  4격   jeden   jede    jedes
```

jedermann 〔예다-·만〕 〔대〕 《부정대명사》 누구든지, 각자, 제각기 (1·3·4격)

```
       Jedermann의 격변화
       1격   jedermann
       2격   jedermanns
       3격   jedermann
       4격   jedermann
```

jedermanns 〔예다-·만스〕 〔대〕 《부정대명사》jedermann의 2격

jederzeit 〔예-다-·짜이트〕 〔부〕 언제나

jedes 〔예-데스〕 〔대〕 《부정대명사》jeder의 〔남〕2격

	〔중〕 1·2·4격
jedes Jahr	〔숙〕 매년, 해마다
jedesmal〔예-데스·말-〕	〔부〕 그때마다, 매번, 번번히
jedoch〔예-·돗호〕	〔부〕 그렇지만, 그러나, 그럼에도 불구하고
jemals〔예-마르스〕	〔부〕 이전에, 언젠가
jemand〔예-만트〕	〔대〕 《부정대명사》〔누구인가〕어떤 사람

---

jemand의 격변화

1격 jemand
2격 jemand〔e〕s
3격 jemand〔em〕
4격 jemand〔en〕

---

jemand〔em〕〔예-만트〈뎀〉〕	〔대〕《부정대명사》jemand의 3격
jemand〔en〕〔예-만트〈덴〉〕	〔대〕《부정대명사》jemand의 4격
jemand〔e〕s〔예-만쯔〈데스〉〕	〔대〕《부정대명사》jemand의 2격
jene〔예-네〕	〔대〕《지시대명사》jener의 〔여〕1·4격, 〔복〕1·4격
jenem〔예-넴〕	〔대〕《지시대명사》jener의 〔남〕3격, 〔중〕3격
jenen〔예-넨〕	〔대〕《지시대명사》jener의 〔남〕4격, 〔복〕3격
jener〔예-나-〕	〔대〕《지시대명사》《정관사형 변화》〔남〕1격, 〔여〕2·3격, 〔복〕3격 《부가어로서의》저…; 《명사적으로》저 사람〈것〉; (dieser에 대해서) 전자

---

jener의 격변화

	〔남〕	〔여〕	〔중〕	〔복〕
1격	jener	jene	jenes	jene
2격	jenes	jener	jenes	jener
3격	jenem	jener	jenem	jenen
4격	jenen	jene	jenes	jene

jenes 〔예-네스〕 〔대〕《지시대명사》jener의 〔남〕2격, 〔중〕1·2·4격

jenseits 〔옌-·자이쓰〕 〔전〕《2격지배》 …의 저편〈쪽〉에

Jesus Christus 〔예-즈스·크리스투스〕 〔남〕 예수·그리스도

```
          Jesus Christus의 격변화
   1격 Jesus Christus      Jesus Christus
   2격 Jesu  Christi        Jesus Christus'
   3격 Jesu  Christo  또는  Jesus Christus
   4격 Jesum Christum       Jesus Christus
   호격 Jesu  Christe        Jesus Christus
```

jetzt 〔옛쓰트〕 〔부〕 지금, 현재 ★ bis ~ 지금까지 eben〈gerade〉 ~ 이제 방금; erst ~ 이제 드디어; für ~ 지금으로서는; gleich ~ 지금 곧; noch ~ 지금도; von ~ an 이제부터, 금후

Journalist 〔주루나리스트〕 〔남〕 -en/-en 저널리스트, 신문〔잡지〕기자

```
          Journalist의 격변화
              〔단〕              〔복〕
   1격 der Journalist   die Journalisten
   2격 des Journalisten der Journalisten
   3격 dem Journalisten den Journalisten
   4격 den Journalisten die Journalisten
```

Jubel 〔유-〕 〔남〕 -s/ 환성, 환호; 큰 기쁨
jubeln 〔유-베렌〕 〔자〕 환성을 올리다
Jubiläum 〔유비렘-〕 〔중〕 -s/Jubiläen 〔유비레-엔〕 기념제

jucken 〔육켄〕 〔자〕 가렵다
〔타〕 가렵게하다
〔비〕 es juckt 가렵다

Jude 〔유-데〕 〔남〕 -n/-n 유태인

```
             Jude의 격변화
              〔단〕           〔복〕
      1격  der  Jude      die  Juden
      2격  des  Juden     der  Juden
      3격  dem  Juden     den  Juden
      4격  den  Juden     die  Juden
```

Jüdin 〔유-딘〕 〔여〕 -/Judinnen 〔유-디넨〕 유태인 (여성)

Jugend 〔유-겐트〕 〔여〕 -/ 청춘〔시대〕; (총칭적으로) 젊은이

Jugendfreund 〔유-겐트·프로인트〕 〔남〕 -〔e〕s/-e 죽마고우

Jugendfreundin 〔유-겐트·후로이딘〕 〔여〕 -/Jugendfreundinnen 〔유-겐트·후로이디넨〕 (여성의) 어렸을때의 친구

Jugendherberge 〔유-겐트·헬벨게〕 〔여〕 -/-n 유스호스텔, 청소년 숙박소

jugendlich 〔유-게트리히〕 〔형〕 청〔소〕년의; 아주 젊은

Jugendliche(r) 〔유-겐트릿헤〈히야-〉〕 〔남〕〔여〕 《형용사적 변화》 (14-18세의) 청년, 미성년자

Juli 〔유-리〕 〔남〕 -〔e〕s/-s 7월

Jung* 〔융그〕 〔형〕 젊은

Junge 〔융게〕 〔남〕 -n/-n 소년, 아가씨

```
             Junge의 격변화
              〔단〕           〔복〕
      1격  der  Junge     die  Jungen
      2격  des  Jungen    der  Jungen
      3격  dem  Jungen    den  Jungen
      4격  den  Jungen    die  Jungen
```

ünger 〔윙가-〕 〔형〕 jung의 비교급

ungfrau 〔융그·후라우〕 〔여〕 -/-en 처녀, 아가씨

Junggeselle 〔융그·게제레〕 〔남〕 -/n-n 독신남(변화 : ⇨ Geselle

Jüngling 〔윙그링그〕 〔남〕 -s/-e 청년, 젊은이

jüngst 〔윙그스트〕 〔형〕 jung의 최상급
〔부〕 최근에

Juni 〔유-니〕 〔남〕 -(s)/-s 6월

Jura 〔유-라〕 〔복〕 법학, 법률학

Justiz 〔유스티-쯔〕 〔여〕 사법

Juwel 〔유벨-〕 〔중〕 -s/-en 보석

K

Kabel〔카-벨〕	〔중〕 -s/- 전선, 전화선, 케이블
Kabine〔카비-네〕	〔여〕 -/-n 선실, 객실; 작은방(경의실 따위)
Käfer〔케-퍼-〕	〔남〕 -s/- 갑충, 딱정벌레
Kaffee〔카페-, 카페-〕	〔남〕 -s/-s 커피
Käfig〔케피히〕	〔남〕 -s/-e 새장; (동물의) 우리
kahl〔칼-〕	〔형〕 털이없는, 벌거숭이의; 노출된, (장식이 없어서) 살풍경의
Kahn〔칸-〕	〔남〕 -〔e〕s/Kähne〔케-네〕 조각배, 거룻배
Kähne〔케-네〕	〔복〕 Kahn의 복수형
Kaiser〔카이자-〕	〔남〕 -s/- 황제
Kaiserin〔카이제린〕	〔여〕 -/Kaiserinnen〔카이제리넨〕 여제; 황후
kaiserlich〔카이자-리히〕	〔형〕 황제의; 제국의
Kalb〔칼프〕	〔중〕 -〔e〕s/Kälber〔켈바-〕 송아지
Kälber〔켈바-〕	〔복〕 Kalb의 복수형
Kalender〔카렌다-〕	〔남〕 달력
kalt*〔칼트〕	〔형〕 추운, 찬; 냉정한
Kälte〔켈테〕	〔여〕 추위, 차가움; 냉혹, 냉담
kälter〔켈타-〕	〔형〕 kalt의 비교급
kältest〔켈테스트〕	〔형〕 kalt의 최상급
kam〔캄-〕	〔과〕 kommen의 과거 기본형
käme〔케-메〕	〔접Ⅱ〕 kommen의 접속법 제Ⅱ식 기본형
Kamel〔카멜-〕	〔중〕 -〔e〕s/-e 낙타
Kamera〔카메라, 카-메라〕	〔여〕 -/-s 카메라, 사진기
Kamerad〔카메라-트〕	〔남〕 -en/-en 동료, 동무

Kamerad의 격변화

	[단]		[복]
1격	der Kamerad	die	Kameraden
2격	des Kameraden	der	Kameraden
3격	dem Kameraden	den	Kameraden
4격	den Kameraden	die	Kameraden

Kamin [카민-] 〔남〕 -s/-e 난로

Kamm [캄] 〔남〕 -[e]s/Kämme [켐메] 빗

Kämme [켐메] 〔복〕 Kamm의 복수형

kämmen [켐멘] 〔타〕 빗질하다, 머리를 빗다
〔재〕 sich⁴ ~ (자신의) 머리를 빗다

Kammer [캄마-] 〔여〕 -/-n 작은방

Kampf [캄프흐] 〔남〕 -[e]s/Kämpfe [켐프페] 싸움, 투쟁; 시합

Kämpfe [켐프헤] 〔복〕 Kampf의 복수형

kämpfen [켐프헨] 〔자〕 싸우다; für j⁴ ⟨et⁴⟩ ~ …을 위해서 싸우다; mit j³ ⟨et³⟩ ~ /gegen j⁴ ⟨et⁴⟩ ~ …과 싸우다; um et⁴ ~ …을 얻으려고 싸우다

Kanal [카날-] 〔남〕 -s/Kanäle [카네-레] 운하; 해협; (텔레비전 따위의) 채널

Kanäle [카네-] 〔복〕 Kanal의 복수형

Kandidat [칸디다-트] 〔남〕 -en/-en 후보자, 지원자

Kandidat의 격변화

	[단]		[복]
1격	der Kandidat	die	Kandidaten
2격	des Kandidaten	der	Kandidaten
3격	dem Kandidaten	den	Kandidaten
4격	den Kandidaten	die	Kandidaten

Kaninchen [카닌-헨] 〔중〕 -s/- 〔집〕토끼

kann〔칸〕	〔현〕	können의 1·3인칭 단수현재형
Kanne〔칸네〕	〔여〕	-/-n (홍차·커피 등의) 포트, 주전자
kannst〔칸스트〕	〔현〕	kennen의 2인칭 단수현재형
kannte〔칸테〕	〔과〕	können의 과거 기본형
Kanone〔카노-네〕	〔여〕	-/-n 대포
Kante〔칸테〕	〔여〕	-/-n 모서리, 구석
Kanzler〔칸쯔라-〕	〔남〕	-s/- 수상
Kapelle〔카펠레〕	〔여〕	-/-n 예배당; 악단
Kapellmeister〔카펠·마이스타-〕	〔남〕	-s/- 악장, 지휘자, 밴드마스터
Kapital〔카피탈-〕	〔중〕	-〔e〕s/Kapitalien〔카피타-리엔〕 자본〔금〕
Kapitalien〔카피타-리엔〕	〔복〕	Kapital의 복수형
Kapitalismus〔카피리스무스〕	〔남〕	-/ 자본주의
Kapitalist〔카피타리스트〕	〔남〕	-en/-en 자본가

```
           Kapitalist의 격변화

              〔단〕              〔복〕
  1격  der  Kapitalist     die  Kapitalisten
  2격  des  Kapitalisten   der  Kapitalisten
  3격  dem  Kapitalistne   den  Kapitalisten
  4격  den  Kapitalisten   die  Kapitalisten
```

kapitalistisch〔카피타리스팃슈〕	〔형〕	자본주의의
Kapitän〔카피텐-〕	〔남〕	-s/-e 선장; 기장
Kapitel〔카피텔〕	〔중〕	-s/- (서적의) 장
Kaputt〔카풋트〕	〔형〕	고장난, 망가진, 부서진; 지쳐버린
karg *〔칼크〕	〔형〕	근소한, 부족한
karger〔칼가〕		
kärger〔켈가〕	〔형〕	karg의 비교급
kargst〔칼그스트〕		
kärgst〔켈그스트〕	〔형〕	karg의 최상급

Karte 〔칼테〕 〔여〕 -/-n 카드; 엽서; 입장〔승차〕권; 명함; 트럼프

Kartoffel 〔칼톳펠〕 〔여〕 -/-n 감자

Karton 〔칼톤-〕 〔남〕 -s/-s ⟨-e⟩ 두꺼운 종이, 마분지 상자

Karussell 〔카룻셀〕 〔중〕 -s/- ⟨-s⟩ 회전목마, 메리고란드

Käse 〔케-제〕 〔남〕 -s/- 치즈

kassieren 〔캇시-렌〕 〔타〕 (돈을) 징수하다

Kasse 〔캇세〕 〔여〕 -/-n 금고; 매표소; 계산대; 현금

Kassette 〔카-셋테〕 〔여〕 -/-n (녹음테프용) 카세트

Kassettenspieler 〔카셋텐·슈피-라〕 〔남〕 -s/- 카세트프레이어

Kassettentonband 〔카셋텐·톤-반트〕 〔중〕 -[e]s/Kassettentonbänder 〔카셋텐·톤-벤다-〕 카셋트 테프

Kastanie 〔카스타-니에〕 〔여〕 -/-n 마로니에 (나무·열매)

Kasten 〔카스텐〕 〔남〕 -s/Kästen 〔케스텐〕 상자

Kästen 〔케스텐〕 〔복〕 Kasten의 복수형

Katastroph 〔카타스트로-페〕 〔여〕 -/-n 대참사; 파국

Kater 〔카-타-〕 〔남〕 -s/- 숫고양이; 《단수로》숙취

katholisch 〔카토-릿슈〕 〔형〕 구교⟨가톨릭⟩의

Katze 〔캇쩨〕 〔여〕 -/-n 암고양이

kauen 〔카우엔〕 〔타〕〔자〕 씹다, 저작하다, 갉아먹다

kauern 〔카우에른〕 〔자〕 웅크리다, 쪼그리고 앉다
〔재〕 sich⁴ ~ 웅크리다, 쪼그리다

Kauf 〔카우프〕 〔남〕 -[e]s/Käufe 〔코이페〕 구입, 매입; 쇼핑 ★ et⁴ in ~ nehmen …을 감수하다 et⁴ zum ~ an bieten … 팔려고 내놓다

Käufe 〔코이페〕 〔복〕 Kauf의 복수형

kaufen 〔카우펜〕 〔타〕 사다, 구입하다 j³ et⁴ ~ …에게 …을 사주다; sich³ et⁴

kein

~ (자기를 위해) …을 사다

Kaufhaus 〔카우프 · 하우스〕 〔중〕 -〔e〕s/Kaufhäuser 〔카우프 · 호이자-〕 백화점, 데파트

Kaufleute 〔카우프 · 로이테〕 〔복〕 Kaufmann의 복수형
käuflich 〔코이프리히〕 〔형〕 살수있는
Kaufmann 〔카우프 · 만〕 〔남〕 -〔e〕s/Kaufleute 〔카우프 · 로이테〕 상인; 상사직원

kaum 〔카움〕 〔부〕 거의 …없다; 간신히, 겨우 ★ ~ …, als 〈da · so〉 …하자 마자, …할가말가 하는 사이에

Kavalier 〔카바리-아〕 〔남〕 -s/-e 기사; (부인에게 친절한) 멋장이

Kehle 〔케-레〕 〔여〕 -/-n 목구멍
kehren[1] 〔케-렌〕 〔타〕 (어떤 방향으로) 향하다, 돌리다
〔재〕 sich⁴ ~ (어떤 방향으로) 향하다; sich⁴ an et⁴ ~ …을 걱정하다

kehren[2] 〔케-렌〕 〔타〕〔자〕 쓸다, 소제하다
Keim 〔카임〕 〔남〕 -〔e〕s/-e 눈, 배(胚); 맹아
keimen 〔카이맨〕 〔자〕 (h, s) 싹이트다, 발아하다; (사항이) 생기다, 일어나다

kein 〔카인〕 〔대〕《부정대명사》《부가어로서》《단수는 부정관사형, 복수는 정관사형 변화》〔남〕1격, 〔중〕1·4격, 하나도〈조금도〉 …없다;《명사적으로》《정관사형 변화》, 〔남〕1격 keiner, 〔중〕1·4격 kein 〔e〕s 한 사람도〈하나도〉 … 없다

---

kein의 격변화

	〔남〕	〔여〕	〔중〕	〔복〕
1격	kein	keine	kein	keine
2격	keines	keiner	keines	keiner
3격	keinem	keiner	keinem	keinen

| 4격 keinen keine kein keine |

keine 〔카이네〕 〔대〕《부정대명사》 kein의 〔여〕1·4격, 〔복〕1·4격

keinem 〔카이넴〕 〔대〕《부정대명사》kein의 〔남〕3격, 〔중〕3격

keinen 〔카이넨〕 〔대〕《부정대명사》kein의 〔남〕4격, 〔복〕3격

keiner 〔카이나-〕 〔대〕《부정대명사》《부가어적으로》〔여〕2·3격, 〔복〕2격;《명사적으로》〔남〕1격 한사람도 〔하나도〕 …아니다, 누구도 …아니다

keinerlei 〔카이나-아이〕 〔형〕《무변화》어떤 종류의 것도 …아니다

keines 〔카이네스〕 〔대〕《부정대명사》《부가어로서》 kein의 〔남〕2격, 〔중〕2격;《명사적으로》kein〔e〕s 〔중〕1·4격

keinesfalls 〔카이네스·팔스〕 〔부〕 결코 … (하지) 않다

keineswegs 〔카이네스·베-크스〕 〔부〕 결코 … (하지) 않다

Keller 〔케라-〕 〔남〕 -s/- 지하실

Kellner 〔케르나-〕 〔남〕 -s/- 웨이터, 종업원, 급사

Kellnerin 〔케르네린〕 〔여〕 -/Kellnerinnen 〔케르네리넨〕 여급사, 웨이트레스

kennen* 〔켄넨〕 〔타〕 (체험적으로) 알고있다; j^4 ~ …과 아는 사이다, 면식이 있다

kennen|lernen 〔켄넨·레르넨〕 〔타〕 j^4 ~ …과 아는 사이가 되다

Kenner 〔켄나-〕 〔남〕 -s/- 정통하고 있는 사람

Kennte 〔켄테〕 〔접Ⅱ〕 kennen의 접속법 제Ⅱ식 기본형

Kenntnis 〔켄트니스〕 〔남〕 -/Kenntnisse 아는 것, 승락;《복수로》지식, 학식

Kennzeichen 〔켄·짜이헨〕 〔중〕 -s/- 표시; 특징; 징후

kennzeichnen 〔켄·짜이히넨〕 〔타〕 et^4 ~ …에 표식을 하다;

넨〕 …을 특징짓다; 명시하다

Kerl 〔케르르〕 〔남〕 -〔e〕s/-e 놈, 녀석, 사나이, 사람

Kern 〔케른〕 〔남〕 -〔e〕s/-e 씨; 핵〔심〕; 원자핵

Kernreaktion 〔케른·레아크씨온-〕 〔여〕 -/-en 핵반응

Kernspaltung 〔케른·슈팔퉁그〕 〔여〕 -/-en 핵분열

Kernwaffe 〔게른·밧페〕 〔여〕 -/-n 핵무기

Kerze 〔켈쎄〕 〔여〕 -/-n 양초

Kessel 〔켓셀〕 〔남〕 -s/- 솥, 보일러; 주전자; 분지

Kette 〔켓테〕 〔여〕 -/-n 사슬, 쇠사슬

keuchen 〔코이헨〕 〔자〕 헐떡이다, 가쁘게 숨쉬다

kichern 〔킷헤른〕 〔자〕 킥킥웃다; 남몰래 웃다

Kiefer[1] 〔키-파-〕 〔남〕 -s/- 턱

Kiefer[2] 〔키-파-〕 〔여〕 -/-n 소나무

Kies 〔키-스〕 〔남〕 -es/ 자갈

Kilo 〔키-로〕 〔중〕 -s/- (Kilogramm의 단축형) 키로그램

Kilogramm 〔키로·그람-〕 〔중〕 -s/-e 키로그램

Kilometer 〔키로·메-타-〕 〔중〕 -s/- 키로미터

Kind 〔킨트〕 〔중〕 -〔e〕s/Kinder 〔킨다-〕 아이, 아동, 유아 ★ von ~ an⟨auf⟩아이때부터

Kinder 〔킨다-〕 〔복〕 Kind의 복수형

Kinderarzt 〔킨다-·알-쯔트〕 〔남〕 -s/Kinderärzte 〔킨다-·엘-쯔테〕 소아과 의사

Kindergarten 〔킨다-·갈텐〕 〔남〕 -s/Kindergärten 〔킨다-·겔텐〕 유치원

Kindheit 〔킨트하이트〕 〔여〕 -/-en 유년시대, 유아기 ★ von ~ an 아이때부터

kindisch 〔킨딧슈〕 〔형〕 어린이 같은, 미숙한; 어리석은

kindlich 〔킨트리히〕 〔형〕 어린이의, 어린이다운; 순진무구한

Kinn 〔킨!〕 〔중〕 -(e)s/-e 턱
Kino 〔키-노〕 〔중〕 -s/-s 영화관 ★ ins ~ gehen 영화구경을 가다
Kiosk 〔키오스크〕 〔남〕 -(e)s/-e 매점, 키오스크
Kirche 〔킬헤〕 〔여〕 -/-n 교회
Kirsche 〔킬쉐〕 〔여〕 -/-n 벚꽃〔속〕; 버찌
Kissen 〔킷센〕 〔중〕 -s/- 쿠션, 방석; 베개;
Kiste 〔키스테〕 〔여〕 -/-n (목재 또는 금속제의) 상자
kitzeln 〔킷쩨른〕 〔타〕 간지리다
Klage 〔크라-게〕 〔여〕 -/-n 한탄, 불평; 고소
klagen 〔크라-겐〕 〔자〕 über et^4 ~ …을 한탄하다, …의 불평을 말하다; gegen j^4 ~ …을 호소하다
Klammer 〔크람마-〕 〔여〕 -/-n 꺽쇠, 집게; 괄호
klang 〔크랑그〕 〔과분〕 klingen의 과거 기본형
Klang 〔크랑그〕 〔남〕 -(e)s/Klänge 〔크렝게〕 음, 울림
klänge 〔크렝게〕 〔접Ⅱ〕 klingen의 접속법 제Ⅱ식 기본형
Klänge 〔크렝게〕 〔복〕 Klang의 복수형
klappen 〔크랏펜〕 〔타〕 쿵〈쾅・찰싹〉소리나게하다
〔자〕 쿵하고 소리나다; 알맞다
klappern 〔크랏페른〕 〔자〕 덜커덩 덜커덩 하다, 〈소리나다〉
klar 〔크랄-〕 〔형〕 맑은; 밝은, 명백한
klären 〔크레-렌〕 〔타〕 명백히 하다; 해명하다
Klarheit 〔크랄-하이트〕 〔여〕 -/ 맑음; 명백; 명확
Klasse 〔크랏세〕 〔여〕 -/-n 크라스, 등급, 계급; (학교의) 크라스; 학급
Klassenzimmer 〔크랏센・씸마-〕 〔중〕 -s/- 교실
Klassik 〔크라시크〕 〔여〕 -/ 고전주의; 고전시대; 고전 (작품)
klassisch 〔크라싯슈〕 〔형〕 고전적인; 고전시대의
klatschen 〔크랏첸〕 〔자〕 휙〈찰싹〉하고 소리나다; 박수를 치다; 재잘재잘 지꺼리

klopfen

다, 소문 얘기를 논하다 ★ in die Hände ~ 박수를 치다

Klavier 〔크라빌-아〕 〔중〕 -s/-e 피아노 ★ ~ spielen 피아노를 치다

kleben 〔크레-벤〕 〔타〕 붙이다, 부착시키다
〔자〕 달라붙다, 부착하다

Kleid 〔크라이트〕 〔중〕 -[e]s/-er 의복; 원피스; 드레스

kleiden 〔크라이덴〕 〔타〕 j⁴ ~ …에게 옷을 입히다
〔재〕 sich⁴ ~ (…의) 차림을 하고 있다

Kleidung 〔크라이둥그〕 〔여〕 -/-en (총칭적으로) 의복, 복장

klein 〔크라인〕 〔형〕 작은; 어린; 하찮은 ★ groß und ~ 어른이나 아이나; von ~ auf 어린시절부터

Kleinigkeit 〔크라이니히카이트〕 〔여〕 -/-en 작은일, 하찮은일; 근소한 것

klemmen 〔크렘멘〕 〔타〕 죄어대다; 끼다

klettern 〔크렛테른〕 〔자〕 (h, s) 기어오르다

Klima 〔크리-마〕 〔중〕 -s/-s 〈Klimate 〔크리마-테〕〉 기후, 풍토, 풍조, 분위기

Klimaanlage 〔크리-마·안라-게〕 〔여〕 -/-n 공기 [온도] 조절장치

Klimate 〔크리마-테〕 〔복〕 Klima의 복수형

Klinge 〔크링케〕 〔여〕 -/-n (칼·검의) 날

Klingel 〔크린겔〕 〔여〕 -/-n 초인종, 벨

klingeln 〔크린게른〕 〔자〕 벨을 울리다; 벨이 울리다

klingen* 〔크린겐〕 〔자〕 (소리가) 울리다, 소리나다; (…와 같이) 들리다

Klinik 〔크리-니크〕 〔여〕 -/-en (대학부속) 병원; 크리니크

Klinke 〔크린케〕 〔여〕 -/-n (문의) 손잡이

Klo 〔크로-〕 〔중〕 -s/-s (Klosett 〔크로젯트〕의 단축형) 화장실, 변소

klopfen 〔크롯프헨〕 〔타〕 두둘기다, 두드리다, ★ an

	die Tür 문을 노크하다
	〔자〕 (가볍게) 두드리다, 두드리는 소리가 나다
Klosett〔크로젣트〕	〔중〕 -〔e〕s/-e 〈-s〉화장실
Kloster〔조로-스타-〕	〔중〕 -s/Klöster〔크뢰-스타-〕 수도원
Klöster〔크뢰-스타-〕	〔복〕 Kloster의 복수형
Kluft〔크루프트〕	〔여〕 -/Klüfte〔크뤼프테〕
Klüfte〔크뤼프테〕	〔복〕 Kluft의 복수형
klug*〔크루-크〕	〔형〕 영리한, 현명한
klüger〔크뤼-가-〕	〔형〕 klug의 비교급
Klugheit〔크루-크하이트〕	〔여〕 -/ 현명함
klügst〔크뤼-크스트〕	〔형〕 Klug의 최상급
Knabe〔크나-베〕	〔남〕 -n/-n 소년, 사내아이

```
            Knabe의 격변화
              〔단〕           〔복〕
      1격 der Knabe     die Knaben
      2격 des Knaben    der Knaben
      3격 dem Knaben    den Knaben
      4격 den Knaben    die Knaben
```

Knall〔크나르〕	〔남〕 -s/-e 찰삭〈탕〉하는 소리
Knall und Fall	〔숙〕 갑자기; 즉각
knallen〔크나렌〕	〔자〕 쾅(탕·탁)하는 소리를 내다; 폭발하다
knapp〔크낲프〕	〔형〕 약간의; 모자라는
Knecht〔크네히트〕	〔남〕 -〔e〕s/-e 하인, 종
kneifen*〔크나이펜〕	〔타〕 집다, 꼬집다
Kneipe〔크나이페〕	〔여〕 -/-n 주점, 선술집
Knie〔크니-〕	〔중〕 -s/Knie〔크니-에〕 무릎 auf die ~ fallen 무릎을 꿇다
knien〔크니-〔에〕은〕	〔자〕 무릎을 꿇다
kniff〔크닟페〕	〔과〕 kneifen의 과거 기본형
kniffe〔크닟페〕	〔접Ⅱ〕 kneifen의 접속법 제Ⅱ

	기본형
knipsen 〔크니프젠〕	〔자〕 탁〔철컥〕 소리내다 〔타〕 j⁴ ～ …의 〔스냅〕사진을 찍다
knirschen 〔크닐쉰〕	〔자〕 삐걱삐걱 소리를 내다, 삐걱거리다 ★ mit den Zähnen ～ 이를 갈다
knistern 〔크니스테른〕	〔자〕 (불·종이 따위가) 탁탁소리 내다; 바스락 거리다
Knochen 〔크놋헨〕	〔남〕 -s/- 뼈
Knopf 〔크노프흐〕	〔남〕 -〔e〕s/Knöpfe 〔그뇌-프페〕 (의복 따위의) 단추; (기계·초인종의) 누름 단추 ★ auf den ～ drücken 누름 단추를 누르다
Knöpfe 〔크뇌프헤〕	〔복〕 Knopf의 복수형
Knospe 〔크노스페〕	〔여〕 -/-n 싹; 꽃봉오리
Knoten 〔크노-텐〕	〔남〕 -s/- 매듭, 마디; 결절
Knüpfen 〔크뉫프헨〕	〔타〕 맺다, 매어서 잇다
knurren 〔크누렌〕	〔자〕 으르렁 거리다
Koch 〔콧호〕	〔남〕 -〔e〕s/Köche 〔쾻-헤〕 요리사
Köche 〔쾻헤〕	〔복〕 Koch의 복수형
kochen 〔콧헨〕	〔타〕 끓이다, 삶다; 요리하다 〔자〕 끓는다, 끓어오르다
Köchin 〔쾻힌〕	〔여〕 -/Köchinne 〔괴히넨〕 (여성의) 요리사
Koffer 〔콧파-〕	〔남〕 -s/- 트렁크, 여행용 가방
Kohl 〔콜-〕	〔남〕 -〔e〕s/-e 양배추, 캐비지
Kohle 〔코-레〕	〔여〕 -/-n 석탄
Kollege 〔코레-게〕	〔남〕 -n/-n 동료, 일 친구

```
          Kollege의 격변화
           〔단〕              〔복〕
  1격  der   Kollege    die   Kollegen
  2격  des   Kollegen   der   Kollegen
  3격  dem   Kollegen   den   Kollegen
  4격  den   Kollegen   die   Kollegen
```

Kollegin 〔코레-긴〕 〔여〕 -/Kolleginnen 〔코레-기넨〕 (여성의) 동료

Kolonie 〔코로니-에〕 〔여〕 -/Kolonien 〔코로니-엔〕 식민지; 집단거주지

Kombination 〔콤비나씨온-〕 〔여〕 -/-en 결합, 연결

kombinieren 〔콤비니-렌-〕 〔타〕 결합하다, 연결하다

komisch 〔코-밋슈〕 〔형〕 익살스러운, 희극적인; 기묘한

Komma 〔콤마〕 〔중〕 -s/-s 코머, 쉼표(기호: ,)

kommen 〔콤맨〕 〔자〕 오다, 도달하다; 가다; 생기다, 나타나다; auf et^4 ~ 의 일을 생각해내다; um et^4 ~ …을 잃다; von et^3 ~ …에 유래하다, …이 원인이 되어 있다; zu et^3 ~ …을 손에 넣다 ★ gelaufen⟨geflogen⟩ ~ 달려⟨날아서⟩ 오다; nach House ~ 귀가하다; wieder zu sich^3 ~ 제 정신을 차리다

Kommission 〔코밋시온〕 〔여〕 -/-en 위원회

Kommode 〔코모-데〕 〔여〕 -/-n 농

Kommunikation 〔코무니카씨온-〕 〔여〕 -/-en 커뮤니케이션

Kommunismus 〔코무니무스〕 〔남〕 -/ 공산주의

kommunistisch 〔코무니스팃슈〕 〔형〕 공산주의의

Komödie 〔코메-디에〕 〔여〕 -/-n 희극

komplett 〔콤프렛트〕 〔형〕 완전한, 모두 갖추어진

Kompliment 〔콤프리멘트〕 〔중〕 -s/-e 칭찬, 헛치레말; 인사

kompliziert 〔콤프리씰-트〕 〔형〕 복잡한

komponieren 〔콤포니-렌〕 〔타〕 조립⟨합성⟩하다; 작곡하다

Komponist 〔콤포니스트〕 〔남〕 -en/en 작곡가

Komponist의 격변화

	〔단〕	〔복〕
1격	der Komponist	die Komponisten

2격	des Komponisten	der Komponisten
	dem Komponisten	den Komponisten
4격	den Komponisten	die Komponisten

Konditorei 〔콘디토라이〕 〔여〕 -/-en 다방, 과자점
Konferenz 〔콘페렌쯔〕 〔여〕 -/-en 회의
Konflikt 〔콘프리크트〕 〔남〕 -e 다툼, 분쟁
Kongreß 〔콘그레스〕 〔남〕 Kongresses/Kongresse (특히 국제적인) 회의
König 〔쾨-니히〕 〔남〕 -(e)s/-e 국왕, 왕
Königin 〔쾨-니긴〕 〔여〕 -/Königinnen 〔쾨-니긴넨〕 여왕, 왕비
königlich 〔쾨-니크리히〕 〔형〕 왕의, 당당한
konkret 〔콘크레-트〕 〔형〕 구체〈구상〉적인
Konkurrenz 〔콘크렌쯔〕 〔여〕 -/-en 경쟁
können* 〔쾨ㄴ〕 〔조〕《화법의 조동사》《능력》…할 수 있다; (가능성)…일는지 모른다, 있을 수 있다; (허가)…해도 무방하다; (이해)…할 수 있다, 알다
konnte 〔콘테〕 〔과〕 können의 과거 기본형
könnte 〔쾨ㄴ테〕 〔접Ⅱ〕 können의 접속법 제Ⅱ식 기본형
konsequent 〔콘제쿠벤트〕 〔형〕 수미일관한, 철저한
konservativ 〔콘젤바티-프〕 〔형〕 보수적인
konstruieren 〔콘스트루이-렌〕 〔타〕 조립하다; 구성하다
Konstruktion 〔콘스트루크찌온-〕 〔여〕 -/-en 조립, 구조
konstruktiv 〔콘스트루크티-프〕 〔형〕 구조〔상〕의; 건설적인
Konsul 〔콘줄〕 〔남〕 -s/-n 영사
Konsulat 〔콘즈라-트〕 〔중〕 -(e)s/-e 영사관
Konsum 〔콘줌-〕 〔남〕 -s/-s《단수로》소비〔고〕;《빈번히》〔콘줌-〕기 소비조합
Kontakt 〔콘타크트〕 〔남〕 -(e)s/-e 접촉; 교제, 관계

Konten 〔콘텐〕	〔복〕 Konto의 복수형
Kontinent 〔콘티넨트〕	〔남〕 -(e)s/-e 대륙
Konto 〔콘토〕	〔중〕 -s/Konten 〔콘텐〕(은행따위의) 구좌
Kontrolle 〔콘트로레〕	〔여〕 -/-n 감독, 관리; 검사; 콘트롤
kontrollieren 〔콘트로리-렌〕	〔타〕 감독〈관리·검사〉하다, 콘트롤하다
Konvention 〔콘벤씨온-〕	〔여〕 -/-en 관습; 협약, 협정
konventionell 〔콘벤씨오넬〕	〔형〕 관습적인; 종래〈재래〉의
Konversation 〔콘벨자씨온-〕	〔여〕 -/-en 회화
konzentrieren 〔콘쩬트리-렌〕	〔타〕 et⁴ auf et⁴ ~ …을 집중시키다
	〔재〕 sich⁴ auf et⁴ ~ 정신을 …에 집중하다, …에 전념하다
Konzept 〔콘쩨프트〕	〔중〕 -(e)s/-e 초안, 구상 ★ j⁴ aus dem ~ bringen …을 곤혹케하다
Konzert 〔콘쩰트〕	〔중〕 -(e)s/-e 연주회, 콘서트; 협주곡 ★ ins ~ gehen 음악회에 가다
Kopf 〔코프흐〕	〔남〕 -(e)s/Köpfe 〔쾨프페〕 머리, 우두머리; 두부; 두뇌; 정상; 첨단 ★ auf dem ~ stehen 물구나무서있다; Pro ~ 1인당
Kopf und Kopf	〔숙〕 밀치락 달치락하여, 북적거리며
Köpfe 〔쾨프헤〕	〔복〕 Kopf의 복수형
Kopfschmerzen 〔콧프흐·슈멜쩬〕	〔복〕 두통
Kopie 〔코피-〕	〔여〕 -/Kopien 〔코피-엔〕 복사; 카피
kopieren 〔코피-렌〕	〔타〕 복사하다, 카피하다
Korb 〔콜프〕	〔남〕 -(e)s/Körbe 〔쾨르베〕 바구니, 광주리
Körbe 〔쾰베〕	〔복〕 Korb의 복수형
Korn 〔코른〕	〔중〕 -(e)s/Körner 〔쾨르나-〕 낟

	알, 곡류; 씨앗
Körner 〔쾰나-〕	〔복〕 Korn의 복수형
Körper 〔쾰파-〕	〔남〕 -s/- 몸, 육체; 물체
körperlich 〔쾰파-리히〕	〔형〕 몸의; 육체적인; 실체의
korrekt 〔코렉크트〕	〔형〕 옳은, 올바른; 정확한
Korridor 〔코리도-아〕	〔남〕 -s/-e 복도
korrigieren 〔코리기-렌〕	〔타〕 정정하다
Kost 〔코스트〕	〔여〕 -/ 음식물, 식료품; 식사
kostbar 〔코스트발-〕	〔형〕 귀중한; 비싼
kosten 〔코스텐〕	〔타〕〔자〕 …의 값이다, (시간·돈 따위가) 필요로 하다 ★ nichts ~ 무료이다
	〔타〕 시식하다
Kosten 〔코스텐〕	〔복〕 비용, 경비
kostenlos 〔코스텐·로-스〕	〔형〕 무료의
köstlich 〔쾨스트리히〕	〔형〕 맛좋은, 맛있는; 멋진
kostspielig 〔코스트·슈피-리히〕	〔형〕 비용이 드는, 비싼
Kostüm 〔코스튐-〕	〔중〕 -s/-e 복장, (부인의) 의상; 가장복
Krach 〔크랏하〕	〔남〕 -(e)s/-e 〈-s〉 (총포 따위의) 쾅쾅하는 소리; 소음, 떠들석함; 싸움
krachen 〔크랏헨〕	〔자〕 (h, s) 짝〔딱〕 하는 소리를 내다〈꺽어지다, 쓰러지다〉
Kraft 〔크라프트〕	〔여〕 -/Kräfte 〔크레프테〕 힘; 세력; 원기; 정력; 효력 ★ aus eigener Kraft 자력으로; in ~ sein 효력이 있다; mit aller〈voller〉 ~ 전력을 다해서 nach Kräften 힘껏
kräftig 〔크레프티히〕	〔형〕 힘있는; 원기있는; 늠름한
kräftigen 〔크레프티겐〕	〔타〕 j⁴ 〈et⁴〉 …에 힘을 붙여주다, …기운 내게하다
	〔재〕 sich⁴ ~ 힘이붙다, 원기가 생기다
Kraftwagen 〔크라프트바-겐〕	〔남〕 -s/- 자동차
Kragen 〔크라-겐〕	〔남〕 -s/- 옷깃, 칼라, 목덜미

Krähe 〔크레-에〕	〔여〕 -/-n 까마귀
Krampf 〔크람프흐〕	〔남〕 -[e]s/Krämpfe 〔크렘-프헤〕 경련
krampfhaft 〔크람프흐하프트〕	〔형〕 발작적인, 경련하는 듯한
krämpfe 〔크렘프헤〕	〔복〕 Krampf의 복수형
krank* 〔크랑크〕	〔형〕 병의, 앓고있는 ★ ~ werden 병들다
Kranke(r) 〔크랑케〈카-〉〕	〔남〕〔여〕《형용사적 변화》 환자, 병자
kränken 〔크렝켄〕	〔타〕 j⁴ ~ …의 감정을 상하게 하다, …의 마음을 상하게 하다
Krankenhaus 〔크랑켄·하우스〕	〔중〕 -es/Krankenhäuser 〔크랑켄·호이자-〕 병원
Krankenschwester 〔크랑켄·슈베스타-〕	〔여〕 -/-n 간호사
Krankenwagen 〔크랑켄·바-겐〕	〔남〕 -s/- 구급차
kränker 〔크렝카-〕	〔형〕 krank의 비교급
Krankheit 〔크랑크하이트〕	〔여〕 -/-en 병 ★ an einer ~ leiden 〈sterben〉 …의 병에 걸려있다〈병으로 죽다〉
kränkst 〔크렝크스트〕	〔형〕 krank의 최상급
kranz 〔크란쯔〕	〔남〕 -es/Kränze 〔크렌쩨〕 화환
Kränze 〔크렌쩨〕	〔복〕 Kranz의 복수형
kratzen 〔크랏쩬〕	〔타〕 할퀴다, 긁다
Kraut 〔크라우트〕	〔중〕 -s/Kräuter 〔크로이타-〕 풀, 약초; 양배추
Kräuter 〔크로이타-〕	〔복〕 Kraut의 복수형
Krawatte 〔크라밧테〕	〔여〕 -/-n 넥타이
Krebs 〔크레-프스〕	〔남〕 -es/-e 가재, 게, 새우; 암
Kredit 〔크레디-트〕	〔남〕 -[e]s/-e 신용〔대출〕크레딧
Kreditkarte 〔크레디-트·칼테〕	〔여〕 -/-n 크레딧카드
Kreide 〔크라이데〕	〔여〕 -/-e 백묵, 초크
Kreis 〔크라이스〕	〔남〕 -es/-e 원, 원형(활동·세계

	따위의) 범위; 써클, 동료
kreisen 〔크라이젠〕	〔자〕 (h, s) 돌다, 선회하다; 순환하다
	〔타〕 회전시키다
Kreislauf 〔크라이스·라우프〕	〔남〕 -s/Kreisläufe 〔크라이스·로이폐〕 원운동, 회전; 순환
Kreislaufstörung 〔크라이스·라우프·슈테룽그〕	〔여〕 -/-en 순환기 장해
Kreuz 〔크로쯔〕	〔중〕 -es/-e 십자〔가〕
kreuzen 〔크로이쩬〕	〔타〕 교차시키다, 가로지르다
	〔재〕 sich⁴ ~ 교차하다; 서로 스쳐가다
Kreuzung 〔크로이쭝그〕	〔여〕 -/-en 교차; 교차점
kriechen* 〔크리-헨〕	〔자〕 (s, h) 기다, 포복하다
Krieg 〔크리-크〕	〔남〕 -[e]s/-e 전쟁 ★ im ~ e fallen 전사하다; in den ~ ziehen 출정하다
kriegen 〔크리-겐〕	〔타〕 얻다, 받다, 손에넣다
kriminell 〔크리미넬〕	〔형〕 죄를 범한, 범죄적인
Krise 〔크리-제〕	〔여〕 -/-n 위기
Kristall 〔크리스탈〕	〔남〕 -[e]s/- 수정; 결정
Kritik 〔크리티-크〕	〔여〕 -/-en 비평, 비판
kritisch 〔크리-팃슈〕	〔형〕 비판의, 비판적인; 위기의 중대한
kroch 〔크롯호〕	〔과〕 kriechen의 과거 기본형
kröche 〔크렛헤〕	〔접Ⅱ〕 kriechen의 접속법 제Ⅱ식 기본형
Krone 〔크로-네〕	〔여〕 -/-n 관, 왕관
krönen 〔크뢰-넨〕	〔타〕 j⁴ ~ …에게 관을 쓰게하다, …을 왕위에 올린다
krumm⁽*⁾ 〔크룸〕	〔형〕 굽은, 구부러진
krümmen 〔크륌멘〕	〔타〕 구불다, 왜곡하다
krummer 〔크룸마-〕	
krümmer 〔크륌마-〕	〔형〕 krumm의 비교급
krummst 〔크룸스트〕	
krümmst 〔크륌스트〕	〔형〕 krumm의 최상급
Küche 〔퀴헤〕	〔여〕 -/-n 부엌; 요리〔법〕

Kuchen 〔쿠-헨〕		〔남〕 -s/- 과자, 케이크
Kuckuck 〔쿳-쿳크〕		〔남〕 -s/-e 뻐꾸기
Kugel 〔쿠-겔〕		〔여〕 -/-n 구(球), 구형; 탄환
Kugelschreiber 〔쿠-겔·슈라이베〕		〔남〕 -s/- 볼펜
Kuh 〔쿠-〕		〔여〕 -/Kühe 〔퀴-에〕 암소
Kühe 〔퀴-에〕		〔복〕 Kuh의 복수형
kühl 〔퀼-〕		〔형〕 시원한, 싸늘한; 냉정한; 냉담한
kühle 〔큐-레〕		〔여〕 -/ 서늘함; 냉정함; 냉담
kühlen 〔큐-렌〕		〔타〕 서늘하게 하다, 차갑게 하다
kühlschrank 〔퀼-·슈란크〕		〔남〕 -s/Kühlschränke 〔퀼-·슈렌케〕 냉장고
kühn 〔퀸-〕		〔형〕 대담한, 용감한
Küken 〔큐-켄〕		〔중〕 -s/- (닭의)병아리
Kultur 〔쿨투-아〕		〔여〕 -/-en 문화; 재배; 경작
kulturell 〔쿨투렐〕		〔형〕 문화의, 문화적인
Kummer 〔쿰마-〕		〔남〕 -s/ 걱정, 심통; 슬픔; 비탄
kümmerlich 〔큄마-리히〕		〔형〕 비참한, 가엾은
kümmern 〔큄메른〕		〔타〕 슬프게하다; 괴롭히다
		〔재〕 sich⁴ um et⁴ ~ …을 걱정하다, 신경을 쓰다
Kunde¹ 〔쿤데〕		〔남〕 -/-n 고객, 단골

Kunde¹의 격변화				
	〔단〕		〔복〕	
1격	der	Kunde	die	Kunden
2격	des	Kunden	der	Kunden
3격	dem	Kunden	den	Kunden
4격	den	Kunden	die	Kunden

Kunde² 〔쿤데〕	〔여〕 -/-n 알림, 통지; 학문
kund|geben* 〔쿤트·게-벤〕	〔타〕 알리다, 통지하다; 표명하다, 고지하다
Kundgebung 〔쿤트·게붕그〕	〔여〕 -/-en 표명, 성명, 고지; 데몬스트레이션

kündigen [퀸디겐]	〔타〕 해약[취소]의 통고를 하다
Kündigung [퀸디궁그]	〔여〕 -/-en 해약〈해고〉 통지
künftig [퀸프티히]	〔형〕 장래의, 미래의
Kunst [쿤스트]	〔여〕 -/Künste [퀸스테] 예술, 미술, 문예; 기술, 솜씨; 인공
Künste [퀸스테]	〔복〕 Kunst의 복수형
Künstler [퀸스트라-]	〔남〕 -s/- 예술가
künstlerisch [퀸스트레릿슈]	〔형〕 예술의, 예술적인
künstlich [퀸스트리히]	〔형〕 기교적인, 교묘한; 인공적인, 인조의
Kunststoff [쿤스트・슈톱프]	〔남〕 -(e)s/-e 합성품; 프라스틱
Kunstwerk [쿤스트・벨크]	〔중〕 -(e)s/-e 예술품
Kupfer [쿠프하-]	〔중〕 -s/ 동, 구리 〔남〕 -s/- 동화
kupfern [쿠프헤른]	〔형〕 동[제]의, 구리의
Kur [쿠-아]	〔여〕 -/-en 치료, 요양 ★ zur ~ ins Bad fahren 온천 요양을 가다
Kurort [쿠-아・올트]	〔남〕 -(e)s/-e 탕치장, 요양지
Kurs [쿠르스]	〔남〕 -es/-e 진로, 강습회; 시세
Kurve [쿠르베]	〔여〕 -/-n 곡선, 커브
kurz* [쿠쓰]	〔형〕 (공간적・시간적으로) 짧은 ★ in ~ en 근간에; seit ~ em 조금전부터; über ~ oder lang 조만간 vor ~ em 조금전에, 최근에; vor〈nach〉 ~ er 조금전〈후〉에
kurz darauf	〔숙〕 그 곧 뒤에, 직후에
kurz gesagt	〔숙〕 짧게 말해서
Kürze [퀼쩨]	〔여〕 -/ 짧음, 단시간 ★ in ~ 근간에, 곧
kürzen [퀼쩬]	〔타〕 짧게하다; 간단히하다, 요약하다
kürzer [퀼싸-]	〔형〕 kurz의 비교급
kürzest [퀼쎄스트]	〔형〕 kurz의 최상급

kürzlich 〔퀼쓰리히〕	〔부〕 최근, 전일에
Kusine 〔쿠지-네〕	〔여〕 -/-n 사촌누이, 종자매
Kuß 〔구스〕	〔남〕 Kusses/Küsse 〔퀫-세〕 키스 입맞춤
Küsse 〔퀫세〕	〔복〕 Kuß의 복수형
Küssen 〔퀫센〕	〔타〕 j^4 ~ …에게 키스하다
Küste 〔퀴스테〕	〔여〕 -/-n 해안, 해변
Kutscherste 〔쿳차-〕	〔남〕 -s/- 마부

L

Labor 〔라보-아〕 〔중〕 -s/-s|〈-e〉 실험실
Laboratorien 〔라보라토-리엔〕 〔복〕 Laboratorium의 복수형
Laboratorium 〔라보라토-리움〕 〔중〕 -s/Laboratorien〔라보라토-리엔〕 실험실
lächeln 〔렛헤른〕 〔자〕 미소짓다
lachen 〔랏헨〕 〔자〕 웃다 über j⁴ 〈et⁴〉 ~ …을 〔비〕웃다
lächerlich 〔렛히야-리히〕 〔형〕 웃지 않을 수 없는, 우수광스러운
Lachs 〔락스〕 〔남〕 -es/-e 연어
laden* 〔라-덴〕 〔타〕 (짐을)싣다, 쌓다; 충전하다; 장전하다; 들처메다; 초대하다; et⁴ auf et⁴ ~ …를 …에 싣다, …에게 …을 들처메게하다
Laden 〔라-덴〕 〔남〕 -s/Läden 〔레-덴〕 가게, 상점; 덧문, 셔터
Läden 〔레-덴〕 〔복〕 Laden의 복수형
lädst 〔레-쓰트〕 〔현〕 laden의 2인칭 단수현재형
lädt 〔레-트〕 〔현〕 laden의 3인칭 단수현재형
Ladung 〔라-둥그〕 〔여〕 적재; 화물
lag 〔라-크〕 〔과〕 liegen의 과거기본형
Lage 〔라-게〕 〔여〕 -/-n 위치, 장소; 상태; 사정; 입장; 자세 ★ in der ~ sein《zu를 갖는 부정사와 함께》 …할 수 있다
läge 〔레-게〕 〔접Ⅱ〕 liegen의 접속법 제Ⅱ식 기본형
Lager 〔라-가-〕 〔중〕 -s/- 숙영; 진영; 수용소; 창고, 저장고

lagern [라-게른]	〔자〕 야영하다
	〔타〕 (상품따위를) 저장하다; 야영시키다
	〔재〕 sich⁴ ~ 누워있다; 야영하다
lahm [람-]	〔형〕 마비된; 활기없는
lähmen [레-멘]	〔타〕 마비시키다
Laie [라-이에]	〔남〕 -n/-n (세) 속인, 문외한; 아마추어

Laie의 격변화

	〔단〕		〔복〕	
1격	der	Laie	die	Laien
2격	des	Laien	der	Laien
3격	dem	Laien	den	Laien
4격	den	Laien	die	Laien

Lamm [람]	〔중〕 -[e]s/Lämmer [렘마-] 새끼양
Lämmer [렘마-]	〔복〕 Lamm의 복수형
Lampe [람페]	〔여〕 -/-n 램프; 전구; 등불, 전등
Land [란트]	〔중〕 -[e]s/Länder [렌다-] 나라; 《단수로》 토지; 《단수로》 시골; 《단수로》 육지 ★ auf dem ~ e 시골에서; aufs ~ gehen 시골로 가다; im ~ e 국내에서; zu ~ e 육로로
landen [란덴]	〔자〕 (s) 착육〈착지〉하다; 상륙하다
Länder [렌다-]	〔복〕 Land의 복수형
Landkarte [란트·칼테]	〔여〕 -/-n 지도
ländlich [렌트리히]	〔형〕 지방의, 시골의
Landschaft [란트샤프트]	〔여〕 -/-en 풍경; 풍토; 지방
Landsleute [란쓰·로이테]	〔복〕 Landsmann의 복수형
Landsmann [란쓰·만]	〔남〕 -[e]s, Landsleute [란쓰·로이테] 동국 〈동향〉인

Landstraße〔란트 · 슈트라세〕 〔여〕 -/-n 국도, 가도

Landung〔란둥그〕 〔여〕 -/-en 착륙, 착지; 상륙

Landwirtschaft〔란트 · 빌트샤프트〕 〔여〕 -/-en 농업

lang*〔랑그〕 〔형〕 긴 ★ seit ~ em 아주 이전부터; über kurz oder ~ 늦건, 빠르건, 조만간에; vor ~ em 아주 이전부터

  lange Zeit 〔숙〕 오랫동안

lange〔랑게〕 〔부〕 오랫동안, 오래도록

  lange nicht 〔숙〕 도저히 …않다

Länge〔렝게〕 〔여〕 -/-n 길이; 경도

länger〔렝가-〕 〔형〕 lang의 비교급

Langeweile〔랑게 · 바이레〕 〔여〕 -/ 지루함, 권태

langsam〔랑그잠-〕 〔형〕 느린, 완만한, 이해가 느린

längst〔렝그스트〕 〔형〕 lang의 최상급
〔부〕 오래전부터, 벌써

  längst nicht 〔숙〕 도저히 …않다

langweilen〔랑그 · 바이렌〕 〔타〕 지루하게하다
〔재〕 sich⁴ ~ 지루하다

langweilig〔랑그 · 바이리히〕 〔형〕 지루한, 심심한

Lärm〔레름〕 〔남〕 -s/- 소음

lärmen〔레르맨〕 〔자〕 떠들다

las〔라-스〕 〔과〕 lesen의 과거기본형

läse〔레-제〕 〔접Ⅱ〕 lesen의 접속법 제Ⅱ식 기본형

laß〔라스〕 〔명〕 lassen의 명령형

lassen*〔랏센〕 〔조〕《사역의 조동사》 ~ 시키다, …시켜두다;《sich⁴+타동사의 부정사+lassen》…할 수 있다, 하게하다
〔타〕 그만두다, 중지하다, 방치하다

lässig〔렛시히〕 〔형〕 되는대로 버려두는, 칠칠치 못한

läßt〔레스트〕 〔현〕 lassen의 2 · 3인칭 단수현재

	형
Last 〔라스트〕	〔여〕 -/-en (무거운)짐; 무게; 부담, 번거로운일 ★ j³ zur ~ fallen …의 부담 〈무거운 짐〉이 되다
Laster 〔라스타-〕	〔중〕 -s/- 악덕; 악습
lästig 〔레스티히〕	〔형〕 무거운 짐 〈부담〉이 되는; 번거로운, 귀찮은
Lastwagen 〔라스트·바-겐〕	〔남〕 -s/- 짐차, 화물차
Latein 〔라타인〕	〔중〕 -s/- 라틴어
lateinisch 〔라타이닛슈〕	〔형〕 라틴어의
Laterne 〔라테르네〕	〔여〕 -/-n 가로등, 등불
lau 〔라우〕	〔형〕 미지근한, 미온적인
Laub 〔라우프〕	〔중〕 -〔e〕s/- (총칭적으로) 나무의 잎
Lauer 〔라우아-〕	〔여〕 -/ 매복 ★ auf der ~ liegen 매복하다
lauern 〔라우에른〕	〔자〕 auf j⁴ 〈et⁴〉 ~ …숨어기다리다, …의 상태를 살피다
Lauf 〔라우프〕	〔남〕 -〔e〕s/Läufe 〔로이페〕 달리기; (때의) 진행, 경과 ★ im ~ der Zeit 시간의 경과에 따라서
Laufbahn 〔라우프·반-〕	〔여〕 -/-en 인생행로, 생애, 경력
Läufe 〔로이페〕	〔복〕 Lauf의 복수형
laufen* 〔라우펜〕	〔자〕 (s) 달리다; 서둘러가다; 도보로가다; 걷다; (기계 따위가) 작동하고있다; 진행하다; 경과해가다
laufend 〔라우펜트〕	〔형〕 계속하고 있는, 계속적인; 현재 진행중의
läufst 〔로이프스트〕	〔현〕 laufen의 2인칭 단수현재형
läuft 〔로이프트〕	〔현〕 laufen의 3인칭 단수현재형
Laune 〔라우네〕	〔여〕 -/-n 기분 ★ guter 〈schlechter〉 ~ sein/in 〈bei〉 guter 〈schlechter〉 ~ sein 기분이 좋은〈나쁜〉
Laus 〔라우스〕	〔여〕 -/Läuse 〔로이제〕 이

Läuse 〔로이제〕 〔복〕 Laus의 복수형
lauschen 〔라우쉔〕 〔자〕 j³ ⟨et³⟩ ~ /auf j⁴ ⟨et⁴⟩ ~ …에 귀를 기울이다
laut¹ 〔라우트〕 〔형〕 음⟨소리⟩이 큰; 시끄러운; 확실한; 공연한
laut² 〔라우트〕 〔전〕 《2격, 또는 3격지배》 …에 의하면.
Laut 〔라우트〕 〔남〕 -[e]s/-e 음, 음성
lauten 〔라우텐〕 〔자〕 (…라고) 쓰여져 있다; …라고 말하고 있다
läuten 〔로이텐〕 〔자〕 (종·벨) 울린다
〔비〕 es läutet 종이 울린다
〔타〕 (종·벨을) 울리다
lauter 〔라우타-〕 〔형〕 순수한, 《무변화》오직 …뿐인
〔부〕 단지 …뿐
Lautsprecher 〔라우트·슈프렛히야-〕 〔남〕 -s/- 확성기
Lawine 〔라비-네〕 〔여〕 -/-n 눈사태
leben 〔레-벤〕 〔자〕 살아있다. 살다, 생존하다; 생활하다 ★ von der Hand in den Mund ~ 하루살이 생활을 하다; von et³ ~ …으로 생계를 세우고 있다
〔타〕 생활하다, 살다
Leben 〔레-벤〕 〔중〕 -s/- 삶, 생명; 생활; 인생 ★ am ~ bleiben⟨sein⟩ 살아 남어 있다; auf ~ und Tod 생사를 걸고 fürs ganze ~ 일생동안; voll [er] ~ 활기찬
lebendig 〔레벤디히〕 〔형〕 살아있는, 생기있는
Lebensanschauung 〔레-벤스·안샤우웅그〕 〔여〕 -/-en 인생관
Lebenslauf 〔레-벤스·라우프〕 〔남〕 -s/Lebensläufe 〔레-벤스·로이페〕 (개인의) 경력; 이력서

Lebensmittel 〔레-벤스·밋텔〕	〔복〕	식료품, 생활 필수품
Leber 〔레-바-〕	〔여〕	-/-n 간장; (식품으로서의) 간, 레버
Lebewesen 〔레-베·베-젠〕	〔중〕	-s/- 생물
lebhaft 〔레-프하프트〕	〔형〕	생기있는, 활발한
lecken 〔렉켄〕	〔타〕〔자〕	핥다
lecker 〔렉카-〕	〔형〕	맛있는; 매력적인
Leder 〔레-다-〕	〔중〕	-s/- 가죽, 피혁; 가죽제품
ledern 〔레-데른〕	〔형〕	가죽제의
ledig 〔레-디히〕	〔형〕	독신의, 미혼의; 자유로운 ★ et^2 ~ sein …을 면하고 있다
lediglich 〔레-디크리히〕	〔부〕	단순히, 다만
leer 〔레-아〕	〔형〕	빈, 비어있는; 공허한
leeren 〔레-렌〕	〔타〕	비게하다, 비우다
legal 〔레갈-〕	〔형〕	적법의, 합법적인
legen 〔레겐〕	〔타〕	놓다, 두다, 눕히다
	〔재〕	sich^4 ~ 눕다; 조용해지다
lehnen 〔레-넨〕	〔타〕	et^4 an〈gegen〉 et^4 ~ …을 …에 기대어 놓다
	〔재〕	sich^4 an〈auf〉 et^4 ~ …에 기대다; sich aus et^3 ~ …에서 몸을 내밀다
	〔자〕	an et^4 ~ …에 기대어있다
Lehrbuch 〔렐-부-후〕	〔중〕	-(e)s/Lehrbücher 〔레-르·뷔-히야-〕 교과서
Lehre 〔레-레〕	〔여〕	-/-n 가르침; 학설; 견습수업 ★ bei j^3 in die ~ gehen …의 밑에 견습하려 들어가다
lehren 〔레-렌〕	〔타〕	j^4 et^4 ~ …에게 …을 가르치다; 《다른 동사의 부정사와 함께》 …하는 것을 가르친다
Lehrer 〔레-라-〕	〔남〕	-s/- 교사, 선생
Lehrerin 〔레-레린〕	〔여〕	-/Lehrerinnen 〔레-레리넨〕 여교사, 여자선생

Lehrerinnen 〔레-레리넨〕	〔복〕 Lehrerin의 복수형
Lehrling 〔렐링그〕	〔남〕 -s/-e 도제, 견습공
Leib 〔라이프〕	〔남〕 -(e)s/-er 육체, 신체 ★ mit ~ und Seele 전심을 기울여서
Leibschmerzen 〔라이프·슈멜쩬〕	〔복〕 복통
Leiche 〔라이헤〕	〔여〕 -/-n 사체, 시체
leicht 〔라이히트〕	〔형〕 가벼운, 쉬운, 용이한
Leichtsinn 〔라이히트·진〕	〔남〕 -s/ 경솔, 무사려
leichtsinnig 〔라이히트·진니히〕	〔형〕 경솔한, 무사려한
leid 〔라이트〕	〔부〕 유감인, 가련하게도 ★ es tut mir ~ 유감으로 생각하다, 죄송하다
Leid 〔라이트〕	〔중〕 -(e)s/ 고뇌, 슬픔; 해
leiden* 〔라이덴〕	〔타〕 (고통·손해를) 받다, 입다; 참는다
	〔자〕 an et³ ~ (병 따위에) 고통을 받다; unter et³ ~ …일로 고민하다
Leiden 〔라이덴〕	〔중〕 -s/- 병, 병고;《복수로》고뇌, 고통; 슬픔
Leidenschaft 〔라이덴·샤프트〕	〔여〕 -/-en 격정, 열정
leidenschaftlich 〔라이덴·샤프트리히〕	〔형〕 열정적인
leider 〔라이다-〕	〔부〕 유감스럽게도, 섭섭하게도
leidlich 〔라이트리히〕	〔형〕 참을 수있는; 어지간한
leihen* 〔라이엔〕	〔타〕 j³ et⁴ ~ …에게 …을 빌려 주다; von j³ et⁴ ~ 로 부터 ~ 을 빌리다
Leine 〔라이네〕	〔여〕 -/-n 밧줄, 노끈
Leinen 〔라이넨〕	〔여〕 -/-n 아마포, 린넬
leise 〔라이제〕	〔형〕 음〈소리〉가 낮은, 낮은 소리의; 희미한
leisten 〔라이스텐〕	〔타〕 이룩하다; 행하다; j³ et⁴ ~

	…에게 …을 해주다, 제공하다 ★ sich³ et⁴ ~ können …을 할만한 여유가 있다
Leistung 〔라이스퉁그〕	〔여〕 -/-en 업적, 일; 성취; 능률; 능력; 성능
leiten 〔라이텐〕	〔타〕 지도하다; 안내하다; 관리하다; (수도·전기 따위를)통하다
Leiter¹ 〔라이타-〕	〔남〕 -s/- 장, 지도자; 도체
Leiter² 〔라이타-〕	〔여〕 -/-n 사닥다리
Leitung 〔라이퉁그〕	〔여〕 -/-en 지도, 지배; 도관, 도선
Lektion 〔레크시온-〕	〔여〕 -/-en (교과서의)과; 교훈
Lektüre 〔레크튀-레〕	〔여〕 -/ 독서; 읽을거리
lenken 〔렌켄〕	〔타〕 이끌다, 조종하다; et⁴ auf et⁴ ~ …을 …으로 돌리다
Lerche 〔레르헤〕	〔여〕 -/-n 종달새
lernen 〔레르넨〕	〔타〕〔자〕 배우다; 학습하다; 수업하다; 《타동사의 부정사와 함께》 …하는 것을 배우다
Lesebuch 〔레-제·부-후〕	〔중〕 -(e)s/Lesebücher 〔레-제·뷔-히야-〕 독본, 리다
lesen* 〔레-젠〕	〔타〕〔자〕 읽다; 독서하다; 강의하다; 주어 모으다 ★ in einem Buch ~ /ein Buch ~ 책을 읽다
Leser 〔레-자-〕	〔남〕 -s/- 독자
letzt 〔렛쓰트〕	〔형〕 최근의 ★ am ~ en/zum ~ en 최후에 bis zum ~ en 최후까지; im ~ en Jahr/ ~ es Jahr 작년; in ~ er Zeit 최근; zum ~ en Mal 최후에
letzte Nacht	〔숙〕 어제밤
letzte Woche	〔숙〕 지난주
letztes Jahr	〔숙〕 작년, 지난해
leuchten 〔로이히텐〕	〔자〕 빛나다, 반짝이다
leugnen 〔로이그넨〕	〔타〕 부인하다, 부정하다

liefe

Leute [로이테]	〔복〕 사람들
Lexika [렉시카]	〔복〕 Lexikon의 복수형
Lexikon [렉시콘]	〔중〕 -s/Lexika [렉시카] 사전; [백과]사전
liberal [리베랄-]	〔형〕 자유[주의적]로운
Liberalismus [비베라리무스]	〔남〕 -/ 자유주의, 자유사상
licht [리히트]	〔형〕 밝은; 희미한; 연한
Licht [리히트]	〔중〕 -[e]s/-er 빛; 등불
lieb [리-프]	〔형〕 사랑하는, 좋아하는, 귀여운, 마음에드는 ★ j⁴ 〈et⁴〉 ~ haben …이 마음에 들다, …을 사랑하고 있다
Liebe [리-베]	〔여〕 -/ 사랑; 애정; 연애; 성애
lieben [리-벤]	〔타〕 사랑하다, 좋아하다 〔재〕 sich⁴ ~ 내몸을 사랑하다; 《주어가 복수일때》서로 사랑하고 있다
liebenswürdig [리-벤스·뷜디히]	〔형〕 사랑해야할; 친절한
lieber [리-바-]	〔형〕 lieb의 비교급 〔부〕 《gern의 비교급》보다 좋아하는, 오히려
Liebesbrief [리-베스·부리프]	〔남〕 -[e]s/-e 연애편지
liebevoll [리-베·폴]	〔형〕 애정이 넘치는, 애정이 깊은
Liebhaber [리-프·하-바-]	〔남〕 -s/- 연인; 구혼자; 호사가, 애호가
lieblich [리-프리히]	〔형〕 사랑스러운, 마음에 드는
Liebling [리-프링그]	〔남〕 -s/-e 마음에 드는[사람·동물] 총아
liebst [리-프스트]	〔형〕 lieb의 최상급 〔부〕 《gern의 최상급》 (am ~ en의 형태로) 아주 기꺼이
Lied [리-트]	〔중〕 -[e]s/-er 노래, 가곡
Lieder [리-다-]	〔복〕 Lied의 복수형
lief [리-프]	〔과〕 laufen의 과거기본형
liefe [리-페]	〔접Ⅱ〕 laufen의 접속법 제Ⅱ식

		기본형
liefern [리-페른]	〔타〕	j³ et⁴ ~ …에게 …을 인도하다, 공급하다; 제공하다
liegen* [리-겐]	〔자〕	놓여있다, 누워있다; 존재하다, 있다; (…의 상태)이다; 쉬고 있다; (눈 따위가) 쌓여있다; j³ ~ …에 적합하다; an j³ ~ …의 책임이다; j³ an et⁴ ~ …에 있어서 …이 문제이다
liegen|lassen* [리-겐·랏센]	〔타〕	두고오다, 놓아두다
lieh [리-]	〔과〕	leihen의 과거기본형
liehe [리-에]	〔접Ⅱ〕	leihen의 접속법 제Ⅱ식 기본형
lies [리-스]	〔명〕	lesen의 명령형
liesest [리-제스트]	〔현〕	lesen의 2인칭 단수현재형
ließ [리-스]	〔과〕	lassen의 과거기본형
ließe [리-세]	〔접Ⅱ〕	lassen의 접속법 제Ⅱ식 기본형
liest [리-스트]	〔현〕	lesen의 2·3인칭 단수현재형
lila [리-라]	〔형〕	《무변화》 담자색의, 등꽃색의
Lilie [리-리에]	〔여〕	-/-n 백합
Linde [린데]	〔여〕	-/-n 보리수
Lineal [리네알-]	〔중〕	-s/-e 자
Linie [리-니에]	〔여〕	-/-n 선, 노선 ★ auf der ganzen ~ 전면적으로, 완전히; in erster ~ 제일먼저; in letzter 최후에
link [린크]	〔형〕	왼쪽의, 좌측의
links [린크스]	〔부〕	왼쪽에 ★ nach ~ 왼쪽으로
Lippe [릿페]	〔여〕	-/-n 입술
lisch [릿슈]	〔명〕	löschen의 명령형
lisch[e]st [릿슈〈세〉스트]	〔현〕	löschen의 2인칭 단수현재형
lischt [릿슈트]	〔현〕	löschen의 3인칭 단수현재형

lispeln [리스페른]	〔자〕 속삭이다; 중얼거리다
List [리스트]	〔여〕 -/-en 책략, 술수
Liste [리스테]	〔여〕 -/-n 표; 리스트; 목록; 명보
listig [리스티히]	〔형〕 교활한, 노회한, 악랄한
Liter [리-타-]	〔남〕 〈〔중〕〉-s/- 리터
literarisch [리테라-릿슈]	〔형〕 문학〔상〕의, 문학적인
Literatur [리테라투-아]	〔여〕 -/-en 문학, 문예; 문헌
litt [릿트]	〔과〕 leiden의 과거기본형
litte [릿테]	〔접Ⅱ〕 leiden의 접속법 제Ⅱ식 기본형
Lob [로-프]	〔중〕 -〔e〕s/ 칭찬, 찬양의 말
loben [로-벤]	〔타〕 칭찬하다, 찬양하다
Loch [롯호]	〔중〕 -〔e〕s/Löcher [룃히야-] 구멍
Löcher [룃히야-]	〔복〕 Loch의 복수형
Locke [록케]	〔여〕 -/-n 머리털
locken [록켄]	〔타〕 유혹하다, 꾀어내다
locker [록카-]	〔형〕 느슨한, 늘어진; 풀어진; 방종한, 경솔한
Löffel [룃펠]	〔남〕 -s/- 손가락, 스푼
log [로-크]	〔과〕 lügen의 과거기본형
löge [뢰-게]	〔접Ⅱ〕 lügen의 접속법 제Ⅱ식 기본형
Logik [로-기크]	〔여〕 -/ 논리학
logisch [로-깃슈]	〔형〕 논리적인
Lohn [론-]	〔남〕 -〔e〕s/Löhne [뢰-네] 급료, 봉급, 보수
Löhne [뢰-네]	〔복〕 Lohn의 복수형
lohnen [로-넨]	〔타〕 j^3 et^4 ~ …에게 …의 일에 대해 보답하다, 보수를 주다 〔재〕 sich^4 ~ 보답받다, …할 보람이 있다
lokal [로칼-]	〔형〕 장소의; 지방〔특유〕의
Lokal [로칼-]	〔중〕 -〔e〕s/-e 음식점; 술집, 맥주홀

Lokomotive 〔로코모티-베〕 〔여〕 -/-n 기관차
Lorbeer 〔**롤**베-아〕 〔남〕 -s/-en 월계수; 월계관, 영광
los 〔로-스〕 〔형〕 떨어진; 시작된, 일어난 ★ j⁴ ⟨et⁴⟩ ~ sein …을 면해 있다
〔부〕 Was ist ~ ? 무슨일이 일어났느냐? los ! 시작하라 ! 가자 !
Los 〔로-스〕 〔중〕 -es/-e 운〔명〕; 제비; 복권
losch 〔롯슈〕 〔과〕 löschen의 과거기본형
lösche 〔뢧세〕 〔접Ⅱ〕 löschen의 접속법 제Ⅱ식 기본형
löschen* 〔뢧셴〕 〔타〕 (불따위를) 끄다; (목마름 따위를) 풀다; 삭제하다
lose 〔로-제〕 〔형〕 늘어진, 풀어진, 방종한
lösen 〔뢰-젠〕 〔타〕 (매듭·끈 따위를) 풀다; 녹이다; (차표 따위를) 사다
〔재〕 sich⁴ ~ 풀리다, 늘어지다; 녹다
los|lassen* 〔로-스·랏센〕 〔타〕 풀어놓다, 해방하다
Lösung 〔뢰-중그〕 〔여〕 -/-n 해결, 해답; 용액; 이완
Löwe 〔뢰-베〕 〔남〕 -n/-n 사자

Löwe의 격변화			
	〔단〕		〔복〕
1격	der Löwe	die	Löwen
2격	des Löwen	der	Löwen
3격	dem Löwen	den	Löwen
4격	den Löwen	die	Löwen

Lücke 〔뤽케〕 〔여〕 -/-n 틈, 간격; 결락부분
lud 〔루-트〕 〔과〕 laden의 과거기본형
lüde 〔뤼-데〕 〔접Ⅱ〕 laden의 접속법 제Ⅱ식 기본형
Luft 〔루프트〕 〔여〕 -/Lüfte 〔뤼프테〕 공기, 대

기; 기체; 하늘, 공중; 문밖 ★ in der ~ 공중에; in freier ~ 야외에서

Lüfte [뤼프테] 〔복〕 Luft의 복수형
lüften [뤼프텐] 〔타〕 et⁴ ~ …에 바람을 통하다, …을 바람을 쏘이다
Luftpost [루프트·포스트] 〔여〕 -/ 항공우편 ★ mit ~ / per ~ 항공편으로
Lüge [뤼-게] 〔여〕 -/-n 거짓말
lügen* [뤼-겐] 〔타〕 거짓말하다
Lügner [뤼-구나-] 〔남〕 -s/- 거짓말쟁이, 사기꾼
Lump [룸프] 〔남〕 -en/-en 불량배, 건달; 룸펜, 누더기를 입은 사람

```
           Lump의 격변화
              〔단〕         〔복〕
   1격  der  Lump      die  Lumpen
   2격  des  Lumpen    der  Lumpen
   3격  dem  Lumpen    den  Lumpen
   4격  den  Lumpen    die  Lumpen
```

Lumpen [룸펜] 〔남〕 -s/- 누더기, 넝마; 걸레
Lunge [룽게] 〔여〕 -/-n 폐
Lungenentzündung [룽겐·엔트쉰둥그] 〔여〕 -/ 폐렴
Lust [루스트] 〔여〕 -/Lüste [뤼스테] 《단수로》 기쁨, 즐거움; (…하고 싶은) 기분; 《복수로》 육욕, 정욕 ★ ~ an et⁴ haben …을 좋아하다, …을 즐기다; ~ haben《zu을 갖인 부정사와 함께》(…하려고 하는) 기분[마음]이 있다
Lüste [뤼스테] 〔복〕 Lust의 복수형
lustig [루스티히] 〔형〕 즐거운, 유쾌한, 재미있는 ★ sich⁴ über et⁴ ~ machen …을 웃음거리로 삼다

lutschen 〔룻첸〕 〔타〕 빨다, 핥다
Luxus 〔루쿠스스〕 〔남〕 -/ 사치, 호화
Lyrik 〔뤼-리크〕 〔여〕 -/ 서정시
Lyriker 〔뤼-리카-〕 〔남〕 -s/- 서정시인
lyrisch 〔뤼-리슈〕 〔형〕 서정시의, 서정적인

M

machen [마헨]
〔타〕 하다, 행하다; 만들다; 정리하다; 야기시키다; 《다른 동사의 부정사와 함께》 …시키다
〔재〕 sich⁴ an et⁴ ~ …에 착수하다

Macht [마하트]
〔여〕 -/Mächte [메히테] 힘; 권력; 《복수로》병력; 강국, 대국 ★ an die ~ kommen 권좌에 오르다; aus eigener 자력으로; mit aller ~ 전력으로

Mächte [메히테]
〔복〕 Macht의 복수형

mächtig [메히티히]
〔형〕 힘이있는, 강력한; 큰, 거대한; 엄청난 ★ et² mächtig sein …을 지배하다, 뜻대로 하다

Mädchen [메-트헨]
〔중〕 -s/- 소녀, 여자아이; 하녀

mag [마-크]
〔현〕 mögen의 1·3인칭 단수현재형

Magd [마-크트]
〔여〕 -/Mägde [메-크데] 하녀

Mägde [메-크테]
〔복〕 Magd의 복수형

Magen [마-겐]
〔남〕 -s/- Mägen [메-겐] 위

Magenbeschwerden [마-겐·베슈벨-덴]
〔복〕 위병

mager [마-가-]
〔형〕 여윈; 기름기가 적은; 빈약한

Magnet [마그네-트]
〔남〕 -[e]s/-e⟨-en/en⟩ 자석

magst [마-그스트]
〔현〕 mögen의 2인칭 단수현재형

mahlen* [마-렌]
〔타〕〔자〕 (곡물·콩 따위를) 갈다, 빻다, 가루로 만들다

mahlte [마-르테]
〔과〕 mahlen의 과거기본형

Mahlzeit 〔말-싸이트〕	〔여〕	-/-en (정각의) 식사
mahnen 〔마-넨〕	〔타〕	경고하다 j⁴ an et⁴ ~ …에게 …을 상기시키다
Mahnung 〔마-눙그〕	〔여〕	-/-en 주의, 경고
Mai 〔마이〕	〔남〕	-[s]/-e 5월
Mais 〔마이스〕	〔남〕	-es/-e 옥수수
Majestät 〔마예스테-트〕	〔여〕	-/ 존엄; 황제〈국왕〉폐하
Makel 〔마-켈〕	〔남〕	-s/- 오점; 결점
makellos 〔마-켈·로-스〕	〔형〕	결점이 없는; 더할 나위 없는
Makler 〔마-크라-〕	〔남〕	-s/- 중매인, 부로커
mal 〔말-〕	〔부〕	(einmal의 약어) 한번, 언젠가; (명령문에서) 자, 어서 ★ nicht ~ …마저 않다
	〔부〕	…배, …곱하다
Mal 〔말-〕	〔중〕	-[e]s/-e 회〔수〕, 번 ★ für dieses ~ 이번〔만〕은; mit einem ~ [e] 돌연히; zum ersten 〈letzten〉 ~ [e] 처음으로〈최후에〉
malen 〔마-렌〕	〔타〕	(그림 따위를) 그린다; (물감·도료 따위를) 칠하다
Maler 〔마-라-〕	〔남〕	-s/- 화가; 페인트공
Malerei 〔마-레라이〕	〔여〕	-/-en 그림, 회화
man 〔만〕	〔대〕	《부정대명사》 사람은, (세상의) 사람들은

---

man의 격변화

1격 man
2격 〔eines〕
3격 einem
4격 einen

---

manch 〔만히〕	〔대〕	《부정대명사》《정관사형 변화》《부가어로서》약간 많은…, 적지 않은…, 《명사적으로》약간 많은 사람〈것〉, 적지 않은 사람〈것〉

männlich

	〔남〕	〔여〕	〔중〕	〔복〕
1격	mancher	manche	manches	manche
2격	manches	mancher	manches	mancher
3격	manchem	mancher	manchem	manchen
4격	manchen	manche	manches	manche

manch의 격변화

manche〔만헤〕 〔대〕《부정대명사》manch의 〔여〕1·4격, 〔복〕1·4격

manchem〔만헴〕 〔대〕《부정대명사》manch의 〔남〕3격, 〔중〕3격 ★ in ~ 많은 점에서

manchen〔만헨〕 〔대〕《부정대명사》manch의 〔남〕4격, 〔복〕3격

mancher〔만히야-〕 〔대〕《부정대명사》manch의 〔남〕1격, 〔여〕2·3격, 〔복〕2격

mancherei〔만-히야-라이〕 〔형〕《무변화》여러종류의, 여러가지의

manches〔만헤스〕 〔대〕《부정대명사》manch의 〔남〕2격, 〔중〕1·2·4격

manchmal〔만-히말-〕 〔부〕 가끔, 때때로

Mangel〔망겔〕 〔남〕 -s/Mängel〔멩겔〕 부족, 결핍; 결함

Mängel〔멩겔〕 〔복〕 Mangel의 복수형

mangelhaft〔망겔하프트〕 〔형〕 부족한, 불충분한; 결함이 있는

mangeln〔망겔른〕 〔자〕 결여 되어있다, …이 없다
〔비〕 es mangelt j³ an et⁴ …에 있어서 …이 결여되어 있다 〈부족하다〉

Mann〔만-〕 〔남〕 -[e]s/ Männer〔멘나-〕 사나이, (성년의)남자, 남편

Mann für Mann 〔숙〕 한사람씩
Mann gegen Mann 〔숙〕 1대1로
Männchen〔멘헨〕 〔중〕 (동·식물의) 수컷
männer〔멘나-〕 〔복〕 Mann의 복수형
männlich〔멘리히〕 〔형〕 남성의; 사나이다운(동·식

물의) 수컷의

Mannschaft 〔만샤프트〕 〔여〕 -/-en 팀; 승조원
Mantel 〔만텔〕 〔남〕 -s/Mäntel 〔멘텔〕 외투, 코트
Mäntel 〔멘텔〕 〔복〕 Mantel의 복수형
Manuskript 〔마누·스크리프트〕 〔중〕 -〔e〕s/-e 원고, 초고
Mappe 〔맛페〕 〔여〕 -/-n 서류가방, 책가방
Märchen 〔멜-헨〕 〔중〕 -s/- 동화, 우화
Mark[1] 〔마-르크〕 〔여〕 -/- 마르크(독일의 화폐단위)
Mark[2] 〔마-르크〕 〔중〕 -〔e〕s/ 수(髓), 골수
Marke 〔마르케〕 〔여〕 -/-n 마크, 표식; 〔우표, 수입인지; 상표; 기호; (상품의) 품종
Markt 〔마르크트〕 〔남〕 -〔e〕s/Märkte 〔메르크테〕 시장, 마켓
Märkte 〔마르크테〕 〔복〕 Markt의 복수형
Marktplatz 〔마르크트·프랏쯔〕 〔남〕 -〔e〕/Marktplätze 〔마르크트·프렛쩨〕 (장이서는 도시의) 〔중앙〕광장
Marmelade 〔마르메라-데〕 〔여〕 -/-n 마마레드, 잼
Marmor 〔마르모아〕 〔남〕 -s/-e 대리석
Marsch 〔마르슈〕 〔남〕 -es/Märsche 〔메르세〕 행진; 행진곡
Märsche 〔멜세〕 〔복〕 Marsch의 복수형
marschieren 〔마르시-렌〕 〔자〕 (s) 행진하다
Marxismus 〔마르크시스무스〕 〔남〕 -/ 마르크스주의
März 〔멜쯔〕 〔남〕 -〔e〕s/-e 3월
Masche 〔맛세〕 〔여〕 -/-n 이름새, (그물·편물의) 코
Maschiene 〔마시-네〕 〔여〕 -/-n 기계; 비행기
Maske 〔마스케〕 〔여〕 -/-n 가면, 마스크
maß 〔마-스〕 〔과〕 messen의 과거기본형
Maß 〔마-스〕 〔중〕 -es/-e 치수; 척도; 절도; 정도 ★ in hohem ~e 대단히; mit ~ 〔en〕 적당히,

알맞게; nach ~ 치수에 맞추어서

Masse〔맛-세〕 〔여〕 -/-n 대중; 대량; 집단; 뭉치 ★ in ~ n 대량으로

mäße〔메-세〕 〔접Ⅱ〕 messen의 접속법 제Ⅱ식 기본형

maßgebend〔마-스・게벤트〕 〔형〕 표준적인; 기준이 되는; 권위있는

mäßig〔메-시그〕 〔형〕 적당한, 알맞는; 절제하는

Maßnahme〔마-스・나흐메〕 〔여〕 -/-n 조처〈치〉, 처지; 방책

Maßstab〔마-스・스타브〕 〔남〕 -〔e〕s/Maßstäbe〔마-스・슈테베〕 기준, 기범, 축척; 자

Mast〔마스트〕 〔남〕 -〔e〕s/-en〈-e〉 마스트, 돛대

Material〔마테리알-〕 〔중〕 -s/Materialien〔마테리아-리엔〕 원료, 재료; 기재; 자료

Materialien〔마테리아-리엔〕 〔복〕 Material의 복수형

Materialismus〔마테리아리스므스〕 〔남〕 -/ 유물론

Materie〔마테-리에〕 〔여〕 -/-n 물질; 소재

materiell〔마테리엘〕 〔형〕 물질적인

Mathematik〔마테마티-크〕 〔여〕 -/ 수학

Matratze〔마트랏쎄〕 〔여〕 -/-n (침대의) 맷트, 요

Matrose〔마트로-제〕 〔남〕 -n/-n 선원, 수부

Matrose의 격변화			
	〔단〕		〔복〕
1격	der Matrose	die	Matrosen
2격	des Matrosen	der	Matrosen
3격	dem Matrosen	den	Matrosen
4격	den Matrosen	die	Matrosen

matt〔맛트〕 〔형〕 지친, 힘이〈생기가〉없는; 광택이 없는, 흐릿한; 둔한

Mauer〔마-우아-〕 〔여〕 -/-n (돌・벽돌 따위의) 외

		벽, 성벽, 담
Maul〔마-울〕	〔중〕	-(e)s/Mäuler〔모이라-〕 (동물의) 입
Mäuler〔모이라-〕	〔복〕	Maul의 복수형
Maurer〔마-우라-〕	〔남〕	-s/- 돌〈벽돌〉장이, 벽공, 미장
Maus〔마우스〕	〔여〕	-/Mäuse〔모이제〕 쥐, 생쥐
Mäuse〔모이제〕	〔복〕	Maus의 복수형
Maxima〔마크시마〕	〔복〕	Maximum의 복수형
maximal〔마크시말-〕	〔형〕	최대한의
Maximum〔마크시무스〕	〔중〕	-/Maxuma〔막시마〕 최대한, 극대
Mechanik〔메히야-니크〕	〔여〕	-/-en 역학; 기계장치
Mechaniker〔메히야-니카-〕	〔남〕	-s/- 기계공
mechanisch〔메히야-니슈〕	〔형〕	기계의; 기계적인
Mechanismen〔메히야니스맨〕	〔복〕	Mechanismus의 복수형
Mechanismus〔메히야니스무스〕	〔남〕	-/Mechanismen〔메히야니즈맨〕 기계장치; 기구
Medikament〔메디카멘트〕	〔중〕	-(e)s/-e 약, 약품
Medizin〔메디씬-〕	〔여〕	-/-en 《단수로》의학; 약
Mediziner〔메디씨-나-〕	〔남〕	-s/- 의학자; 의학생
medizinisch〔메디씨닛슈〕	〔형〕	의학의; 의학적인
Meer〔메-아〕	〔중〕	-(e)s/-e 바다, 대양 ★ am ~ 해변에서; ans ~ fahren 바다로 가다
Mehl〔멜-〕	〔중〕	-(e)s/-e 곡분; 밀가루, 빵가루
mehr〔메-아〕	〔형〕	《viel의 비교급》보다 많은 ★ nicht ~ 이미 …이 아니다
mehrere〔메-레레〕	〔형〕〔수〕〔대〕	《부정대명사》《부가어적으로》몇몇의, 몇사람의 …; 《명사적으로》몇몇의 사람, 약간의 사람; (mehreres의 견해로) 약간의 것, 두서넛의 것

mehrfach 〔메-아·팟하〕	〔형〕	수배의; 수많은
Mehrheit 〔메-아·하이트〕	〔여〕	-/-en 다수, 과반수; 다수파 ★ die absolute ~ 절대다수
mehrmals 〔메-아·말스〕	〔부〕	여러번, 수회
meiden* 〔마이덴〕	〔타〕	피하다
Meile 〔마이레〕	〔여〕	-/-n 마일
mein 〔마인〕	〔대〕	《소유대명사》《부가어적으로》《단수는 부정관사형, 복수는 정관사형 변화》〔남〕1격, 〔중〕1·4격, 나의 …; 《명사적으로》《정관사형 변화》나의 것

mein의 격변화

	〔남〕	〔여〕	〔중〕	〔복〕
1격	mein	meine	mein	meine
2격	meines	meiner	meines	meiner
3격	meinem	meiner	meinem	meinen
4격	meinen	meine	mein	meine

meine 〔마이네〕	〔대〕	《소유대명사》mein의 〔여〕1·4격, 〔복〕1·4격
meinem 〔마이넴〕	〔대〕	《소유대명사》mein의 〔남〕3격, 〔중〕4격
meinen[1] 〔마이넨〕	〔자〕〔타〕	(마음에) 생각하다; 말하다, 입밖에 내다
meinen[2] 〔마이넨〕	〔대〕	《소유대명사》mein의 〔남〕4격, 〔복〕3격
meiner[1] 〔마이나-〕	〔대〕	《인칭대명사》《ich의 2격》《2격지배의 동사·전치사·형용사의 보족어로써만 쓰여진다》
meiner[2] 〔마이나-〕	〔대〕	《소유대명사》《부가어적으로》mein의 〔여〕2·3격, 〔복〕2격; 《명사적으로》〔남〕1격
meines 〔마이네스〕	〔대〕	《소유대명사》《부가어적으

	로》〔남〕2격, 〔중〕2격;《명사적으로》〔중〕1·4격
meinetwegen〔마이넷트·베-겐〕	〔부〕나 때문에; (나에 관해서는) 좋다, 상관없다
Meinung〔마이눙그〕	〔여〕-/-en 생각, 의견; 평가 ★ nach meiner ~ /meiner ~ nach 나의 생각에 따르면
meist〔마이스트〕	〔형〕《viel의 최상급》가장 많은, 대부분의, 대개의 〔부〕대개는
meistens〔마이스텐스〕	〔부〕대개는, 보통은
Meister〔마이스타-〕	〔남〕-s/- (직인의) 우두머리; 달인, 명인; 참피온
Meisterschaft〔마이스타-·샤프트〕	〔여〕-/-en 명인재주〈솜씨〉, 숙련, 선수권
Meisterwerk〔마이스타-·벨크〕	〔중〕-[e]s/-e 걸작, 명작
Melancholie〔메란코리-〕	〔여〕-/ 우울, 메란코리
Melancholiker〔메란코-리카〕	〔남〕-s/- 우울증의 사람
melancholisch〔메란코-릿슈〕	〔형〕우울한, 우울증의
melden〔멜덴〕	〔타〕알리다; 계출하다 〔재〕sich⁴ ~ 신고하다, 출두하다 ★ sich⁴ krank ~ 병을 알리다
Meldung〔멜둥그〕	〔여〕-/-en 통지; 보고; 계출
melken〔멜켄〕	〔타〕(…의)젖을 짜다
Melodie〔메로디-〕	〔여〕-/Melodien〔메로디-엔〕 선률, 멜로디
Menge〔멘게〕	〔여〕-/-n 다수; 대량; 많은 인원, 군중 ★ eien ~ Bücher 많은 책
Mensa〔멘자〕	〔여〕-/Mensen〔멘젠〕 (대학의) 학생식당
Mensen〔멘젠〕	〔복〕Mensa의 복수형
Mensch〔멘슈〕	〔남〕-en/-en 사람, 인간

Mensch의 격변화

	〔단〕		〔복〕
1격	der Mensch	die	Menschen
2격	des Menschen	der	Menschen
3격	dem Menschen	den	Menschen
4격	den Menschen	die	Menschen

Menschheit〔멘슈하이트〕 〔여〕 -/ (총칭적으로)인류
menschlich〔멘슈리히〕 〔형〕 인간의; 인간적인, 인간다운
Menü〔메뉴-〕 〔중〕 -s/-s 정식
merken〔멜켄〕 〔타〕 알아차리다, 알다; sich³ et⁴ ~ …의 일을 기억에 남겨두다

Merkmal〔멜크·말-〕 〔중〕 -s/-e 표식; 특징
merrwürdig〔멜크·뷜티히〕 〔형〕 기묘한; 주의 할 만한
Messe〔멧세〕 〔여〕 -/-n 미사, 미사곡; (상품의)견본시장, 큰시장
messen*〔멧쎈〕 〔타〕 재다, 측량〈측정〉하다
〔재〕 sich⁴ mit j³ ~ …와 능력을 겨누다
〔자〕 …의 크기가 있다
Messer〔멧사-〕 〔중〕 -s/- (작은)칼, 나이프
Messing〔멧싱그〕 〔중〕 -s/- 놋쇠, 황동
Messung〔멧숭그〕 〔여〕 -/-en 계측, 측량, 측정
Metall〔메탈〕 〔중〕 -s/-e 금속
metallen〔메타렌〕 〔형〕 금속〔제〕의
Meter〔메-타-〕 〔중〕〈〔남〕〉-s/- 미터
Methode〔메토-데〕 〔여〕 -/-n 방법, 방식
Metzger〔멧쓰가-〕 〔남〕 -s/- 푸줏간(주인)
Metzgerei〔멧쓰게라이〕 〔여〕 -/-en 고기집, 푸줏간
mich〔밋히〕 〔대〕《인칭대명사》《재귀대명사》《sich의 4격》
mied〔미-트〕 〔과〕 meiden의 과거기본형
miede〔미-데〕 〔접Ⅱ〕 meiden의 접속법 제Ⅱ식 기본형
Minen〔미-네〕 〔여〕 -/-n 인색; 얼굴; 표정

Miete 〔미-테〕	〔여〕 -/-n (집세·방세 따위의) 임대료
mieten 〔미-텐〕	〔타〕 임차하다, 세얻다
Mieter 〔미-타-〕	〔남〕 -s/- 임차인, 셋집에 든 사람
Mikrofon, Mikrophon 〔미크로폰-〕	〔중〕 -s/-e 마이크로폰, 확성기
Mikroskop 〔미크로스코-프〕	〔중〕 -s/-e 현미경
Milch 〔밀히〕	〔여〕 -/ 밀크, 우유, 젓
mild 〔밀트〕	〔형〕 온화한, 상냥한; 부드러운
Militär 〔미리테-아〕	〔중〕 -s/ 군부, 군대
militärisch 〔미리테-리슈〕	〔형〕 군부〈군대〉의; 군사〔상〕의
Militarismus 〔미리타리스무스〕	〔남〕 -/ 군국주의
Milliarde 〔미리알-데〕	〔여〕 -/-n 10억
Million 〔미리온-〕	〔여〕 -/-en 100만
Millionär 〔미리오네-아〕	〔남〕 -s/-e 백만장자
minder 〔민다-〕	〔형〕 《wenig, gering의 비교급》 보다 적은, 보다 열등한
Minderheit 〔민다-하이트〕	〔여〕 -/-en 소수; 소수파
mindest 〔민데스트〕	〔형〕 《wenig, gering의 최상급》 가장적은, 최저의
mindestens 〔민데스텐〕	〔부〕 적어도
Mine 〔미-네〕	〔여〕 -/-n 지뢰, 기뢰; (연필·볼펜 따위의) 심
Mineral 〔미네랄-〕	〔중〕 -[e]s/-e 〈Mineralien〉〔미네라-리엔〕 광물
Mineralwasser 〔미네랄-·밧사-〕	〔중〕 -s/- 미네랄 워터, 천연수
Minima 〔미-니마〕	〔복〕 Minimum의 복수형
minimal 〔미니말〕	〔형〕 최소한의
Minimum 〔미-니뭄〕	〔중〕 -s/Minimatr 〔미-니마〕최소한, 극소
Minister 〔미니스타-〕	〔남〕 -s/- 장관, 대신
Ministerien 〔미니스테-리엔〕	〔복〕 Ministerium의 복수형
Ministerium 〔미니스테-리움〕	〔중〕 -s/Ministerien 〔미니스테-리엔〕 성(省)

Minute 〔미누-테〕	〔여〕 -/-en (시간의 분) ★ eine ~ 1분간; 잠시동안
mir 〔미-아〕	〔대〕 《인칭대명사》《재귀대명사》 ich의 3격
mischen 〔밋셴〕	〔타〕 섞다 〔재〕 sich⁴ ~ 섞이다 sich⁴ in et⁴ ~ …에 관여하다
Mischung 〔밋슝그〕	〔여〕 -/-en 혼합
miß 〔미스〕	〔명〕 messen의 명령형
mißbrauch 〔미스·부라우호〕	〔남〕 -(e)s/Mißbräuche 〔미스·부로이헤〕 난용, 악용
mißbrauchen* 〔미스·부라우헨〕	〔타〕 난용〈악용〉하다
Mißerfolg 〔미스·에아폴크〕	〔남〕 -(e)s/-e 실패, 불성공
missest 〔밋세스트〕	〔현〕 messen의 2·3인칭 단수현재형
mißlang 〔미스·랑그〕	〔과〕 mißlingen의 과거기본형
mißlänge 〔미스·렝게〕	〔접Ⅱ〕 mißlingen의 접속법 제Ⅱ식 기본형
mißlingen* 〔미스·링겐〕	〔자〕 (s) j³ ~ …에 있어서 성공하지 않다, 실패하다
mißlungen 〔미스·룽겐〕	〔과분〕 (s) mißlingen의 과거분사
Mißmut 〔미스·무-트〕	〔남〕 -(e)s/ 불쾌, 기분 나쁨
mißt 〔미스트〕	〔현〕 messen의 2·3인칭 단수현재형
mißtrauen 〔미스·트라우엔〕	〔자〕 j³ 〈et³〉 ~ …을 신용하지 않는다
Mißtrauen 〔미스·트라우엔〕	〔중〕 -s/ 불신; 의심
mißtrauisch 〔미스·트라우잇슈〕	〔형〕 신뢰〈신용〉하지 않는, 불신의
Mißverständnis 〔미스·페아슈텐트니스〕	〔중〕 Mißverständnisses/Mißverständnisse 오해, 감정의; 엇갈림
mißverstehen* 〔미스·페아슈텐-엔〕	〔타〕 오해하다, 잘못생각하다
Mist 〔미스트〕	〔남〕 -(e)s/ 분뇨, 거름, 비료; 퇴비

mit [밋트] 〔전〕 3격지배 …과 함께; …을 가지고; …에 관해서
〔부〕 함께

mit Absicht 〔숙〕 고의로
mit allen Mitteln 〔숙〕 모든 수단을 다해서
mit aller⟨voller⟩ Kraft 〔숙〕 전력으로
mit aller Macht 〔숙〕 전력으로
mit Ausdauer 〔숙〕 인내심있게, 끈질기게
mit der Zeit 〔숙〕 때와 함께; 점차
mit Eifer 〔숙〕 열심히
mit Eile 〔숙〕 서둘러서, 급히
mit einem Blick 〔숙〕 한눈으로
mit einem Mal[e] 〔숙〕 갑자기, 돌연히
mit einem Schlag 〔숙〕 일격으로; 갑자기
mit einem Sprung 〔숙〕 한번 뛰여서
mit Erfolg 〔숙〕 순조롭게, 성공적으로
mit Ernst 〔숙〕 진지하게
mit Fleiß 〔숙〕 열심히
mit Freude 〔숙〕 기꺼이; 기쁘게
mit ganzen Seele 〔숙〕 정성들여
mit Gefühl 〔숙〕 감정을 곁들여서
mit ganauer Not 〔숙〕 가까스로
mit Glanz 〔숙〕 훌륭하게
mit Hilfe von et^3 〔숙〕 …의 도움을 빌여서
mit knapper Not 〔숙〕 가까스로
mit Laib und Seele 〔숙〕 심신이; 전심 전력으로
mit Maß[en] 〔숙〕 적당히, 알맞게
mit Mühe 〔숙〕 고생해서, 애써서
mit Mühe und Not 〔숙〕 가까스로
mit Muße 〔숙〕 여유있게, 천천히
mit Not 〔숙〕 고생해서
mit Rat und Tat 〔숙〕 명실공히
mit Recht 〔숙〕 정당히, 당연히
mit Schwung 〔숙〕 활기띠게, 기운이나서
mit Sicherheit 〔숙〕 확실히

mit Vergnügen	〔숙〕 기꺼이
mit vollen Segeln	〔숙〕 돛에 바람을 가득 안고; 전력을 다해서
mit Vorliebe	〔숙〕 특히 좋아하여
mit Vorsicht	〔숙〕 신중히
mit Widerwillen	〔숙〕 아주 싫어하면서
mit Wissen und Willen	〔숙〕 알고 있으면서, 고의로
mit Wunsch und Willen	〔숙〕 생각대로
mit Würde	〔숙〕 품위 위엄을 가지고
Mitarbeit〔밋트·알바이트〕	〔여〕 -/-en 공동작업, 협력
mit|arbeiten〔밋트·알바이텐〕	〔자〕 공동으로 작업하다 an et^4 ~ …에 협력하다
Mitarbeiter〔밋트·알바이타-〕	〔남〕 -s/- 협력자, 공동연구자; 동료
mit|bringen*〔밋트·부링겐〕	〔타〕 가지고〈데리고〉오다
miteinander〔밋트·아이난다-〕	〔부〕 서로, 함께, 〔다〕같이
mit|gehen*〔밋트·게-엔〕	〔자〕 (s) 함께가다
Mitglied〔밋트·그리-트〕	〔중〕 -〔e〕s/-er 구성원, 멤버
mit|kommen*〔밋트·콤맨〕	〔자〕 (s) 함께오다〈가다〉
Mitleid〔밋트·라이트〕	〔중〕 -〔e〕s/ 동정
mit|machen〔밋트·맛헨〕	〔타〕 et^4 ~ …에 참가하다, …을 함께하다
mit|nehmen*〔밋트·네-멘〕	〔타〕 가지고〈데리고〉가다; 가지고〈데리고〉떠나다
mit|spielen〔밋트·슈피-렌〕	〔타〕〔자〕 함께놀다; 함께 경기하다; 공연하다; 가담하다; 함께 작용하다
Mittag〔밋타-크〕	〔남〕 -s/-e 정오, 낮 ★ am ~ 낮〈정오〉에; gegen ~ 낮무렵 über ~ 주간에; zu ~ essen 점심식사를 하다
Mittagessen〔밋타-크·엣센〕	〔중〕 -s/- 점심식사

mittags〔밋타-크스〕	〔부〕정오에, 정오마다, 낮에(마다)
Mitte〔밋테〕	〔여〕-/-en 중앙, 한가운데; 반절 ★ der ~ 중앙〈한가운데〉에
mit|teilen〔밋트・타이렌〕	〔타〕j³ et⁴ ~ …을 …에게 전하다, 통지하다 〔재〕sich⁴ j³ ~ 자신의 마음속을 …털어 놓다
Mitteilung〔밋트・타이룽그〕	〔여〕-/-en 통지, 보고
Mittel〔밋텔〕	〔중〕수단, 방책; 약, 약제《복수로》자금 ★ im ~ 평균해서 mit allen ~ n 모든 수단을 다해서
Mittelalter〔밋텔・알타-〕	〔중〕-s/ 중세
mittelbar〔밋텔발-〕	〔형〕간접적인
Mittelpunkt〔밋텔・푼크트〕	〔남〕-[e]s/-e 중심〔점〕
mitten〔밋텐〕	〔부〕《다른 부사・부사구 앞에 쓰여 저서》한가운데로〈에서〉
Mitternacht〔밋타-・나하트〕	〔여〕-/Mitternächte〔밋타-・네히테〕 ★ um ~ 한밤중에
Mittwoch〔밋트・봇호〕	〔남〕-s/-e 수요일
Möbel〔뫼-벨〕	〔중〕-s/- (총칭적으로) 가구
möbliert〔뫼프리-트〕	〔형〕가구가 따른
mochte〔모호테〕	〔과〕mögen의 과거기본형
möchte〔뫼히테〕	〔접Ⅱ〕mögen의 접속법 제Ⅱ식 기본형 (정중한 소망・공손한 명령)…하고 싶다, 하고 싶은데요; …해 주었으면 한다; (소극적인 추측)…일는지도 모른다
Mode〔모-데〕	〔여〕-/-n 유행; 시류, 풍조 ★ aus der ~ kommen 유행에 뒤지다; et⁴ in ~ bringen …을 유행시키다; in ~ kommen 유행하게 되다; [in] ~ sein 유행되고 있다
Modell〔모델〕	〔중〕-s/-e 모형, 견본, 본보기; 모델

modern 〔모데른〕	〔형〕 현대〈근대〉의
mögen* 〔뫼-겐〕	〔조〕《화법의 조동사》(소망) …하고 싶다; (호악) …을 좋아하다, (nicht와 함께 …이 싫다; (가능·추측) …일지도 모른다; (허용) 〔…하고 싶다면〕…하는 편이 좋다; (의혹) …일까; (양보, wenn auch와 함께) 가령 …할지라도
möglich 〔뫼-크리히〕	〔형〕 있을 수 있는, 가능한
möglicherweise 〔뫼-크릿히야-·바이제〕	〔부〕 경우에 따라서는, 혹시나; 만약 할 수 있다면
Möglichkeit 〔뫼-크리히카이트〕	〔여〕 -/-en 가능성
mölichst 〔뫼-크리히스트〕	〔형〕《möglich의 최상급》될 수 있는 대로의 가능한 한의 〔부〕 필수있는한, 가능한 한
Moment¹ 〔모멘트〕	〔남〕 -〔e〕s/-e 시점; 순간, einen ~ 한순간; 잠시동안; im ~ 목하, 지금
Moment² 〔모멘트〕	〔중〕 -s/-e 요인, 동기
Monarch 〔모날히〕	〔남〕 -en/-en 군주

Monarch의 격변화

	〔단〕	〔복〕
1격	der Monarch	die Monarchen
2격	des Monarchen	der Monarchen
3격	dem Monarchen	den Monarchen
4격	den Monarchen	die Monarchen

Monat 〔모-나트〕	〔남〕 -〔e〕s/-e (달력의) 달 ★ dieses ~ s 이달〔에〕; nächsten ~ s 내월〔에〕
monatlich 〔모-나트리히〕	〔형〕 매월의 〔부〕 달달이, 매월
Mönch 〔묀히〕	〔남〕 -〔e〕s/-e 수도사, 중
Mond 〔몬-트〕	〔남〕 -〔e〕s/-e (천체의) 달

Mondschein 〔몬-트·샤인〕	〔남〕	-(e)s/ 월광, 달빛
Montag 〔몬-·타-크〕	〔남〕	-s/-e 월요일
Monument 〔모누멘트〕	〔중〕	-(e)s/-e 기념비
Moos 〔모-스〕	〔중〕	-es/-s 이끼
Moped 〔모-페트〕	〔중〕	-s/-s 모터바이크
Moral 〔모랄-〕	〔여〕	-/ 도덕, 모랄; 풍기
moralisch 〔모라-릿슈〕	〔형〕	도덕상의, 도덕적인
Mord 〔몰트〕	〔남〕	-(e)s/-e 살인
morden 〔몰덴〕	〔타〕	(고의로) 죽이다, 살해하다
	〔자〕	(고의로) 살인하다
Mörder 〔뫨다-〕	〔남〕	-s/- 살인자
morgen 〔몰겐〕	〔부〕	내일; 장래 ★ bis ～ 내일까지; von ～ 내일부터
morgen abend	〔숙〕	내일밤
morgen früh	〔숙〕	내일 아침
Morgen 〔몰겐〕	〔남〕	-s/- 아침 ★ am ～ 아침에 früh am ～ 아침 일찍이; eines ～ s 어느날 아침; guten ～ ! 안녕하세요 heute ～ 오늘 아침; jeden ～ 매일아침; von ～ bis zum Abend 아침부터 저녁까지
Morgenland 〔몰겐·란트〕	〔중〕	-(e)s/ 동양, 근동, 오리엔트
Morgenrot 〔몰겐·로-트〕	〔중〕	-(e)s/ 아침놀; 서광; 시작
morgens 〔몰겐스〕	〔부〕	아침에, 매일아침, 오전〈중〉에 ★ früh ～ 아침 일찍; von ～ bis abends 아침부터 밤까지
morsch 〔몰슈〕	〔형〕	(재목 따위가) 썩은
Motiv 〔모티-프〕	〔중〕	-(e)s/Motive 〔모티-베〕 동기, 유인, 동인; 모티브; 주제
Motor 〔모-토아, 모토-아〕	〔남〕	-s/Motoren 〔모토-렌〕 엔진, 모터
Motorboot 〔모-토아·보-트〕	〔중〕	-(e)s/-e 모터보트

Motorrad [모토아·라트, 모토-아·라트]	〔중〕 -[e]s/Motorräder [모토아·레다-] 오토바이
Möwe [뫼-베]	〔여〕 -/-n 갈매기
Mücke [뮉케]	〔여〕 -/-n 모기, 하루살이
müde [뮈-데]	〔형〕 피로한, 나른한, 잠이오는
Müdigkeit [뮈-딧히카이트]	〔여〕 -/ 피로, 권태
Mühe [뮈-에]	〔여〕 -/-n 수고, 고생 ★ mit ~ 고생해서; mit ~ und Not 가까스로; ohne ~ 힘들지 않고; sich³ ~ geben 노력하다; sich³ ~ machen 고생하다, 애쓰다; j³ ~ machen 노고를 끼치다
Mühle [뮈-레]	〔여〕 -/-n 물방아〈간〉, 제분기; 제분소
mühsam [뮈-잠-]	〔형〕 노고하는; 애쓰는; 힘드는; 귀찮은
Müll [뮐]	〔형〕 -s/ 쓰레기, 폐물
Mülleimer [뮐·아이마-]	〔남〕 -s/- 쓰레기통
Müller [뮈라-]	〔남〕 -s/- 물방아간〈주인〉; 제분소
Mund [문트]	〔남〕 -[e]s/-e 〈Münder [뮌다-], Münde [뮌데]〉 입 ★ von der hand in den ~ leben 그날 벌어서 살다
Münde [뮌데]	〔복〕 Mund의 복수형
Münder [뮌다-]	〔복〕 Mund의 복수형
mündlich [뮌트리히]	〔형〕 구두의 ★ eine ~ e Prüfung 구술시험
munter [문타-]	〔형〕 자지않고 있는; 원기있는, 활발한
Münze [뮌쎄]	〔여〕 -/-n 갱화, 화폐, 코인
murmeln [물메른]	〔자〕〔타〕 속삭이다, 중얼거리다
murren [무렌]	〔자〕 투덜대다, 불평을 말하다
Mürrisch [뮈리슈]	〔형〕 찌무룩한, 꾀까다로운, 성난
Muschel [뭇셀]	〔여〕 -/-n 조개, 조개껍질
Museen [무제-엔]	〔복〕 Museum의 복수형

Museum 〔무제-움〕	〔중〕	-s/Museen〔무제-엔〕 박물관, 미술관
Musik〔무지-크〕	〔여〕	-/ 음악
musikalisch〔무지-카-릿슈〕	〔형〕	음악의, 음악적인; 음악을 사랑하는; 음악의 재능이 있는
Musiker〔무-지카-〕	〔남〕	-s/- 음악가
musizieren〔무지씨-렌〕	〔자〕	음악을 연주한다
Muskel〔무스켈〕	〔남〕	-s/-n 근육
Muskelkater〔무스켈·카-타-〕	〔남〕	-s/ (육체적 피로에 의한)근육통
Muß〔무스〕	〔현〕	müssen의 1·3인칭 단수현재형
Muße〔무-세〕	〔여〕	-/-n 여가, 짬 ★ in ~ / mit 시간을 들여서, 천천히
müssen*〔뮛센〕	〔조〕	《화법의 조동사》(필연·강제)…해야만 한다, …하지 않으면 안된다; 반드시 …이 된다; (의무·필요)…할 필요가 있다; (추측)…임에 틀림이 없다
müßig〔뮈-시히〕	〔형〕	틈이 있는, 한가한
Müßiggang〔뮈-시히·강그〕	〔남〕	-(e)s/ 나태, 무위
mußt〔무스트〕	〔현〕	müssen의 2인칭 단수현재형
mußte〔무스테〕	〔과〕	müssen의 과거기본형
müßte〔뮈스테〕	〔접Ⅱ〕	müssen의 접속법 제Ⅱ식 기본형
Muster〔무스타-〕	〔중〕	-s/- (상품의)견본; 형자; 모범, 전형; 모양
musterhaft〔무스타-하프트〕	〔형〕	모범적인
Mut〔무-트〕	〔남〕	-(e)s/ 용기, 대담; 기분 ★ ~ haben 용기가 있다
mutig〔무-티히〕	〔형〕	용기있는, 대담한
Mutter〔뭇타-〕	〔여〕	-/Mütter〔뮛타-〕 어머니, 모친
Mütter〔뮛타-〕	〔복〕	Mutter의 복수형
Muttersprache〔뭇타-·슈프라-헤〕	〔여〕	-/-n 모국어

Mutti 〔무티〕	〔여〕 -/-s 엄마
Mütze 〔뮛쎄〕	〔여〕 (테없는) 모자, 캡
Mythen 〔뮤-텐〕	〔복〕 Mythos의 복수형
Mythos 〔뮤-토스〕	〔남〕 -/Mythen 〔뮤-텐〕 신화

N

Nabel 〔나-벨〕 〔남〕 -s/- 배꼽
nach 〔나-하〕 〔전〕《3격지배》 …의 쪽으로; …후에; …에 따라서; …에 의하면

   nach der Reihe 〔숙〕 차례로, 순번대로
   nach einer Weile 〔숙〕 잠시후에
   nach Jahren 〔숙〕 수년후에
   nach Kräften 〔숙〕 힘껏
   nach Maß 〔숙〕 치수에 맞추어서
   nach Tisch 〔숙〕 식후에
   nach und nach 〔숙〕 점점, 차츰
nach|ahmen 〔나-하·아-멘〕 〔타〕 모방하다, 흉내내다
Nachahmung 〔나-하·아-뭉그〕 〔여〕 -/-en 모방, 흉내
Nachbar 〔나하·발-〕 〔남〕 -n 〈s〉/-n 이웃사람

Nachbar의 격변화				
	〔단〕		〔복〕	
1격	der	Nachbar	die	Nachbarn
2격	des	Nachbarn	der	Nachbarn
3격	dem	Nachbarn	den	Nachbarn
4격	den	Nachbarn	die	Nachbarn

Nachbarin 〔나-하·바-린〕 〔여〕 -/Nachbarinnen 〔나하·바-리넨〕 (여성의) 이웃사람
Nachbarschaft 〔나-하·발-샤프트〕 〔여〕 -/en 근린〔관계〕;《집합적으로》이웃사람
nachdem 〔나-하·뎀-〕 〔접〕《접속사》…한후에 ★ je ~ …형편에 따라서, …에 의해서

nach|denken* 〔나-하·덴켄〕 〔자〕 über et⁴ ~ …에 대해서 숙고하다, 잘 생각해 보다

nacheinander 〔나-하·아이난다-〕 〔부〕 잇달아, 차례차례로

nach|folgen 〔나-하·폴겐〕 〔자〕 (s) j³ ~ …의 뒤를 따르다, 뒤에서 계속되다

nachfolgend 〔나-하·폴겐트〕 〔형〕 후속의, 다음의

Nachfrage 〔나-하·후라-게〕 〔여〕 -/-n 문의, 조회; 수요; Angebot und ~ 공급과 수요

nach|geben* 〔나-하·게-벤〕 〔자〕 j³ ~ …에게 양보하다, …가 하자는 대로 하다; j³ 〈et³〉 ~ …에게 뒤지다, 미치지 못하다

nachher 〔나-하·헤-아〕 〔부〕 나중에

nach|kommen* 〔나-하·콤멘〕 〔자〕 (s) j³ ~ …뒤에 오다; et³ ~ …(명령·의무 따위를) 지키다, 따르다

Nachlaß 〔나-하·라스〕 〔남〕 Nachlasses/Nachlasse 〈Nachlässe〔나-하·렛세〕〉 유산; 경감; 에누리

nach|lassen* 〔나-하·랏센〕 〔타〕 늦추다, 부드럽게 하다; 값을 감하다; 뒤에 남기다; 그만두다, 중단하다
〔자〕 느슨해지다, 누그러지다; 감퇴하다

nachlässig 〔나-하·렛시히〕 〔형〕 무주의한, 소홀한, 너절한

nach|machen 〔나-하·맛헨〕 〔타〕 흉내내다, 모방〈모조〉하다

Nachmittag 〔나-하·밋타-크〕 〔남〕 -s/-e 오후 ★ am ~ 오후에; den ganzen ~ 오후내내; heute ~ 오늘 오후

Nachricht 〔나-하·리히트〕 〔여〕 -/-en 알림, 《복수로》(라디오·텔레비전) 뉴스 ★ eine ~ bekommen 알림을 받다

nach|schlagen* 〔나-하·슈라-겐〕 〔타〕 (책·사전 따위를) 참조하다, 찾다
〔자〕 in et³ ~ …(책·사전 따위)를 살펴보다

nach|sehen* 〔나-하·제-엔〕	〔타〕	조사하다, 검사하다; 참조하다; j³ et⁴ ~ …의 …을 관대하게 보다
	〔자〕	j³ ~ …을 전송하다; in et³ ~ …(책·사전 따위)를 참조하다, 확인하다
nach|sinnen* 〔나-하·진넨〕	〔자〕	über et⁴ ~ …에 대해서 깊이 생각하다, 심사숙고 하다
nächst 〔네-히스트〕	〔형〕 ‹nah〔e〕의 최상급› 가장 가까운; 다음의
nächste Woche	〔숙〕	내주〔에〕
nächsten Monat	〔숙〕	내월〔에〕
nächstes Jahr	〔숙〕	다음해〔에〕
nächstens 〔레-히스텐스〕	〔부〕	가장 가까이, 곧
Nacht 〔나하트〕	〔여〕	-/Nächte 〔네히테〕 밤 ★ diese ~ 오늘밤; die ganze ~ 밤새도록; gute ~ ! 잘 주무세요; heute nacht 오늘밤, 어젯밤; in der ~ 밤중에; Tag und ~ 밤낮; über ~ 하루밤에, 갑자기
Nacht für Nacht	〔숙〕	매일밤, 밤마다
Nächte 〔네히테〕	〔복〕	Nacht의 복수형
Nachteil 〔나-하·타일〕	〔남〕	-〔e〕s/-e 불리, 불이익; 결점 ★ sich⁴ im ~ befinden/im ~ sein 불리하다
Nachtigall 〔나하티갈〕	〔여〕	-/-en 나이팅게일, 밤꾀꼬리
Nachtisch 〔나-하·팃슈〕	〔남〕	-es/-e 디저트
nächtlich 〔네히트리히〕	〔형〕	밤의
nachträglich 〔나-하·트레-크리히〕	〔형〕	나중의, 다음의; 추가의
	〔부〕	나중에, 다음에, 늦게; 추가해서
nachts 〔나하쓰〕	〔부〕	밤에
Nachweis 〔나-하·바이스〕	〔남〕	-es/-e 증명
nach|weisen* 〔나-하·바이젠〕	〔타〕	증명하다
Nachwelt 〔나-하·벨트〕	〔여〕	-/-en 후세, 후대; 자손

Nachwort [나-하·볼트]	〔중〕 -(e)s/-e 후기; 맺음의 말; 에피로그
Nachwuchs [나-하·북크스]	〔남〕 -es/ (총칭적으로) 후계자, (다음시대의) 젊은세다; 어린싹, 어린나무
Nacken [낫켄]	〔남〕 -s/ 목덜미, 목
nackt [낫크트]	〔형〕 벌거벗은, 나체의 노출된
Nacktheit [낫크트·하이트]	〔여〕 -/ 벌거숭이, 노출
Nadel [나-델]	〔여〕 -/-n 바늘, 핀
Nagel [나-겔]	〔남〕 -s/Nägel [네-겔] 못, 징; 손〈발〉톱
Nägel [네-겔]	〔복〕 Nagel의 복수형
nah* (e) [나-〈에〉]	〔형〕 가까운
Nähe [네-에]	〔여〕 가까움, 근처, 인근 ★ in der ~ 가까이에, 근처에서
nähen [네-엔]	〔타〕 꿰매다, 바느질하다 〔자〕 재봉하다
näher [네-아-]	〔형〕 nah(e)의 비교급
nähern [네-에른]	〔타〕 가까이 가게하다, 접근시키다 〔재〕 sich⁴ j³ 〈et³〉 ~ …에 가까이 가다
nahm [남-]	〔과〕 nehmen의 과거기본형
nähme [네-메]	〔접Ⅱ〕 nehmen의 접속법 제Ⅱ식 기본형
nähren [네-렌]	〔타〕 j⁴ 〈et⁴〉 ~ …을 기르다; …에 영양을 주다
Nahrung [나-룽그]	〔여〕 -/-en 양분, 음식물
Nahrunngsmitte [나-룽그스·밋텔]	〔중〕 -s/- 식료품, 식품
Naht [나-트]	〔여〕 /Nähte [네-테] 솔기; 이은 곳
Nähte [네-테]	〔복〕 Naht의 복수형
naiv [나이-프]	〔형〕 소박한; 순진한, 천진난만
Name [나-메]	〔남〕 -ns/-n 이름

Name의 격변화

		〔단〕		〔복〕
1격	der	Name	die	Namen
2격	des	Namens	der	Namen
3격	dem	Namen	den	Namen
4격	den	Namen	die	Namen

namens 〔나-멘스〕 〔부〕 …이란 이름의〈으로〉
namentlich 〔나-멘트리히〕 〔부〕 특히, 주로
nämlich 〔네-므리히〕 〔부〕 즉, 왜냐하면
nannte 〔난테〕 〔과〕 nennen의 과거기본형
Narr 〔날〕 〔남〕 -en/-en 바보, 익살꾼, 광대

Narr의 격변화

		〔단〕		〔복〕
1격	der	Narr	die	Narren
2격	des	Narren	der	Narren
3격	dem	Narren	den	Narren
4격	den	Narren	die	Narren

Nase 〔나-제〕 〔여〕 -/-n 코
naß * 〔나-스〕 〔형〕 젖은, 축축한
Nässe 〔넷사-〕 〔여〕 -/ 습기; 수분; 젖은 상태
nasser 〔낫사〕
  nässer 〔넷사-〕 〔형〕 naß의 비교급
nassest 〔낫세스트〕
  nässest 〔넷세스트〕 〔형〕 naß의 최상급
Nation 〔나씨온-〕 〔여〕 -/-en 국민; 국가
national 〔나씨오날-〕 〔형〕 국민〔적〕인; 국가〔적〕인
Nationalismen 〔나씨오나리스맨〕 〔복〕 Nationalimus의 복수형
Nationalismus 〔나씨오나리스무스〕 〔남〕 -/Nationalismen 〔나씨오나리스맨〕 국가〈국수〉주의
Nationalität 〔나씨오나리테-트〕 〔여〕 -/-en 국적
Natur 〔나투-아〕 〔여〕 -/-en 자연〔현상〕; 본성; 성

nehmen*

질 ★ von ~ 〔aus〕 타고난, 원래

natürlich 〔나튀-아·리히〕 〔형〕 자연의
〔부〕 물론, 당연히

Naturwissenschaft 〔나투-아·빗쎈샤프트〕 〔여〕 -/-en 자연과학

naturwissenschaftlich 〔나투-아·빗쎈샤프트리히〕 〔형〕 자연과학의

Nebel 〔네-벨〕 〔남〕 -s/- 안개

neben 〔네-벤〕 〔전〕 《3·4격지배》《3격지배》 …의 곁에;《4격지배》 …의 곁으로

nebenan 〔네-벤·안〕 〔부〕 나란히, 인접하여; 이웃에

nebenbei 〔네-벤·바이〕 〔부〕 나란히, 하는김에

nebeneinander 〔네-벤·아이난다〕 〔부〕 서로 나란히, 동시에

Nebenfluß 〔네-벤·후루스〕 〔남〕 Nebenflusses/Nebenflüsse 〔네-벤·후륏세〕 (내의) 지류

necken 〔넷켄〕 〔타〕 놀리다, 우롱하다

Neffe 〔넷페〕 〔남〕 조카

Neffe의 격변화			
	〔단〕		〔복〕
1격	der Neffe	die	Neffen
2격	des Neffen	der	Neffen
3격	dem Neffen	den	Neffen
4격	den Neffen	die	Neffen

negativ 〔네-가티-프, 네가티-프〕 〔형〕 부정적인; 불리한, 마이너스의; 소극적인

Neger 〔네-가-〕 〔남〕 -s/- 흑인

nehmen* 〔네-멘〕 〔타〕 잡다, 쥐다; 받다; et⁴ aus et³ ~ …에서 …을 끄집어내다; j³ et⁴ ~ …에서 …을 뺏다; et⁴ ~ …(탈것 따위를)타다; (음식물 따위를) 마시다; 먹다; (…으로) 해석

하다, 간주하다

Neid 〔나이트〕 〔남〕 -(e)s/ 질투, 시기; 선망

neidisch 〔나이딧슈〕 〔형〕 질투가 심한; ★ auf j⁴ 〈et⁴〉 ~ sein …시기하다, 질투하다, 샘내다

Neige 〔나이게〕 〔여〕 -/-n 경사, 구배

neigen 〔나이겐〕 〔타〕 굽히다, 구부리다, 기우리다
〔재〕 sich⁴ ~ 기울다, 굽다, 절하다
〔자〕 경사하다; zu et³ ~ …로 기울다, …의 경향이 있다

Neigung 〔나이궁그〕 〔여〕 -/-en 기울기, 경사; 기호, 애정

nein 〔나인〕 〔부〕 아니, 아니오, 그렇지 않다; 안된다

Nelke 〔네르케〕 〔여〕 -/-n 카네이션, 패랭이꽃

nennen* 〔넨넨〕 〔타〕 j⁴ et⁴ 〈et⁴ et⁴〉 ~ …을 …으로 이름붙이다, …을 …으로 부르다; j⁴ ~ …의 이름을 불으다
〔재〕 sich⁴ ~ 자칭하다

nennte 〔넨테〕 〔접Ⅱ〕 nennen의 접속법 제Ⅱ식 기본형

Nerv 〔넬프〕 〔남〕 -s 〈en〉/-en 신경 ★ j³ auf die ~ en fallen 〈gehen〉 …의 신경에 거슬리다, …을 초조하게 하다

nervös 〔넬뵈스〕 〔형〕 신경질인; 신경성의

Nest 〔네스트〕 〔중〕 -es/-er 소금자리

Nester 〔네스타〕 〔복〕 Nest의 복수형

nett 〔넷트〕 〔형〕 기분좋은, 산뜻한, 바람직한; 친절한; 귀여운

Netz 〔넷쓰〕 〔중〕 -es/-e 그물

neu 〔노이〕 〔형〕 새로운; 최근의 ★ aufs ~ e/von ~ em 다시금; etwas Neues 어떤 변한일; 이상

neuerdings 〔노이야-·딩그스〕 〔부〕 근래에, 최근에

nichts

Neues Testament [노이에스·테스타멘트]	〔숙〕 신약성서
Neugier [노이기-아]	〔여〕 -/ 호기심
neugierig [노이기-리히]	〔형〕 호기심이 강한
Neuigkeit [노이이히카이트]	〔여〕 -/-en 새로운 것, 뉴스
Neujahr [노이·얄-]	〔중〕 -(e)s/-e 신년; 정월; 설
neulich [노이리히]	〔부〕 요즈음, 요사이
neun [노인]	〔수〕 9(의)
neunt [노인트]	〔형〕《서수》제9(번째)의
neunzehn [노인·쎈-]	〔수〕 19(의)
neunzig [노인씨히]	〔수〕 90(의)
neutral [노이트랄-]	〔형〕 중립의
Neuzeit [노이·짜이트]	〔여〕 -/ 근대
nicht [니히트]	〔부〕 …않다, …아니다 ★ … ~ wahr? (상대방의 동의를 구하여) …그렇지 않습니까? …이 아닌가? noch ~ 아직 …아니다
nicht … sondern …	〔숙〕 …이 아니라 …이다
nicht anders als …	〔숙〕 …이외의 아무것도 아니다
nicht einmal	〔숙〕 …마저 아니다
nicht gerade	〔숙〕 반드시 …하는 것은 아니다
nicht immer	〔숙〕 반드시 …으로만 하지는 않다
nicht länger	〔숙〕 이 이상 길게는 …않는다
nicht mal	〔숙〕 …마저 아니다
nicht mehr	〔숙〕 더 이상 ~ 아니다
nicht nur …, sondern auch …	〔숙〕 …뿐만 아니라 …도
nicht selten	〔숙〕 드물지 않고, 자주
Nichte [니히테]	〔여〕 -/-n 조카딸, 질녀
nichts [니히쓰]	〔대〕《부정대명사》아무것도 …않다《명사적 용법의 중성 강변화의 형용사를 동반하여》 아무것도 …하는 것은 없다 ★ ~ Neues 새로운 것은 없다; 이상 없다; gar ~

	전혀 아무것도 …없다; mir ~ dir ~ 갑자기, 사양하지도 않고 wie ~ 전광석화와 같이
nichts als …	〔숙〕 …이외에 아무것도 없다, …뿐이다
nichts anderes als …	〔숙〕 …이외의 아무것도 아니다
nichts weniger als …	〔숙〕 …결코 …은 아니다
Nichts〔니히쓰〕	〔중〕 -/ 무, 공(空), 허무; 없는 것과 같은것, 하찮은 것
nicken〔닛켄〕	〔자〕 끄덕이다, 수긍하다
nie〔니-〕	〔부〕 결코 …아니〔하〕다, 두번 다시 …아니하다
nie mehr	〔숙〕 이제 두번 다시 없는
nie und nimmer	〔숙〕 절대로 …않다, 결코 …않다
nie wieder	〔숙〕 두번 다시 …않다, 이제 결코 …않다
nieder〔니-다-〕	〔형〕 낮은, 아래의, 하급〈저급〉의
	〔부〕 밑으로, 아래로; 낮게 ★ auf und ~ 상하로; 이리 저리로, 왔다가 갔다가
nieder|drücken〔니-다-·드뤽켄〕	〔타〕 눌러 내리다; 압박하다
nieder|fallen*〔니-다-·파렌〕	〔자〕 (s) 떨어지다, 넘어지다
Niedergang〔니-다-·강그〕	〔남〕 -〔e〕s/ 낙하; 몰락
nidergeschlagen〔니-다-·슈라-겐〕	〔형〕 의기소침한; 패배한
Niederlage〔니-다-·라-게〕	〔여〕 -/-n 패배
Niederlande〔니-다-·란데〕	〔복〕 네델란드
Niederländer〔니-다-·렌다-〕	〔남〕 -s/ 네델란드인
Niederländerin〔니-다-·렌데린〕	〔여〕 -/Niederländerinnen〔니-다-·렌데리넨〕 네덜란드인(여성)
niederländisch〔니-다-·렌디슈〕	〔형〕 네델란드〔인·어〕의

Niederländisch 〔니-다-·렌디슈〕 〔중〕 -〔s〕/ 네델란드어

nieder|lassen* 〔니-다-·랏센〕 〔타〕 내리다
〔재〕 sich⁴ ~ 앉다, 착석하다; 정주〈거주〉하다

nieder|legen 〔니-다-·레-겐〕 〔타〕 내려놓다, 눕히다; 기탁하다; 그만두다
〔재〕 sich⁴ ~ 눕다, 잠자리에 들다

Niederschlag 〔니-다-·슈라-크〕 〔남〕 -〔e〕s/Niederschläge 〔니-다-·슈레-게〕 (비·눈 따위의) 강수〔량〕; 침전〔물〕; (권투의) 넉다운

nieder|schlagen* 〔니-다-·슈라-겐〕 〔타〕 쳐서 넘어뜨리다, 타도하다; 침전시키다; (눈을)내려깔다; 진정시키다
〔재〕 sich⁴ ~ 내리다; 침전하다

niedlich 〔니-트리히〕 〔형〕 귀여운, 상냥한, 말쑥한
niedrig 〔니-트리히〕 〔형〕 낮은; 비천한
niemals 〔니-마르스〕 〔부〕 결코〈한번도〉 …않다
niemand 〔니-만트〕 〔대〕 《부정대명사》아무것도 …아니하다

---

niemand의 격변화
1격   niemand
2격   niemand〔e〕s
3격   niemand〔em〕
4격   niemand〔en〕

---

niemand〔em〕 〔니-만트〈뎀〉〕 〔대〕《부정대명사》niemand의 3격
niemand〔en〕 〔니-만트〈덴〉〕 〔대〕《부정대명사》niemand의 4격
niemand〔e〕s 〔니-만트〈데스〉〕 〔대〕《부정대명사》niemand의 2격
Niere 〔니-레〕 〔여〕 -/-n 신장
niesen 〔니-젠〕 〔자〕 재채기하다
nimm 〔님〕 〔명〕 nehmen의 명령형
nimmer 〔님마-〕 〔부〕 결코 …아니하다, 두번 다시

	…아니하다 ★ nie und ~ 철대로 …아니다, 결코 …아니다
nimmst〔님스트〕	〔현〕 nehmen의 2인칭 단수현재형
nimmt〔님트〕	〔현〕 nehmen의 3인칭 단수현재형
nirgend〔s〕〔닐겐트〈쓰〉〕	〔부〕 어디에도 …없다
nirgend〔s〕her〔닐겐트〈쓰〉·헤-아〕	〔부〕 어디로부터서도 …없다
nirgend〔s〕hin〔닐겐트〈쓰〉·힌〕	〔부〕 어디에로도 …없다
nirgend〔s〕wo〔닐겐트〈쓰〉·보-〕	〔부〕 어디에도 …없다
nirgend〔s〕wohin〔닐겐트〈쓰〉·보-힌〕	〔부〕 어디에로도 …없다
Niveau〔니보-〕	〔중〕 -s/-s 수준
noch〔놋호〕	〔부〕 또, 또한, 더우기; 아직, 아직도; 언젠가, 그동안에 ★ immer ~ 여전히, 변함없이; 《형용사의 비교급과 함께》더한층 …; weder… ~ … …도 아니고, …도 아니다
noch einmal	〔숙〕 다시 한번
noch immer	〔숙〕 여전히, 변함없이
noch jetzt	〔숙〕 지금도 역시
noch nicht	〔숙〕 아직 …아니다
noch nie	〔숙〕 이제까지 한번도 …아니다
nochmals〔놋호·말-스〕	〔부〕 다시 한번
Nonne〔논네〕	〔여〕 -/-n 여승
Norden〔놀덴〕	〔남〕 -〔e]s/ 북 ★ nach ~ 북〔쪽〕
nördlich〔뇔드리히〕	〔형〕 북의, 북쪽의
Nordsee〔놀드·제-〕	〔여〕 -/ 북해
Norm〔노름〕	〔여〕 -/-en 표준, 규준
normal〔놀말-〕	〔형〕 표준의; 정상의
Norwegen〔놀베-겐〕	〔중〕 -s 노르웨이
Norweger〔놀베-가-〕	〔남〕 -s/- 노르웨이인

Norwegerin〔놀베-게린〕 〔여〕 -/Norwegerinnen〔노르베-게리넨〕 노르웨이인의(여성)

norwegisch〔놀베-기슈〕 〔형〕 노르웨이〔인·어〕의
Norwegisch〔놀베-기슈〕 〔중〕 -s/ 노르웨이어
Not〔노-트〕 〔여〕 -/Nöte〔뇌-테〕 곤궁; 급박, 위급 ★ aus ~ 부득히; in ~ sein 곤궁에 빠져있다; in Mühe und ~ 가까스로; mit knapper ~ 가까스로; ohne ~ 쉽게 필요치 않는데도

Note〔노-테〕 〔여〕 -/-n 기호; 음부; 점수
Nöte〔뇌-테〕 〔복〕 Not의 복수형
notieren〔노티-렌〕 〔자〕 써두다, 메모하다
nötig〔뇌-티히〕 〔형〕 필요한 ★ et^4 ~ haben …을 필요로 하다
Notiz〔노티-쓰〕 〔여〕 -/-en 비망록, 메모 ★ von j^3 ⟨et^3⟩ ~ nehmen …을 염두해 두다; 주의하다
Notizbuch〔노티-쓰·부-후〕 〔중〕 -〔e〕s/Notizbücher〔노티-쓰·뷧히야-〕 메모지
notwendig〔노-트·벤디히〕 〔형〕 필연적인, 불가피한
Notwendigkeit〔노-트·벤디히카이트, 노-트·벤디히카이트〕 〔여〕 -/-en 불가피, 필연〔성〕
Novelle〔노베레〕 〔여〕 -/-n 단편소설
November〔노벰바-〕 〔남〕 -s/- 11월
nüchtern〔뉘히테른〕 〔형〕 냉정한, 분별있는; 맛없는; 따분한; 배고픈, 취하지 않은; 정신이 말짱한
Nudel〔누-델〕 〔여〕 -/-n 서양국수, 가락국수
null〔눌〕 〔수〕 0〔의〕
Null〔눌〕 〔여〕 -/-en 제로, 영
Nummer〔눔마-〕 〔여〕 -/-n 번호, 사이즈
nun〔눈마-〕 〔부〕 이제, 그런데, 이제는 ★ von ~ an 이제부터, 금후

  nun denn 〔숙〕 자(이번에는)

nun einmal	〔숙〕 어쨌든, 여하튼
nun endlich	〔숙〕 어쨌든
nun und nimmer [mehr]	〔숙〕 결코 …않다
nur〔누-아〕	〔부〕 오직 …뿐, …에 지나지 않다; 다만, 오로지; (명령의 기분을 강조해서) 자, 부디, 꾸물거리지 말고; (소망의 기분을 강조해서) …이기만 하면 좋겠는데; (의문의 기분을 강조해서) 도대체; ★ nicht ~ …, sondern auch …뿐만 아니라 …도; ~ daß …다만 …이라면, 다만 …의 조건으로
nur einmal	〔숙〕 한번만
nur noch	〔숙〕 이제 …만
nur so	〔숙〕 어쩐지
Nuß〔누스〕	〔여〕 -/Nüsse〔뉘-세〕견과, 호두, 개암나무의 열매
Nüsse〔뉘세〕	〔복〕 Nuß의 복수형
Nutzen〔눗쩬〕	〔남〕 -s/ 유용, 효용 이익 ★ von ~ sein 유익〈유효〉하다

nutzen〔눗쩬〕	〔자〕〔타〕=nützen
nützen〔뉘쩬〕	〔자〕 쓸모이되다, 쓸모가 있다 〔타〕 이용하다
nützlich〔뉘쯔리히〕	〔형〕 유용한, 유익한, 쓸모있는

O

ob [옵프] 〔접〕《종속접속사》…인지 아닌지 ★ als ~ 《보통 접속법 제Ⅱ식과 함께》마치 …처럼 (양보문에서는) 설사 …할지라도

oben [오-벤] 〔부〕 위에 ★ bis ~ 위에까지 nach ~ 위로, 윗쪽으로; von ~ bis unten 위에서 아래까지

ober [오-바-] 〔형〕 위의
Ober [오-바-] 〔남〕 -s/- 급사, 종업원〔장〕
Oberfläche [오바-·후렛헤] 〔여〕 -/-n 표면
oberflächlich [오바-·후레히리히] 〔형〕 표면적인; 천박한
oberhalb [오-바-·할프] 〔전〕 (2격지배) …의 위쪽에
Oberhemd [오-바-·헴트] 〔중〕 -(e)s/-en 와이셔츠
obgleich [옵프·그라이히] 〔접〕《종속접속사》…임에도 불구하고

Objekt [오프이에크트] 〔중〕 -(e)s/-e 대상; 목적; 객체
objektiv [오프이에크티-프] 〔형〕 대상의; 사물의; 객체의, 객관적인
Objektiv [오프이에크티-프] 〔중〕 -s/-e 〔대물〕렌즈
Obst [오-프스트] 〔중〕 -es/- (총칭적으로) 과일
Obstbaum [오-프스트·바움] 〔남〕 -(e)s/Obstäume [오-프스트·보이메] 과수
obwohl [옵프·볼-] 〔접〕《종속접속사》…임에도 불구하고
Ochse [옥세] 〔남〕 -n/-n (거세된) 숫소; 황소; 멍청이

Ochse의 격변화

	〔단〕	〔복〕
1격	der Ochse	die Ochsen

2격	des	Ochsen	der	Ochsen
3격	dem	Ochsen	den	Ochsen
4격	den	Ochsen	die	Ochsen

öde 〔외-데〕 〔형〕 황량한, 정막한

oder 〔오다-〕 〔접〕《병렬접속사》또는, 혹은; 그렇지 않으면 ★ entweder … ~ …이거나 아니면 ~

Ofen 〔오-펜〕 〔남〕 -s/Öfen〔외-펜〕 스토브, 난로; 레인지

Öfen 〔외-펜〕 〔복〕 Ofen의 복수형

offen 〔옷펜〕 〔형〕 열려있는; 공공연한

  offen gesagt 〔숙〕 확실히 말하자면

offenbar 〔옷펜발-〕 〔형〕 공공연한, 분명한

öffentlich 〔욋펜트리히〕 〔형〕 공공〈공중〉의; 공연의

Öffentlichkeit 〔욋펜트리히카이트〕 〔여〕 -/ 사회; 세상

offiziell 〔오피씨엘〕 〔형〕 공무〔상〕의; 공공의; 관공서의

öffnen 〔외프넨〕 〔타〕 열다, 열리다
〔재〕 sich⁴ ~ 열리다

oft* 〔오프트〕 〔부〕 자주

öfter 〔외프타-〕 〔부〕 oft의 비교급

öfters 〔외프타-스〕 〔부〕 가끔

öftest 〔외프테스트〕 〔부〕《oft의 최상급》《am ~ en 의 형태로》

oh 〔오-〕 〔감〕 (놀람·기쁨·슬픔 따위를 나타내는) 오오!

ohne 〔오-네〕 〔전〕《4격지배》…없이 ★ ~ zu …함이없이; ~ daß …하는 일 없이

  ohne Ausnahme 〔숙〕 예외없이
  ohne Ende 〔숙〕 끝없이, 한없이
  ohne Frage 〔숙〕 의심할 바 없이, 명백히
  ohne Grund 〔숙〕 이유도 없이, 까닭없이
  ohne Hast 〔숙〕 당황하지 않고

ohne Hilfe	〔숙〕 도움을 받지 않고
ohne Mühe	〔숙〕 고생없이, 손쉽게
ohne Not	〔숙〕 쉽사리; 필요없는데도
ohne Pause	〔숙〕 끊임없이; 간단없이
ohne Rast und Ruh'	〔숙〕 쉬지않고
ohne Recht	〔숙〕 부당하게도
ohne Rücksicht auf et^4	〔숙〕 …을 고려하지 않고서
ohne Schwierigkeiten	〔숙〕 쉽사리, 아주쉽게
ohne Sinn und Verstand	〔숙〕 잘 생각하지도 않고
ohne Unterschied	〔숙〕 무차별로
ohne weiteres	〔숙〕 즉각, 곧장; 쉽게
ohne Wissen und Willen	〔숙〕 알지 못하는 사이에
ohne Zweifel	〔숙〕 의심없이, 틀림없이
ohnehin 〔오-네힌〕	〔부〕 어쨌튼, 어차피
Ohnmacht 〔온-·마하트〕	〔여〕 -/-en 무력, 실신, 인사불성
ohnmächtig 〔온-·메히티히〕	〔형〕 무력한; 기절한
Ohr 〔오-아〕	〔중〕 -(e)s/-en 귀
Ökonomie 〔외코노미-〕	〔여〕 -/-n 경제〔학〕
ökonomisch 〔외코노-밋슈〕	〔형〕 경제〔학〕의, 경제상의; 경제적인
Oktober 〔오크토-바-〕	〔남〕 -s/- 10월
Öl 〔욀-〕	〔중〕 -(e)s/-e 기름, 석유, 오일
olympisch 〔오륌핏슈〕	〔형〕 올림피아의; 올림픽 경기의
Oma 〔오-마〕	〔여〕 -/-s 할머니 (애칭)
Omnibus 〔옴니부스〕	〔남〕 Omnibusses/Omnibusse 버스
Onkel 〔온켈〕	〔남〕 -s/- 백〈숙〉부
Opa 〔오-파〕	〔남〕 -s/-s 할아버지 (애칭)
Oper 〔오-파-〕	〔남〕 -/-n, 오페라, 가극 ★ in die ~ gehen 오레파를 들으러 가다
Operation 〔오페라씨온-〕	〔중〕 -/-en 수술
operieren 〔오페리-렌〕	〔타〕 수술하다

Opfer 〔오프하-〕 〔중〕 -s/- 희생자; (신에 대한) 제물, 공물

opfern 〔오프헤른〕 〔타〕 희생하다; (제물을) 바치다

Opposition 〔오포지씨온-〕 〔여〕 -/-en 반대, 대립; (정부의) 반대파, 야당

Optimismus 〔오프티미스무스〕 〔남〕 -/ 낙관론, 낙천주의파

Optimist 〔오프티미스트〕 〔남〕 -en/-en 낙관주의자, 낙천자

```
           Optimist의 격변화
              〔단〕            〔복〕
    1격  der  Optimist    die  Optimisten
    2격  des  Optimisten  der  Optimisten
    3격  dem  Optimisten  den  Optimisten
    4격  den  Optimisten  die  Optimisten
```

optimistisch 〔오프티미팃슈〕 〔형〕 낙관적인, 낙천적인

Orange 〔오란제〕 〔여〕 -/-n 오렌지, 밀감(류)

Orchester 〔올케스타-, 올헤스타-〕 〔중〕 -s/- 오케스트라

ordentlich 〔올덴트리히〕 〔형〕 단정한; 정식의

ordnen 〔올도넨〕 〔타〕 정리〈정돈〉하다
〔재〕 sich⁴ ~ 나란히 서다, 정렬하다

Ordnung 〔올드눙그〕 〔여〕 -/-en 질서; 규칙 ★ in ~ sein 질서가 있다, 단정하다; et⁴ in ~ stellen …을 정리〈정돈〉하다

Organ 〔올간-〕 〔중〕 -s/-e 기관

Organisation 〔올가니자씨온-〕 〔중〕 -/-en 조직, 기구

organisch 〔올가-니슈〕 〔형〕 기관의; 유기적인

organisieren 〔올가니지렌〕 〔타〕 조직하다
〔재〕 sich⁴ ~ 조직을 만든다, 조직되어

Organismen 〔올가니스멘〕 〔복〕 Organismus의 복수형

Organismus 〔올가니스무스〕 〔남〕 -/Organismen 〔오르가니스

	맨〕 생체, 유기체; 유기적 조직
Orgel 〔올겔〕	〔여〕 -/-n 파이프 오르간
orientieren 〔오리에티-렌〕	〔타〕 방향〈방위〉을 정하다; j⁴ über et⁴ ~ …에게 …을 가르치다
	〔재〕 sich⁴ an⟨nach⟩ et³ ~ …을 단서로⟨에 따라서⟩자신의 방향을 알다
Original 〔오리기날-〕	〔중〕 -s/-e 원형; 원작; 원문
originell 〔오리기넬-〕	〔형〕 독창적인, 기발한
Ort 〔올트〕	〔남〕 -[e]s/-e ⟨Orter 〔욀타-〕 장소; 동·리 ★ an ~ und Stelle 현장에서, 바로 그 자리에서; ★ von ~ zu ~ 이리저리, 곳곳에서
Osten 〔오스텐, 오-스텐〕	〔남〕 -s/ 동〔쪽〕 nach ~ 동〔쪽〕으로
Ostern 〔오-스테른〕	〔중〕 -/ 부활제
Österreich 〔외스타-·라이히〕	〔중〕 -s/ 오스트리아
Österreicher 〔외스타-·라이히야-〕	〔남〕 -s/ 오스트리아인
Österreicherin 〔외-스타-·라이헤린〕	〔여〕 -/Österreicherinnen 〔외-스타-·라이헤리엔〕 오스트리아인 (여성)
österreichisch 〔외-스타-·라이힛슈〕	〔형〕 오스트리아〔인〕의
östlich 〔외스트리히〕	〔형〕 동의, 동쪽의; 동구의
Ostsee 〔오스트·제-〕	〔여〕 -/ 발트해
Ozean 〔오-쩨안-, 오쩨안-〕	〔남〕 -s/-e 대양 ★ der Atlantische⟨Pazifische⟩ ~ 대서양⟨태평양⟩

P

paar 〔팔-〕 〔수〕 ein ~ 2·3의, 약간의
Paar 〔팔-〕 〔중〕 -(e)s/-e 한쌍, 한조; 한쌍의 남녀
Pack 〔팍크〕 〔남〕 -(e)s/-e⟨Päcke〔펙케〕보통이; 다발; 하물
Päckchen 〔펙크헨〕 〔중〕 -s/- 작은 보퉁이, 작은 하물; 우편소포
packen 〔팍켄〕 〔타〕 잡다; 싸다; 짐을 꾸리다 ★ j⁴ am Arm ~ …의 팔을 꼭 붙잡다
Packung 〔팍쿵그〕 〔여〕 -/-en 뭉치, 묶음; 포장
Paket 〔파케-트〕 〔중〕 -(e)s/e 뭉치; 소포우편물
Pakt 〔파크트〕 〔남〕 -(e)s/-e 계약; 협정; 조약
Palast 〔파라스트〕 〔중〕 -(e)s/Paläste〔파레스테〕왕궁, 궁전
Paläste 〔파레스테〕 〔복〕 Palast의 복수형
Panne 〔판네〕 〔여〕 -/-n 고장; 실책
Pantoffel 〔판톺펠〕 〔남〕 -s/-n 슬리퍼
Panzer 〔판쩌-〕 〔남〕 -s/- 갑옷; 장갑; 탱크
Papagei 〔파파가이〕 〔남〕 -s ⟨-en⟩/-en 앵무새
Papier 〔파피-아〕 〔중〕 -(e)s/-e 《단수로》종이 《복수로》서류, 문서; 신분증명서

Pappel 〔팦펠〕 〔여〕 -/-n 포플러
Papst 〔파-프스트〕 〔남〕 -es/Päpste〔페-프스테〕 로마교황, 법왕
Päpste 〔페-프스테〕 〔복〕 Papst의 복수형
Paradies 〔파라디-스〕 〔중〕 -es/-e 낙원, 천국
parallel 〔파라렐-〕 〔형〕 평행의, 병렬의
Parfum 〔팔품〕 〔중〕 -s/-s 향수, 향료

Parfüm 〔팔쀔-〕 〔중〕 -s/-s 향수, 향료
Park 〔팔크〕 〔남〕 -[e]s/-s 〈-e〉 공원, 대정원
parken 〔팔켄〕 〔자〕 주차하다
Parkplatz 〔팔크·프랏쓰〕 〔남〕 -es/Parkplätze 〔파르크·프렛쎄〕 주차장
Parlament 〔팔라멘트〕 〔중〕 -[e]s/-e 의회, 국회
Partei 〔팔타이〕 〔여〕 -/-en 정당, 당파
Partie 〔팔티-〕 〔여〕 -/Partien 〔파르티-엔〕 부분; 하이킹; 한판승부
Paß 〔파스〕 〔남〕 Passes/Pässe 〔펫세〕 고갯길; 여권; 신분증명서
Passagier 〔파사지-아〕 〔남〕 -s/-e 여객, 승객
Pässe 〔펫세〕 〔복〕 Paß의 복수형
passen 〔팟센〕 〔자〕 j^3 ~ auf 〈für〉 et^4 ~ /zu et^3 ~ …에 적합하다, 어울리다; 맞다
passend 〔팟센트〕 〔형〕 어울리는, 적합한, 맞는
passieren 〔팟시-렌〕 〔자〕 (s) 일어나다, 생기다; (h, s) 통과하다
passiv 〔파시-프, 파시-프〕 〔형〕 수동의, 소극적인
Pastor 〔파스토-아〕 〔남〕 -s/Pastoren 〔파스토-렌〕 목사; (카톨릭의) 주임사제
Patient 〔파씨엔트〕 〔남〕 -en/-en 환자

Patient의 격변화			
	〔단〕		〔복〕
1격 der	Patient	die	Patyenten
2격 des	Patienten	der	Patienten
3격 dem	Patienten	den	Patienten
4격 den	Patienten	die	Patienten

Patriot 〔파토리오-트〕 〔남〕 -en/-en 애국자

Patriot의 격변화			
	〔단〕		〔복〕
1격 der	Patriot	die	Patrioten

2격	des	Patrioten	der	Patrioten
3격	dem	Patrioten	den	Patrioten
4격	den	Patrioten	die	Patrioten

Pause 〔파우제〕 〔여〕 -/-n (중간) 휴식, 휴게; 중단 ★ ohne ~ 끊임없이, 간단없이

Pazifik 〔파씨-피크〕 〔남〕 -s/ 태평양
pazifisch 〔파씨-피슈〕 〔형〕 태평양의
Pech 〔펫히〕 〔중〕 -(e)s/-e 불운, 곤경
Pein 〔파인〕 〔여〕 -/ 고통, 고뇌
peinlich 〔파인리히〕 〔형〕 불쾌한, 고통스러운; 언짢은
Peitsche 〔파이체〕 〔중〕 -/-n 채찍, 회초리
Pelz 〔펠쓰〕 〔남〕 -es/-e 모피
Pension 〔판지온-·펜지온-〕 〔여〕 -/-en 연금생활; (하숙의) 식비; 하숙
Per 〔페아〕 〔전〕《4격지배》…에 의해서; …으로; …마다
   per Bahn 〔숙〕 철도로
   per Luftpost 〔숙〕 항공편으로
   per Post 〔숙〕 우편으로
   per Schiff 〔숙〕 선편으로
perfekt 〔펠펙트〕 〔형〕 완전한, 완벽한
Periode 〔페리오-데〕 〔여〕 -/-n 시대, 시기; 주기
Perle 〔페르레〕 〔여〕 -/-n 진주
Person 〔펠존-〕 〔여〕 -/-en 사람; 개인; 인물
Personenzug 〔펠존-넨·쭈-크〕 〔남〕 -(e)s/Personenzüge 〔페르조-넨·쒸-게〕 보통열차, 여객열차
persönlich 〔펠죈-리히〕 〔형〕 개인의, 개인적인
Persönlichkeit 〔펠죈-리히카이트〕 〔여〕 -/-en 인물《단수로》인격, 개성, 인품
Pessimismus 〔페시미-스무스〕 〔남〕 -/ 염세관, 비관주의
Pessimist 〔페시미스트〕 〔남〕 -en/-en 영세하, 비관론자

Pessimist의 격변화

	〔단〕	〔복〕
1격	der Pessimist	die Pessimisten
2격	des Pessimisten	der Pessimisten
3격	dem Pessimisten	den Pessimisten
4격	den Pessimisten	die Pessimisten

pessimistisch〔페시미스틧슈〕 〔형〕 비관적인

Pfad〔프하-트〕 〔남〕 -〔e〕s/-e 좁은〈작은〉길

Pfand〔프한드〕 〔중〕 -〔e〕s/Pfänder〔프펜다-〕 저당, 담보

Pfänder〔프헨다-〕 〔복〕 Pfand의 복수형

Pfanne〔프한네〕 〔여〕 -/-n 프라이팬

Pfarrer〔프하라-〕 〔남〕 -s/- 〈주임〉사제(카톨릭); 목사(프로테스탄트)

Pfeffer〔프헷파-〕 〔남〕 -s/- 후추

Pfeife〔프하이페〕 〔여〕 -/-n (담배의) 파이프; 피리

pfeifen*〔프하이펜〕 〔자〕 휘파람을 불다; (기적 따위를) 울리다; 획하고 울리다

Pfeil〔프하일〕 〔남〕 -〔e〕s/-e 화살

Pfennig〔프헤니히〕 〔남〕 -s/-e 페니히(독일의 화폐, 1/100 마르크)

Pferd〔프헤르트〕 〔중〕 -〔e〕s/-e 말 ★ zu ~〔e〕 말을 타고

pfiff〔프힛프〕 〔과〕 pfeifen의 과거기본형

pfiffe〔프힛페〕 〔접Ⅱ〕 pfeifen의 접속법 제Ⅱ식 기본형

Pfingsten〔프힝그스텐〕 〔중〕 -/〈〔복〕〉성령강림제

Pfirsich〔프힐르지히〕 〔남〕 -〔e〕s/-e 복숭아

Pflanze〔프흐란쩨〕 〔여〕 -/-n 식물

pflanzen〔프흐란쩬〕 〔타〕 심다

Pflaster〔프흐라스타-〕 〔중〕 -s/- 고약, 반창고; (도로의) 포석, 포장

Pflaume〔프흐라우메〕 〔여〕 -/-n 자두

Pflege〔프흐레-게〕 〔여〕 -/-n 돌봄; 간호

pflegen〔프흐레-겐〕 〔타〕 돌보다; 간호하다; 《zu를 갖

		인 부정사와》 …하는 버릇이 있다, 늘 …하다
Pflicht 〔프흐리히트〕	〔여〕	-/-en 의무
pflücken 〔프흐뤼켄〕	〔타〕	꺾다, 따다
Pflug 〔프흐루-크〕	〔남〕	-(e)s/Pflüge 〔프흐뤼-게〕 쟁기
Pflüge 〔프흐뤼-게〕	〔복〕	Pflug의 복수형
pflügen 〔프흐뤼-겐〕	〔타〕	쟁기로 갈다, 경작하다
pfui 〔프흐이〕	〔타〕	(불쾌·혐오의 정을 나타내며) 쳇! 흥! 아니?
Pfund 〔프훈트〕	〔중〕	-(e)s/-e 파운드(=500g)
Phänomen 〔페노멘-〕	〔중〕	-s/-e 현상
Phantasie 〔판타지-〕	〔여〕	-/Phantasien 〔판타지-엔〕 상상〈공상〉력; 환상
phantasieren 〔판타지-렌〕	〔자〕〔타〕	상상하다, 공상하다
phantastisch 〔판타스티슈〕	〔형〕	공상〈환상〉적인; 경의적인, 훌륭한
Philosoph 〔피로조-프〕	〔남〕	-en/-en 철학자

```
           Philosoph의 격변화
             〔단〕              〔복〕
     1격  der  Philosoph     die  Philosophen
     2격  des  Philosophen   der  Philosophen
     3격  dem  Philosophen   den  Philosophen
     4격  den  Philosophen   die  Philosophen
```

Philosophie 〔피로조피-〕	〔여〕	-/Philosophien 〔피로조피-엔〕 철학
philosophisch 〔피로조-피슈〕	〔형〕	철학의, 철학적인
Photo 〔포-토〕	〔중〕	-s/-s 사진 ⇨ Foto
Photograph 〔포토그라-프〕	〔남〕	-en/-en 사진사 (⇨ Fotograf)

```
          Photograph의 격변화
             〔단〕              〔복〕
     1격 der  Photograph    die  Photographen
```

2격	des Photographen	der	Photographen
3격	dem Photographen	den	Photographen
4격	den Photographen	die	Photographen

Photographie 〔포토그라피-〕 〔여〕 -/Photographien 〔포토그라피-엔〕 사진; 사진술(⇨ Fotografie)

Phrase 〔프라-제〕 〔여〕 -/-n 숙어; 관용구; 상투문구

Physik 〔피지-크〕 〔여〕 -/ 물리학

Physiker 〔피-지카-〕 〔남〕 -s/- 물리학자

physisch 〔피-지슈〕 〔형〕 자연의; 물적인; 육체의

Pilger 〔필가-〕 〔남〕 -s/- 성지순례자

Pille 〔피레〕 〔여〕 -/-n 알약, 환약, 정제

Pilot 〔피로-트〕 〔남〕 -en/-en 파일로트, 수로 안내인

Pilot의 격변화

	〔단〕		〔복〕
1격	der Pilot	die	Piloten
2격	des Piloten	der	Piloten
3격	dem Piloten	den	Piloten
4격	den Piloten	die	Piloten

Pilz 〔필츠〕 〔남〕 -es/-e 버섯

Pinsel 〔핀젤〕 〔남〕 -s/- 붓, 화필; 브러시

Pistole 〔피스토-레〕 〔여〕 -/-n 권총

Plage 〔프라-게〕 〔여〕 -/-n 재난; 괴로움, 심로

Plagen 〔프라-겐〕 〔타〕 괴롭히다, 고민케하다
〔재〕 sich⁴ ~ 괴로워하다, 고민하다

Plakat 〔프라카-트〕 〔중〕 -[e]s/- 플래카드, 포스터

Plan 〔프란-〕 〔남〕 -[e]s/Pläne 〔프레-네〕 계획; 시내; 지도; 설계도

Pläne 〔프레-네〕 〔복〕 Plan의 복수형

planen 〔프라-넨〕 〔타〕 계획하다, 입안〈기안〉하다

Planet〔프라네-트〕　　　　　〔남〕 -en/-en 혹성, 유성

Planet의 격변화				
		〔단〕		〔복〕
1격	der	Planet	die	Planeten
2격	des	Planeten	der	Planeten
3격	dem	Planeten	den	Planeten
4격	den	Planeten	die	Planeten

planmäßig〔프란·메시히〕　〔형〕 계획〈예정〉대로
Plastik¹〔프라스티크〕　〔여〕 -/-en 조각, 조형미술
Plastik²〔프라스티크〕　〔중〕 -s/-s 〈-en〉 플라스틱, 합성수기〈물질〉
plastisch〔프라스팃슈〕　〔형〕 조형미술의; 구상적인; 박진의
plätschern〔프렛헤른〕　〔자〕 찰싹찰싹 소리내다
platt〔프랏트〕　〔형〕 반반한, 편평한
Platte〔프랏테〕　〔여〕 -/-n 널빤지, 포석; 레코드판, 쟁반
Plattenspieler〔프랏텐·슈피-라-〕　〔남〕 -s/- 레코드 플레이어
Platz〔프랏츠〕　〔남〕 -es/Plätze〔프렛쎄〕 장소; 광장; 좌석; 지위 ★ ~ nehmen 자리에 앉았다; am ~ sein 정당〈합당〉하다
Plätze〔프렛체〕　〔복〕 Platz의 복수형
platzen〔프랏첸〕　〔자〕 (s) 파열하다, 빵구나다
plaudern〔프라우데른〕　〔자〕 재갈거리다, 잡담하다
plötzlich〔프렛츠리히〕　〔형〕 돌연의
〔부〕 갑자기, 돌연히
pochen〔폿헨〕　〔자〕〔타〕 탕탕치다, 두드리다
Poesie〔포에지-〕　〔여〕 -/Poesien〔포에지-엔〕 시학; 운문; 문예
poetisch〔포에-팃슈〕　〔형〕 시의, 운문의; 문예의
Pol〔폴-〕　〔남〕 -[e]s/-e 극 ★ der negative〈positive〉 ~ 음극〈양극〉
Polen〔포-렌〕　〔중〕 폴란드

Pole [포-레] 〔남〕 -en/-en 폴란드인

```
              Pole의 격변화
                〔단〕           〔복〕
       1격  der  Pole    die  Polen
       2격  des  Polen   der  Polen
       3격  dem  Polen   den  Polen
       4격  den  Polen   die  Polen
```

Polin [포-린] 〔여〕 -/Polinnen [포-리넨] 폴란드인 (여성)
Politik [포리티-크] 〔여〕 -/-en 정치; 정책
Politiker [포리-티카-] 〔남〕 -s/- 정치가
politisch [포리-팃슈] 〔형〕 정치〈정책〉의; 정치적인
Polizei [포리싸이] 〔여〕 -/-en 경찰
Polizist [포리씨스트] 〔남〕 -en/-en 경찰관

```
              Polizist의 격변화
                〔단〕              〔복〕
    1격  der  Polizist     die  Polizisten
    2격  des  Polizisten   der  Polizisten
    3격  dem  Polizisten   den  Polizisten
    4격  den  Polizisten   die  Polizisten
```

polnisch [포르닛슈] 〔형〕 폴란드〔인·어〕의
Polnisch [포르닛슈] 〔중〕 -〔s〕/ 폴란드어
populär [포프레-아] 〔형〕 인기있는, 대중적인
Portemonnaie [포르트·모네-] 〔중〕 -s/-s 지갑, 돈주머니
Portier [포르티에-] 〔남〕 -s/-s 문지기, 수위; 도어맨
Portion [포르씨온-] 〔여〕 -/-en 몫, 할당; (음식물의) 1인분
Porträt [포르트레-트] 〔중〕 -s/-s 인물사진; 초상〔화〕
Portugal [포르투갈] 〔중〕 -s/ 포르투갈
Portugiese [포르투기-제] 〔여〕 -n/-n 포르투갈인

Portugiese의 격변화

	〔단〕		〔복〕
1격 der	Portugiese	die	Portugiesen
2격 des	Portugiesen	der	Portugiesen
3격 dem	Portugiesen	den	Portugiesen
4격 den	Portugiesen	die	Portugiesen

Portugiesin 〔포르투기젠〕 〔여〕 -/Portugiesinnen 〔폴투기-지넨〕 포르투갈인 (여성)

portugiesisch 〔포르투기-지슈〕 〔형〕 포르투갈〔인·어〕의

Portugiesisch 〔포르투기-지슈〕 〔중〕 포르투갈어

Porzellan 〔포르쩨란-〕 〔중〕 -s/-e 자기, 사기그릇

Position 〔포지씨온-〕 〔여〕 -/-en 위치

positiv 〔포지티-프, 포-지티-프〕 〔형〕 적극적인; 긍정적인

Post 〔포스트〕 〔여〕 -/-en 우편; 우체국; 우편물

Postamt 〔포스스·암트〕 〔중〕 -[e]s/Postämter 〔포스트·엠타〕 우체국

Posten 〔포스텐〕 〔남〕 -s/- 보초, 지위, 포스트

Postkarte 〔포스트·칼테〕 〔여〕 -/-n 우편엽서

Pracht 〔프라하트〕 〔여〕 -/ 화려, 화미, 호화

prächtig 〔프레히티히〕 〔형〕 화려한, 현란한

prägen 〔프레겐〕 〔타〕 각인하다; 인상을 남기다

prahlen 〔프라렌〕 〔자〕 자랑하다; mit et³ ~ …을 뽐내다

praktisch 〔프라크팃슈〕 〔형〕 실용적인, 실제적인

Präsident 〔프레지덴트〕 〔남〕 -en/-en 대통령; 의장, 회장

Präsident의 격변화

	〔단〕		〔복〕
1격 der	Präsident	die	Präsidenten
2격 des	Präsidenten	der	Präsidenten

3격	dem Präsidenten	den	Präsidenten
4격	den Präsidenten	die	Präsidenten

Praxen [프라크센] 〔복〕 Praxis의 복수형

Praxis [프라크시스] 〔여〕 -/Praxen [프락센] 실행, 실천; 의무 ★ Theorie und ~ 이론과 실천

predigen [프레-디겐] 〔자〕〔타〕 설교하다

Prediger [프레-디가-] 〔남〕 -s/- 설교자

Predigt [프레-디히트] 〔여〕 -/-en 설교

Preis [프라이스] 〔남〕 -es/-e 가격; 상, 상품 ★ den ~ gewinnen 상을 타다; um jeden ~ 반드시, 기어코; um keinen ~ 어떤 일이 있어도〈결코〉…않는다

preisen* [프라이젠] 〔타〕 칭찬하다, 찬양하다

preiswert [프라이스·벨-트] 〔형〕 적당한 값의, 비싸지 않은

Presse [프렛세] 〔여〕 -/-n 《단수로》정기간행물; 신문; 출판사, 저널리즘; 인쇄[기]

pressen [프렛센] 〔타〕 밀다, 밀어붙이다; 짜다

pries [프리-스] 〔과〕 preisen의 과거기본형

priese [프리-제] 〔접 Ⅱ〕 preisen의 접속법 제Ⅱ식 기본형

Priester [프리-스타-] 〔남〕 -s/- 목사, 성직자; (카톨릭의) 사제

prima [프리-마] 〔형〕《무변화》최고급의; 훌륭한

primitiv [프리미티-프] 〔형〕 원시의; 원시적인; 유치한

Prinz [프린츠] 〔남〕 -en/-en 왕자

Prinz의 격변화

	〔단〕		〔복〕	
1격	der	Prinz	die	Prinzen
2격	des	Prinzen	der	Prinzen
3격	dem	Prinzen	den	Prinzen
4격	den	Prinzen	die	Prinzen

Prinzessin 〔프린쎄신〕 〔여〕 -/Prinzessinnen〔프린쎄시넨〕 왕녀, 공주

Prinzip〔프린씨-프〕 〔중〕 -s/Prinzipien〔프린씨-피엔〕 원리, 원칙, 주의 ★ im ~ 원칙적으로〔는〕

Prinzipien〔프린씨-피엔〕 〔복〕 Prinzip의 복수형

privat〔프리바-트〕 〔형〕 사적인, 개인의

pro〔프로-〕 〔전〕《4격지배》 …을 위하여, …마다, …당

  pro Kopf 〔숙〕 한사람에 대해서

Probe〔프로-베〕 〔여〕 -/-n 시험; 음미; 견본; 리허설

probieren〔프로비-렌〕 〔타〕 시험하다, 시험 삼아 해보다; 시식〈시음〉하다

Problem〔프로브렘-〕 〔중〕 -s/-e (곤란한, 귀찮은)문제 ★ kein ~ sein 문제가 아니다, 아무것도 아니다

problematisch〔프로부레마-팃슈〕 〔형〕 문제의, 의문의

Produkt〔프로두크트〕 〔중〕 -〔e〕s/-e 생산물, 산물; 제품;

Produktion〔프로두크씨온-〕 〔여〕 -/-en 생산

produktiv〔프로두크씨티-프〕 〔형〕 생산적인; 창조적인

produzieren〔프로두씨-렌〕 〔타〕 생산하다; 제조〈제작〉하다

Professor〔프로펫소아〕 〔남〕 -s/Professoren〔푸로펫소-렌〕 대학교수

Programm〔프로그람〕 〔중〕 -s/-e 프로그램; 계획

Prophet〔프로페-트〕 〔남〕 -en/-en 예언자

Prophet의 격변화

	〔단〕		〔복〕
1격	der Prophet	die	Propheten
2격	des Propheten	der	Propheten
3격	dem Propheten	den	Propheten
4격	den Propheten	die	Propheten

---

prophezeien〔프로페싸이엔〕 〔타〕 예언하다

Prosa [프로-자] 〔여〕 -/ 산문
prosit [프로-지트]
　prost [프로-스트] 〔감〕 (건배의 인사) 건강을 축하하여! 축하합니다!
Prospekt [프로스페크트] 〔남〕 -[e]s/-e (선전용의) 설명〈안내〉서, 팜플렛
Protest [프로테스트] 〔남〕 -[e]s/-e 항의
protestieren [프로테스티-렌] 〔자〕 gegen et⁴ ~ …에 대해서 항의하다
Provinz [프로빈츠] 〔여〕 -/-en 주, 현
Prozent [프로쩬트] 〔남〕 -[e]s/-e 퍼센트, %
Prozeß [프로쩨스] 〔남〕 Prozesses/Prozesse 경과, 과정; 소송
prüfen [프뤼-펜] 〔타〕 시험하다; 검사하다
Prüfung [프뤼-풍그] 〔여〕 -/en 시험; 검사 ★ die ~ bestehen 시험에 합격하다; durch die ~ fallen/in der ~ durchfallen 시험에 낙제하다
Prügel [프뤼-겔] 〔남〕 -s/- 곤봉, 《복수로》구타
prügeln [프뤼-게른] 〔타〕 때리다, 구타하다
prunkvoll [프룬·폴] 〔형〕 화려한, 호화스러운
Psychologie [프슈히오로기-] 〔여〕 -/ 심리학
psychologisch [프슈히오로-기슈] 〔형〕 심리학의; 심리적인
Publikum [푸-프리쿰] 〔중〕 -s/ 공중; 세상; 청중, 관중
Pullover [프로-바-, 프로오-바-] 〔남〕 -s/- (머리로 끼어 입는) 스웨터, 플오버
Puls [풀스] 〔남〕 -es/-e 맥박
Pult [풀트] 〔중〕 -[e]s/-e 사면책상, 사면대
Pulver [풀파-, 풀바-] 〔중〕 -s/- 가루, 화약; 가루약
Pumpe [품페] 〔여〕 -/-n 펌프
pumpen [품펜] 〔타〕 펌프로 퍼내다
Punkt [푼크트] 〔남〕 -[e]s/-e 점; 구두점; 시점; 논점; 문제점
pünktlich [퓐크트리히] 〔형〕 (시간에) 정확한, 시간을 엄수하는

Puppe 〔풋페〕 〔여〕 -/-n 인형
Purpur 〔풀프아〕 〔남〕 -s/ 자색, 보라빛
putzen 〔풋쩬〕 〔타〕 깨끗하게 하다; 닦다 (이·구두 따위를) 닦다 ★ sich³ die Zähne ~ 이를 닦다
〔재〕 sich⁴ ~ 화려하게 옷을 입다, 몸 단장을 하다
Putzfrau 〔풋츠·후라우〕 〔여〕 -/-en 청소부; (통근하는) 가정부

Q

Quadrat 〔쿠바드라-트〕 〔중〕 -〔e〕s/-e 네모꼴; 평방; 《수》제곱

Qual 〔쿠발-〕 〔여〕 -/-en 고통; 고뇌

quälen 〔구벨렌〕 〔타〕 (몹시)괴롭히다; 시달리게 하다
〔재〕 sich⁴ ~ 괴로워하다, 고민하다

Qualität 〔쿠바리테-트〕 〔여〕 -/-en 질, 품질, 성질

Qualm 〔쿠발음〕 〔남〕 -〔e〕s/ 짙은 연기

Quantität 〔쿠반티테-트〕 〔여〕 -/-en 양, 분량, 수량

Quartier 〔쿠발티-아〕 〔중〕 -s/-e 숙박소

Quelle 〔쿠벨레〕 〔여〕 -/-n 샘, 우물; 원천; 출전

quer 〔쿠베-아〕 〔형〕 가로의, 가로지른; 역의, 반대의
〔부〕 가로, 비스듬이

Quittung 〔쿠빗퉁그〕 〔여〕 여수, 영수〈수령〉증

R

Rabe〔라-베〕　　　　　　　　〔남〕-n/-n 까마귀

Rabe의 격변화				
	〔단〕		〔복〕	
1격	der	Rabe	die	Raben
2격	des	Raben	der	Raben
3격	dem	Raben	den	Raben
4격	den	Raben	die	Raben

Rache〔랏헤〕　　　　　　　〔여〕-/-n 복수, 보복
Rachen〔랏헨〕　　　　　　　〔남〕-s/- 인후, 목구멍
rächen〔렛헨〕　　　　　　　〔타〕et^4 an j^3 ~ …의 복수를 …에게 하다
　　　　　　　　　　　　　　　〔재〕sich^4 an j^3 ~ …에게 복수하다
Rad〔라-트〕　　　　　　　　〔중〕-(e)s/Räder〔레-다-〕 바퀴; 자전
Räder〔레-다-〕　　　　　　〔복〕Rad의 복수형
rad|fahren*〔라-트·파-렌〕　〔자〕(s) 자전거를 타고가다, 자전거 타기를 하다
Radfahrer〔라-트·파-라-〕　〔남〕-s/- 자전거 타는 사람
Radiergummi〔라디-아·구미〕〔남〕-s/-s 지우개
radikal〔라디칼-〕　　　　　〔형〕과격한, 급진적인; 근원적인
Radio〔라-디오〕　　　　　　〔중〕-s/-s 라디오; 라디오 방송
　　　　　　　　　　　　　　　~ hören 라디오를 듣다
Radioapparat〔라-디오·아파라-트〕〔남〕-(e)s/-e 라디오 수신기
ragen〔라-겐〕　　　　　　　〔자〕돌출하다; 높이솟다
Rahmen〔라-멘〕　　　　　　〔남〕-s/- 테두리, 테, 틀

Rakete 〔라케-테〕 〔여〕 -/-n 로켓, 미사일
Rand 〔란트〕 〔남〕 -[e]s/Ränder 〔렌다-〕 가장자리, 끝주변; 한계
Ränder 〔렌다-〕 〔복〕 Rand의 복수형
rang 〔랑그〕 〔과〕 ringen의 과거기본형
Rang 〔랑그〕 〔남〕 -[e]s/Ränge 〔렝게〕 계급, 지위; 등급 ★ ersten ~ es 일류의, 1급의 von [hohem] ~ 빼어난
ränge 〔렝게〕 〔접Ⅱ〕 ringen의 접속법 제Ⅱ식 기본형
Ränge 〔렝게〕 〔복〕 Rang의 복수형
rannte 〔란테〕 〔과〕 rennen의 과거기본형
Ranzen 〔란쩬〕 〔남〕 -s/- 배낭, 여행가방
rasch 〔랏슈〕 〔형〕 신속한, 재빠른
rasen 〔라-젠〕 〔자〕 (h, s) 미쳐 날뛰다; (s) 돌진하다
Rasen 〔라-젠〕 〔남〕 -s/- 잔디, 잔디밭
rasend 〔라-젠트〕 〔형〕 미친듯한, 격심한
Rasenplatz 〔라-젠·프랏쓰〕 〔남〕 -es/Rasenplätze 〔라-젠·프렛쎄〕 잔디밭
Rasierapparat 〔라지-아·아파라-트〕 〔남〕 -[e]s/-e 안전면도
rasieren 〔라지-렌〕 〔타〕 j⁴ ~ …의 수염을 깎다; et⁴ ~ …의 털을 깎다
〔재〕 sich⁴ ~ (자신의) 수염을 깎다
Rasse 〔랏세〕 〔여〕 -/-n 인종, 종속; 품종
Rast 〔라스트〕 〔여〕 -/-en 휴식, 휴게, 휴양 ★ ohne ~ und Ruh' 쉬지않고
rasten 〔라스텐〕 〔자〕 휴식하다
rastlos 〔라스트·로-스〕 〔형〕 쉬지 않는, 꾸준한; 부단의
Rat 〔라-트〕 〔남〕 -[e]s/Räte 〔레-테〕 Ratschläge 〔라-트·슈레-게〕 《단수로》 협의, 조언, 충고; 방책 ★ j⁴ um ~

	fragen …에 조언을 구하다; mit ~ und Tat 명실공히
Rate 〔라-테〕	〔여〕 -/-n 분할 지불, 할부 ★ et⁴ auf ~ nkaufen …을 할부로 사다
rät 〔레-트〕	〔현〕 raten의 3인칭 단수현재형
Räte 〔레-테〕	〔복〕 Rat의 복수형
raten* 〔라-텐〕	〔자〕 j³ ~ …에게 충고하다, 조언하다; 추측하다
	〔타〕 j³ et⁴ ~ …에게 …을 충고하다, 조언하다, 권하다; et⁴ ~ …을 알아 맞치다
Rathaus 〔라-트·하우스〕	〔중〕 -es/Rathäuser 〔라-트·호이자-〕 시청
rational 〔라씨오날-〕	〔형〕 합리적인
ratlos 〔라-트·로-스〕	〔형〕 어찌할 바를 모르는
Ratschlag 〔라-트·슈리-크〕	〔남〕 -〔e〕s/Ratschläge 〔라-트·슈레-게〕 충고, 조언
Ratschläge 〔라-트·슈레-게〕	〔복〕 Rat, Ratschlag의 복수형
Rätsel 〔레-쎌〕	〔중〕 -s/- 수수께끼; 불가해의 일
rätselhaft 〔레-쎌하프트〕	〔형〕 수수께끼의; 불가해의
rätst 〔레-쓰트〕	〔현〕 raten의 2인칭 단수현재형
Ratte 〔랏테〕	〔여〕 쥐〔시궁쥐〕
Raub 〔라우프〕	〔남〕 -〔e〕s/ 강탈, 약탈
rauben 〔라우벤〕	〔타〕 j³ et⁴ ~ …으로 부터 …을 뺏다
Räuber 〔로이바-〕	〔남〕 -s/ 강도, 약탈자
Rauch 〔라우호〕	〔남〕 -〔e〕s/-〔e〕 연기
rauchen 〔라우헨〕	〔자〕 끽연하다; 연기를 내다
	〔타〕 (담배를) 피우다
Rauchen 〔라우헨〕	〔중〕 끽연 ★ Rauchen verboten! (계시 따위에서) 금연
Raucher 〔라우하-〕	〔남〕 -s/- 흡연자
räuchern 〔로이헨〕	〔타〕 훈증하다; (고기·생선 따위를) 훈제하다
rauh 〔라우〕	〔형〕 거친; 날것의

Raum 〔라움〕 〔중〕 -es/Räume 〔로이메〕.《단수로》공간; 우주; 방

Räume 〔로이메〕 〔복〕 Raum의 복수형

räumen 〔로이멘〕 〔타〕 비우다; (집·방 따위를) 명도하다; 치우다; 깨끗이하다

Raumfähre 〔라움·페-레〕 〔여〕 -/-n 스페이스샤틀

Raumfahrzeug 〔라움·팔-쏘히크〕 〔중〕 -(e)s/-e 우주선

Raumflug 〔라움·후루-크〕 〔남〕 -(e)s/Raumflüge 〔라움·후뤼-게〕 우주비행

Raupe 〔라우페〕 〔여〕 -/-n (나비 따위의) 유충, 모충; 케터필러, 무한궤도

Rausch 〔라우슈〕 〔남〕 -(e)s/Räusche 〔로이쉐〕 취함, 명정

Räusche 〔로이쉐〕 〔복〕 Rausch의 복수형

rauschen 〔라우쉔〕 〔자〕 (냇물·나무잎·바람따위가) 쇄쇄〔활활〕소리를 내다, 살랑거리다

räuspern 〔로이스페른〕 〔재〕 sich^4 ~ 헛기침을 하다

reagieren 〔레아기-렌〕 〔자〕 반작용하다; auf et^4 ~ …에 반응하다

Reaktion 〔레아크씨온-〕 〔여〕 -/-en 반작용; 반응, 반향; 반동

real 〔레알-〕 〔형〕 현실의; 실제의

Realität 〔레아리테-트〕 〔여〕 -/-en 현실; 사실

rechnen 〔레히넨〕 〔자〕 세다, 계산하다 ★ auf et^4 ~ …을 기다리다; im Kopf ~ 암산하다; mit et^3 ~ …을 계산〈고려〉에 넣다
〔타〕 계산하다, 평가하다; 견적하다 ★ et^4 zu et^3 ~ …을 …에 산입하다

Rechnung 〔레히눙그〕 〔여〕 -/-en 계산, 계산서

Recht 〔레히트〕 〔중〕 -(e)s/-e 올바른 일; 권리; 법〔률〕 ★ im ~ sein 올바르다, 지당하다; mit ~ / zu ~ 정당하게, 당연히; ohne ~ 부당하게도

recht 〔레히트〕	〔형〕	오른쪽의; 올바른, 정당한 ★ j³ ~ sein …에게 유리하다; j³ ~ geben …의 말이 옳다고 인정한다; ~ haben 옳다	
	〔부〕	참으로; 전연	
rechtfertigen 〔레히트·펠티겐〕	〔타〕	정당화하다	
	〔재〕	sich⁴ ~ 변명하다	
rechts 〔레히쓰〕	〔부〕	오른쪽에 ★ nach ~ 우측으로	
Rechtsanwalt 〔레히쓰·안발트〕	〔남〕	-(e)s/Rechtsanwälte 〔레히쓰·안벨테〕 변호사	
rechtzeitig 〔레히트·짜이티히〕	〔형〕	(시간적으로) 시기에 알맞은, 적시의	
Rede 〔레-데〕	〔여〕	-/-n 《단수로》 이야기, 담화; 연설 ★ eine ~ halten 연설을 하다	
reden 〔레-덴〕	〔자〕	말하다, 이야기하다; über j⁴ 〈et⁴〉 ~ von j³ 〈et³〉 ~ …에 대해서 이야기 하다	
Redewendung 〔레-데·벤둥그〕	〔여〕	-/-en 표현, 표현법	
redlich 〔레-트리히〕	〔형〕	정직한, 성실한	
Redner 〔레-르나-〕	〔남〕	말하는 사람, 연설가, 웅변가	
Reduktion 〔레두쿠씨온-〕	〔여〕	-/-en 감소, 축소	
reduzieren 〔레두씨-렌〕	〔타〕	경감하다, 축소하다	
Reform 〔레포름〕	〔여〕	-/en 개혁, 혁신	
Reformation 〔레폴마씨온-〕	〔여〕	-/en 개혁; 종교개혁	
Regal 〔레갈-〕	〔중〕	-s/- 선반, 서가	
rege 〔레-게〕	〔형〕	원기있는, 활기있는	
Regel 〔레-겔〕	〔여〕	-/-n 규칙, 규율; 원칙 ★ in der ~ 통례	
regelmäßig 〔레-겔·메-시히〕	〔형〕	규칙적인, 규칙바른	
regeln 〔레-게른〕	〔타〕	규제하다, 정리하다	
regen 〔레-겐〕	〔타〕	움직이게하다	
	〔재〕	sich⁴ ~ 움직이다	
Regen 〔레-겐〕	〔남〕	-s/- 비	

Regenbogen [레-겐·보-겐]	〔남〕	-s/- 무지개
Regenmantel [레-겐·만텔]	〔남〕	-s/Regenmäntel [레-겐·멘텔] 레인코트
Regenschirm [레-겐·쉬름]	〔남〕	-(e)s/-e 우산
regieren [레기-렌]	〔자〕〔타〕	다스리다, 통치하다, 지배하다
Regierung [레기-룽그]	〔여〕	-/-en 통치; 정부
Register [레기스타-]	〔중〕	-s/- 목록; 표; 명부; 색인
regnen [레-그넨]	〔비〕	es regnet 비가오다
Regung [레-궁그]	〔여〕	-/-en 움직임, 활동; (마음의) 움직임, 감동
Reh [레-]	〔중〕	-(e)s/-e 노루
reiben* [라이벤]	〔타〕	문지르다, 마찰하다, 문질러 으깨다
	〔재〕	sich⁴ ~ 몸을 마찰하다
reich [라이히]	〔형〕	부자의, 풍부한
Reich [라이히]	〔중〕	-(e)s/-e 나라, 제국, 영역
Reiche(r) [라이헤〈히야-〉]	〔남〕〔여〕《형용사적 변화》부자
reichen [라이헨]	〔자〕	다다르다, 족하다, 충분하다
	〔타〕	j³ et⁴ ~ …에 …을 내밀다 〈주다〉
reichlich [라이히리히]	〔형〕	풍부한, 넉넉한, 충분한
Reichtum [라이히툼-]	〔남〕	-(e)s/Reichtümer [라이히튀-마-] 부, 재산;《단수로》풍부
Reichtümer [라이히튀-마-]	〔복〕	Reichtum의 복수
reif [라이프]	〔형〕	익은, 성숙한
Reife [라이페]	〔여〕	-/ 성숙
reifen [라이펜]	〔자〕	(s) 익다, 성숙하다
Reifen [라이펜]	〔남〕	-s/- 타이어
Reihe [라이에]	〔여〕	-/-n 줄, 열, 시리즈; 순번 ★ an der ~ sein (자기의) 차례이다 nach der ~ / der ~ nach 순번대로
Reim [라임]	〔남〕	-(e)s/-e (시의) 운(韻)
rein [라인]	〔형〕	순수한; 청결한; 맑은
reinigen [라이니겐]	〔타〕	깨끗하게하다, 청소하다

Reinigung

	〔재〕 sich⁴ ~ 몸을 깨끗이하다
Reinigung〔라이니궁그〕	〔여〕 -/-en 청소; 세탁
Reis〔라이스〕	〔남〕 -es/-e 쌀; 벼
Reise〔라이제〕	〔여〕 -/-n 여행 ★ auf der ~ 여행중에; sich⁴ auf die ~ machen 여행을가다
Reisebüro〔라이제 · 뷔로-〕	〔중〕 -s/-s 여행안내소
reisen〔라이젠〕	〔자〕 (s, h)여행하다, 여행을 나가다 ★ in die Ferien ~ 휴가로 여행하다; ins Ausland ~ 외국으로 여행하다; nach et³ ~ …로 여행하다
Reisende〔r〕〔라이젠데〈다-〉〕	〔남〕〔여〕《형용사적 변화》여행사
Reisepaß〔라이제 · 파스〕	〔남〕 Reisepasses/Reisepässe〔라이제 · 펫세〕 여권, 패스포드
Reiseziel〔라이제 · 씰-〕	〔중〕 -〔e〕s/-e 여행목적지
reißen*〔라이쎈〕	〔타〕 찢다; 잡아당기다 ★ et⁴ an sich⁴ ~ …을 강탈하다
	〔재〕 sich⁴ um et⁴ ~ …서로 빼앗다
	〔자〕 찢어지다, 째지다
reißt〔라이스트〕	〔현〕 reißen의 2 · 3인칭 단수현재형
Reißverschluß〔라-이스 · 페아슐스〕	〔남〕 Reißverschlusses/Reißverschlüsse〔라이스 · 패아슈뤳세〕 척, 지퍼
reiten*〔라이텐〕	〔타〕 (말을)타다
	〔자〕 (s) 말로가다
Reiz〔라이쓰〕	〔남〕 -es/-e´ 자극, 매력
reizen〔라이쎈〕	〔타〕 j⁴ 〈et⁴〉 ~ …을 자극하다; j⁴ ~ …의 마음을 부추기다
reizend〔라이쎈트〕	〔형〕 매력적인, 매혹적인
reizvoll〔라이쓰 · 폴〕	〔형〕 매력에 넘치는
Reklame〔레크라-메〕	〔여〕 -/-n 선전, 광고, 코머샬
Rekord〔레콜드〕	〔남〕 -〔e〕s/-e 〔최고〕기록 ★ einen ~ aufstellen 기록을 수립하다

relativ 〔레라티-프〕	〔형〕 상대적인; 비교적인
Religion 〔레리기온-〕	〔여〕 -/-en 종교
religiös 〔레리기왼-스〕	〔형〕 종교〔상〕의; 종교적인
rennen* 〔렌넨〕	〔자〕 (s) 달리다, 뛰다, 질주하다
Rennen 〔렌넨〕	〔중〕 -s/- 질주; 레이스
rennte 〔렌테〕	〔접Ⅱ〕 rennen의 접속법 제Ⅱ식 기본형
Rente 〔렌테〕	〔여〕 -/-n 연금; 이자, 이식 ★ auf 〈in〉 ~ gehen 연금 생활로 들어가다
Reparatur 〔레파라투-아〕	〔여〕 -/-en 수선, 수리
reparieren 〔레파리-렌〕	〔타〕 수선〈수리〉하다
repräsentieren 〔레프레젠티-렌〕	〔타〕 대표하다
Republik 〔레프부리-크〕	〔여〕 -/-en 공화국 ★ Deutsche Demokratische ~ (옛)독일 민주공화국
reservieren 〔레젤비-렌〕	〔타〕 남겨놓다; (자리·표 따위를) 예약하다
Respekt 〔레스페크트〕	〔남〕 -〔e〕s/ 존경, 경의
Rest 〔레스트〕	〔남〕 -es/-e 나머지, 잔여
restlos 〔레스트·로-스〕	〔형〕 남김없는, 전부의; 완전한
Restaurant 〔레스토란-〕	〔중〕 -s/-s 레스토랑, 음식점
Restauration 〔레스타우라씨온〕	〔여〕 -/-en 수복, 복원; 〔왕정〕 복고
restaurieren 〔레스타우렌〕	〔타〕 수복〈복원〉하다; 재흥하다
Resultat 〔레주루타-트〕	〔중〕 -〔e〕s/-e 결과, 성과
retten 〔렛텐〕	〔타〕 구하다, 구조하다 j⁴ aus 〈vor〉 et³ ~ …의 …을 구하다
	〔재〕 sich⁴ vor et³ ~ …을 면하다, …에서 피하다
Rettung 〔렛퉁그〕	〔여〕 -/-en 구조
Reue 〔로이에〕	〔여〕 -/ 후회, 회오; 참회
reuen 〔로이엔〕	〔타〕 j⁴ ~ …을 후회시키다
	〔비〕 es reut j⁴ (…은) 후회하고 있다

Revolution [레보루씨온-] 〔여〕 -/-en 혁명
revolutionär [레보루씨오네-아] 〔형〕 혁명의, 혁명적인
Rezept [레쩨프트] 〔중〕 -[e]s/-e 처방[전]; 조리법
Rhein [라인] 〔남〕 -[e]s/- 라인강
Rhythmen [류트맨] 〔복〕 Rhythmus의 복수형
Rhythmus [류트무스] 〔남〕 -/Rhythmen [류트맨] 율동, 리듬
richten [리히텐] 〔타〕 정돈하다; ★ et⁴ an ⟨auf·gegen⟩ et⁴ ~ /et⁴ nach et³ ~ …을 …으로 돌리다
〔재〕 sich⁴ an⟨auf·gegen⟩ et⁴ ~ …으로 향하다; sich⁴ nach et³ ~ …에 따르다 ⟨좌우되다⟩
Richter [리히타-] 〔남〕 -s/- 판사, 재판관
richtig [리히티히] 〔형〕 옳은, 정확한, 정당한; 적절한, 정상적인
〔부〕 바르게, 정확히, 정당하게; 아주, 매우
Richtung [리히퉁그] 〔여〕 -/-en 방향
rieb [리-프] 〔과〕 reiben의 과거기본형
riebe [리-베] 〔접Ⅱ〕 reiben의 접속법 제Ⅱ식 기본형
riechen* [리-헨] 〔타〕 (…의 냄새를) 냄새를 맡다
〔자〕 nach et³ ~ …의 냄새가 나다
〔비〕 es riecht nach et³ …의 냄새가 나다
rief [리-프] 〔과〕 rufen의 과거기본형
riefe [리-페] 〔접Ⅱ〕 rufen의 접속법 제Ⅱ식 기본형
Riemen [리-멘] 〔남〕 -s/- 가죽끈, 벨트
Riese [리-제] 〔남〕 -n/-n 거인

Riese의 격변화			
	〔단〕		〔복〕
1격	der Riese	die	Riesen

2격	des	Riesen	der	Riesen
3격	dem	Riesen	den	Riesen
4격	den	Riesen	die	Riesen

riesig 〔리-지히〕 〔형〕 거대한
riet 〔리-트〕 〔과〕 raten의 과거기본형
riete 〔리-테〕 〔접Ⅱ〕 raten의 접속법 제Ⅱ식 기본형
Rind 〔린트〕 〔중〕 -(e)s/-er (일반적으로) 소
Rinder 〔린다-〕 〔복〕 Rind의 복수형
Rindfleisch 〔린트·프라이슈〕 〔중〕 -es/ 소고기
Ring 〔링그〕 〔남〕 -(e)s/-e 원형, 고리; 반지; (권투 등의) 링
ringen* 〔링겐〕 〔자〕 mit j³ ~ …와 격투하다; nach et³ ~ …을 구하여 노력하다
rings 〔링그스〕 〔부〕 둘레에, 둘러싸고
ringsum 〔링그스·움〕 〔부〕 둘레에, 빙둘러
Rippe 〔릿페〕 〔여〕 -/-n 늑골, 갈빗대
Risiken 〔리-지켄〕 〔복〕 Risiko의 복수형
Risiko 〔리-지코〕 〔중〕 -s/-s 〈Risiken 〔리-지켄〕 위험, 리스크
riskieren 〔리스키-렌〕 〔타〕 et⁴ ~ …의 위험을 범하다, …을 걸다
riß 〔리스〕 〔과〕 reißen의 과거기본형
Riß 〔리스〕 〔남〕 Risses/Risse 찢음; 찢어진 자리, 갈라진 틈
risse 〔릿세〕 〔접Ⅱ〕 reißen의 접속법 제Ⅱ식 기본형
ritt 〔릿트〕 〔과〕 reiten의 과거기본형
ritte 〔릿테〕 〔접Ⅱ〕 reiten의 접속법 제Ⅱ식 기본형
Ritter 〔릿타-〕 〔남〕 -s/- 기사
roch 〔롯호〕 〔과〕 riechen의 과거기본형
röche 〔룃헤〕 〔접Ⅱ〕 riechen의 접속법 제Ⅱ식 기본형

Rock [록크]	〔남〕 -[e]s/Röcke [뢰케] (여성의) 스커트; (남성의) 상의
Röcke [뢰케]	〔복〕 Rock의 복수형
Roggen [록겐]	〔남〕 -s/- 호밀
roh [로-]	〔형〕 날것의; 거칠은, 난폭한
Rohr [로-아]	〔중〕 -[e]s/-e 통, 관, 파이프, 갈대
Röhre [뢰-레]	〔여〕 -/-n 관; 진공관
Rohstoff [로-·슈톱]	〔남〕 -[e]s/- 원료
Rolle [로레]	〔여〕 -/-n (극의) 역[할]; 두루마리 eine ~ spielen 어떤 역할을 한다
rollen [로렌]	〔자〕 (s) 구르다; 굴러가다; (차 따위가) 굴러나가다
	〔타〕 굴리다; 회전시키다
	〔재〕 sich⁴ ~ 구르다; 회전하다
Roman [로만-]	〔남〕 -s/-e 장편소설, 이야기
Romantik [로만티크]	〔여〕 -/ 낭만주의, 낭만파
romantisch [로만티슈]	〔형〕 낭만주의의; 낭만주의적인, 로맨틱한
rosa [로-자]	〔형〕 《무변화》장미색의, 핑크색의
Rose [로-제]	〔여〕 -/-n 장미
rosig [로-지히]	〔형〕 장미색의; 장미와 같은; (장래의 전망이) 밝은
Rost [로스트]	〔남〕 -es/ 녹
rostfrei [로스트·프라이]	〔형〕 녹이 슬지 않는, 스테인레스의
rösten [뢰-스텐]	〔타〕 굽다, (고기를) 로스트로 굽다
rot* [로-트]	〔형〕 붉은, 붉은색의
roter [로-타] röter [뢰-타-]	〔형〕 rot의 비교급
rotest [로-테스트] rötest [뢰-테스트]	〔형〕 rot의 최상급
rötlich [뢰-트리히]	〔형〕 붉그스레한, 붉은색을 띤
Rotwein [로-트·바인]	〔남〕 -[e]s/-e 붉은 포도주
rücken [뤽켄]	〔자〕 (s) 움직이다, 나아가다

	〔타〕 움직이게하다, 밀다, 밀어 옮기다
Rücken 〔뤽켄〕	〔남〕 등, 배후 ★ auf dem Rücken 뒤로 나자빠져서
Rückfahrt 〔뤽크·팔-트〕	〔여〕 -/-en 귀로
Rückkehr 〔뤽크·케-아〕	〔여〕 -/-en 귀환
Rucksack 〔룩크·작크〕	〔남〕 -[e]s/Rucksäcke〔룩크·젯케〕 룩작, 배낭
Rückseite 〔뤽크·자이테〕	〔여〕 -/-n 이면, 배면
Rücksicht 〔뤽크·지히트〕	〔여〕 -/-en 고려, 참작 ★ auf et⁴ ~ nehmen …을 고려하다; ohne ~ auf et⁴ …을 고려하지 않고서
rücksichtslos 〔뤽크지힛·로스〕	〔형〕 고려하지 않는, 무분별한; 무정한
Rücktritt 〔뤽크·트릿트〕	〔남〕 -[e]s/-e 사직; 퇴직; 은퇴
rückwärts 〔뤽크·벨쓰〕	〔부〕 뒷쪽으로, 후방으로
Rückweg 〔뤽크·베-크〕	〔남〕 -[e]s/-e 귀로
Ruder 〔루-다-〕	〔중〕 -s/- 키
rudern 〔루-데른〕	〔자〕 (h, s) (노) 젖다, 저어 나아가다
Ruf 〔루-프〕	〔남〕 -[e]s/-e 부르는 소리; 《단수로》소문, 평판; 초빙
refen* 〔루-펜〕	〔자〕 부르다, 외치다 nach j³ ~ …을 부르다; nach et³ 〈um et⁴〉 ~ …을 구하여 부르다
	〔타〕 부르다, 외치다; 불러오게하다
Ruhe 〔루-에〕	〔여〕 -/ 휴식, 안정; 정숙; (마음의) 평정, 안녕 ★ ohne Rast und Ruh 쉬지도 않고
ruhen 〔루-엔〕	〔자〕 휴식하다, 쉬다; aut et⁴ ~ …의 위에 타고 있다
ruhig 〔루-이히〕	〔형〕 조용한; (마음 따위가) 안정된, 편안한
Ruhm 〔룸-〕	〔남〕 -[e]s/ 명성, 명예
rühmen 〔뤼-멘〕	〔타〕 칭찬하다

rühren 〔뤼-렌〕	〔타〕 움직이다; 감동시키다 〔재〕 sich⁴ ~ 움직이다 〔자〕 an et⁴ ~ …에 손을 대다
rührend 〔뤼-렌트〕	〔형〕 감동적인
Ruine 〔루이-네〕	〔여〕 -/-n 폐허
ruinieren 〔루이니-렌〕	〔타〕 파괴하다, 파멸시키다 〔재〕 sich⁴ ~ 파멸하다
Rumpf 〔룸프흐〕	〔남〕 -(e)s/Rümpfe 〔륌프페〕 몸통, 동체
Rümpfe 〔륌프헤〕	〔복〕 Rumpf의 복수형
rund 〔룬트〕	〔형〕 둥근, 원형의 〔부〕 약, 대략
Runde 〔룬트〕	〔여〕 -/-n 원; 회전; 순회; 승부, 시합
Rundfahrt 〔룬트·팔-트〕	〔여〕 -/-en 일주여행, 유람
Rundfunk 〔룬트·훙크〕	〔남〕 -s/-e 라디오〔방송〕
Russe 〔룻세〕	〔남〕 -n/-n 러시아인

Riese의 격변화			
	〔단〕		〔복〕
1격	der Russe	die	Russen
2격	des Russen	der	Russen
3격	dem Russen	den	Russen
4격	den Russen	die	Russen

Russin 〔룻신〕	〔여〕 -/Russinnen 〔룻지넨〕 러시아인 (여성)
russisch 〔루싯슈〕	〔형〕 러시아〔인·어〕의
Russisch 〔루싯슈〕	〔중〕 -(s)/ 러시아어
Rußland 〔루스·란트〕	〔중〕 -s/ 러시아
rüsten 〔뤼스텐〕	〔타〕 준비시키다; (…의) 무장〈군비〉을 시키다 〔재〕 sich⁴ ~ 준비하다; 준비를 갖추다
rüstig 〔뤼스티히〕	〔형〕 건전한, 건강한; 원기있는
Rüstung 〔뤼스퉁그〕	〔여〕 -/-en 준비; 무장; 군비
Rute 〔루-테〕	〔여〕 -/-n (가는) 가지; 회초리;

	낚시대
rutschen〔룻첸〕	〔자〕(s, h) 미끄러지다, 미끄러 떨어지다
rütteln〔륏테룬〕	〔타〕흔들다, 진동시키다
	〔자〕an et³ ~ 을 흔들다

S

Saal 〔잘-〕 〔남〕 -〔e〕s/Säle 〔제-레〕 홀, 넓은〔큰〕방

Saat 〔자-트〕 〔여〕 -/-en 파종; 씨, 씨앗; 종묘

Sache 〔잣헤〕 〔여〕 -/-n 일; 사건; 사정; 물건 《복수로》소지품 ★ bei der ~ bleiben 이야기의 요점(본 제목)에서 떨어지지 않는; Das ist meine ~ 그것은 나의 문제다; zur ~ kommen 이야기의 핵심으로 들어가다

sachlich 〔잣하리히〕 〔형〕 사물의; 실제적인; 직물적인; 객관적인

sacht 〔자하트〕 〔형〕 조용한, 온화한; 유연한

Sack 〔작크〕 〔남〕 -〔e〕s/Säcke 〔젝케〕 자루, 주머니

Säcke 〔젝케〕 〔복〕 Sack의 복수형

säen 〔제-엔〕 〔타〕 et⁴ ~ …의 씨앗을 뿌리다

Saft 〔자프트〕 〔남〕 -〔e〕s/Säfte 〔제프테〕 즙; 과즙; 쥬스

Säfte 〔제프트〕 〔복〕 Saft의 복수형

saftig 〔자프티히〕 〔형〕 즙이 많은

Sage 〔자-게〕 〔여〕 -/-n 전설, 설화

Säge 〔제게〕 〔여〕 -/-n 톱

sagen 〔자-겐〕 〔타〕 j³ et⁴ ~ …에게 …을 말하다, 설명하다; 전하다; 주장하다; 의미하다 ★ man sagt, daß… …이란 소문이다; offen〈kurz〉gesagt 확실히〈짧게〉말해서; so zu ~ 말하자면 (⇨ sozusagen); wie gesagt 이미 말

	한 바와 같이
sägen 〔제-겐〕	〔타〕 톱으로 썰다, 톱질하다
sah 〔자-〕	〔과〕 sehen의 과거기본형
sähe 〔제-에〕	〔접Ⅱ〕 sehen의 접속법 제Ⅱ식 기본형
Sahne 〔자-네〕	〔여〕 -/ 크림
Saite 〔자이테〕	〔여〕 -/-n (악기의) 현, 《복수로》 현악기
Salat 〔자라-트〕	〔남〕 -(e)s/-e 샐러드; 《단수로》 레터스(양상치)
Salbe 〔잘베〕	〔여〕 -/-n 연고
Säle 〔제-레〕	〔복〕 Saal의 복수형
Salon 〔자론-〕	〔남〕 -s/-s 살롱; 객실; (사교장이나 서클로써의) 살롱
Salz 〔잘쓰〕	〔중〕 -es/-e 소금
salzig 〔잘씨히〕	〔형〕 소금기 있는
Samen 〔자-멘〕	〔남〕 -s/- 씨, 씨앗; 정액
sammeln 〔잠-메른〕	〔타〕 모으다, 수집하다 ★ Geld 모금하다
	〔재〕 sich⁴ ~ 모이다
Sammlung 〔잠룽그〕	〔여〕 -/-en 수집; 모음, 모임
Samstag 〔잠스타-크〕	〔남〕 -(e)s/-e 남부·서부 독일에서는 토요일 (북부·중부독일에서는 Sonnabend)
Samt 〔잠트〕	〔남〕 -(e)s/-e 우단, 비로드
sämtlich 〔젬트리히〕	〔형〕 전체의, 전부의
Sand 〔잔트〕	〔남〕 -(e)s/-e 모래
sandte 〔잔테〕	〔과〕 senden의 과거기본형
sanft 〔잔프트〕	〔형〕 상냥한, 부드러운; 온순한
sang 〔잔그〕	〔과〕 singen의 과거기본형
sänge 〔젠게〕	〔접Ⅱ〕 singen의 접속법 제Ⅱ식 기본형
Sänger 〔젱가-〕	〔남〕 -s/- 가수
Sängerin 〔젱게린〕	〔여〕 -/Sängerinnen 〔젱게리넨〕 여성가수
sank 〔잔크〕	〔과〕 sinken의 과거기본형
sänke 〔젠케〕	〔접Ⅱ〕 sinken의 접속법 제Ⅱ식

	기본형
sann 〔잔〕	〔과〕 sinnen의 과거기본형
sänne, sönne 〔젠네〕	〔접Ⅱ〕 sinnen의 접속법 제Ⅱ식 기본형
Sarg 〔잘르크〕	〔남〕 -(e)s/Särge
Särge 〔젤르크〕	〔복〕 Sarg의 복수형
saß 〔자-스〕	〔과〕 sitzen의 과거기본형
säße 〔제-세〕	〔접Ⅱ〕 sitzen의 접속법 제Ⅱ식 기본형
Satan 〔자-탄〕	〔남〕 -s/ 사탄, 악마
Satellit 〔자테리-트〕	〔남〕 -en/-en 위성, 인공위성

Satellit의 격변화

	〔단〕		〔복〕
1격	der Satellit	die	Satelliten
2격	des Satelliten	der	Satelliten
3격	dem Satelliten	den	Satelliten
4격	den Satelliten	die	Satelliten

satt 〔잣트〕	〔형〕 배부른; 만족한; 충분한; 싫증난
Sattel 〔잣텔〕	〔남〕 -s/Sättel 〔젯텔〕 (말의) 안장
Sättel 〔젯텔〕	〔복〕 Sattel의 복수형
Satz 〔잣쓰〕	〔남〕 -es/Sätze 〔젯세〕 문, 문장; 도약; 명제, 정리; (곡의) 악장 ★ in einem ~ /mit einem ~ 한번 뛰어서
Sätze 〔젯쎄〕	〔복〕 Satz의 복수형
Sau 〔자우〕	〔여〕 -/Säue 〔조이에〕 암돼지
sauber 〔자우바-〕	〔형〕 깨끗한, 산뜻한
säubern 〔조우베른〕	〔타〕 청결히하다; 숙청하다
Sauce 〔조-세〕	〔여〕 -/-n 소오스 (⇨ Soße)
Säue 〔조이에〕	〔복〕 Sau의 복수형
sauer 〔자우아-〕	〔형〕 (맛이) 신, 신맛이 있는; 쓰라린
Sauerstooff 〔자우아-·슈톱프〕	〔남〕 -(e)s/ 산소

saufen* 〔자우펜〕	〔타〕〔자〕(동물이) 마시다; 술을 많이 마시다
säufst 〔조이프스트〕	〔현〕 saufen의 2인칭 단수현재형
säuft 〔조이프트〕	〔현〕 saufen의 3인칭 단수현재형
saugen* 〔자우겐〕	〔타〕 빨다 〔자〕 젓을 빨다
Säugetier 〔조이게·티-아〕	〔중〕 -s/-e 포유동물;《복수로》포유류
Säugling 〔조이크링그〕	〔남〕 -s/-e 젓먹이, 유아
Säule 〔조이레〕	〔여〕 -/-n 원주, 기둥
Säure 〔조이레〕	〔여〕 -/-n 산, 신맛
Schach 〔샷하〕	〔중〕 -〔e〕s/ 체스, 장기
Schachtel 〔샤하텔〕	〔여〕 -/-n 상자 ★ eine ~ Zigaretten 담배 한갑
schade 〔샤-데〕	〔형〕《술어적으로》유감스러운, 애석한; 불쌍한
Schädel 〔세-델〕	〔남〕 -s/- 두개
schaden 〔샤-덴〕	〔자〕 j³ 〈et³〉 ~ …을 해치다, …에 해롭다
Schaden 〔샤-덴〕	〔남〕 -s/Schäden〔세-덴〕 해, 손해; 손실, 불이익
Schäden 〔세-덴〕	〔복〕 Schaden의 복수형
schädlich 〔세-트리히〕	〔형〕 유해한, 해가되는
Schaf 〔샤-프〕	〔중〕 -〔e〕s/-e 양
schaffen¹* 〔샷펜〕	〔타〕 창조하다
schaffen²* 〔샷펜〕	〔타〕 가져오다, 가지고 오다; (곤란한 일을) 성취하다
Schaffner 〔샤프너-〕	〔남〕 -s/- 차장
Schal 〔샬-〕	〔남〕 -s/-s 〈-e〉 숄, 머플러
Schale¹ 〔샤-레〕	〔여〕 (과일·감자 따위의) 껍질; (달걀·호도·조개 따위의) 껍질
Schale² 〔샤-레〕	〔여〕 -/-n 접시, 사발; 쟁반
schälen 〔세-렌〕	〔타〕 et⁴ ~ …의 껍질을 벗기다
Schall 〔샬〕	〔남〕 -〔e〕s/-e 〈Schälle〔세레〕〉 음, 울림, 음향
Schälle 〔세레〕	〔복〕 Schall의 복수형

Schallplatte〔샬·프랏테〕	〔여〕-/-n 레코드, 음반
schalt〔샬트〕	〔과〕schelten의 과거기본형
schalten〔샬텐〕	〔타〕〔자〕(스위치·기어 따위를) 접속시키다
Schalter〔샬타-〕	〔남〕-s/ 스위치; 매표구; (관공서의) 창구
Scham〔샴-〕	〔여〕-/ 수치〔심〕, 부끄러움; 치부
schämen〔셰-멘〕	〔재〕sich⁴ et² ⟨wegen et²/über et⁴⟩ ~ …을 부끄러워하다
Schande〔샨데〕	〔여〕-/-en 부끄러움, 치욕; 불명예
schändlich〔셴트리히〕	〔형〕수치스러운; 비열한
Schar〔샬-〕	〔여〕-/ 무리, 떼; 부디
scharf*〔샬프〕	〔형〕날카로운, 예리한, 통렬한; 엄한
Schärfe〔셸페〕	〔여〕-/ 예리함; 통렬함; 엄함
schärfen〔셸펜〕	〔타〕날카롭게 하다; (감정 따위를) 예민하게 하다
schärfer〔셸파-〕	〔형〕scharf의 비교급
schärfst〔셸프스트〕	〔형〕scharf의 최상급
Schatten〔샤텐〕	〔남〕-s/ 그림자, 그림
Schatz〔샷쯔〕	〔남〕-es/Schätze〔셋쩨〕 보물, 재물, 귀중품
Schätze〔셋쩨〕	〔복〕Schatz의 복수형
schätzen〔셋쩬〕	〔타〕평가하다; 존중하다; 소중히 여기다
Schau〔샤우〕	〔여〕보임, 보여줌; 쇼, ★ et⁴ zur ~ tragen 자랑스럽게 내보이다, 과시하다
Schauder〔샤우다-〕	〔남〕-s/ 몸서리침, 전율
schauderhaft〔샤우다-하프트〕	〔형〕무서운, 소름이 끼치는
schaudern〔샤우데른〕	〔비〕es schaudert j³ ⟨j⁴⟩ ~ …는 오싹해지다
schauen〔샤우엔〕	〔타〕보다, 바라보다 〔자〕auf et⁴ ~ …을 보다, 바라보다

schelten*

Schauer 〔샤우아-〕	〔남〕 -s/- 소나기; 몸부림, 전율
Schaufel 〔샤우펠〕	〔여〕 -/-n 삽
schaufeln 〔샤우페른〕	〔타〕 삽으로 파다
Schaufenster 〔샤우·펜스타-〕	〔중〕 -s/- 쇼윈도우, 진열장
Schaukel 〔샤우켈〕	〔여〕 -/-n 그네
schaukeln 〔샤우케른〕	〔자〕 흔들리다; (앞뒤·위아래로) 움직이다
	〔타〕 흔들다
Schaum 〔샤움〕	〔남〕 Schaum의 복수형
Schäume 〔쇼이메〕	〔복〕 -(e)s/Schäume의 복수형
Schauspiel 〔샤우·슈필-〕	〔중〕 -(e)s/-e 연극, 극, 희극
Schauspieler 〔샤우·슈필-라-〕	〔남〕 -s/- 배우
Schauspielerin 〔샤우·슈피-레린〕	〔여〕 -/Schauspielerinnen 〔샤우·슈피-레리넨〕 여우
Scheck 〔셱크〕	〔남〕 -(e)s/-s 수표
Scheibe 〔샤이베〕	〔여〕 -/-n 원판; 얇은 조각; 창유리 ★ eine ~ Brot 빵 한 조각
scheiden* 〔샤이덴〕	〔타〕 자르다; 이혼시키다
	〔재〕 sich⁴ ~ 헤어지다; sich⁴ lassen 이혼하다
	〔자〕 헤어지다, 갈라지다
Scheidung 〔샤이둥그〕	〔여〕 -/-en 분리; 구별; 이혼
Schein 〔샤인〕	〔남〕 -(e)s/-e 빛, 빛남; 외견〈관〉; 증명서; 지폐
scheinbar 〔샤인발-〕	〔형〕 외견상의, 겉보기의
	〔부〕 겉보기에
scheinen* 〔샤이넨〕	〔자〕 빛나다, 비치다; j³ ~ …에게 …와 같이 보이다〈여겨지다〉
Scheitel 〔샤이텔〕	〔남〕 -s/- 정수리, 머리꼭대기
scheitern 〔샤이테른〕	〔자〕 실패하다, 좌절하다
schelten* 〔셸텐〕	〔타〕 꾸짖다; j⁴ et² ~ …으로 …을 꾸짖다; j⁴ et⁴ ~ …을 이라고 욕하다
	〔자〕 auf j⁴ ~ mit j³ ~ …을

꾸짖다

Schenkel [솅켈] 〔남〕 대퇴부, 허벅다리
schenken [솅켄] 〔타〕 j³ et⁴ ~ …에게 …을 선사하다, 선물주다, 진정하다
Scherbe [셸베] 〔여〕 -/-n (유리·자기 따위의) 파편, 조각
Schere [세-레] 〔여〕 -/-n 가위
Scherz [셸쓰] 〔남〕 -es/-e 농, 농담, 익살; 놀림 ★ zum ~ 농담으로
scherzen [셸첸] 〔자〕 장난치다; 농담하다
scheu [쇼이] 〔형〕 수집어하는; 겁많은; 마음이 약한
Scheu [쇼이] 〔여〕 두려움, 공포, 겁; 수줍음
Scheuen [쇼이엔] 〔타〕 두려워하다, 겁내다
〔재〕 sich⁴ vor et³ ~ …을 무서워하다
〔자〕 vor et³ ~ …을 두려워하다
scheuern [쇼이에른] 〔타〕 문질러 씻다〈닦다〉; 스쳐 벗기다
Scheune [쇼이네] 〔여〕 -/-n 곡창, 헛간
scheußlich [쇼이스리히] 〔형〕 무서운; 불쾌한; 심한
Schi [시-] 〔남〕 -s/Schier [시-야-] 스키 (⇨ Ski) ★ ~ fahren〈laufen〉 스키를 타다
Schicht [시히트] 〔여〕 -/-en 층, 계층; 지층
schick [식크] 〔형〕 아휘있는, 멋진
schicken [식켄] 〔타〕 보내다; (사람을) 파견하다; 가게하다; j³ et⁴ ~ …에게 …을 보내다
〔자〕 nach j³ ~ …을 마지하려 보내다
〔재〕 sich⁴ ~ …에 어울리다, 적합하다
Schicksal [식크잘-] 〔중〕 -(e)s/-e 운명; 숙명
schieben* [시-벤] 〔타〕 밀다, 떠밀다; 연기하다; et⁴ auf j⁴ …을 …에 밀어붙이다, 전가하다
〔재〕 sich⁴ ~ 천천히 움직이다

schied 〔시-트〕	〔과〕 scheiden의 과거기본형
schiede 〔시-데〕	〔접Ⅱ〕 scheiden의 접속법 제Ⅱ식 기본형
schief 〔시-프〕	〔형〕 비스듬한, 기울인
schielen 〔시-렌〕	〔자〕 사시이다, 곁눈질하다
schien 〔신-〕	〔과〕 scheinen의 과거기본형
schiene 〔시-네〕	〔접Ⅱ〕 scheinen의 접속법 제Ⅱ식 기본형
Schiene 〔시-네〕	〔여〕 -/-n 레일
Schier 〔시-야-〕	〔복〕 Schi의 복수형
schieß 〔시-스〕	〔명〕 schießen의 명령형
schießen* 〔시-센〕	〔타〕〔자〕 (화살을)쏘다; (탄환을) 쏘다; (볼을) 슛하다
schießt 〔시-스트〕	〔현〕 schießen의 2·3인칭 단수현재형
Schiff 〔싯프〕	〔중〕 -[e]s/-e 배 ★ per ~ 선편으로
Schiffahrt 〔싯프·팔-트〕	〔여〕 《분철: Schiff-fahrt》항해, 항행
Schiffer 〔싯파-〕	〔남〕 -s/- 사공; 선원
Schiffspost 〔싯프스·포스트〕	〔여〕 -/-en 선편
Schild[1] 〔실트〕	〔남〕 -[e]s/-e 방패
Schild[2] 〔실트〕	〔중〕 -[e]s/-er 간판; 〔도로〕표식
schildern 〔실데른〕	〔타〕 (정경을) 서술 〈묘사〉하다
Schilling 〔시링그〕	〔남〕 -s/- 실링(오스트리아·영국의 화폐단위)
schilt 〔실트〕	〔현〕 schelten의 3인칭 단수현재형
	〔명〕 schelten의 명령형
schiltst 〔실쓰트〕	〔현〕 schelten의 2인칭 단수현재형
Schimmer 〔심마-〕	〔현〕 schelten의 2인칭 단수현재형
Schimmer 〔심마-〕	〔남〕 -s/ 미광; 광택
schimmern 〔심메른〕	〔자〕 미광을 발하다
Schimpf 〔심프흐〕	〔남〕 -[e]s/-e 모욕, 욕; 창피

schimpfen 〔심프헨·〕	〔타〕 욕하다; 꾸짖다
	〔자〕 auf j⁴ ~ /mit j³ ~ …을 욕하다; 꾸짖다
Schinken 〔신켄〕	〔남〕 -s 햄
Schirm 〔실음〕	〔남〕 -[e]s/-e 우산; (전등의)갓; 차폐관; (텔레비전)의 화면
Schlacht 〔슈라하트〕	〔여〕 -/-en 전투
schlachten 〔슈라하텐〕	〔타〕 도살하다
Schlachter 〔슈라하타-〕	〔남〕 -s/- 푸줏간(특히 북쪽에서); 도살자
Schlaf 〔슈라-프〕	〔남〕 -[e]s/ 잠, 수면 ★ im ~ e 자고 있는 사이에, 자고 있는대로; in ~ fallen〈sinken〉잠들다
Schläfe 〔슈레-페〕	〔여〕 -/-n 관자놀이
schlafen* 〔슈라-펜〕	〔자〕 잠자다 ★ fest〈gut〉 ~ 푹 자다; gehen 자로가다
schlaff 〔슈랏프〕	〔형〕 느슨한, 헐거운
schläfrig 〔슈레-프리히〕	〔형〕 졸리운, 졸리게 하는
schläfst 〔슈레-프스트〕	〔현〕 schlafen의 2인칭 단수현재형
schläft 〔슈레-프트〕	〔현〕 schlafen의 3인칭 단수현재형
Schlafzimmer 〔슈라-프·씸마-〕	〔중〕 -s/- 침실
Schlag 〔슈라-크〕	〔남〕 -[e]s/Schläge 〔슈레-게〕 때림, 치기; 타격 ★ auf einem ~ /mit einem 일격으로, 갑자기
Schlag auf Schlag	〔숙〕 계속해서, 잇따라
Schläge 〔슈레-게〕	〔복〕 Schlag의 복수형
schlagen* 〔슈라-겐〕	〔타〕 치다, 두둘기다; (시계·종 따위가 시간을)치다; 때려 눕히다, 때려이기다
	〔재〕 sich⁴ ~ 서로 치고받고하다
	〔자〕 치다, 두둘기다; an et⁴ 〈auf et⁴〉 ~ 을 치다, 두들이다 (s, h) gegen et⁴

schlich

~ …에 부딪치다

Schlager 〔슈라-가-〕 〔남〕 -s/- 유행가, 힛트송; 베스트셀러

schlägst 〔슈레-크스트〕 〔현〕 schlagen의 2인칭 단수현재형

schlägt 〔슈레-크트〕 〔현〕 schlagen의 3인칭 단수현재형

Schlamm 〔슈람〕 〔남〕 -/-n 뺄

schlang 〔슈랑크〕 〔과〕 schlingen의 과거기본형

Schlange 〔슈랑게〕 〔여〕 ★ ~ stehen

schlänge 〔슈렝게〕 〔접Ⅱ〕 schlingen의 접속법 제Ⅱ식 기본형

schlank 〔슈랑크〕 〔형〕 가늘고긴, 날씬한, 후리후리한

schlau 〔슈라우〕 〔형〕 교활한, 간사한; 머리가 좋은; 영리한; 빈틈없는

Schlauch 〔슈라오호〕 〔남〕 -(e)s/Schläuche 〔슈로이헤〕 고무관, 비닐관; 호스

Schläuche 〔슈로이헤〕 〔복〕 Schlauch의 복수형

schlecht 〔슈레히트〕 〔형〕 나쁜, 좋지않은; 못쓰게된; 사악한

schleichen* 〔슈라이헨〕 〔자〕 기다, 살금살금 걷다
〔재〕 sich⁴ ~ 가만가만 걷다

Schleier 〔슈라이야-〕 〔남〕 -s/- 모슬린, 사; 베일; 면사포

Schleife 〔슈라이페〕 〔여〕 -/-n 리본; 나비타이; (끈 따위의) 테; (완곡한) 커브

schleifen¹* 〔슈라이펜〕 〔타〕 연마하다, 갈고닦다; (칼 따위를) 갈다

schleifen²* 〔슈라이펜〕 〔타〕〔자〕 질질끌다

Schleim 〔슈라임〕 〔남〕 -(e)s/ 점액

schlendern 〔슈렌데른〕 〔자〕 (s) 거닐다, 만보하다

schleppen 〔슈렛펜〕 〔타〕 질질끌다, 끌고가다
〔재〕 sich⁴ ~ (몸을) 질질 끌듯 걷다

schleudern 〔슈로이데른〕 〔타〕 내던지다, 팽개치다

schlich 〔슈릿히〕 〔과〕 schleichen의 과거기본형

schliche 〔슈릿헤〕	〔접Ⅱ〕 schleichen의 접속법 제Ⅱ식 기본형
schlicht 〔슈리히트〕	〔형〕 질소한, 간소한; 끊임없는
schlief 〔슈리-프〕	〔과〕 schlafen의 과거기본형
schliefe 〔슈리-페〕	〔접Ⅱ〕 schlafen의 접속법 제Ⅱ식 기본형
schließen* 〔슈리-센〕	〔타〕 닫다, 잠그다; 폐쇄하다; 맺다; (계약 따위를) 맺다 〔재〕 sich⁴ ~ 잠기다, 닫히다; 결부되다 〔자〕 닫치다, 잠기다; aus et³ ~/auf et⁴ ~ …에서 …을 추론하다
schließlich 〔슈리-스리히〕	〔부〕 최후에, 결국, 드디어
schließt 〔슈리-스트〕	〔현〕 schließen의 2·3인칭 단수 현재형
schliff 〔슈릿프〕	〔과〕 schleifen¹의 과거기본형
schliffe 〔슈릿페〕	〔접Ⅱ〕 schleifen¹의 접속법 제Ⅱ식 기본형
schlimm 〔슈림〕	〔형〕 나쁜, 심한, 용이하지 않은; 악의가 있는; 불쾌한, 싫은
schlingen* 〔슈링겐〕	〔타〕 휘감다, 얽어매다 〔재〕 sich⁴ ~ 휘감기다, 얽히다
schlitten 〔슈릿텐〕	〔남〕 -s/- 썰매
Schlittschuh 〔슈릿트·슈-〕	〔남〕 -s/- 스케이트〔화〕 ★ ~ laufen 스케이트를 하다
schloß 〔슈로스〕	〔과〕 schließen의 과거기본형
Schloß 〔슈로스〕	〔중〕 Schlosses/Schlösser 〔슈룃사-〕 성
schlösse 〔슈룃세〕	〔접Ⅱ〕 schließen의 접속법 제Ⅱ식 기본형
Schlosser 〔슈롯사-〕	〔남〕 -s/- 금속공, 기계공
Schlösser 〔슈룃사-〕	〔복〕 Schloss의 복수형
Schlucht 〔슈루후트〕	〔여〕 -/-en 협곡
schluchzen 〔슈루후쩬〕	〔자〕 흐느껴 울다
Schluck 〔슈룩크〕	〔남〕 -[e]s/-e 한모금, 한입〔의 양〕 ★ einen ~ trinken 한모금을 마시다

schlucken〔슈룩켄〕	〔타〕마시다, 삼키다
schlug〔슈루-크〕	〔과〕 schlagen의 과거기본형
schlüge〔슈뤼게〕	〔접Ⅱ〕 schlagen의 접속법 제Ⅱ식 기본형
schlummern〔슈룸메른〕	〔자〕졸다, 낮잠자다
schlüpfen〔슈륍프헨〕	〔자〕미끄러져 들어가다
Schluß〔슈루스〕	〔남〕 Schlusses/Schlüsse〔슈뤼세〕 끝, 종말; 결론 ★ am ~ 끝으로; aus et³ einen ~ ziehen …에서 결론을 끄집어 내다; bis zum ~ 끝까지; zum ~ 끝으로, 끝에 이르러
Schlüsse〔슈뤼세〕	〔복〕 Schluß의 복수형
Schlüssel〔슈뤼셀〕	〔남〕 -s/ 열쇠, 키
Schmach〔슈마하〕	〔여〕 -/ 치욕, 불명예
schmal *〔슈말-〕	〔형〕(폭이) 좁은; 가늘고 긴
schmaler〔슈마-라-〕 schmäler〔슈메-라-〕	〔형〕 schmal의 비교급
schmalst〔슈말-스트〕 schmälst〔슈멜-스트〕	〔형〕 schmal의 최상급
schmecken〔슈멕켄〕	〔자〕(…의) 맛이나다; j³ ~ …에게 (…의) 맛있있다; gut ~ 맛있있다; nach et³ ~ …의 맛이나다
Schmeichelei〔슈마이헤라이〕	〔여〕 -/-en 아첨, 아부, 감언
schmeicheln〔슈마이헤른〕	〔자〕 j³ ~ …에게 아첨하다, 아부하다; …의 마음을 구슬리다 〔재〕 sich³ ~ 자부하다, 자랑하다
schmelzen〔슈멜쩬〕	〔자〕 (s)《강변화》녹다, 용해하다 〔타〕《강·약변화》녹이다, 용해하다
Schmerz〔슈멜쓰〕	〔남〕 -es/-en 《대부분 복수로》 아픔, 고통; 심통, 고뇌
schmerzen〔슈멜쩬〕	〔자〕 아프다 〔타〕 j⁴ ~ …에게 고통을 주다, …을 괴롭히다

schmerzlich 〔슈멜쓰리히〕	〔형〕 괴로운, 쓰라린
Schmetterling 〔슈멧타-링그〕	〔남〕 -s/- 나비
Schmied 〔슈미-트〕	〔남〕 -(e)s/-e 대장장이; 금속세공사
schmilz 〔슈밀쓰〕	〔명〕 schmelzen의 명령형
schmilzt 〔슈밀쓰트〕	〔현〕 schmelzen의 2·3인칭 단수 현재형
schminken 〔슈민켄〕	〔타〕 j⁴ ⟨et⁴⟩ ～ …에 화장을 하다
	〔재〕 sich⁴ ～ 화장하다
schmolz 〔슈몰쓰〕	〔과〕 schmelzen의 과거기본형
schmölze 〔슈멜쎄〕	〔접Ⅱ〕 schmelzen의 접속법 제Ⅱ식 기본형
Schmuck 〔슈묵크〕	〔남〕 -(e)s/(-e) 장식, 치레; 장신구
schmücken 〔슈뮈켄〕	〔타〕 치장하다, 장식하다
	〔재〕 sich⁴ ～ 몸치레하다
Schmutz 〔슈뭇쓰〕	〔남〕 -es/ 더러움, 오물
schmutzig 〔슈뭇씨히〕	〔형〕 더러운, 때낀, 불결한
Schnabel 〔슈나-벨〕	〔남〕 -s/Schnäbel〔슈네-벨〕 (새의) 부리, 주둥이
Schnäbel 〔슈네-벨〕	〔복〕 Schnabel의 복수형
schnappen 〔슈낫펜〕	〔자〕 (s) (찰깍·탁) 소리내서 움직이다; (h) nach et³ ～ …을 덥석 덤벼들어 먹다⟨물다⟩
	〔타〕 날세게 붙잡다
Schnaps 〔슈낫프스〕	〔남〕 -es/Schnäpse〔슈넷프세〕
Schnäpse 〔슈넷프세〕	〔복〕 Schnaps의 복수형
schnarchen 〔슈날헨〕	〔자〕 코골다
Schnauze 〔슈나우쎄〕	〔여〕 -/-n (동물의) 콧수염
Schnee 〔슈네-〕	〔남〕 -s/ 눈
schneiden* 〔슈나이덴〕	〔타〕 자르다, 베다, 절단하다; 새기다
	〔재〕 sich⁴ ～ 교차하다
	〔자〕 (칼 따위가) 들다 ★ gut ～ 잘들다

Schneider〔슈나이다-〕	〔남〕 -s/- 재단사; 양복점
schneien〔슈나이엔〕	〔비〕 es schneit 눈이 내린다
schnell〔슈넬〕	〔형〕 빠른, 신속한; 민첩한; 급한, 성급한
Schnellzug〔슈넬·쭈크〕	〔남〕 -(e)s/Schnellzüge〔슈넬·쮜-게〕 급행열차
schnitt〔슈닛트〕	〔과〕 schneiden의 과거기본형
Schnitt〔슈닛트〕	〔남〕 -(e)s/-e 자름, 잘라냄; (의복의) 형
schnitte〔슈닛테〕	〔접Ⅱ〕 schneiden의 접속법 제Ⅱ식 기본형
Schnitzel〔슈닛쩰〕	〔중〕 -s/- (얇은) 갈비고기
schnitzen〔슈닛쩬〕	〔타〕〔자〕 새기다, 조각하다
Schnupfen〔슈누프펜〕	〔남〕 -s/- 코감기
Schnur〔슈누-아〕	〔여〕 -/Schnüre〔슈뉘-레〕
Schnüre〔슈뉘-레〕	〔복〕 Schnur의 복수형
Schnurrbart〔슈눌·발트〕	〔남〕 -(e)s/Schnurrbärte〔슈눌·벨-테〕 입수염
schob〔쇼-프〕	〔과〕 schieben의 과거기본형
schöbe〔쇠-베〕	〔접Ⅱ〕 schieben의 접속법 제Ⅱ식 기본형
Schock〔속크〕	〔남〕 -(e)s/-e 충격, 쇼크
Schokolade〔쇼크라-데〕	〔여〕 -/-n 초콜렛 ★ eine Tasse 코코아 한잔
schölte, schätle〔쇨테〕	〔접Ⅱ〕 schelten의 접속법 제Ⅱ식 기본형
schon〔숀-〕	〔부〕 이미, 벌써 ★ ob ~ / wenn ~ 가령 …할지라도
schon immer	〔숙〕 이미 오래전부터
schon lange	〔숙〕 오래전에
schon wieder	〔숙〕 또다시, 재차, 거듭
schön〔쇤-〕	〔형〕 아름다운, 예쁜; 기분좋은; 멋진; (날씨가) 맑은
schonen〔쇼-넨〕	〔타〕 소중히 하다, 보살피다 〔재〕 sich⁴ ~ 몸을 아끼다, 건강에 주의하다
Schönheit〔쇤-하이트〕	〔여〕 -/-en 아름다움, 미; 미인

schöpfen 〔쇞프펜〕	〔타〕 (물따위를) 푸다, 긷다; 창조하다
schöpferisch 〔쇞프헤릿슈〕	〔형〕 창조적인; 창조력이 있는
Schöpfung 〔쇞프훙그〕	〔여〕 -/-en 창조; 천지창조; 피조물
Schornstein 〔쇼른·슈타인〕	〔남〕 -(e)s/-e 굴뚝
schoß 〔쇼스〕	〔과〕 schießen의 과거기본형
Schoß 〔쇼-스〕	〔남〕 Schoßes/Schöße 〔쇠-세〕무릎; 내부; 품족
schösse 〔쇞세〕	〔접Ⅱ〕 schießen의 접속법 제Ⅱ식 기본형
Schöße 〔쇠-세〕	〔복〕 Schoß의 복수형
schräg 〔슈레-크〕	〔형〕 비슷한
schrak 〔슈라-크〕	〔과〕 schrecken의 과거기본형
schräke 〔슈레-케〕	〔접Ⅱ〕 schrecken의 접속법 제Ⅱ식 기본형
Schrank 〔슈랑크〕	〔남〕 -(e)s/Schränke 〔슈렝케〕 찬장, 장, 책장; 장농; 선반
Schränke 〔슈렝케〕	〔복〕 Schrank의 복수형
Schraube 〔슈라우베〕	〔여〕 -/-n 나사, 볼트; 스크루, 푸로펠라
schrauben 〔슈라우벤〕	〔타〕 나사를 돌리다; 나사를 죄다
Schreck 〔슈렉케〕	〔남〕 -(e)s/-e 놀램, 경악 ★ einen ~ bekommen 깜짝 놀라다
schrecken 〔슈렉켄〕	〔타〕 《약변화》놀라게 하다, 깜짝 놀라게 하다
	〔자〕 《강변화》놀라다, 깜짝 놀라다
Schrecken 〔슈렉켄〕	〔남〕 -s/ 두려움, 놀람; 공포
schrecklich 〔슈렉크리히〕	〔형〕 무서운, 두려운, 무시무시한; 삶은
Schrei 〔슈라이〕	〔남〕 -(e)s/-e 부르짖음, 외치는 소리; 우는소리
schreiben* 〔슈라이벤〕	〔자〕 쓰다; 집필하다; am j⁴ ~ …에게 편지를 쓰다
	〔타〕 (글자 따위를) 쓰다; (문장·

	책 따위를) 집필하다; j³ et⁴ ~ …에게 써서 알리다
Schreiben 〔슈라이벤〕	〔중〕 -s/- 편지, 서간
Schreibmaschiene 〔슈라이프·마시-레〕	〔여〕 -/-n 타이프라이터, 타자기
Schreibtisch 〔슈라이프·팃슈〕	〔남〕 -es/-e (사무용)책상, 사자대
schreien* 〔슈라이엔〕	〔자〕 외치다, 큰 소리지르다; 울부짖다 ★ nach et³ ~ …을 구하여 외치다; um Hilfe ~ 큰 소리로 구원을 청하다
	〔타〕 (큰소리로)외치다, 울부짖다
schreiten* 〔슈라이텐〕	〔자〕 (s) 걷다, 나아가다; 넘어서 가다; zu et³ ~ …에 착수하다; ★ zur Tat ~ 실행에 옮기다
schrick 〔슈릭크〕	〔명〕 schrecken의 명령형
schrickst 〔슈릭크스트〕	〔현〕 schrecken의 2인칭 단수현재형
schrickt 〔슈릭크트〕	〔현〕 schrecken의 3인칭 단수현재형
schrie 〔슈리-〕	〔과〕 schreien의 과거기본형
schrieb 〔슈리-프〕	〔과〕 schreiben의 과거기본형
schriebe 〔슈리-베〕	〔접Ⅱ〕 schreiben의 접속법 제Ⅱ식 기본형
schriee 〔슈리-에〕	〔접Ⅱ〕 schreien의 접속법 제Ⅱ식 기본형
Schrift 〔슈리프트〕	〔여〕 -/-en 문자; 문서; 《단수로》 필적
schriftlich 〔슈리프트리히〕	〔형〕 문자의; 쓴, 필기의; 문서의
Schriftsteller 〔슈리프트·슈테라-〕	〔남〕 -s/- 작가, 문필가
schrill 〔슈릴〕	〔형〕 날카로운, 귀청이 떨어질듯한; 새된
schritt 〔슈릿트〕	〔과〕 schreiten의 과거기본형
Schritt 〔슈릿트〕	〔남〕 -[e]s/-e 걸음, 보조 ★ mit j³ ~ halten …와 보

	조를 맞추다
Schritt für Schritt	〔숙〕 한걸음, 한걸음
schritte〔슈릿테〕	〔접Ⅱ〕 schreiten의 접속법 제Ⅱ식 기본형
schroff〔슈롯프〕	〔형〕 험한, 가파른; (태도가) 험상궂은; 쌀쌀한
Schublade〔슈-프·라-데〕	〔여〕 -/-n 서랍
schüchtern〔쉬히테른〕	〔형〕 수줍은, 부끄럼타는; 소심한
schuf〔슈-프〕	〔과〕 schaffen¹의 과거기본형
schüfe〔쉬-페〕	〔접Ⅱ〕 schaffen¹의 접속법 제Ⅱ식 기본형
Schuh〔슈-〕	〔남〕 -[e]s/Schuhe〔슈-에〕 구두
Schuhlöffel〔슈-룁펠〕	〔남〕 -s/ 구두주걱
Schularbeit〔술-·알바이트〕	〔여〕 -/-en (학교의)과업, 숙제
schuld〔슐트〕	〔형〕 《술어뿐》 ~ haben/ ~ sein 책임이 있다, …의 탓이다
Schuld〔슐트〕	〔여〕 -/-en 《단수로》죄; 책임; 《복수로》빚, 부채
schulden〔슐덴〕	〔타〕 j³ et⁴ ~ …에게 빚〈은의〉가 있다
schuldig〔슐디히〕	〔형〕 책임있는; 유죄의; 빚〈부채〉이 있는
Schule〔슈-레〕	〔여〕 -/-n 학교, 수업; 학과, 유파 ★ auf der ~ 학교에서, 재학중의; in der ~ 학교에서; in die ~ /zur ~ gehen 학교에 다니다; ~ haben 수업이 있다
Schüler〔쉬-라-〕	〔남〕 -s/- (고교이하의)생도; 제자
Schülerin〔쉬-레린〕	〔여〕 -/Schülerinnen〔슈-레리넨〕 (고교이하의) 여생도; 여제자
Schulhof〔술-·호-프〕	〔남〕 -[e]s/Schulhöfe〔술-회-페〕 교정
Schulter〔술타-〕	〔여〕 -/-en 어깨
Schürze〔슐쩨〕	〔여〕 -/-n 앞치마, 에프런
Schuß〔슈스〕	〔남〕 Schusses/Schüsse〔슛세〕

schwanken

(총의) 발사, 사격; 《단수로》소량

Schüsse 〔쉿세〕 〔복〕 Schuß의 복수형
Schüssel 〔쉿셀〕 〔여〕 -/-n (요리용의) 대접, 접시
Schuster 〔슈-스타-〕 〔남〕 -s/- 구두장이, 구두수선공
schütteln 〔쉿테른〕 〔타〕 흔들다
schütten 〔쉿텐〕 〔타〕 붓다, 쏟다, 따르다
schüttern 〔쉿테른〕 〔자〕 흔들리다, 진동하다, 떨리다
Schutz 〔슛쯔〕 〔남〕 -es/-e 방어; 보호 ★ ~ vor et³ 〈gegen et⁴〉 …에 대한 방어; j⁴ in ~ nebmen …을 방어하다
schützen 〔쉿쎈〕 〔타〕 j⁴ vor et³〈gegen et⁴〉 …을 …에서 지키다, 보호하다
  〔재〕 sich⁴ vor et³ ~ …에 대해서 몸을 지키다
schwach* 〔슈받하〕 〔형〕 약한, 허약한; 불충분한
Schwäche 〔슈벳헤〕 〔여〕 -/-n 약함; 약점, 결점; 편애;
schwächer 〔슈벳히야-〕 〔형〕 schwach의 비교급
schwächst 〔슈벳히스트〕 〔형〕 schwach의 최상급
Schwager 〔슈바-가-〕 〔남〕 -s/Schwäger 〔슈베-가-〕의 형제
Schwäger 〔슈뵈-가-〕 〔복〕 Schwager의 복수형
Schwalbe 〔슈발베〕 〔여〕 -/-n 제비
schwamm 〔슈밤〕 〔과〕 schwimmen의 과거기본형
Schwan 〔슈반-〕 〔남〕 -(e)s/Schwäne 〔슈베-네〕 백조
schwand 〔슈반트〕 〔과〕 schwinden의 과거기본형
schwände 〔슈벤데〕 〔접Ⅱ〕 schwinden의 접속법 제Ⅱ식 기본형
Schwäne 〔슈베-네〕 〔복〕 Schwan의 복수형
schwang 〔슈방그〕 〔과〕 schwingen의 과거기본형
schwänge 〔슈벵그〕 〔접Ⅱ〕 schwingen의 접속법 제Ⅱ식 기본형
schwanger 〔슈방가〕 〔형〕 임신하고 있는
schwanken 〔슈발켄〕 〔자〕 (h, s) 비틀거리다; 흔들리다;

	(기분이) 동요하다
Schwanz [슈반쯔]	[남] -es/Schwänze [슈벤쩨] (동물의) 꼬리
Schwänze [슈벤쩨]	[복] Schwanz의 복수형
Schwarm [슈발음]	[남] -[e]s/Schwärme [슈벨메] (벌레들의) 떼; 군중; 열광, 심취
Schwärme [슈벨메]	[복] Schwarm의 복수형
schwärmen [슈벨맨]	[자] (벌레들이) 떼지어 모이다, 우글거리다 für et⁴ ~ …에 열중하다
schwarz* [슈발쯔]	[형] 검은; 거무스레한
schwärzer [슈벨쓰아-]	[형] schwarz의 비교급
schwärzest [슈벨쎄스트]	[형] schwarz의 최상급
schwatzen [슈밧쩬]	[자] 지껄이다, 수다떨다
schweben [슈베-벤]	[자] (h, s) (둥둥) 뜨다, 떠다니다
Schweden [슈베-덴]	[중] -s/ 스웨덴
Schwede [슈베-데]	[남] -n/-n 스웨덴인

```
        Schwede의 격변화
              [단]              [복]
    1격  der   Schwede     die   Schweden
    2격  des   Schweden    der   Schweden
    3격  dem   Schweden    den   Schweden
    4격  den   Schweden    die   Schweden
```

Schwedin [슈베-딘]	[여] -/Schwedinnen [슈베-디넨] 스웨덴인 (여성)
schwedisch [슈베-디슈]	[형] 스웨덴[인·어]의
Schwedisch [슈베-디슈]	[중] -s/ 스웨덴어
schweigen* [슈바이겐]	[자] 침묵하다, 말을 안하다 ★ von et³ ⟨über et⁴⟩ ~ …에 대해서 침묵을 지키다
Schweigen [슈바이겐]	[중] -s/ 침묵, 무언
Schwein [슈바인]	[중] -[e]s/-e 돼지

Schweinefleisch〔슈바이네·후라이슈〕 〔중〕 -es/ 돼지고기

Schweiß〔슈바이스〕 〔남〕 -es/-e 땀

Schweiz〔슈바이쯔〕 〔여〕 -/ 스위스

Schweizer〔슈바이싸-〕 〔남〕 -s/ 스위스인

Schweizerin〔슈바이쩨린〕 〔여〕 -/Schweizerinnen〔슈바이쩨리넨〕 스위스인 (여성)

schweizerisch〔슈바이쩨리슈〕 〔형〕 스위스[인]의

Schwelle〔슈벨레〕 〔여〕 -/-n (집의) 문턱; (철도의) 침목

schwellen(*)〔슈벨렌〕 〔자〕 (s)《강변화》부풀다; 증대하다
〔타〕《약변화》부풀게하다; 증대시키다

schwenken〔슈벵켄〕 〔타〕 흔들다, 서두르다
〔자〕 (s) 방향을 전환하다

schwer〔슈베-아〕 〔형〕 무거운; 곤란한, 괴로운, 쓰라린; 둔중한; 격심한

Schwerkraft〔슈베-아·크라프트〕 〔여〕 -/ 중력

schwerkrank〔슈베-아·크랑크〕 〔형〕 병이 무거운, 중병의

Schwermut〔슈베아·부-트〕 〔여〕 -/ 우울

schwermütig〔슈베-아·뮈티히〕 〔형〕 우울한

Schwert〔슈벨-트〕 〔중〕 -[e]s/-er 칼, 검

Schwester〔슈베스타-〕 〔여〕 -/-n 언니, 누이동생, 자매; 간호사; 여승

schwieg〔슈비-크〕 〔과〕 schweigen의 과거기본형

schwiege〔슈비-게〕 〔접Ⅱ〕 schweigen의 접속법 제Ⅱ식 기본형

Schwiegermutter〔슈비-가-뭇타-〕 〔여〕 -/Schwiegermütter〔슈비-가-·뮛타〕 시어머니

Schwiegersohn〔슈비-가-존-〕 〔남〕 -[e]s/Schwiegersöhne〔슈비-가-·죄-네〕 사위

Schwiegertochter〔슈비-가 〔여〕 -/Schwiegertöchter〔슈비-

	-·토호타-]	가-·퇴히타-] 며느리
Schwiegervater [슈비-가-·파-타-]	〔남〕	-s/Schwiegerväter [슈비-가-·페-타] 시아버지
schwierig [슈비-리히]	〔형〕	곤란한, 어려운
Schwierigkeit [슈비-리히카이트]	〔여〕	-/-en 《보통 복수로》곤란, 어려움, 난사 ★ ohne ~ 어려움 없이, 수월하게
schwill [슈빌]	〔명〕	schwellen의 명령형
schwillst [슈빌스트]	〔현〕	schwellen의 2인칭 단수현재형
schwillt [슈빌트]	〔현〕	schwellen의 3인칭 단수현재형
Schwimmbad [슈빔·바-트]	〔중〕	-(e)s/Schwimmbäder [슈빔·베-다-] 수영풀
schwimmen* [슈빔멘]	〔자〕	(s, h) 헤엄치다; 뜨다; 떠돌다
Schwindel [슈빈델]	〔남〕	-s/ 현기증; 사기, 가짜
schwindeln [슈빈데른]	〔자〕	속이다, 사기하다, 거짓말하다
	〔비〕	es schwindelt j^3 …은 어지럽다, 머리가 빙빙돌다
schwinden* [슈빈덴]	〔자〕	(s) 줄다, 감소하다; 사라지다
schwingen* [슈빈겐]	〔타〕	흔들다
	〔재〕	sich^4 ~ 몸을 흔들다
	〔자〕	요동하다, 진동하다
schwitzen [슈빗쎈]	〔자〕	요동하다; 땀을 흘리다
schwoll [슈볼]	〔과〕	schwellen의 과거기본형
schwölle [슈뵐레]	〔접Ⅱ〕	schwellen의 접속법 제Ⅱ식 기본형
schwömme, schwämme [슈뵈-메]	〔접Ⅱ〕	schwimmen의 접속법 제Ⅱ식 과거기본형
schwor [슈보-아]	〔과〕	schwören 과거기본형
schwören* [슈뵈-렌]	〔타〕	맹세하다, 서약하다; j^3 et^4 ~ …에게 …을 맹세하다
	〔자〕	auf et^4 ~ …을 신뢰하다; bei et^3 ~ …을 걸고 맹세하다

schwül 〔슈뷜-〕 〔형〕 무더운, 후덥지근한; 답답한
Schwung 〔슈붕그〕 〔남〕 -(e)s/Schwünge 〔슈뷘게〕 도약; 진동; 약동; 탄력; 활기; 호조 ★ mit ~ 탄력을 붙여서, 활기를 가지고
Schwünge 〔슈뷘게〕 〔복〕 Schwung의 복수형
schwüre 〔슈뷔-레〕 〔접Ⅱ〕 schwören의 접속법 제Ⅱ식 기본형
sechs 〔젝스〕 〔수〕 6(의)
sechst 〔젝스트〕 〔형〕 《서수》제6(번째의) ★ der ~ e Sinn 제6감
sechzehn 〔젯히쩬-〕 〔수〕 16(의)
sechzig 〔젯히씨히〕 〔수〕 60(의)
See[1] 〔제-〕 〔남〕 -s/Seen 〔제-엔〕 호수
See[2] 〔제-〕 〔여〕 -/Seen 〔제-엔〕 바다 ★ an die ~ fahren 바다로 가다; zu ~ 해로로
Seebad 〔제- · 바-트〕 〔중〕 -(e)s/Seebäder 해수욕(장)
Seele 〔제-래〕 〔여〕 -/-n 혼, 심령, 마음; 사람 ★ eine gute ~ 선인; in der 〈tiefster〉 ~ 마음의 깊은 속에서; mit 〈von〉 ganzer ~ 정성을 다해서; mit Leib und ~ 전심전력으로
seelisch 〔제-릿슈〕 〔형〕 마음의, 정신적인
Seen 〔제-엔〕 〔복〕 See의 복수형
Segel 〔제-겔〕 〔중〕 -s/- 돛 ★ mit vollen ~ n 돛에 바람을 가득 안고; 전력을 다해서
Segelboot 〔제-겔 · 보-트〕 〔중〕 -(e)s/-e 요트
Segelflugzeug 〔제-겔 · 후루-크쪼이그〕 〔중〕 -(e)s/-e 그라이더
segeln 〔제-게른〕 〔자〕 (s, h) 범주하다; (그라이더가) 활주하다
Segen 〔제-겐〕 〔남〕 -s/ (하늘의) 은총; 축복
segnen 〔제-그넨〕 〔타〕 j⁴ ~ …을 축복하다, …에

		게 축복의 말을하다
sehen*〔제-엔〕	〔타〕	보다; (…이) 보이다; 알아차리다; 보고서있다; j⁴ ~ …을 만나다
	〔자〕	보다; …과 같이 보이다; j⁴ auf et⁴ ~ …을 주시하다; nach et³ ~ 의 쪽을 보다
sehenswürdig〔제엔스·뷜디히〕	〔형〕	볼 가치가 있는
Schenswürdigkeit〔제-엔스·뷜디히카이트〕	〔여〕	-/-en 볼 가치가 있는 것, 명소
Sehne〔제-네〕	〔여〕	-/-n 건(腱)
sehnen〔제-넨〕	〔재〕	sich⁴ nach j³ 〈et³〉 ~ …을 그리워하다, 동경하다, …을 따르다
Sehnsucht〔제-·즈후트〕	〔여〕	-/Sehnsüchte〔젠-·쥐히테〕 그리움, 동경
sehr〔제-아〕	〔부〕	대단히, 몹시, 아주 ★ nicht so ~ 그만큼 …이 않다; so ~ 대단히; zu ~ 너무 …하다, 지나치다
sei〔자이〕	〔명〕	sein¹의 명령형
	〔접〕	sein¹의 접속법 제Ⅰ식 기본형
seid〔자이트〕	〔현〕	sein¹의 2인칭 복수 현재형
	〔명〕	ihr에 대한 sein¹의 명령형 ⇨ sein¹
Seide〔자이데〕	〔여〕	-/-n 명주; 명주실
seiden〔자이덴〕	〔형〕	명주〔로 만든〕의; 명주같은
seiend〔자이엔트〕	〔현분〕	sein¹의 현재분사
Seife〔자이페〕	〔여〕	-/-n 비누
Seil〔자일〕	〔중〕	-〔e〕s/-e 밧줄, 자일, 로프
sein¹*〔자인〕	〔자〕	(s) …이다, 존재하다, 있다; 《zu를 갖인 부정사와 함께》 …이 될 수 있다, …되어야 한다
	〔조〕	《완료의 조동사, sein+장소의 이동·상태의 변화등을

나타내는자 동사의 과거분사》 …했〔버렸〕다, …한 적이 있다《수동의 조동사, sein + 타동사의 과거분사》 …되어 있다

sein¹의 현재인칭변화			
ich	bin	wir	sind
du	bist	ihr	seid
er	ist	sie	sind

sein² 〔자인〕 〔대〕《소유대명사》《부가어적으로》《단수는 부정관사형, 복수는 정관사형 변화》〔남〕1격, 〔중〕1·4격, 그의, 그것의…; 《명사적으로변화》《정관사형변화》그의〈그것의〉것

sein²의 격변화				
	〔남〕	〔여〕	〔중〕	〔복〕
1격	sein	seine	sein	seine
2격	seines	seiner	seines	seiner
3격	seinem	seiner	seinem	seinen
4격	seinen	seine	sein	seine

Sein 〔자인〕 〔중〕 -s/ 존재
seine 〔자이네〕 〔대〕《소유대명사》sein²의 〔여〕1·4격, 〔복〕1·4격
seinem 〔자이넴〕 〔대〕《소유대명사》sein²의 〔남〕3격, 〔중〕3격
seinen 〔자이넨〕 〔대〕《소유대명사》sein²의 〔남〕4격, 〔복〕3격
seiner¹ 〔자이나-〕 〔대〕《인칭대명사 er·es의 2격》《2격 지배의 동사·전치사·형용사의 보족어로써만 쓰여진다》

seiner² 〔자이나-〕 〔대〕 《소유대명사》 《부가어적으로》 sein²의 〔여〕2・3격 〔복〕2격, 《명사적으로》〔남〕1격

seines 〔자이네스〕 〔대〕 《소유대명사》 《부가어적으로》 sein²의 〔남〕2격, 〔중〕2격; 《명사적으로》 〔중〕1・4격

seit 〔자이트〕 〔전〕《3격지배》 …이래
〔접〕《종속접속사》이래

seit Jahr und Tag 〔숙〕 오랜세월
seit Jahren 〔숙〕 수년이래
seit je 〔숙〕 아주 이전부터
seit kurzem 〔숙〕 조금전부터
seit langem 〔숙〕 아주 이전부터
seit wann 〔숙〕 《의문》언제부터

seitdem 〔자이트・뎀-〕 〔부〕 그이래
〔접〕《종속접속사》…이래

Seite 〔자이테〕 〔여〕 -/-n 쪽, 측면; 곁; 옆구리; 페이지 ★ auf der anderen ~ 다른편으로는; auf der einen ~ 한편으로는; auf beiden ~ n 양쪽에서; auf j² ~ sein…의 편이다; nach allen ~ n 사방팔방으로; j³ zur ~ stehen …을 돕는다

Sekretär 〔제크레테-아〕 〔남〕 -s/-e 비서
Sekretärin 〔제크레테-린〕 〔여〕 -/Sekretärinnen 〔제크레테-리넨〕 여비서

Sekt 〔제크트〕 〔남〕 -〔e〕s/-e 샴페인
Sekunde 〔제쿤데〕 〔여〕 -/-n (시간의) 초 ★ eine ~ 1초동안, 잠깐동안

selber 〔젤바〕 〔부〕 자신이, 스스로 ★ von ~ 자연히, 저절로

selbst 〔젤프스트〕 〔부〕 자신이, 스스로; …조차, 마져 aus sich³ ~ 자신부터, 자발적으로 von ~ 자연히, 저절로

selbständig 〔젤프·슈텐디히〕	〔형〕 독립의, 자립의 ★ sich⁴ ~ machen 자립하다
selbstverständlich 〔젤프스트·페아슈텐트리히〕	〔형〕 자연의, 당연한
selig 〔제-리히〕	〔형〕 지극히 행복한; 작고한
selten 〔젤텐〕	〔형〕 드문, 진지한 〔부〕 드물게, 간혹, 좀처럼 (…없는) ★ nicht ~ 드물지 않고, 가끔
Seltenheit 〔젤텐하이트〕	〔여〕 -/-en 드묾; 진기, 희유
seltsam 〔젤트잠-〕	〔형〕 진기한, 독특한, 기묘한
Semester 〔제메스타-〕	〔중〕 -s/ (대학의) 학기
Seminar 〔제미날-〕	〔중〕 -s/-e (대학의) 연구실; 연습, 세미나; 신학교
senden * 〔젠덴〕	〔타〕 《강변화》 보내다; (사람을) 파견하다; 《약변화》 방송하다
Sender 〔젠다-〕	〔남〕 -s/- 송신기; 방송국
sendete 〔젠데테〕	〔과〕 senden 《약변화》의 과거기본형 〔접Ⅱ〕 senden의 접속법 제Ⅱ식 기본형
Sendung 〔젠둥그〕	〔여〕 -/-‚n 발송; 방송; 사명
Senf 〔젠프〕	〔남〕 -(e)s/-e 겨자
senken 〔젠켄〕	〔타〕 가라앉히다, 내리다, 낮추다 〔재〕 sich⁴ ~ 가라앉다, 침몰하다
senkrecht 〔젠크레히트〕	〔형〕 수직의
sentimental 〔젠티멘탈-〕	〔형〕 감상적인
September 〔제프템바-〕	〔남〕 -(s)/- 9월
Serie 〔제-리에〕	〔여〕 -/-n 열, 계열; 연속; 시리즈; 총서
servieren 〔젤비-렌〕	〔타〕 봉사하다, 시중들다
Serviette 〔젤비엣테〕	〔여〕 -/-n 냅킨
Sessel 〔젯셀〕	〔남〕 -s/- 안락의자
setzen 〔젯쩬〕	〔타〕 앉히다; 두다 〔재〕 sich⁴ ~ 앉다 〔자〕 (h, s) über et⁴ ~ …을 넘는다, 건너가다

seufzen〔조이프쎈〕	〔자〕	한숨을 쉬다
Seufzer〔조이프싸-〕	〔남〕	-s/- 한숨, 탄식
sich〔지히〕	〔대〕	《3인칭 단수(er·sie·es)·3인칭 복수(sie)·경칭 2인칭(Sie)의 3격·4격의 재귀대명사》 자기 자신에게〈을〉, 서로에게〈를〉 ★ an ~³ 그것 자체로서〔는〕 an und für ~⁴ 그것자체로서는; aus ~³ selbst 자발적으로; außer ~³ 자기를 잃고; ~⁴ lassen+부정사 …되어지다, …할 수 있다; 절로; vor ~⁴ hin sprechen 혼잣말을 하다 sprechen 혼잣말을 하다
sicher〔짓히야-〕	〔형〕	확실한, 확신하고 있는; 안전한
	〔부〕	확실히, 틀림없이, 꼭
Sicherheit〔짓히야-하이트〕	〔여〕	-/-en 《단수로》확실〔성〕; 안전; 확신, 자신 ★ mit ~ 확실히, 확신을 가지고
sicherlich〔짓히야-리히〕	〔부〕	확실히, 틀림없이
sichern〔짓혜른〕	〔타〕	안전하게 하다; 확보하다
Sicht〔지히트〕	〔여〕	-/- 보임, 바라다봄, 조망; 시계
sichtbar〔지히트발-〕	〔형〕	눈에 보이는; (눈으로 보아서) 명백한
sichtlich〔지히트리히〕	〔형〕	눈에 보이는; 명백한
	〔부〕	눈에띄게, 분명히, 현저하게
sie¹〔지-〕	〔대〕	《인칭대명사》그녀는(1격); 그녀를(4격);《이미 나온 명사를 가리켜서》그것

---

sie¹의 격변화

1격 sie
2격 ihrer
3격 ihr
4격 sie

sie² 〔지-〕 〔대〕《인칭대명사》그들(1·4격);《이미 나온 복수명사를 가리켜서》그것들

sie²의 격변화
1격 sie
2격 ihrer
3격 ihnen
4격 sie

Sie 〔지-〕 〔대〕《인칭대명사》《경칭2인칭》당신〔들〕(1격·4격)

Sie의 격변화
1격 Sie
2격 Ihrer
3격 Ihnen
4격 Sie

Sieb 〔지-프〕 〔중〕 -〔e〕s/-e 체, 여과기
sieben¹ 〔지-벤〕 〔타〕 체질하다; 거르다
sieben² 〔지-벤〕 〔수〕 7〔의〕
siebent 〔지-벤트〕 〔형〕《서수》제7의, 일곱번째의
siebt 〔지-프트〕 〔형〕《서수》제7의, 일곱번째의
siebzehn 〔지-프쩬〕 〔수〕 17〔의〕
siebzig 〔지-프씨히〕 〔수〕 70〔의〕
siedeln 〔지-데른〕 〔자〕 이주하다, 정주하다
Siedlung 〔지데룽그〕 〔여〕 -/-en 개척부락; 단지
Sieg 〔지-크〕 〔남〕 -〔e〕s/-e 승리
siegen 〔지-겐〕 〔자〕 승리를 얻다; über j⁴ ~ …에게 이기다
Sieger 〔지-가-〕 〔남〕 -s/- 승자; 우승자
sieh[e] 〔지-〔에〕〕 〔명〕 sehen의 명령형
siehst 〔지-스트〕 〔현〕 sehen의 2인칭 단수현재형
sieht 〔지-트〕 〔현〕 sehen의 3인칭 단수현재형

siezen 〔지-쩬〕 〔타〕 Sie로 부르다, Sie로 말을 걸다

Signal 〔지그날-〕 〔중〕 -s/-e 신호

Silbe 〔질베〕 〔여〕 -/-n 음절; 철자

Silber 〔질바-〕 〔중〕 -s/ 은

silbern 〔질베른〕 〔형〕 은(제)의; 은색의

Silo 〔지-로〕 〔남〕〔중〕 -s/-s 곡물저장고, 지하곡창

Silvester 〔질베스타-〕 〔중〕 -/- 섣달 그믐날(밤)

sind 〔진인트〕 〔현〕 sein¹의 1·3인칭 복수, 경칭의 2인칭 단수·복수의 현재형

Sinfonie 〔진포니-〕 〔여〕 -/Sinfonien 〔진포니-엔〕 교향곡, 신포니 (⇨ Symphonie)

singen* 〔진겐〕 〔타〕〔자〕 노래하다

sinken* 〔진켄〕 〔자〕 (s) 가라앉다, 침강하다; (물가·평가 온도 따위가) 내려가다 ★ auf die Knie ~ 무릎을 꿇다; in Ohnmacht ~ 실신하다; zu Boden ~ 넘어지다

Sinn 〔진〕 〔남〕 -(e)s/-e 감각; 의식; 《단수로》 마음, 사고, 관념; 《단수로》 센스, 감각, 《단수로》 의의, 의미 ★ bei ~en sein 본정신 einen sechsten ~ haben 제육감을 가지고 있다; in diesem 〈gewissem〉 ~ (e) 이〈어떤〉의미에 있어서; ohne ~ und Verstand 잘 생각하지도 않고; von ~en sein 제정신을 잃고 있다

sinnen* 〔진넨〕 〔자〕 über et⁴ ~ …을 곰곰이 생각하고 있다, 심사숙고하고 있다; auf et³ ~ …을 꾀하다, 기도하다

sinnlich 〔진리히〕 〔형〕 감각의, 감각적인; 관능적인

sinnlos 〔진·로-스〕	〔형〕 무감각한; 무의미한
Sitte 〔짓테〕	〔여〕 -/-n 풍습, 관습; 풍기, 도덕
sittlich 〔짓트리히〕	〔형〕 풍습〈관습〉의; 풍기〈도덕〉상의
Situation 〔지투아씨온-〕	〔여〕 -/-en 상황, 형세, 상태
Sitz 〔짓쓰〕	〔남〕 -es/-e 좌석; 소재지
sitzen* 〔짓쎈〕	〔자〕 앉아있다; 자리잡고 있다; (어떤 장소에) 살고있다; (구두·옷 따위가) 딱 맞다 ★ am 〈bei〉 Tisch ~ 식사하고 있다; bei der Arbeit ~ 작업중이다; über der Arbeit ~ 일에 몰두하고 있다
sitzen|bleiben* 〔짓쎈·부라이벤〕	〔자〕 (s) 앉은 채로 있다; 낙제하다
sitzest 〔짓쎄스트〕	〔현〕 sitzen의 2인칭 단수현재형 (⇨ sitzt)
Sitzplatz 〔짓쓰·프랏쓰〕	〔남〕 -es/Sitzplätze 〔짓쓰·프렛쎄〕 좌석, 자리
sitzt 〔짓쓰트〕	〔현〕 sitzen의 2·3인칭 단수현재형
Sitzung 〔짓쑹그〕	〔여〕 -/-en 회의, 집회
Ski 〔시-, 스키-〕	〔남〕 -s/Skier 〔시-야〕 스키 (⇨ Schi) ★ ~ fahren 〈laufen〉 스키를 하다
Skier 〔시-야-〕	〔복〕 Ski의 복수형
Skizze 〔스킷쎄〕	〔여〕 -/-n 스케치, 밑그림, 초안
Sklave 〔스크라베〕	〔남〕 -n/-n 노예

Sklave의 격변화			
〔단〕		〔복〕	
1격 der	Sklave	die	Sklaven
2격 des	Sklaven	der	Sklaven
3격 dem	Sklaven	den	Sklaven
4격 den	Sklaven	die	Sklaven

so〔조-〕	〔부〕 그렇게, 그와같이; 그래서, 그러므로; 매우, 대단히; 그만큼; 그렇게되면 ★ …, daß …매우 …하므로 (그 결과…; …wie …과 같은 정도로…; um ~ +비교급 그만큼 더욱 더…
so oder so	〔숙〕 어떻든, 아뭏든
sobald〔조·발트〕	〔접〕《종속접속사》…하자 마자
Socke〔족케〕	〔여〕 -/-n (짧은) 양말
sodann〔조·단〕	〔부〕 그리고 나서, 그 다음에
soeben〔조·에-벤〕	〔부〕 지금 막, 방금
Sofa〔조-파-〕	〔중〕 소파, 긴의자
sofern〔조·페른〕	〔접〕《종속접속사》…하는 한, …하는 경우
soff〔조프〕	〔과〕 saufen의 과거기본형
söffe〔죈페〕	〔접Ⅱ〕 saufen의 접속법 제Ⅱ식 기본형
sofort〔조·폴트〕	〔부〕 즉시, 곧
sog〔조-크〕	〔과〕 saugen의 과거기본형
sogar〔조·갈-〕	〔부〕 더우기, 게다가; …조차
söge〔제-게〕	〔접Ⅱ〕 saugen의 접속법 제Ⅱ식 기본형
sogennant〔조-·게난트〕	〔형〕 소위, 이른바
sogleich〔조-그라이히〕	〔부〕 곧, 즉시
Sohle〔조-레〕	〔여〕 -/-n 발바닥; 신바닥
Sohn〔존-〕	〔남〕 -〔e〕s/Söhne〔죄-네〕 아들
Söhne〔죄-네〕	〔복〕 Sohn의 복수형
solange〔조·랑게〕	〔접〕《종속접속사》 …하는한, …하는 동안
solch〔졸히〕	〔대〕《지시대명사》《정관사형 변화》《부가어로써》이〈그〉와 같은…;《명사적으로》이〈그〉와 같은 사람〈것〉

solch의 격변화				
	〔남〕	〔여〕	〔중〕	〔복〕
1격	solcher	solche	solches	solche

2격	solches	solcher	solches	solcher
3격	solchem	solcher	solchem	solchen
4격	solchen	solche	solches	solche

solche 〔졸헤〕 〔대〕《지시대명사》solch의 〔여〕 1·4격, 〔복〕1·4격

solchem 〔졸헴〕 〔대〕《지시대명사》solch의 〔남〕3격, 〔중〕3격

solchen 〔졸헨〕 〔대〕《지시대명사》solch의 〔남〕4격, 〔복〕3격

solcher 〔졸히야-〕 〔대〕《지시대명사》solch의 〔남〕1격, 〔여〕2·3격, 〔복〕2격

solches 〔졸헤스〕 〔대〕《지시대명사》solch의 〔남〕2격, 〔중〕2격

Soldat 〔졸다-트〕 〔남〕-en/-en 병사, 병대; 군인

Soldat의 격변화

	〔단〕		〔복〕	
1격	der	Soldat	die	Soldaten
2격	des	Soldaten	der	Soldaten
3격	dem	Soldaten	den	Soldaten
4격	den	Soldaten	die	Soldaten

solid 〔조리-트〕, **solide** 〔조리-데〕 〔형〕 완강한; 견실한

sollen* 〔졸렌〕 〔조〕《화법의 조동사》《주어에 대한 주어 이외의 것의 의지》 (도의적 의무) …해야만 한다, 하지 않으면 안된다, 《nicht와 함께》 …해서는 안된다; (화자의 의지) …해야만 한다; (운영) …으로 되어 있다; (소문) …이란 소문이다; (상대방의 의지를 묻는다) …할까요; (조건, 접속법 제Ⅱ식의 형태로) 만약 …이라면; (의혹, 접속법 제Ⅱ식의 형태로) 만약 …이라면;

	(의혹) …일까
sollte 〔졸테〕	〔과〕 sollen의 과거기본형 〔접Ⅱ〕 sollen의 접속법 제Ⅱ식 기본형
Sommer 〔좀마-〕	〔남〕 -s/- 여름 ★ im ~ 여름에
Sommerferien 〔좀마-·페-리엔〕	〔복〕 여름휴가, 방학
Sommerfrische 〔좀마-·후릿세〕	〔여〕 -/-n 피서, 피서지
sonderbar 〔존다-발-〕	〔형〕 이상한, 별난, 기묘한
sondern 〔존데른〕	〔접〕《병렬접속사》nicht…, ~ …이 아니라 …〔이다〕, nicht nur…, ~ auch… 뿐만 아니라, …도 역시
Sonnabend 〔존·아-벤트〕	〔남〕 -s/-e (특히 북부·중부 독일에서) 토요일 (남부·서부에서는 보통 Samstag)
Sonne 〔존네〕	〔여〕 -/-n 태양; 일광 ★ in der ~ liegen 일광욕을하다; unter der ~ 천하에, 이 지상에
Sonnenbad 〔존넨·바-트〕	〔중〕 -[e]s/ 일광욕
Sonnenschein 〔존넨·샤인〕	〔남〕 -[e]s/ 태양의 빛남, 햇빛
Sonntag 〔존·타-크〕	〔남〕 -[e]s/-e 일요일
sonst 〔존스트〕	〔부〕 그밖에; 보통때는; 그렇지 않으면
sonstig 〔존스티히〕	〔형〕《부가어뿐》그밖의; 이전의
sooft 〔조·오프트〕	〔접〕《종속접속사》…할 때마다
Sorge 〔졸게〕	〔여〕 -/-n 걱정, 불안 ★ j³ ~ n machen …에게 걱정을 끼치다; in ~ um j⁴ 〈et⁴〉 sein …의 일을 걱정하고 있다; sich⁴ um j⁴ 〈et⁴〉 ~ n machen …의 일을 걱정하고 있다
sorgen 〔졸겐〕	〔자〕 für j⁴ ~ …를 돌보다; um j⁴ 〈et⁴〉 ~ …의 일을 걱정하다 〔재〕 sich⁴ um et⁴ ~ …일을 걱정하다

sorgfältig 〔졸크·펠티히〕	〔형〕 주의깊은, 세심한
sorgsam 〔졸크·잠-〕	〔형〕 주의깊은, 세심한
Sorte 〔졸테〕	〔여〕 -/-n 종류, 품종
Soße 〔조-세〕	〔여〕 -/-n 소스(⇨ Sauce)
soviel 〔조·필-〕	〔형〕〔부〕 그 정도[의], 그 만큼[의]
	〔접〕《종속접속사》…하는 한
soweit 〔조·바이트〕	〔부〕 거기까지는
	〔접〕《종속접속사》…하는 한
sowie 〔조·비-〕	〔접〕《병렬접속사》같이 또 …도, 및《종속접속사》…하자 마자
sowieso 〔조·비·조-〕	〔부〕 하여간, 어쨌든, 어차피
sowjetisch 〔소비에팃슈〕	〔형〕 소비에트의
Sowjetunion 〔소비에트·우니온-〕	〔여〕 -/ 소련연방, 소련, 소령동맹
sowohl 〔조·볼-〕	〔접〕《병렬접속사》 ~ …, als auch …과 마찬가지로, …도 또한
sozial 〔조씨알-〕	〔형〕 사회의; 사회적인; 〔사회〕복지의
Sozialarbeiter 〔조씨알-·알바이타-〕	〔남〕 -s/- 사회주의 노동자
Sozialismus 〔조씨아리스무스-〕	〔남〕 -s/- 사회주의
sozialistisch 〔조씨아리스팃슈〕	〔형〕 -s/- 사회주의의
sozusagen 〔조·쓰·자-겐〕	〔부〕 이른바, 말자하면
Spalt 〔슈팔트〕	〔남〕 -[e]s/-e 쪼개진 틈새기, 터진금
Spalte 〔슈팔테〕	〔여〕 -/-n (신문·책의)난, 단
spalten * 〔슈팔텐〕	〔타〕 쪼개다, 빠개다
	〔재〕 sich⁴ ~ 쪼개지다, 빠개지다; 분열하다
spaltete 〔슈팔테〕	〔과〕 spalten의 과거기본형
Spanien 〔슈파-니엔〕	〔중〕 -s/ 스페인
Spanier 〔슈파-니아-〕	〔남〕 -s/- 스페인인

Spanierin〔슈파-니에린〕	〔여〕 -/Spanierinnen〔슈파-니에리넨〕 스페인인 (여성)
spanisch〔슈파-닛슈〕	〔형〕 스페인〔인·어〕의
Spanisch〔슈파-닛슈〕	〔중〕 -〔s〕/ 스페인어
spann〔슈판〕	〔과〕 spinnen의 과거기본형
spannen〔슈판넨〕	〔타〕 팽팽하게하다; 긴장시키다 ★ auf et^4 gespannt sein …에 흥미〈호기심〉을 안고 있다
spannend〔슈판넨트〕	〔형〕 긴장시키는; 재미있는
Spannung〔슈판눙그〕	〔여〕 -/-en 긴장, 긴박
sparen〔슈파-렌〕	〔타〕〔자〕 절약하다; 저축하다
Spargel〔슈팔겔〕	〔남〕 -s/- 아스파라거스
Sparkasse〔슈팔-·캇세〕	〔여〕 -/-n 신용금고, 저축은행
spärlich〔슈페-아리히〕	〔형〕 적은, 모자라는, 넉넉지 않는
sparsam〔슈팔-잠-〕	〔형〕 검약한, 검소한
Spaß〔슈파-스〕	〔남〕 -es/Späße〔슈페-세〕 농담; 익살; 즐거움 ★ aus ~ / in ~ /zum ~ 농담으로; j^3 ~ machen …을 즐겁게 하다
Späße〔슈페-세〕	〔복〕 Spaß의 복수형
spät〔슈페-트〕	〔형〕 (시간·시기 따위가) 늦은 ★ wie ~ ist es? 지금 몇시인가요
später〔슈페-타-〕	〔형〕 spät의 비교급 〔부〕 나중에, 뒤에
spätestens〔슈페-테스텐스〕	〔부〕 늦어도
Spatz〔슈팟쓰〕	〔남〕 -en/-en 참새

Spatz의 격변화

	〔단〕		〔복〕
1격 der	Spatz	die	Spatzen
2격 des	Spatzen	der	Spatzen
3격 dem	Spatzen	den	Spatzen
4격 den	Spatzen	die	Spatzen

spazieren|fahren* 〔슈파씨-렌·파-렌〕 〔자〕 (s) 드라이브하다

spazieren|gehen* 〔슈파씨-렌·게-엔〕 〔자〕 (s) 산책하다, 산책하러가다

Spaziergang 〔슈파씨-아·강그〕 〔남〕 -s/Spaziergänge 〔슈파씨-아·겡게〕 산책 ★ einen ~ machen 산책을 하다

Spaziergänger 〔슈파세-아·겡가-〕 〔남〕 -s/- 산책하는 사람

Speck 〔슈펙크〕 〔남〕 -s/ 비계살, 베어컨
Speichel 〔슈파이헬〕 〔남〕 -/ 침, 타액
Speicher 〔슈파이히야-〕 〔남〕 -s/- 창고
speien* 〔슈파이엔〕 〔타〕〔자〕 힘을 빼다; 토하다
Speise 〔슈파이제〕 〔여〕 -/-n 음식, 식사; 요리
Speisekarte 〔슈파이제·갈테〕 〔여〕 -/-n 차림표, 메뉴
Speisesaal 〔슈파이제·잘-〕 〔남〕 -s/Speisesäle 〔슈파이제·제-레〕 식당

spenden 〔슈펜덴〕 〔타〕 기부하다, 기증하다
Sperling 〔슈페아링그〕 〔남〕 -s/-e 참새
Sperre 〔슈페레〕 〔여〕 -/-n 차단, 폐쇄; 개찰구
sperren 〔슈페렌〕 〔타〕 차단하다, 폐쇄하다
speziell 〔슈페씨엘-〕 〔형〕 특별한, 특수한
spie 〔슈피-〕 〔과〕 speien의 과거기본형
spiee 〔슈피-에〕 〔접 II〕 speien의 접속법 제 II 식 기본형

Spiegel 〔슈피-겔〕 〔남〕 -s/- 거울
spiegeln 〔슈피-게른〕 〔타〕 비추다, 반영〈반사〉하다
〔재〕 sich⁴ ~ 거울에 비치다, 반영하다

Spiel 〔슈필-〕 〔중〕 -[e]s/-e 놀이; 경기; 게임; 연기, 연주

spielen 〔슈피-렌〕 〔타〕〔자〕 놀다; 경기하다; (게임·스포츠 따위를) 하다; 연주하다

Spieler 〔슈파-라-〕 〔남〕 -s/- 경기자; 연주자; 배우; 노는사람; 도박〈내기〉하는

사람

Spielplatz 〔슈필-·프랏쓰〕 〔남〕 -es/Spielplätze〔슈필-··프렛쎄〕 놀이터

Spielzeug 〔슈필-·쏘이크〕 〔중〕 -(e)s/-e 장난감, 완구

Spinne 〔슈핀네〕 〔여〕 -/-n 거미

spinnen* 〔슈핀넨〕 〔타〕〔자〕 (실을) 짜다

Spion 〔슈피온-〕 〔남〕 -s/-e 간첩, 스파이

spitz 〔슈핏쓰〕 〔형〕 (끝이) 뾰족한, 날카로운

Spitze 〔슈핏쎄〕 〔여〕 -s/- 뾰족한 끝, 첨단; 《복수로》레스〔짜기〕

Splitter 〔슈플릿타-〕 〔남〕 -s/- 조각, 파편

spönne, spänne 〔슈펜네〕 〔접Ⅱ〕 spinnen의 접속법 제Ⅱ식의 기본형

Sport 〔슈폴트〕 〔남〕 -(e)s/Sportarten〔슈폴트·알텐〕 스포츠; 《복수로》운동 종목; ★ ~ treiben 스포츠를 하다

Sportarten 〔슈폴트·알텐〕 〔복〕 Sport의 복수형

Sportler 〔슈폴트라-〕 〔남〕 -/- 스포츠맨

sportlich 〔슈폴트리히〕 〔형〕 스포츠의; 스포츠맨의

Spott 〔슈폿트〕 〔남〕 -(e)s/ 비웃음, 조소

spotten 〔슈폿텐〕 〔자〕 über j⁴ 〈et⁴〉 ~ …을 비웃다, 조소하다

sprach 〔슈프라-하〕 〔과〕 sprechen의 과거기본형

Sprache 〔슈프라-헤〕 〔여〕 -/-n 언어, 말 ★ die deutsche ~ 독일어로; et⁴ zur ~ bringen …을 입밖에 내다, 화제로 삼다

spräche 〔슈프레-헤〕 〔접Ⅱ〕 sprechen의 접속법 제Ⅱ식 기본형

sprachlos 〔슈프라-하·로-스〕 〔형〕 말이없이, 침묵의; 아연실색한

sprang 〔슈프랑그〕 〔과〕 springen의 과거기본형

spränge 〔슈프렝게〕 〔접Ⅱ〕 springen의 접속법 제Ⅱ식 기본형

sprechen* 〔슈프렛헨〕 〔타〕 et⁴ ~ …을 이야기하다; j⁴ ~ …와 면담하다 ★

Sprünge

		Deutsch ~ 독일어를 말하다
	〔자〕	von et³ 〈über et⁴〉 ~ …에 대해서 말하다
Sprecher 〔슈프렛히야-〕	〔남〕	-s/- 화자; 강연자; 연설자; 아나운서; 대변인
Sprecherin 〔슈프렛헤린〕	〔여〕	-/Sprecherinnen〔슈프렛헤리넨〕 (여성의) 화자; 강연자; 연설자; 아나운서; 대변자
Sprechstunde 〔슈프렛히·슈툰데〕	〔여〕	-/-n 면회〈진찰〉시간
sprengen 〔슈프렌겐〕	〔타〕	폭파하다; et⁴ ~ …에 〈물 따위를〉뿌리다
Sprengstoff 〔슈프렌그·슈톱프〕	〔남〕	-s/ 폭약
sprich 〔슈프릿히〕	〔명〕	sprechen의 명령형
sprichst 〔슈프리히스트〕	〔현〕	sprechen의 2인칭 단수현재형
spricht 〔슈프리히트〕	〔현〕	sprechen의 3인칭 단수현재형
Sprichwort 〔슈프리히·볼트〕	〔중〕	-(e)s/Sprichwörter〔슈프리히·벨타-〕 속담
springen* 〔슈프린겐〕	〔자〕	(h, s) 뛰다, 뛰어오르다; (물따위가) 솟다; 파열하다; 금이가다; (꽃망울이) 피다
Spritze 〔슈프릿쩨〕	〔여〕	-/-n 주사(기); 방수 펌프
spritzen 〔슈프릿쎈〕	〔자〕	분출하다, 쏟아져 나오다
	〔타〕	(액체를) 뿌리다; 주사하다
Spruch 〔슈프룻흐〕	〔남〕	-(e)s/Sprüche〔슈프룃헤〕 격언
Sprüche 〔슈프룃헤〕	〔복〕	Spruch의 복수형
Sprudel 〔슈프루-델〕	〔남〕	-s/- 탄산수
Sprung 〔슈프룽그〕	〔남〕	-(e)s/Sprünge〔슈프륑게〕 도약, 점프; 비약 ★ auf einem ~ 잠시동안; mit einem ~ 한번 뛰어서
Sprünge 〔슈프륑게〕	〔복〕	Sprung의 복수형

spucken 〔슈푹켄〕	〔자〕	토하다; 침을 뱉다
spülen 〔슈퓌-렌〕	〔타〕	(입·식기·빨래 따위를) 헹구다, 씻다
Spur 〔슈푸-아〕	〔여〕	-/-en 자취, 발자국; 흔적; 단서
spüren 〔슈퓌-렌〕	〔타〕	느끼다, 알아채다; 추적하다
Staat 〔슈타-트〕	〔남〕	-(e)s/Staaten 〔슈타-텐〕 국가
staatlich 〔슈타-트리히〕	〔형〕	국가의, 국가적인
Staatsangehörigkeit 〔슈타-쓰·안게회-리히카이트〕	〔여〕	-/ 국적
Staatsanwalt 〔슈타-쓰·안발트〕	〔남〕	-(e)s/Staatsanwälte 〔슈타-쓰·안벨테〕 검사
Staatsexamen 〔슈타-쓰·에그사-멘〕	〔중〕	-s/- 〈Staatsexamina 〔슈타-쓰·에그사-미나〕 국가시험
Staatsmann 〔슈타-쓰·만〕	〔남〕	-(e)s/Staatsmänner 〔슈타-쓰·멘나-〕 정치가
Stab 〔슈타-프〕	〔남〕	-(e)s/Stäbe 〔슈테-베〕 막대기; 지팡이; 간부; 사령부
Stäbe 〔슈테-베〕	〔복〕	Stab의 복수형
stabil 〔슈타빌-〕	〔형〕	고정된, 안정된
stach 〔슈타-하〕	〔과〕	stechen의 과거기본형
stäche 〔슈테-헤〕	〔접Ⅱ〕	stechen의 접속법 제Ⅱ식 기본형
Stachel 〔슈탓헬〕	〔남〕	-s/-n 바늘; 가시
Stacheldraht 〔슈탓헬·드라-트〕	〔남〕	-(e)s/Stacheldrähte 〔슈탓헬·드레-테〕 유자철선
Stadien 〔슈타-디엔〕	〔복〕	Stadion
Stadion 〔슈타-디온〕	〔중〕	-s/Stadien 〔슈타-디엔〕 경기장, 스타디움
Stadt 〔슈탓트〕	〔여〕	-/Städte 〔슈텟테, 슈테-테〕 도시, 시내
Städte 〔슈텟테, 슈테-테〕	〔복〕	Stadt의 복수형
städtisch 〔슈텟티슈〕	〔형〕	도시의; 도시적인
Stadtmitte 〔슈탓트·밋테〕	〔여〕	도심, 도시의 중심부
Stadtplan 〔슈탓트·프란-〕	〔남〕	-(e)s/Stadtpläne 〔슈탓트·프레-네〕 시가지도

stahl〔슈탈-〕 〔과〕 stehlen의 과거기본형

Stahl〔슈탈-〕 〔남〕 -(e)s/Stähle〔슈퇴-레〕 강철

stähle〔슈테-레〕 〔접Ⅱ〕 stehlen의 접속법 제Ⅱ식 기본형

Stähle〔슈테-레〕 〔복〕 Stahl의 복수형

stählern〔슈테-레른〕 〔형〕 강철(제)의

stak〔슈타-크〕 〔과〕 stecken의 과거기본형

stäke〔슈테-케〕 〔접Ⅱ〕 stecken의 접속법 제Ⅱ식 기본형

Stall〔슈탈〕 〔남〕 -(e)s/Ställe〔슈테레〕 가축 우리, 마굿간

Ställe〔슈테레〕 〔복〕 Stall의 복수형

Stamm〔슈탐〕 〔남〕 -(e)s/Stämme〔슈템메〕 (나무의) 줄기; 종족, 부족

Stämme〔슈템메〕 〔복〕 Stamm의 복수형

stammen〔슈탐멘〕 〔자〕 aus et³ ~ /von et³ ~ …의 태성〈출신〉이다, …에 유래하고 있다

stampfen〔슈탐프헨〕 〔자〕 (발로 강하게) 밟다; 발을 구르다
〔타〕 짓밟다, 다지다

stand〔슈탄트〕 〔과〕 stehen의 과거기본형

Stand〔슈탄트〕 〔남〕 -(e)s/Stände〔슈텐데〕 《단수로》위치, 입장; 《단수로》상태, 상황; 신분, 지위

stände〔슈텐데〕 〔접Ⅱ〕 stehen의 접속법 제Ⅱ식 기본형

Stände〔슈텐데〕 〔복〕 Stand의 복수형

standhaft〔슈탄트하프트〕 〔형〕 불변의; 꿋꿋한

ständig〔슈텐디히〕 〔형〕 정해진, 불변의; 부단의

Standpunkt〔슈탄트·푼크트〕 〔남〕 -(e)s/-e 입장, 견지 ★
von diesem ~ aus 이 견지로는

Stange〔슈탄게〕 〔여〕 -/-n 막대기, 장대

stank〔슈탄크〕 〔과〕 stinken의 과거기본형

stänke〔슈텐케〕 〔접Ⅱ〕 stinken의 접속법 제Ⅱ식

	기본형
starb〔슈탈프〕	〔과〕 sterben의 과거기본형
stark*〔슈탈크〕	〔형〕 강한, 세력이 있는, 힘센; 강도의
Stärke〔슈텔케〕	〔여〕 -/-n 강함, 강도; 장기, 장점; 전분; 풀
stärken〔슈텔켄〕	〔타〕 강하게 하다; 힘나게 하다; 풀칠하다
	〔재〕 sich⁴ ~ 강하게 되다
stärker〔슈텔카-〕	〔형〕 stark의 비교급
stärkst〔슈텔크스트〕	〔형〕 stark의 최상급
starr〔슈탈〕	〔형〕 굳은, 경직한; (눈초리 따위가) 움직이지 않는 ★ j⁴ 〈et⁴〉 ~ ansehen …을 응시하다
starren〔슈타렌〕	〔자〕 auf j⁴ 〈et⁴〉 ~ …을 응시하다
Start〔슈탈트〕	〔남〕 -〔e〕s/-s 〈-e〉 출발, 이륙; 스타트
starten〔슈탈텐〕	〔자〕 (s, h) 출발하다; 이륙하다; 스타트하다
	〔타〕 스타트시키다; 발족시키다
Station〔슈타찌온-〕	〔여〕 -/-en 역, 정거장; 부서
Statistik〔슈타티스티크, 스타티스티크〕	〔여〕 -/-en 통계〔학〕
statistisch〔슈타티스팃슈, 스타티스팃슈〕	〔형〕 통계〔학상〕의
statt〔슈탓트〕	〔전〕 《2격지배》 …대신에; 《zu를 갖은 부정사와 함께》 …하는 대신에
statt|finden*〔슈탓트·핀덴〕	〔자〕 행해지다, 개최되다
stattlich〔슈탓트리히〕	〔형〕 훌륭한, 당당한
Statue〔슈타-투에〕	〔여〕 -/-n 조상, 입상
Staub〔슈타우프〕	〔남〕 -〔e〕s/-e 〈Stäube〔슈토이베〕 먼지; 분말
Stäube〔슈토이베〕	〔복〕 Staub의 복수형
staubig〔슈타우비히〕	〔형〕 먼지투성이의

Staubsauger 〔슈타우프 · 자우가-〕	〔남〕 -s/ 전기소제기
staunen 〔슈타우넨〕	〔자〕 über j⁴ ⟨et⁴⟩ ~ …에 놀래다, 경탄하다
Staunen 〔슈타우넨〕	〔중〕 -s/ 놀램, 경탄
stechen* 〔슈텟헨〕	〔타〕〔자〕 찌르다
stecken* 〔슈텍켄〕	〔타〕 꽂다, 꽂아넣다 〔자〕 꽂혀있다; 끼위있다; 숨어있다
stehen* 〔슈테-엔〕	〔자〕 서있다; 있다; 존속하고 있다; 멈추어있다; 기재되어 있다; j³ ~ …에 어울리다 ★ mit j³ gut ~ …와 사이가 좋다; unter j³ ~ …에 뒤져있다; zu j³ ~ /für j⁴ ~ …의 편을 들다
stehen|bleiben* 〔슈테-엔 · 부라이벤〕	〔자〕 (s) 선로로 있다; 멈추다; 정지하다; 정지한 채로 있다
stehlen* 〔슈테-렌〕	〔타〕 훔치다; j³ et⁴ ~ …로 부터 …을 훔치다 〔자〕 도적질하다 〔재〕 sich⁴ aus et³ ~ …에서 살짝 빠져 나오다; sich⁴ in et⁴ ~ …의 안으로 잠입한다
steif 〔슈타이프〕	〔형〕 굳은, 뻣뻣한, 뻣뻣한; 경직한
steif und fest	〔숙〕 단호히
steigen* 〔슈타이겐〕	〔자〕 (s) 오르다, 올라가다, 상승하다; 승차⟨하차⟩하다; ★ ans Land ~ 상륙하다; auf einen Baum ⟨Berg⟩ ~ 나무⟨산⟩에 오르다; aufs ⟨vom⟩ Pferd ~ 말을 타다⟨말에서 내리다⟩; aus dem Wagen ~ 차에서 내리다; in den Wagen ~ 차에 오르다 über et⁴ ~ …탄채로 넘어가다
steigern 〔슈타이게른〕	〔타〕 올리다, 높히다; 더해지다

	〔재〕 sich⁴ ~ 높아지다; 더하다
Steigerung〔슈타이게룽그〕	〔여〕 -/-en 상승; 높아짐; 증가
steil〔슈타일〕	〔형〕 급경사의, 가파른
Stein〔슈타인〕	〔남〕 -(e)s/-e 돌; 보석
steinern〔슈타이네른〕	〔형〕 석조의; 돌과 같은
Stelle〔슈테레〕	〔여〕 -/-n 자리, 장소; 지위; 근무처 ★ an deiner ~ 너 대신에; an erster ~ 제일 먼저; auf der ~ 당장에, 그 자리에서
stellen〔슈테렌〕	〔타〕 세우다, 두다; 장치하다
	〔재〕 sich⁴ ~ (어떤 장소에)서다, 위치하다; …하는 체하다
Stellung〔슈테룽〕	〔여〕 -/-en 자세; 위치; 입장; 지위; 진지
stemmen〔슈템멘〕	〔타〕 버티다; 받치다
	〔재〕 sich⁴ gegen et⁴ ~ …에 저항하다
Stempel〔슈템펠〕	〔남〕 -s/- 스탬프, 도장
stempeln〔슈템페른〕	〔타〕 et⁴ ~ …에 스탬프를 찍다
Stengel〔슈텐겔〕	〔남〕 -s/- 줄기
Stenographie〔슈테노·그라피-〕	〔여〕 -/Stenographien〔슈테노·그라피-엔〕 속기〔술〕
stenographieren〔슈테노·그라피-렌〕	〔타〕〔자〕 속기하다
sterben*〔슈텔벤〕	〔자〕 죽다; an et³ ~ …의 원인으로 죽다; durch et⁴ ~ …에 의해서 죽다
sterblich〔슈텔프리히〕	〔형〕 죽을 운명의, 죽어야 할
Stern〔슈테른〕	〔남〕 -(e)s/-e 별; 인기배우, 스타
stetig〔슈테-티히〕	〔형〕 부단한, 끊임없는; 안정된, 견고한
stets〔슈테-쓰〕	〔부〕 항상, 끊임없이
Steuer¹〔슈토이야-〕	〔여〕 -/-n 조세, 세금
Steuer²〔슈토이야-〕	〔중〕 -s/- 키; 핸들(자동차의)

steuern [슈토이에른]	〔타〕	조종하다
	〔자〕	(s) 항해하다, 나아가다
Steward [스튜-아-트, 슈튜-아-트]	〔남〕	(객선·여객기의) 급사, 보이
Stewardess [스튜-아-데스, 슈튜-아-데스]	〔여〕	-/Stewardessen 스튜어디스
stich [슈티히]	〔명〕	stechen의 명령형
Stich [슈티히]	〔남〕	-[e]s/-e 찌름, 찌르기
stichst [슈티히스트]	〔현〕	stechen의 2인칭 단수현재형
sticht [슈티히트]	〔현〕	stechen의 3인칭 단수현재형
Stickstoff [슈틱크·슈톱프]	〔남〕	-[e]s/ 질소
Stiefbruder [슈티-프·부루-다-]	〔남〕	-s/Stiefbrüder [슈티-프·부뤼-다-] 이붓형제
Stiefel [슈티-펠]	〔남〕	-s/- 장화
Stiefmutter [슈타-프·뭇타-]	〔여〕	-/Stiefmütter [슈티-프·뮛타-] 계모
Stiefschwester [슈티-프·슈베스타-]	〔여〕	-/-n 의붓자매
Stiefsohn [슈티-프·존-]	〔남〕	-[e]s/Stiefsöhne [슈티-프·죄-네] 의붓아들
Stieftochter [슈티-프·토호타-]	〔여〕	-/Stieftöchter [슈티-프·퇴히타-] 의붓딸
Stiefvater [슈티-프·파-타-]	〔남〕	-s/Stiefväter [슈티-프·페-타-] 계부
stieg [슈티-크]	〔과〕	steigen의 과거기본형
stiege [슈티-게]	〔접Ⅱ〕	steigen의 접속법 제Ⅱ식 기본형
stiehl [슈틸-]	〔명〕	stehlen의 명령형
stiehlst [슈티-르스트]	〔현〕	stehlen의 2인칭 단수현재형
stiehlt [슈티-르트]	〔현〕	stehlen의 3인칭 단수현재형
Stiel [슈틸-]	〔남〕	-[e]s/-e 손잡이, 자루; 핸들
Stier [슈티-아]	〔남〕	-[e]s/-e 수소, 황소; 종우
stieß [슈티-스]	〔과〕	stoßen의 과거기본형
stieße [슈티-세]	〔접Ⅱ〕	stoßen의 접속법 제Ⅱ식

	기본형
Stift[1] 〔슈티프트〕	〔남〕 -(e)s/-e 〔색〕연필, 크레용, 파스텔
Stift[2] 〔슈티프트〕	〔중〕 -(e)s/-e(r) 종교재단; 신학교
stiften 〔슈티프텐〕	〔타〕 기부하다; 건설〈설립〉하다
Stil 〔슈틸-, 스틸-〕	〔남〕 -(e)s/-e 문체; (예술 따위의) 양식; 생활양식, 스타일
still 〔슈틸〕	〔형〕 조용한, 고요한
Stille 〔슈티레〕	〔여〕 -/ 고요, 침묵; 평온 ★ in der 〈aller〉 ~ 남몰래, 은밀이
stillen 〔슈티렌〕	〔타〕 정지(静止)시키다; (고통따위를) 가라 앉히다; (유아에게) 모유를 주다
still|stehen* 〔슈틸·슈데-엔〕	〔자〕 정지하다
Stimme 〔슈팀메〕	〔여〕 -/-n 소리, 음성; 성부; (세상의) 소리, 세론; (선거의) 표
stimmen 〔슈팀멘〕	〔자〕 기분이 맞다; 투표하다 ★ das stimmt 옳다, 됐다 〔타〕 (…한) 기분을 가지게 하다
Stimmrecht 〔슈팀레히트〕	〔중〕 -(e)s/-e 투표권
Stimmung 〔슈팀뭉〕	〔여〕 -/-en 기분, 정조(情調) ★ in guter〈schlechter〉 ~ sein 기분이 좋다〈나쁘다〉
stinken* 〔슈틴켄〕	〔자〕 악취를 풍기다, 구린 냄새가 나다
Stipendien 〔슈티펜디엔〕	〔복〕 Stipendium의 복수형
Stipendium 〔슈티펜디움〕	〔중〕 -s/Stipendien 〔슈티펜디엔〕 장학금
stirb 〔슈틸프〕	〔명〕 sterben의 명령형
stirbst 〔슈틸프스트〕	〔현〕 sterben의 2인칭 단수현재형
stirbt 〔슈틸프트〕	〔현〕 sterben의 3인칭 단수현재형
Stirn 〔슈티른〕	〔여〕 -/-en 이마
Stock[1] 〔슈톡크〕	〔남〕 -(e)s/Stöcke 〔슈텍케〕 막대기, 지팡이
Stock[2] 〔슈톡크〕	〔남〕 -(e)s/Stockwerke 〔슈톡크

	·벨케〕 (건물의 2층이상의) 층
Stöcke 〔슈툅케〕	〔복〕 Stock¹의 복수형
stocken 〔슈톡켄〕	〔자〕 정지하다, 중단되다, 멎다; 정체하다
Stockwerk 〔슈톡·벨크〕	〔남〕 -〔e〕s/-e (건물의 2층이상의) 층
Stoff 〔슈톳프〕	〔남〕 -〔e〕s/-e 물질; 원료; 소재; 옷감
stofflich 〔슈톳프리히〕	〔형〕 물질의; 재료의, 소재의
stöhnen 〔슈퇴-넨〕	〔자〕 신음하다
stolpern 〔슈톨페른〕	〔자〕 비틀거리다, 걸려 비틀거리다
stolz 〔슈톨쯔〕	〔형〕 자랑스러운; 거만한 ★ auf j⁴ 〈et⁴〉 ~ sein …을 자랑하고 있다, 자만하고 있다
Stolz 〔슈톨쯔〕	〔남〕 -es/ 자랑, 자부; 자만, . 존대
stopfen 〔슈톳프헨〕	〔타〕 채워넣다
stoppen 〔슈톳펜〕	〔타〕 멈추다, 정지시키다
Storch 〔슈톨히〕	〔남〕 -〔e〕s/Störche 〔슈퇼헤〕 황새
Störche 〔슈퇼히에〕	〔복〕 Storch의 복수형
stören 〔슈퇴-렌〕	〔타〕 방해하다; 어지럽히다; 괴롭히다
Störung 〔슈뢰-룽〕	〔여〕 -/-en 방해, 장애
Stoß 〔슈토-스〕	〔남〕 -es/Stöße 〔슈퇴-세〕 찔음, 밈; 충돌; 충격; 타격 ★ einen ~ geben 충격을 주다
Stöße 〔슈퇴-세〕	〔복〕 Stoß의 복수형
stoßen* 〔슈퇴-센〕	〔타〕 찌르다, 밀치다
	〔재〕 sich⁴ an et⁴ ~ …에 부딪치다, …이 화가나다
	〔자〕 (s) an〈gegen〉 et⁴ ~ 에 부딪치다 auf j⁴ 〈et⁴〉 ~ 우연이 …만나다; 우연이 …을 발견하다
stößest 〔슈퇴-세스트〕	〔현〕 stoßen의 2인칭 단수현재형

stößt [슈퇴-스트]	[현] stoßen의 3인칭 단수현재형
stottern [슈톳데른]	[자] 말을 더듬다
Strafe [슈트라-페]	[여] -/-n 벌, 형벌 ★ zur ~ 벌로써
strafen [슈트라-펜]	[타] 벌하다, 처벌하다
straff [슈트랏프]	[형] 팽팽한, 긴장한; 엄격한
Strahl [슈트랄-]	[남] -[e]s/-en 광선; 분사물
strahlen [슈트라-렌]	[자] 광선을 방사하다. 빛을 뿌리다
Strand [슈트란트]	[남] -[e]s/Strände [슈트렌데] 해변, 해안
Strände [슈트렌데]	[복] Strand의 복수형
Straße [슈트라-세]	[여] -/-n 도로, 가로; 거리; 시가 ★ an der ~ 길가에서; auf der ~ 거리에서, 도로상에서; über der ~ 거리의 저편에서; über der ~ 거리의 저편으로
Straßenbahn [슈트라-센・반-]	[여] -en 시가전차, 노면전차
sträuben [슈트로이벤]	[타] (머리카락을) 곤두세우다 [재] sich⁴ gegen j⁴ ⟨et⁴⟩ ~ …에 거슬리다
Strauch [슈트라우흐]	[남] -[e]s/Sträucher [슈트로이히야-] 관목; 나무숲
Sträucher [슈트로이히야-]	[복] Strauch의 복수형
Strauß¹ [슈트라우스]	[남] -es/Sträuß [슈토로이세] 꽃다발
Strauß² [슈트라우스]	[남] -es/-e 타조
Sträuße [슈트로이세]	[복] strauß¹의 복수형
streben [슈트레-벤]	[자] nach et³ ~ …을 향해서 노력하다
Strecke [슈트렉케]	[여] -/-n 거리; 구간
strecken [슈트렉켄]	[타] 펴다, 뻗치다; 넓히다
streicheln [슈트라이헤른]	[타] 쓰다듬다, 어루만지다
streichen* [슈트라이헨]	[타] 쓰다듬다; 칠하다; et⁴ auf et⁴ ~ /et⁴ mit et³ ~ …

	에 …을 칠하다
	〔자〕 스치다
Streichholz 〔슈트라이히・홀쓰〕	〔중〕 -(e)s/Streichhölzer 〔슈트라이히〕 성냥
streifen 〔슈트라이펜〕	〔타〕 가볍게 닿다, 스치다; 언급하다
Streifen 〔슈트라이펜〕	〔남〕 -s/ 가늘고 긴것, 줄, 선
Streik 〔슈트라이크〕	〔남〕 -(e)s/-e 스트라이크, 동맹파업
Streit 〔슈트라이트〕	〔남〕 -(e)s/-e 분쟁; 불화; 논쟁
streiten* 〔슈트라이텐〕	〔자〕 다투다; 싸우다; 논쟁하다 ★ für j⁴ ⟨et⁴⟩ ~ …때문에 다투다; gegen j⁴ ⟨et⁴⟩ ~ …에 대해서 다투다; mit j³ über⟨um⟩ et⁴ ~ …와 …의 일로 다투다
	〔재〕 sich⁴ ~ …와 서로 다투다
streng 〔슈트렝그〕	〔형〕 엄한, 엄격한
streuen 〔슈트로이엔〕	〔타〕 뿌리다; 뿌려 흘리다
strich 〔슈트릿히〕	〔과〕 streichen의 과거기본형
Strich 〔슈트릿히〕	〔남〕 -(e)s/-e 선; 줄; 횡선
striche 〔슈트릿헤〕	〔접Ⅱ〕 streichen의 접속법 제Ⅱ식 기본형
Strick 〔슈트릭크〕	〔남〕 -(e)s/-e 밧줄, 새끼
stricken 〔슈트릭켄〕	〔타〕 짜다; 뜨다 〔자〕 편물하다
stritt 〔슈트릿트〕	〔과〕 streiten의 과거기본형
stritte 〔슈트릿테〕	〔접Ⅱ〕 streiten의 접속법 제Ⅱ식 기본형
Stroh 〔슈트로-〕	〔중〕 -(e)s/ 〔보리〕짚
Strohhalm 〔슈트로-・하름〕	〔남〕 -(e)/-e 지푸라기
Strom 〔슈트롬-〕	〔남〕 -(e)s/Ströme 〔슈트뢰-메〕 흐름; 강; 전류
Ströme 〔슈트뢰-메〕	〔복〕 Strom의 복수형
strömen 〔슈트뢰-멘〕	〔자〕 (h, s) (물 따위가 세차게) 흐르다
Strömung 〔슈트뢰-뭉〕	〔여〕 -/-en 흐름; 동향; 시류

Strudel [슈트루-델] 〔남〕 -/- 소용돌이; 여울
Struktur [슈트루크투-아] 〔여〕 -/-en 구조; 조직
Strumpf [슈트룸프흐] 〔남〕 -[e]s/Strümpfe [슈트륌프페] (긴) 양말, 스타킹
Strümpfe [슈트륌프헤] 〔복〕 Strumpf의 복수형
Stube [슈투-베] 〔여〕 -/-n 방
Stück [슈튁크] 〔중〕 -[e]s/-e 단편, 조각; 부분; 작품(1개·2개 …따위의) …개 《무변화》 ★ zwei ~ Käse 치즈 두 조각
Student [슈투덴트] 〔남〕 -en/-en 대학생

Student의 격변화			
	〔단〕		〔복〕
1격 der	Student	die	Studenten
2격 des	Studenten	der	Studenten
3격 dem	Studenten	den	Studenten
4격 den	Studenten	die	Studenten

Studentin [슈투덴틴] 〔여〕 -/Studentinnen [슈투덴티넨] 여대생
Studien [슈투-디엔] 〔복〕 Studium의 복수형
studieren [슈투디-렌] 〔타〕 (대학에서) …을 배우다〈배우고 있다〉, 연구하다
  〔자〕 (대학에서) 배우다〈배우고 있다〉
Studium [슈투-디움] 〔중〕 -s/Studien [슈투-디엔] 《단수로》(대학에서의) 면학; (학술적) 연구, 조사
Stufe [슈투-페] 〔여〕 -/-en (계단 따위의) 단; 단계
Stuhl [슈툴-] 〔남〕 -[e]s/Stühle [슈튀-레] 의자
Stühle [슈튀-레] 〔복〕 Stuhl의 복수형
stumm [슈툼] 〔형〕 벙어리의, 말못하는; 무언의
stumpf [슈툼프흐] 〔형〕 무딘, 둔한
Stunde [슈툰데] 〔여〕 -/-n 〔한〕시간; 시각; 때; 수업; 렛슨; ★ eine halbe

südlich

	~ 반시간 eine ~ lang 한 시간 동안; zu jeder ~ 언제나, zur ~ 지금, 목하
stünde 〔슈튄데〕	〔접Ⅱ〕 stehen의 접속법 제Ⅱ식 기본형
stundenlang 〔슈툰덴·랑그〕	〔형〕 수시간의 〔부〕 몇시간이라도
stundenweise 〔슈툰덴·바이제〕	〔형〕 1시간마다
stürbe 〔슈튀르베〕	〔접Ⅱ〕 sterben의 접속법 제Ⅱ식 기본형
Sturm 〔슈투름〕	〔남〕 -〔e〕s/Stürme 〔슈튀르메〕폭풍, 폭풍우
Stürme 〔슈튀르메〕	〔복〕 Sturm의 복수형
stürmen 〔슈튀르멘〕	〔자〕 (s) 돌진하다; (h) (폭풍이) 광란하다
stürmisch 〔슈튀르미슈〕	〔형〕 폭풍의; 폭풍같은
Sturz 〔슈툴쯔〕	〔남〕 -es/Stürze 〔슈튀르쩨〕 추락; 붕괴
Stürze 〔슈튀르쩨〕	〔복〕 Sturz의 복수형
stürzen 〔슈튀르쩬〕	〔타〕 밀어〈던져〉떨어뜨리다 〔재〕 sich⁴ ~ 몸을 던지다 〔자〕 (s) 추락하다; 돌진하다
Stute 〔슈투-테〕	〔여〕 -/-n 암말
Stütze 〔슈튓쩨〕	〔여〕 -/-n 지주; 지지
stützen 〔슈튓쩬〕	〔타〕 받치다, 버티다; 지지하다 〔재〕 sich⁴ anf et⁴ ~ …으로 몸을 지탱하다, …에 매달리다
Subjekt 〔주프·예크트〕	〔중〕 -〔e〕s/-e 주체; 주어
subjektiv 〔주프·예크티-프〕	〔형〕 주관의; 주관적인
Substanz 〔주프스탄쯔〕	〔여〕 -/-en 물질, 본질
suchen 〔주-헨〕	〔타〕 찾다; (zu를 가진 부정사와 함께) …하려고 하다 〔자〕 nach j³ 〈et³〉 ~ …을 찾다
Süden 〔쥐-덴〕	〔남〕 -s/ 남쪽 ★ nach ~ 남쪽으로
südlich 〔쥐-트리히〕	〔형〕 남의, 남쪽의

Summe 〔줌메〕	〔여〕 -/-n 총계, 총액; 금액
Sumpf 〔줌프흐〕	〔남〕 -[e]s/Sümpfe 〔쥠프페〕 늪, 습지
Sümpfe 〔쥠프헤〕	〔복〕 Sumpf의 복수형
Sünde 〔쥔데〕	〔여〕 -/-n (종교상·도덕상의) 죄
sündigen 〔쥔디겐〕	〔자〕 (특히 종교상의) 죄를 범하다
Supermarkt 〔주-파·마르크트〕	〔남〕 -[e]s/Supermärkte 〔주-파-·멜크테〕 슈퍼마켓
Suppe 〔줏페〕	〔여〕 -/-n 스프, 국물 ★ ~ essen (스푼으로) 스프를 마시다
süß 〔주-스〕	〔형〕 (맛이) 단, 감미로운; 귀여운
Süßigkeit 〔주-시히카이트〕	〔여〕 -/-en 닮, 단맛; 《복수로》 단것, 과자류
Symbol 〔쥼볼-〕	〔중〕 -s/-e 상징, 심벌; 기호
symbolisch 〔쥠보-리슈〕	〔형〕 상징적인
Sympathie 〔쥠파티-〕	〔여〕 -/Sympathien 〔쥼무파티-에〕 공감, 호감
sympathisch 〔쥠파-팃슈〕	〔형〕 공감을 가질 수 있는, 느낌이 좋은
Symphonie 〔쥼포니-〕	〔여〕 -/Symphonien 〔쥼프포니-엔〕 교향곡, 심포니 (⇨ Sinfonie)
Symptom 〔쥠프톰-〕	〔중〕 -s/-e 증상, 증세, 증후
System 〔쥐스템-〕	〔중〕 -s/-e 체계; 조직
systematisch 〔쥐스테마·-팃슈〕	〔형〕 체격〈조직〉적인; 정연한
Szene 〔스쎄-네〕	〔여〕 -/-n (영화·극 따위의) 신, 장면, 정경

T

Tabak [타-바크, 타박크] 〔남〕 -(e)s/-e 담배
Tablett [타브렡트] 〔중〕 -s/-e⟨-s⟩ 쟁반
Tablette [타브렡테] 〔남〕 -/-n 알약, 정제
Tadel [타-델] 〔남〕 -s/- 비난
tadellos [타-델·로-스] 〔형〕 나무랄데 없는
tadeln [타-데른] 〔타〕 비난하다, 꾸짓다
Tafel [타-펠] 〔여〕 -/-n 널빤지; 흑판; 식탁; 표

Tag [타-크] 〔남〕 -(e)s/-e 날(日), 낮, 하루 ★ alle ~ e 매일; am ~ e/bei ~ e 주간에, 대낮에; am folgenden ~ 다음날에; den ganzen ~ 하루종일; eines ~ (e)s 어느날 (의일); et⁴ an den ~ bringen …을 밝은 곳으로 내다; guten ~ ! 안녕하세요; jeden ~ 매일; nächsten ~ (e)s 다음날; seit Jahr und ~ 긴세월; von ~ zu ~ 날마다, 하루하루; vor ~ (e) 날이 새기전에

Tag für Tag 〔숙〕 나날이, 매일 매일
Tag und Nacht 〔숙〕 밤낮; 끊임없이
Tagebuch [타-게·부-후] 〔중〕 -(e)s/Tagebücher [탓게·뷔-히야-] 일기

tagelang [타-게·랑그] 〔부〕 수일간, 몇일이나
tagen [타-겐] 〔자〕 (회의가) 행해지다
täglich [테-크리히] 〔형〕 매일의
〔부〕 매일, 날마다

tagsüber 〔타-크스·위-바-〕	〔부〕 대낮에, 주간에
Tagung 〔타-궁그〕	〔여〕 -/-en 회의
Takt 〔타크트〕	〔남〕 -〔e〕s/-e 박자; 《단수로》 기전; 절도
taktlos 〔타크트·로-스〕	〔형〕 절도가 없는; 생각이 부족한
Tal 〔탈-〕	〔중〕 -〔e〕s/Täler 〔테-라-〕 골짜기, 산간의 평지
Talent 〔타렌트〕	〔중〕 -〔e〕s/-e 재능, 재능이 있는 사람
Täler 〔테-라-〕	〔복〕 Tal의 복수형
Tank 〔탄크〕	〔남〕 -〔e〕s/-s⟨e⟩ (저장용의) 탱크
tanken 〔탄켄〕	〔타〕〔자〕 급유하다
Tanker 〔탄카-〕	〔남〕 -s/- 유송⟨송유⟩선, 탄커
Tankstelle 〔탄크·슈테레〕	〔여〕 -/-n 주유소
Tanne 〔탄네〕	〔여〕 -/-n 전나무
Tante 〔탄테〕	〔여〕 -/-n 백⟨숙⟩모
Tanz 〔탄쓰〕	〔남〕 -es/Tänze 〔텐쎄〕 춤, 댄스
Tänze 〔텐쎄〕	〔복〕 Tanz의 복수형
tanzen 〔탄쩬〕	〔자〕 (h, s) 춤추다
Tänzer 〔텐싸-〕	〔남〕 무용가
Tänzerin 〔텐쎄린〕	〔여〕 Tänzerinnen 〔텐쎄리넨〕 무희; 여자무용가, 댄서
Tapete 〔타페-테〕	〔여〕 -/-n 벽지
tapfer 〔탑프하-〕	〔형〕 용감한, 씩씩한
Tasche 〔탓쉐〕	〔여〕 -/-n 호주머니; 가방; 지갑
Taschentuch 〔탓쉔·투-흐〕	〔중〕 -〔e〕s/Taschentücher 〔탓쉔·휘-히야-〕 손수건
Tasse 〔탓세〕	〔여〕 -/-n (커피·홍차 따위의) 찻잔, 컵
tasten 〔타스텐〕	〔자〕 nach et^3 ~ …을 손으로 만져서 찾다
	〔타〕 et^4 ~ …에 손을 대다
	〔재〕 sich^4 durch et^4 ~ …의 속을 손으로 더듬어서 나아가다
tat 〔타-트〕	〔과〕 tun의 과거기본형
Tat 〔타-트〕	〔여〕 -/-en 행위; 행동 ★ in der ~ 실제로; 참으로 mit

	Rat und ~ 명실공히
täte [테-테]	〔접Ⅱ〕 tun의 접속법 제Ⅱ식 기본형
Täter [테-타-]	〔남〕 -s/- 행위자; (특히) 범인
tätig [테-티히]	〔형〕 활동하고 있는; 일하고 있는; 실제적인
Tätigkeit [테-티히카이트]	〔여〕 -/-en 활동, 행동, 일
Tatsache [타-트·잣헤]	〔여〕 -/-n 사실
tatsächlich [타-트·제히리히]	〔형〕 실제의 〔부〕 실제로, 참으로
Tau [타우]	〔남〕 -(e)s/ 이슬
taub [타우프]	〔형〕 귀가 들리지 않는, 귀머거리의
Taube [타우베]	〔여〕 -/-n 비둘기
tauchen [타우헨]	〔자〕 (s, h) (물속으로) 잠수하다
tauen [타우엔]	〔자〕 (h, s) (눈·얼음이) 녹다
Taufe [타우페]	〔여〕 -/-n 세례
taufen [타우펜]	〔타〕 (물속으로) 가라앉히다; 적시다 〔타〕 j⁴ ~ …에게 세례를 하다; 명명하다 ★ sich ~ lassen lassen 세례를 받다
taugen [타우겐]	〔자〕 zu et³ ~ …의 도움이 되다 ★ nichts ~ 아무런 쓸모도 없다
taumeln [타우메른]	〔자〕 비틀거리다; 현기증이 일다
Tausch [타우슈]	〔남〕 -(e)s/-e 교환
tauschen [타우쉔]	〔타〕 교환하다; mit j³ et⁴ ~ …과 …을 교환하다; et⁴ gegen et⁴ ~ …과 …을 교환하다
täuschen [토이쉔]	〔타〕 속이다, 기만하다 〔재〕 sich⁴ ~ 잘못생각하다
Täuschung [토이슝그]	〔여〕 -/-en 속임; 잘못 생각함
tausend [타우젠트]	〔수〕 1000(의)
Taxi [탁크시]	〔중〕 -s/-s 택시
Technik [테히닉크]	〔여〕 -/-en 공학; 기술

Techniker 〔테히니카-〕	〔남〕 -s/- 기술자, 공학자
technisch 〔테히닛슈〕	〔형〕 기술의; 공학의; 기술적인
Technologie 〔테히노로기-〕	〔여〕 -/Technologien 〔테히노로기-엔〕 과학기술, 테크노로지
Tee 〔테-〕	〔남〕 -s/-s 〔홍〕차 ★ grüner 녹차; schwarzer ~ 홍차
Teich 〔타이히〕	〔남〕 -(e)s/-e 못
Teig 〔타이크〕	〔남〕 -(e)s/-e 반죽
Teil 〔타일〕	〔남〕 -(e)s/-e 일부, 부분 ★ zum ~ 부분적으로는
teilen 〔타이렌〕	〔타〕 나누다; et⁴ mit j³ ~ …을 …와 서로 나누다; 함께하다
Teilnahme 〔타일·나-메〕	〔여〕 -/ 관여, 참가; 관심, 동정
teil|nehmen* 〔타일·네멘〕	〔자〕 an et³ ~ …에 참가하다, 관여하다
Teilnehmer 〔타일·네-마-〕	〔남〕 -s/- 참가자, 관계〈여〉자
teils 〔타이르스〕	〔부〕 일부는, 부분적으로 ★ ~ …, ~ … 일부는…, 일부는 …
teilweise 〔타일·바이제〕	〔부〕 부분적으로, 일부는
Telefon, Telephon 〔테레폰-〕	〔중〕 -s/-e 전화〔기〕
telefonieren, telephonieren 〔테레포니-렌〕	〔자〕 전화를 걸다; mit j³ ~ …와 전화로 말하다
Telefonnummer 〔테레폰·눔마-〕	〔여〕 -/-n 전화번호
Telefonzelle 〔테레폰-·쩨레〕	〔여〕 -/-n 전화박스
Telegramm 〔테레그람〕	〔중〕 -s/-e 전보, 전신 ★ ein ~ schicken 전보를 친다
Teller 〔테라-〕	〔남〕 -s/- 접시
Tempel 〔템펠〕	〔남〕 -s/- 사원, 신전(기독교와 회교이외의)
Temperament 〔템페라멘트〕	〔중〕 -(e)s/-e 기질; 《단수로》 원기, 활발
temperamentvoll 〔템페라멘트·폴〕	〔형〕 활발한, 정열적인

Temperatur 〔템페라투-아〕	〔여〕 -/-en 온도, 체온
Tempo 〔템포〕	〔중〕 -s/-s 속도, 템포
Tendenz 〔텐덴쓰〕	〔여〕 -/-en 경향; 성향
Tennis 〔테니스〕	〔중〕 -/ 테니스 ★ ~ spielen 테니스를 하다
Teppich 〔텟핏히〕	〔남〕 -s/-e 양탄자
Termin 〔텔민-〕	〔남〕 -s/-e 〈약속의〉기한, 기일
Terrasse 〔테랏세〕	〔여〕 -/-n 테라스
Terror 〔테로르〕	〔남〕 -s/ 테로〔행위〕
Testament 〔테스타멘트〕	〔중〕 -〔e〕s/-e 유언〔장〕; (신과 사람의) 계약 ★ Altes ~ 구약성서, Neues ~ 신약성서
teuer 〔토이야-〕	〔형〕 값비싼; 귀중한
Teufel 〔토이펠〕	〔남〕 -s/- 악마
Text 〔텍스트〕	〔남〕 -es/-e 텍스트; 본문; 원문; 가사
Theater 〔테아-타-〕	〔중〕 -s/- 극장; 연극 ★ ins ~ gehen 연극구경을 가다
Thema 〔테-마〕	〔중〕 -s/Themen〔테-맨〕 주제, 테마
Themen 〔테-멘〕	〔복〕 Thema의 복수형
Theologie 〔테오로기-〕	〔여〕 -/Theologien〔테오로기-엔〕 신학
theologisch 〔테오로-기슈〕	〔형〕 신학〔상〕의; 신학적인
theoretisch 〔테오레-팃슈〕	〔형〕 이론의; 이론적인
Theorie 〔테오리-〕	〔여〕 -/Theorien〔테오리-엔〕 이론 ~ und Praxis 이론과 실천
Therapie 〔테라피-〕	〔여〕 Therapien〔테라피-엔〕 치료
Thermometer 〔테르모메-타-〕	〔중〕 -s/- 온도계; 체온계
Thermosflasche 〔테르모스·후랏세〕	〔여〕 -/-n 보온병
These 〔테-제〕	〔여〕 -/-n 명제; 강령
Thron 〔트론-〕	〔남〕 -〔e〕s/-e 왕좌, 왕위

tief〔티-프〕	〔형〕깊은; …의 깊이가 있는; 낮은
Tiefe〔티-페〕	〔여〕-/-n 깊이; 깊음; 심연
Tiefe〔티-아〕	〔중〕-〔e〕s/-e 동물
Tiergarten〔티-아·갈텐〕	〔남〕-s/Tiergärten〔티-아·갈텐〕동물원(=zoo)
Tiger〔티-가-〕	〔남〕-s/- 호랑이
tilgen〔틸겐〕	〔타〕지우다, 말살하다; 근절하다
Tinte〔틴테〕	〔여〕-/-n 잉크
Tip〔티프〕	〔남〕-s/-s 지시, 조언; 힌트
tippen〔팃펜〕	〔자〕(손끝으로) 가볍게 두드리다, 타이프를 치다
Tisch〔팃슈〕	〔남〕-es/-e 책상, 테이블; 식탁 ★ am ~ sitzen 책상앞에 앉아 있다; 식탁에 앉아 있다; bei ~〔e〕식사중에; nach ~ 식후에
Tischler〔팃슈라-〕	〔남〕-s/- 가구사
Tischtennis〔팃슈·테니스〕	〔중〕-/ 탁구
Tischtuch〔팃슈·투-후〕	〔중〕-〔e〕s/Tischtücher〔팃슈튀·튀-히야-〕식탁보
Titel〔티-텔〕	〔남〕-s/- 표제, 타이틀; 칭호, 직함
Toast〔토-스트〕	〔남〕-〔e〕s/-e〈-s〉토스트(빵); 축배의 말
toben〔토-벤〕	〔자〕(폭풍·바다 따위가) 거칠다, 광란하다
Tochter〔토흐타-〕	〔여〕-/Töchter〔퇴히타-〕딸
Töchter〔퇴히타-〕	〔복〕Tochter의 복수형
Tod〔토-트〕	〔남〕-〔e〕s/-e 《보통 단수로》죽음 ★ zu ~ e 죽을 정도로, 몹시
Todesstrafe〔토-데스·슈트라-페〕	〔여〕-/-n 사형
tödlich〔퇴-트리히〕	〔형〕치명적인, 죽을 정도의
Toilette〔토와렛테〕	〔여〕-/-n 화장실; 화장; 몸치장
toll〔톨〕	〔형〕미친, 바보같은; 멋진

Tomate 〔토마-테〕 〔여〕 -/-n 토마토
Ton¹ 〔톤-〕 〔남〕 -(e)s/Töne 〔퇴-네〕 음, 음조; 어조, 말투; 악센트
Ton² 〔톤-〕 〔남〕 -s/ 점토
Tonband 〔톤·반트〕 〔중〕 -(e)s/Tonbänder 〔톤-·벤다-〕 녹음테이프
Tonbandgerät 〔톤반트·게레-트〕 〔중〕 -(e)s/-e 녹음기, 테이프레코드
Töne 〔퇴-네〕 〔복〕 Ton의 복수형
tönen 〔퇴-넨〕 〔자〕 소리나다, 울리다
 〔타〕 et⁴ ~ …에 색조를 붙이다
tönern 〔퇴네른〕 〔형〕 점토〔제〕의
Tonne 〔톤레〕 〔여〕 큰통, 톤(중량단위)
Topf 〔톳프흐〕 〔남〕 -(e)s/Töpfe 〔툇프페〕
Töpfe 〔툇프헤〕 〔복〕 Topf의 복수형
Tor¹ 〔토-아〕 〔중〕 -(e)s/-e 문; (구기의) 골
Tor² 〔토-아〕 〔남〕 -en/-en 바보

	Tor²의 격변화		
	〔단〕		〔복〕
1격	der Tor	die	Toren
2격	des Toren	der	Toren
3격	dem Toren	den	Toren
4격	den Toren	die	Toren

Torheit 〔토-아하이트〕 〔여〕 -/-en 우둔; 우행
töricht 〔퇴-리히트〕 〔형〕 어리석은
Torte 〔톨테〕 〔여〕 타르트(쇼트케이크·치즈케이크 따위)
tosen 〔토-젠〕 〔자〕 (s, h) (바람·파도 따위가) 노호하다
tot 〔토-트〕 〔형〕 죽은
total 〔토탈-〕 〔형〕 완전한, 모든; 전체의
 〔부〕 완전히, 모두
Tote(r) 〔토-테〈타-〉〕 〔남〕〔여〕 《형용사적 변화》죽은 사람

täten 〔퇴-텐〕 〔타〕 죽이다
Tour 〔토우-아〕 〔여〕 -/-en 소풍, 여행 《복수로》 회전

Tourist 〔토우리스트〕 〔남〕 -en/-en 관광객

Tourist²의 격변화			
	〔단〕		〔복〕
1격	der Tourist	die	Touristen
2격	des Touristen	der	Touristen
3격	dem Touristen	den	Touristen
4격	den Touristen	die	Touristen

Tracht 〔트라하트〕 〔여〕 -/-en 복장, 의상
Tradition 〔트라디씨온-〕 〔여〕 -/-en 전통
traditionell 〔트라디씨오넬〕 〔형〕 전통적인
traf 〔트라-프〕 〔과〕 treffen의 과거기본형
träfe 〔트레-페〕 〔접Ⅱ〕 treffen의 접속법 제Ⅱ식 기본형

tragbar 〔트라-크 발-〕 〔형〕 휴대가능한; 참을 수 있는
träge 〔트레-게〕 〔형〕 나태한, 게으른
tragen* 〔트라-겐〕 〔타〕 나르다; (의복·모자·장갑·양말·구두 따위를) 몸에 지니고 있다; 부담하다; 참는다

Träger 〔트레-가-〕 〔남〕 -s/- 나르는 사람; 담당자; 지지자

Trägheit 〔트레-그 하이트〕 〔여〕 -/ 나태; 타성, 관성
tragisch 〔트라-짓슈〕 〔형〕 비극적인
Tragödie 〔트라뢰-디에〕 〔여〕 -/-n 비극
trägst 〔트레-그스트〕 〔현〕 tragen의 2인칭 단수현재형
trägt 〔트레-그트〕 〔현〕 tragen의 3인칭 단수현재형
Träne 〔트레-네〕 〔여〕 -/-n 눈물 ★ unter ~ en 눈물로, 눈물을 흘리면서

trank 〔트란크〕 〔과〕 trinken의 과거기본형
tränke 〔트란케〕 〔접Ⅱ〕 trinken의 접속법 제Ⅱ식 기본형

Transport 〔트란스폴트〕	〔남〕 -(e)s/-e 수송
transportieren 〔트란스폴티-렌〕	〔타〕 수송하다
trat 〔트라-트〕	〔과〕 treten의 과거기본형
träte 〔트레-테〕	〔접Ⅱ〕 treten의 접속법 제Ⅱ식 기본형
Traube 〔트라우베〕	〔여〕 -/-n 포도(의 송이)
trauen 〔트라우엔〕	〔자〕 j³〈et³〉 ~ …을 신용〈신뢰〉하다
	〔재〕 sich⁴ ~ 《zu를 갖인 부정사와 함께》감히 …하다
Trauer 〔트라우아-〕	〔여〕 -/ 슬픔, 비애; 상; 상봉
trauern 〔트라우에른〕	〔자〕 um j⁴ ~ …의 죽음을 슬퍼하다
Trauerspiel 〔트라우아-·슈필-〕	〔중〕 -(e)s/-e 비극
traulich 〔트라우리히〕	〔형〕 기분좋은, 그리운, 정다운
Traum 〔트라움〕	〔남〕 -(e)s/Träume 〔트로이메〕 꿈, 몽상; 희망
Träume 〔트로이메〕	〔복〕 Traum의 복수형
träumen 〔트로이멘〕	〔자〕 꿈을꾸다; 몽상하다; von j³〈et³〉 ~ …의 꿈을꾸다
	〔타〕 et⁴ ~ …의 꿈을꾸다
träumerisch 〔트로이메리슈〕	〔형〕 꿈같은; 꿈꾸는, 꿈의
traurig 〔트라우리히〕	〔형〕 슬픈; 슬퍼하는
Traurigkeit 〔트라우리히카이트〕	〔여〕 -/ 슬픔, 비애
treffen* 〔트렛펜〕	〔타〕 j⁴〈et⁴〉 ~ …에 맞히다, 명중시키다; j⁴ ~ …를 만나다
	〔자〕 맞다, 명중하다; auf j⁴ ~ …을 만나다
	〔재〕 sich⁴ mit j³ ~ …을 만나다
Treffen 〔트렛펜〕	〔중〕 -s/ 만남; 회합
trefflich 〔트렛프리히〕	〔형〕 우수한, 뛰어난, 훌륭한
treiben* 〔트라이벤〕	〔타〕 쫓다, 몰다; 행하다, 하다; 움직이다 ★ Sport ~ 스포츠를하다
	〔자〕 (s) 감돌다, 뜨다

trennen 〔트렌넨〕	〔타〕 나누다, 가르다, 분리시키다; ★ et⁴ von et³ ~ …을 …에서 분리시키다
	〔재〕 sich⁴ ~ 나누어지다, 헤어지다
Trennung 〔트렌눙그〕	〔여〕 -/-en 분리; 이별
Treppe 〔트렛페〕	〔여〕 -/-n 계단
treten* 〔트레-텐〕	〔자〕 (s) 걷다, (걸어서) 가다, 나아가다; (h) auf et⁴ ~ …을 밟다
	〔타〕 밟다; 차다
treu 〔트로이〕	〔형〕 충실한, 성실한
Treue 〔트로이에〕	〔여〕 -/ 충실, 성실
Trick 〔트릭크〕	〔남〕 -s/-s 책략, 술책; 속임수
trieb 〔트리-프〕	〔과〕 treiben의 과거 기본형
Trieb 〔트리-프〕	〔남〕 -(e)s/-e 본능; 충동; 성향
triebe 〔트리-베〕	〔접Ⅱ〕 treiben의 접속법 제Ⅱ식 기본형
triff 〔트리프〕	〔명〕 treffen의 명령형
triffst 〔트리프스트〕	〔현〕 treffen의 2인칭 단수현재형
trifft 〔트리프트〕	〔현〕 treffen의 3인칭 단수현재형
trinken* 〔트린켄〕	〔타〕 (물·술따위의 마실것을) 마시다
	〔자〕 술을마시다
Trinkgeld 〔트링크·겔트〕	〔중〕 -(e)s/-er 팁, 화대
tritt 〔트릿트〕	〔현〕 treten의 3인칭 단수현재형
	〔명〕 treten의 명령형
Tritt 〔트릿트〕	〔남〕 -(e)s/-e 걸음, 보조
Tritt für Tritt	〔숙〕 한걸음 한걸음
trittst 〔트릿쓰트〕	〔현〕 treten의 2인칭 단수현재형
Triumph 〔트리움프흐〕	〔남〕 -(e)s/-e 승리; 승리의 기쁨
trivial 〔트리비알-〕	〔형〕 천박한, 쓸모없는; 일상적인
trocken 〔트롯켄〕	〔형〕 마른; 무미건조한
trocknen 〔트롯크넨〕	〔자〕 (s, h) 마르다
	〔타〕 말리다
trog 〔트로-크〕	〔과〕 trügen의 과거 기본형
tröge 〔트뢰-게〕	〔접Ⅱ〕 trügen의 접속법 제Ⅱ식

	기본형
Trommel [트롬멜]	[여] -/-n 북, 장구
Trompete [트롬페-]	[여] -/-n 트럼펫; 나팔
tropfen [트로프펜]	[자] (s, h) (물방울이) 떨어지다; 새다
tropfen [트롯프펜]	[남] -s/- 물방울이
Trost [트로-스트]	[남] -es/- 위로, 위안
trösten [트뢰-스텐]	[타] 위로하다; 격려하다 [재] sich⁴ ~ 스스로를 위로하다
trostlos [트로스트로-스]	[형] 절망적인
trotz [트롯쓰]	[전] 《2격지배》 …에도 불구하고
Trotz [트롯쓰]	[남] -es/ 반항, 저항 ★ j³ ⟨et³⟩ zum ~ …에 반항⟨저항⟩해서
trotzdem [트롯쓰·뎀-]	[부] 그럼에도 불구하고
trotzen [트롯쩬]	[자] 반항⟨저항⟩하다
trotzig [트롯씨히]	[형] 반항적인
trüb[e] [트뤼-프⟨베⟩]	[형] 탁한, 흐린; 음울한
trug [트루-크]	[과] tragen의 과거 기본형
trüge [트뤼-게]	[접Ⅱ] tragen의 접속법 제Ⅱ식 기본형
trügen* [트뤼-겐]	[타] [자] 속이다, 기만하다
Trümmer [트륌마-]	[복] 폐허; 파편; 잔해
Trumpf [트룸프흐]	[남] -[e]/Trümpfe [트륌프헤] (카드의) 으뜸패
Trümpfe [트륌프헤]	[복] Trumpf의 복수형
Trunk [트룬크]	[남] -[e]s/Trünke [트륀케] 음주; 한모금
Trünke [트뤼케]	[복] Trunk의 복수형
Truppe [트룻페]	[여] -/-n 부대 (복수로) 부대
Tscheche [쩻헤]	[남] 체코인

```
          Tscheche의 격변화
            [단]            [복]
    1격  der  Tscheche   die  Tschechen
    2격  des  Tschechen  der  Tschechen
```

3격	dem	Tschechen	den	Tschechen
4격	den	Tschechen	die	Tschechen

Tschechin 〔쳇헨〕 〔여〕 Tschechinnen 〔쳇히넨〕 체코인 (여성)

tschechisch 〔쳇힛슈〕 〔형〕 체코〔인·어〕의

Tschechoslowakei 〔체히요·스로바카이〕 〔여〕 체코슬로바키아

tschechoslowakisch 〔체히요·스로바-키슈〕 〔형〕 체코슬로바키아〔인〕의

tschüß, tschüs! 〔추스〕 〔감〕 (작별인사) 안녕! 그럼 또!

Tube 〔투-베〕 〔여〕 -/-n 튜브

Tuch 〔투-흐〕 〔중〕 -〔e〕s/Tuche 천, 복지 (직물의 종류를 나타낸다)
〔복〕 -〔e〕s/Tücher

Tücher 〔튀-히야-〕 〔복〕 Tuch의 복수형

tüchtig 〔튀히티히〕 〔형〕 유능한, 쓸모있는; 뛰어난

tuend 〔투-엔트〕 〔현분〕 tun의 현재분사

Tugend 〔투-겐트〕 〔여〕 -/-en 덕, 미덕; 장점

tugendhaft 〔투-겐트하프트〕 〔형〕 덕이있는, 품행이 단정한

Tulpe 〔툴페〕 〔여〕 -/-n 튜울립

tun* 〔툰-〕 〔타〕 하다, 행하다; 수행하다 ★ j² Bestes ~ …의 최선을 다하다 mit j³ 〈et³〉 nichts 〈etwas·viel〉 zu ~ haben …과 아무런 관계도 없다〈약간·대단한 관계가 있다〉 Es tut nichts 그것은 아무일도 아니다
〔자〕 ★ Es tut mir leid 섭섭합니다

Tunnel 〔툰넬〕 〔남〕 -s/- 터널

Tür 〔튀-어〕 〔여〕 -/-en 문, 도어

Türen 〔튀-렌〕 〔복〕 Tür의 복수형

Türke 〔튈케〕 〔남〕 -n/-n 터키인

Türke의 격변화

	〔단〕		〔복〕	
1격	der	Türke	die	Türken
2격	des	Türken	der	Türken
3격	dem	Türken	den	Türken
4격	den	Türken	die	Türken

Türkei〔튈카이〕 〔여〕 -/ 터키
Türkin〔튈킨〕 〔여〕 -/Türkinnen〔튈키넨〕 터키인(여성)
türkisch〔튈킷슈〕 〔형〕 터키〔인・어〕의
Turm〔투름〕 〔남〕 -〔e〕s/Türme〔튈메〕 탑
Türme〔튈메〕 〔복〕 Turm의 복수형
turnen〔투르넨〕 〔자〕〔타〕 체조하다
Turner〔투루나-〕 〔남〕 -s/- 체육교사〈선수〉
Turnhalle〔투룬・하레〕 〔여〕 -/-n 체육관
Tüte〔튀-테〕 〔여〕 -/-n 종이봉지, 비닐봉지
Typ〔튀-프〕 〔남〕 -s/-en 형, 전형; 타입
typisch〔튀-핏슈〕 〔형〕 전형적인, 유형적인
Tyrann〔튀-란〕 〔남〕 -en/-en 전제군주, 폭군

Tyrann의 격변화

	〔단〕		〔복〕	
1격	der	Tyrann	die	Tyrannen
2격	des	Tyrannen	der	Tyrannen
3격	dem	Tyrannen	den	Tyrannen
4격	den	Tyrannen	die	Tyrannen

tyrannisch〔튀라닛슈〕 〔형〕 전제적인

U

U-Bahn 〔우-반-〕 〔여〕 -/-en (Untergrundbahn의 약어) 지하철

übel 〔위-벨〕 〔형〕 (기분·컨디션 따위가) 나쁜, 싫은, 불쾌한

Übel 〔위-벨〕 〔중〕 -s/- 악; 죄악; 병

üben 〔위벤〕 〔타〕 연습하다; 행하다 ★ Klavier ~ 피아노 연습을 하다
〔재〕 sich⁴ in et ~ …을 연습하다

über 〔위-바-〕 〔전〕 《3·4격지배》《3격지배》 …의 위에서; …의 저편에서 《4격지배》 …의 위로; …의 저편으로, …을 넘어서; …에 관해서; …보다 월등하게

    über alles 〔숙〕 무엇보다도 월등하게
    über kurz oder lang 〔숙〕 조만간

überall 〔위-바-·알〕 〔부〕 도처에, 어디에나

Überblick 〔위-바-·부릭크〕 〔남〕 -[e]s/-e 조망, 전망; 개관, 개요

überblicken 〔위-바-·부릭켄〕 〔타〕 조망〈전망〉하다; 개관하다

überdies 〔위-바-·디-스〕 〔부〕 그외에, 더우기

überein|kommen* 〔위-바-아인·콤멘〕 〔자〕 (s) mit j³ ~ …와 의견이 일치하다

überein|stimmen 〔위-바-아인·슈팀멘〕 〔자〕 mit j³ ~ …와 의견이 일치하다; mit et³ ~ …과 일치〈합치〉하다

überfahren* 〔위-바-·파-렌〕 〔타〕 (차가) 치다; (넘어서) 지나가다

Überfall 〔위-바-·팔〕 〔남〕 -[e]s/Überfälle 〔위-바-·

		페레〕 습격, 기습
überfallen* 〔위-바-··파렌〕	〔타〕	습격〈기습〉하다
Überfluß 〔위-바-··후루스〕	〔남〕	Überflusses/ 풍부; 과잉, 과다
überflüssig 〔위-바-··후?시히〕	〔형〕	남는, 불필요한; 헛된
überfüllen 〔위-바-··휘렌〕	〔타〕	너무채우다; 실컷먹다
Übergang 〔위-바-··강그〕	〔남〕	-〔e〕s/Übergänge〔위-바-··젠게〕 이행, 추이; 횡단보도; 육교
übergeben* 〔위-바-··게-벤〕	〔타〕	j^3 et^4 ~ …에게 …을 넘겨주다, 위임하다; 포기하다
	〔재〕	$sich^4$ ~ 토하다
über|gehen* 〔위-바-··게-엔〕	〔자〕	(s) 저편으로가다, 옮아가다
übergehen* 〔위-바-··게-엔〕	〔타〕	간괴하다, 무시하다
überhaupt 〔위-바-··하우프트〕	〔부〕	대개, 일반적으로, 대체로; 《의문문에서》도대체, 대저; 《nicht · kein 따위의 부정사와 함께》결코〈전혀〉 …않다
über|holen 〔위-바-··호-렌〕	〔타〕	저쪽으로 건내주다
überholen 〔위-바-·**호**-렌〕	〔타〕	추월하다; (기계따위를) 분해수리하다
überlassen* 〔위-바-··랏센〕	〔타〕	j^3 et^4 ~ …에게 …을 맡기다, 양도하다
über|laufen* 〔위-바-··라우펜〕	〔자〕	(s) (액체가) 넘치다
überlaufen* 〔위-바-··라우펜〕	〔타〕	(전율따위가) 달리다, 덮치다; 떼지어 밀려들다
überleben 〔위-바-··레-벤〕	〔타〕	j^4 ~ …을 보다; 오래살다; et^4 ~ …을 면하여 살다
überlegen[1] 〔위-바-··레-겐〕	〔타〕	숙려〈숙고〉하다, 잘생각해보다
überlegen[1] 〔위-바-··레-겐〕	〔형〕	뛰어난, 우세한 ★ j^3 an et^3 〈in et^3〉 ~ sein …보다 …에 있어 우세하다
Überlegung 〔위-바-··레-궁그〕	〔여〕	-/-en 숙려, 숙고

überliefern 〔위-바-··리-페룬〕 〔타〕 (후세에) 전하다; j⁴ et³ ~ 을 …에게 넘겨주다

Überlieferung 〔위-바-··리-페룽그〕 〔여〕 -/-en 전승; 전통; 인도

überm 〔위-밤-〕 〔융합〕 《전치사 über와 정관사 dem의 융합형》 ⇨ über

übermäßig 〔위-바-··메-신히〕 〔형〕 과도한; 무수한; 엄청난

übermorgen 〔위-바-··모르겐〕 〔부〕 모래

übernachten 〔위-바-··나하텐〕 〔자〕 밤을 새우다, 숙박하다

übernehmen* 〔위-바-··네-멘〕 〔타〕 인수하다; 떠맡다
〔재〕 sich⁴ ~ 도가지나치다

überqueren 〔위-바-··쿠뵈-렌〕 〔타〕 횡단하다, 가로지르다

überraschen 〔위-바-··랏센〕 〔타〕 놀라게하다, 불시에 덮치다

überraschend 〔위-바-··랏센트〕 〔형〕 놀랄만한, 의외의

Überraschung 〔위-바-··랏숭그〕 〔여〕 -/-en (예기치 않는 일로 인한) 놀람; 기습, 이외의일

überreden 〔위-바-··레-덴〕 〔타〕 j⁴ zu et³ ~ …에게 …을 하도록 설득하다

übers 〔위-바-스〕 〔융합〕 《전치사 über와 정관사 das의 융합형용사적 변화》 ⇨ über

überschreiten* 〔위-바-··슈라이텐〕 〔자〕 (걸어서 저편으로) 넘어서다; 초과하다

Überschrift 〔위-바-··슈리프트〕 〔여〕 -/-en 표제, 표제어

überschwemmen 〔위-바-··슈벤맨〕 〔타〕 범람하다, 침수하다

Überschwemmung 〔위-바-슈벤문그〕 〔여〕 -/-en 범람, 홍수

Übersee 〔위-바-··제-〕 〔여〕 -/ 해외

übersehen* 〔위-바-··제-엔〕 〔타〕 바라보다; 개관하다; 묵과하다

über|setzen 〔위-바-·젯쩬〕 〔자〕 건너편으로 건너가다
〔타〕 건너편으로 건너다, 나르다

übersetzen 〔위-바-·젯쩬〕 〔타〕 번역하다 ★ et⁴ ins Deutsche ~ …을 독일어로 번역하다

Übersetzung 〔위-바-·젯쭝그〕 〔여〕 -/-en 번역

Übersicht 〔위-바-·지히트〕 〔여〕 -/-en 전망, 조망; 개관

überstehen* 〔위-바-·슈테엔〕 〔타〕 견디어내다

übertragen* 〔위-바-·트라겐〕 〔타〕 나르다; 옮기다; 번역하다; (라디오·텔레비전 따위로) 중계하다

Übertragung 〔위-바-·트라궁그〕 〔여〕 -/-en 번역; (라디오·텔레비전의) 중계

übertreiben* 〔위-바-·트라이벤〕 〔타〕〔자〕 과장하다; 과도하다

übertreten* 〔위-바-·트레텐〕 〔타〕 (…을) 밟고 넘는다; (규칙따위를) 위반하다

überwältigen 〔위-바-·뵐티켄〕 〔타〕 이기다, 압도하다; 극복하다

überwältigend 〔위-바-·뵐티겐트〕 〔형〕 압도적인

überweisen* 〔위-바-·바이젠〕 〔타〕 (구좌에) 불입하다; 위탁하다

Überweisung 〔위-바-·바이중그〕 〔여〕 -/-en 불입〔금액〕

überwiegen* 〔위-바-·비겐〕 〔타〕 et⁴ ~ …보다 무겁다; …보다 중요하다
〔자〕 보다 중요하다; 중량을 초과하다

überwinden* 〔위-바-·빈덴〕 〔타〕 j⁴ 〈et⁴〉 ~ …에 이기다, 극복하다
〔재〕 sich⁴ ~ 자제하다

überzeugen 〔위-바-·쏘이겐〕 〔타〕 j⁴ von et³ ~ …에게 …을 납득시키다, 확신시키다
〔재〕 sich⁴ von et³ ~ …에 대해

		서 확신〈납득〉하다
Überzeugung 〔위-바-··쏘이궁그〕	〔여〕	-/-en 설득; 확신
überziehen* 〔위-바-··씨-엔〕	〔타〕	입히다, 씌우다, 덮다
üblich 〔위-프리히〕	〔형〕	보통의, 통상의, 흔한
U-Boot 〔우-보-트〕	〔중〕	-[e]-/ (Unterseeboot 의 약) 잠수함
übrig 〔위-프리히〕	〔형〕	남은, 나머지의; ★ im ~en 기타의 점에서는; für et⁴ etwas 〈nichts〉 ~ haben …에 관심〈흥미〉을 갖는다〈갖지 않는다〉
übrig|bleiben* 〔위-프리히·부라이벤〕	〔자〕	남아있다, 남겨져있다
übrigens 〔위-프리겐스〕	〔부〕	그런데; 더우기; 그이외에는
übrig|lassen* 〔위-프리히·랏센〕	〔타〕	남기다, 여분으로두다
Übung 〔위-붕그〕	〔여〕	-/-en 연습, 훈련; 연습문제
Ufer 〔우-파-〕	〔중〕	-/-s 물가, 강가, 냇가, 바닷가
UFo, Ufo 〔우-포-〕	〔중〕	-s/[s]- 미확인비행물체, 유-포-(unbekanntes Flugobjekt의 약어)
Uhr 〔우어〕	〔여〕	-/-en 시계; 《단수로》시각, …시 um 9 ~ 9시에
um 〔움〕	〔전〕	《4격지배》…의 주위에, …의 곁에; …시에 (시간); …을 위해서 (구하는 대상); …만큼, 쯤(차이) 《zu을 갖인 부정사와 함께》 …하기 위하여 ★ ~ es kurz zu sagen 간단히 말해서, 요컨대; ~ ganz offen zu sagen 명확히 말해서; ~ so 그만큼 더한층 (⇨ um-so); ~ …willen 《2격과 함께》 …때문에
um die Wette	〔숙〕	서로 경합합하여

um ein Haar	〔숙〕 하마터면
um jeden Preis	〔숙〕 여하튼간에, 꼭
um keinen Preis	〔숙〕 어떤일이 있어도 〈결코〉 … 않다
umarmen〔움 · 아르멘〕	〔타〕 껴안다, 포옹하다
um|bringen*〔움 · 부링켄〕	〔타〕 죽이다, 살해하다
	〔재〕 sich⁴ ~ 자살하다
um|drehen〔움 · 드레-엔〕	〔타〕 돌리다, 회전시키다
	〔재〕 sich⁴ ~ 뒤돌아보다; 돌다; 회전하다
um|fallen*〔움 · 파렌〕	〔자〕 (s) 넘어지다; 급변하다
Umfang〔움 · 팡그〕	〔남〕 -(e)s/Umfänge〔움펭게〕 주위, 주변; 넓이, 크기, 규모
umfangreich〔움 · 팡그라이히〕	〔형〕 범위가 넓은, 대규모의
umfassen〔움 · 팟센〕	〔타〕 안다; 포함〈포괄〉하다
Umgang〔움 · 강그〕	〔남〕 -(e)s/Umgänge〔움 · 겡게〕 교제; 교우관계
umgänglich〔움 · 겡그리히〕	〔형〕 사교적인, 붙임성있는
umgeben*〔움 · 게-벤〕	〔타〕 둘러싸다, 에워싸다
Umgebung〔움 · 게-붕그〕	〔여〕 -/-en 추위, 주변; 환경
um|gehen*〔움 · 게-엔〕	〔자〕 돌아다니다; mit j³ ~ …와 교제하다; mit et³ ~ …을 취급하다
umgehen*〔움 · 게-엔〕	〔타〕 et⁴ ~ …의 주위를 돌다; …을 우회하다; …을 회피하다
umgekehrt〔움 · 게켈-트〕	〔형〕 역의, 반대의
umher〔움 · 헤-아〕	〔부〕 주위에; 여기저기에
um|kehren〔움 · 케-렌〕	〔자〕 (s) 방향을 바꾸다; 되돌아가다
	〔타〕 반대로하다, 역으로하다
	〔재〕 sich⁴ ~ 뒤돌아보다; 역전하다, 전복하다
um|kleiden〔움 · 크라이덴〕	〔타〕 j⁴ ~ …옷을 갈아입히다
	〔재〕 sich⁴ ~ 옷을 갈아입다

um|kommen* 〔움·콤멘〕	〔자〕 (s) 죽다
umkreisen 〔움·크라이젠〕	〔타〕 et⁴ ~ …의 주위를 돌다
Umriß 〔움·리스〕	〔남〕 Umrisses/Umrisse 윤곽
ums 〔움스〕	〔융합〕《전치사 um과 정관사 das의 융합형》⇨ um
Umschlag 〔움·슈라-크〕	〔남〕 -(e)s/Umschläge 〔움·슈레-게〕 싸개; 포장지; (책 따위의) 커버; 봉투
um|schreiben* 〔움·슈라이벤〕	〔타〕 새로〈고쳐〉쓰다
umschreiben* 〔움·슈라이벤〕	〔타〕 (다른말로) 바꿔쓰다, 다시 표현하다
um|sehen* 〔움·제-엔〕	〔재〕 sich⁴ nach et³ ~ …을 되돌아보다, …을 찾다
umso 〔움·조-〕	〔부〕《je+비교급과 umso+비교급과 대비시켜서》그만큼 더 욱더, 그만큼 더한층
umsonst 〔움·존스트〕	〔부〕 헛되이, 무익하게; 무료로
Umstand 〔움·슈탄트〕	〔남〕 -(e)s/Umstände 〔움·슈텐데〕 사정, 상황; 상세;《복수로》까다로운일, ★ unter allen Umständen 어떤일이 있더라도; unter Umständen 사정에 따라서는; unter keinen Umständen 어떤일이 있어도 결코 …않다
umständlich 〔움·슈텐트리히〕	〔형〕 귀찮은, 성가신; 까다로운; 수다스러운
um|steigen* 〔움·슈타이겐〕	〔자〕 (s) 갈아타다
um|stellen 〔움·슈테렌〕	〔타〕 바꾸어두다, 옮기다 〔재〕 sich⁴ auf et⁴ ~ …에 순응하다; …으로 태도를 바꾸다
um|stürzen 〔움·슈뷜쩬〕	〔자〕 (s) 넘어지다, 분리되다; 전도되다 〔타〕 전도시키다, 넘어뜨리다
um|tauschen 〔움·타우셴〕	〔타〕 교환하다
Umweg 〔움·베-크〕	〔남〕 -(e)/-e 우회로, 우로

unbesorgt

Umwelt 〔움·벨트〕	〔여〕	-/-en 주위의 세계; 환경
Umweltschutz 〔움벨트·슛쯔〕	〔남〕	-es/ 환경보호〈보전〉
Umweltverschmutzung 〔움·벨르트·페아슈뭇·쫑그세〕	〔여〕	-/ 환경오염
um|wenden(*) 〔움벤덴〕	〔타〕	방향을 바꾸다; (옷따위를) 뒤집다 sich⁴ ~ 뒤돌아보다
um|werfen* 〔움·벨펜〕	〔타〕	던져 넘어뜨리다; 전복시키다
um|ziehen* 〔움·찌-엔〕	〔자〕	(s) 이사하다, 전거하다
	〔타〕	옷을 갈아 입히다
	〔재〕	sich⁴ ~ 옷을 갈아입다
Umzug 〔움·쭈-크〕	〔남〕	-[e]s/Umzüge 〔움쒸-게〕 이사, 전거; 행렬
unabhängig 〔운·압프헹기히〕	〔형〕	독립의; von et³ ~ …에서 독립된, …에 좌우되지 않는, …과 관계가 없는
Unabhängigkeit 〔운·압프헹기히카이트〕	〔여〕	-/ 독립, 자주
unangenehm 〔운·안게넴-〕	〔형〕	불쾌한, 싫은
unanständig 〔운·인슈텐디히〕	〔형〕	예의 바르지 못한, 버릇없는; 무례한
Unart 〔운·알-트〕	〔여〕	-/-en 무례; 나쁜버릇
unartig 〔운·알-티히〕	〔형〕	행실이 나쁜; 본데없는
unaufhörlich 〔운·오우프회-르히히〕	〔형〕	끊임없는, 간단없는
	〔부〕	끊임없이, 항상, 줄곧
unbedeutend 〔운·베도이텐트〕	〔형〕	중요하지 않은; 사소한
unbedingt 〔운·베딩그트〕	〔형〕	무조건의
	〔부〕	반드시, 필연코; 절대로
unbekannt 〔운·베칸트〕	〔형〕	알려지지 않는; 미지의, 유명하지 않은
unbemerkt 〔운·베멜크트〕	〔형〕	남의 눈에 띄지 않은; 인정되지 않은
unbequem 〔운·베크벰-〕	〔형〕	불편한; 부적당한; 불유쾌한
unbeschreiblich 〔운·베슈라이프리히〕	〔형〕	말로는 표현할 수 없는
unbesorgt 〔운·베졸크트〕	〔형〕	걱정하지 않는, 안심하고 있

	는
unbestimmt〔운·베슈팀트〕	〔형〕 부정〈미정〉의; 애매모호한
unbewußt〔운베부스트〕	〔형〕 무의식의
und〔운트〕	〔접〕《병렬접속사》…과, 그리고
und so fort → **usf.**	〔숙〕 …등등
und so weiter → **usw.**	〔숙〕 …등등
und wenn…	〔숙〕 설사 …일지라도
und zwar	〔숙〕 더욱 자세히 말하면, 더우기
undankbar〔운·당크발-〕	〔형〕 은혜를 모르는, 망은의; (일 따위가) 벌이가 되지 않는
undeutlich〔운·도이트리히〕	〔형〕 불명료한
unendlich〔운·엔트리히〕	〔형〕 무한한
unentbehrlich〔운·엔트벨-리히〕	〔형〕 불가결의
unentschieden〔운·엔트시-텐〕	〔형〕 결정되어 있지 않는, 미정의; (시합이) 무승부인
unerhört〔운·에어횔-트〕	〔형〕 전대미문의; 엄청난
unerwartet〔운·에어바르텟트〕	〔형〕 생각지도 않은, 예기치 않는
unfähig〔운·페-이히〕	〔형〕 무능한; (…)을 할 수 없는
Unfall〔운·팔〕	〔남〕 -〔e〕s/Unfälle〔운·페레〕 사고
unfreundlich〔운·프로인트리히〕	〔형〕 불친절한, 쌀쌀한, 서먹서먹한
Unfug〔운·후-크〕	〔남〕 -〔e〕s/ 부정, 불법, 틀린일; 어리석은 일
Ungar〔운갈〕	〔남〕 -n/-n 헝가리

Ungar의 격변화				
	〔단〕		〔복〕	
1격	der	Ungar	die	Ungarn
2격	des	Ungarn	der	Ungarn
3격	dem	Ungarn	den	Ungarn
4격	den	Ungarn	die	Ungarn

Ungarin〔운가린〕	〔여〕 -/Ungarinnen〔운가리넨〕 헝가리인〔여성〕

ungarisch [운가릿슈] 〔형〕 헝가리〔인·어〕의
Ungarn [운갈은] 〔중〕 -s/ 헝가리
Ungeduld [운·게둘트] 〔여〕 -/ 성급, 초조〔감〕
ungeduldig [운·게둘딧히] 〔형〕 성급한, 초조한
ungefähr [운·게페-아] 〔부〕 약, 대략, 대개
ungeheuer [운·게호이야-, 운·게호이야-] 〔형〕 무서운; 거대한, 엄청난
Ungeheuer [운·게호이야-, 운·게호이야-] 〔중〕 -s/- 거대한 것, 괴물
ungemein [운·게마인, 운·게마인] 〔형〕 보통이 아닌; 대단한; 비상한
ungenügend [운·게뉴-겐트] 〔형〕 불충분한
ungerecht [운·게레히트] 〔형〕 부정한, 부당한, 불공평한
Ungerechtigkeit [운·게레히틋히카이트] 〔여〕 -/-en 부정, 부당; 부정〈부당〉한 행위
ungern [운·게룬] 〔부〕 싫어하면서
ungeschickt [운·게쇡크트] 〔형〕 서투른, 미숙한
ungestört [운·게슈될-트] 〔형〕 방해되지 않은; 중단되지 않은
ungesund [운게준트] 〔형〕 불건강한; 건강에 좋지 않은
ungewiß [운·게비스] 〔형〕 불확실한
Ungewitter [운·게빗타-] 〔중〕 -s/- 폭풍우
ungewöhnlich [운게뵌-리히] 〔형〕 보통이 아닌, 비범한, 이상한
ungewohnt [운·게본-트] 〔형〕 습관이 되어 있지 않은, 익숙하지 않은
ungezogen [운·게쪼-겐] 〔형〕 본데없는; 예의바르지 못한
unglaublich [운·그라우프리히, 운·그라우프리히] 〔형〕 믿을 수 없는
ungleich [운·그라이히] 〔형〕 같지 않은, 평등하지 않은
Unglück [운·그뤽크] 〔중〕 -[e]s/-e 불운, 불행; (대규모의) 사고 zum ~ 불행하게도
unglücklich [운·그뤽크리히] 〔형〕 불운한, 불행한
ungültig [운·귈티히] 〔형〕 통용하지 않은; 무효인
Unheil [운·하일] 〔중〕 -[e]s/ 재난, 불행

unheilbar 〔운 · 하일발-〕 〔형〕 불치의; 난치의
unheimlich 〔운 · 하임리히〕 〔형〕 섬뜩한, 무시무시한; 소란한
Uni 〔우니, 우-니〕 〔여〕 -/-s (Universität의 약) 대학

Uniform 〔우니폴음〕 〔여〕 -/-en 제복, 유니폼
Union 〔우니온-〕 〔여〕 -/-en 연합, 합동; 연방
Universität 〔우니벨지테-트〕 〔여〕 -/-en 〔종합〕대학
unklar 〔운 · 크랄-〕 〔형〕 불명료한
Unkosten 〔운코스텐〕 〔복〕 (모든)지출, 출자; 잡비
Unkraut 〔운 · 크라우트〕 〔중〕 -〔e〕s/Unkräuter 〔운 · 크로이타-〕 잡초

unmenschlich 〔운멘슈리히〕 〔형〕 비인간적, 무정한
unmittelbar 〔운 · 밋텔발-〕 〔헌〕 직접의
unmöglich 〔운 · 뫠크리히〕 〔형〕 불가능한; 있을 수 없는
Unmut 〔운 · 무-트〕 〔남〕 -〔e〕s/ 불쾌, 불만
unnötig 〔운 · 뇌-티히〕 〔형〕 불필요한
unnütz 〔운 · 넛쓰〕 〔형〕 쓸모없는, 무익한, 하찮은
unordentlich 〔운 · 올텐트리히〕 〔형〕 무질서한

Unordnung 〔운 · 올드눙그〕 〔여〕 -/-en 무질서
unpassend 〔운 · 팟센트〕 〔형〕 부적당한
unrecht 〔운 · 레히트〕 〔형〕 부정〈부당〉한, 옳바르지 않는

Unrecht 〔운 · 레히트〕 〔중〕 -〔e〕s/ 부정, 부당
Unruhe 〔운 · 루-에〕 〔여〕 -/-n 《단수로》동요; 불안, 걱정; 《복수로》소란

uns 〔운스〕 〔대〕《인칭대명사》《wir의 3 · 4격》 우리들에게〈로부터〉; 우리들을 《재귀대명사》《wir의 3 · 4격》

unschädlich 〔운 · 쉐-트리히〕 〔형〕 무해의
Unschuld 〔운 · 슐트〕 〔여〕 -/ 무죄, 결백; 순진〈결〉
unschuldig 〔운 · 슐디히〕 〔형〕 무죄의; 책임없는; 결백한; 순진한

unser[1] 〔운자-〕 〔대〕《소유대명사》《단수는 부정관사형, 복수는 정관사형 변화》〔남〕1격, 〔중〕1 · 4격,

우리들의 …; 《명사적으로》《정관사형》 우리들의 것

unser의 격변화			
	〔단〕		〔복〕
1격 unser	uns(e)re	unser	uns(e)re
2격 uns(e)res	uns(e)rer	uns(e)res	uns(e)rer
3격 uns(e)rem	uns(e)rer	uns(e)rem	uns(e)ren
4격 uns(e)ren	uns(e)re	unser	uns(e)re

unser² 〔운자-〕 〔대〕《인칭대명사》《wir의 2격》《2격지배의 동사·전치사·형용사의 보족어로서만 쓰여진다》

uns(e)re 〔운제〈즈〉레〕 〔대〕《소유대명사》 unser¹의 〔여〕1·4격, 〔복〕1·4격

uns(e)rem 〔운제〈즈〉렘〕 〔대〕《소유대명사》 unser¹의 〔남〕3격, 〔중〕3격

uns(e)ren 〔운제〈즈〉렌〕 〔대〕《소유대명사》 unser¹의 〔남〕4격, 〔복〕3격

uns(e)rer 〔운제〈즈〉라-〕 〔대〕《소유대명사》《부가어적으로》 unser¹의 〔여〕2·3격, 〔복〕2격; 《명사적으로》 〔남〕1격

uns(e)res 〔운제〈즈〉레스〕 〔대〕《소유대명사》《부가어적으로》 unser¹의 〔남〕2격, 〔중〕2격; 《명사적으로》 〔중〕1·4격

unsicher 〔운짓히야-〕 〔형〕 안전하지 않은; 불확실한
Unsinn 〔운진〕 〔남〕 -(e)s/ 무의미〔한것〕, 넌센스
unsinnig 〔운·진니히〕 〔형〕 무의미한, 바보스러운
Unsitte 〔운·짓테〕 〔여〕 -/-n 악습
unsterblich 〔운·슈텔프리히〕 〔형〕 불사의, 불멸의
unten 〔운텐〕 〔부〕 아래〔쪽〕으로
unter¹ 〔운타-〕 〔전〕《3·4격지배》《3격지배》 …의 아래에서 …의 속에, 《4

	격지배》 …의 아래로; …의 사이로
unter allen Umständen	〔숙〕 어떤일이 있을지라도
nuter ander〔e〕m	〔숙〕 특히, 그중에서도
unter keinen Umständen	〔숙〕 어떤 일이 있어도 결코…않다
unter Umständen	〔숙〕 사정에 따라서는
unter²〔운타-〕	〔형〕《부가적용법뿐》아래의
unterbrechen*〔운타-·부렛헨〕	〔타〕 중지〈중단〉하다; j⁴ ~ …의 말을 가로막다
	〔재〕 sich⁴ ~ 중지〈중단〉하다
Unterbrechung〔운타-·부렛홍그〕	〔여〕 -/-en 중지, 중단
unter|bringe*〔운타-·부링겐〕	〔타〕 넣다; 납입하다; j⁴ ~ …을 묵게하다
unterdrücken〔운타-·드뤽켄〕	〔타〕 억압하다, 누르다
Untergang〔운타-·강그〕	〔남〕 -〔e〕s/Untergänge〔운타·겡게〕침몰; 몰락
unter|gehen*〔운타-·게-엔〕	〔자〕 (s) 가라앉다; 몰락하다
Untergrundbahn〔운타-그룬트·반-〕	〔여〕 -/-en 지하철 : U-Bahn
unterhalb〔운타-·할프〕	〔전〕《2격지배》…아래쪽에
unterhalten*〔운타-·할텐〕	〔타〕 유지하다; j⁴ ~ (이야기를 해서) …을 즐겁게하다
	〔재〕 sich⁴ ~ 즐기다; sich⁴ mit j³ über et⁴ ~ …와 …에 대해서 담소하다
Unterhaltung〔운타-·할퉁그〕	〔여〕 -/-en 《단수로》유지; 즐거움, 오락; 담소
Unterhemd〔운타-헴트〕	〔중〕 -〔e〕s/-en 언더샤스, 내의
Unterkunft〔운타-·쿤프트〕	〔여〕 -/ Unterkünfte〔운타-·퀸프테〕숙박; 숙박소
Unterkünfte〔운타-·퀸프테〕	〔복〕 Unterkunft의 복수형
Unterlage〔운타-·라-게〕	〔여〕 -/-n 밑바침; 《복수로》》지

	료, 서류
unterlassen* 〔운타-·랏센〕	〔타〕 하자 않고 두다; 중단〈중지〉하다
unterliegen* 〔운타-·리-겐〕	〔자〕 (s) j³ ~ …에 굴복〈복종〉하다
unterm 〔운탐-〕	〔융합〕《전치사 unter와 정관사 dem의 융합형》⇨ unter
unternehmen* 〔운타-·네-멘〕	〔타〕 et⁴ ~ …을 꾀하다
Unternehmen 〔운타-·네-멘〕	〔중〕 -s/- 기도; 기업
Unternehmer 〔운타-·네-마〕	〔남〕 -s/ 기업가
Unterricht 〔운타-·리히트〕	〔남〕 -〔e〕s/ 수업 ★ ~ geben〈nehmen〉 수업을하다〈받다〉
unterrichten 〔운타-·리히텐〕	〔타〕 j⁴ in et³ ~ …에게 …을 가르치다; j⁴ über et⁴ 〈von et³〉 ~ …에게 …의 일을 알리다
unters 〔운타-스〕	〔융합〕《전치사 unter와 정관사 das의 융합형》★ unter
unterscheiden* 〔운타-·샤이덴〕	〔타〕 et⁴ von et³ ~ …을 …과 구별하다, 분별하다 〔재〕 sich⁴ von et³ ~ …에서 구별되다
Unterschied 〔운타-·시-트〕	〔남〕 -〔e〕s/-e 상위, 차위 ★ ohne ~ 무차별로; im ~ zu et³/zum ~ von et³ …과는 달리
unterschlagen* 〔운타-·슈라-겐〕	〔타〕 횡령하다
unterschreiben* 〔운타-·슈라이벤〕	〔타〕 et⁴ ~ …에 서명하다
Unterschrift 〔운타-·슈리프트〕	〔여〕 -/-en 서명, 사인
Unterseeboot 〔운타-·보-트〕	〔중〕 -〔e〕s/-e 잠수함 (약: U-Boot)

unterstreichen* 〔운타-·슈트라이헨〕	〔타〕	et⁴ ~ …에 밑줄을 긋다; 강조하다
unterstützen 〔운타-·슈튓쩬〕	〔타〕	받치다; 지지하다; 지원하다
Unterstützung 〔운타-·슈튓쑹그〕	〔여〕	-/-en 지지, 지원
untersuchen 〔운타-·주-헨〕	〔타〕	조사하다; 연구하다; 진찰하다
Untersuchung 〔운타-·주-훙그〕	〔여〕	-/-en 조사; 연구; 진찰
Untertasse 〔운타-·탓세〕	〔여〕	-/-n (커피컵 따위의) 받침접시, 쟁반
unterwegs 〔운타-·베-크스〕	〔부〕	도중에서; 나가서, 외출해서
unterwerfen* 〔운타-·벨펜〕	〔타〕	정복하다, 굴복시키다
	〔재〕	sich⁴ j³ 〈et³〉 ~ 에 굴하다, 굴복하다
unterzeichnen 〔운타-·싸이히넨〕	〔타〕	et⁴ ~ …에 서명하다
	〔재〕	sich⁴ ~ 서명하다
untreu 〔운·트로이〕	〔형〕	불성실한, 불실한
ununterbrochen 〔운·운타-부롯헨〕	〔형〕	끊임없는, 간단없는, 잇따른
	〔부〕	끊임없이, 잇따라
unvergänglich 〔운·페아겡그리히〕	〔형〕	불멸의, 영원한
unvergeßlich 〔운·페아게스리히〕	〔형〕	잊히지 않는, 불망의
unvergleichlich 〔운·페아그라이리히〕	〔형〕	비할수없는, 비길데없는, 발군의
unverschämt 〔운·페아쉠트〕	〔형〕	염치없는, 파렴치한
unversehens 〔운·페아제-엔스, 운·페아제-엔스〕	〔부〕	뜻밖에, 부지중에; 의외에도
unverständlich 〔운·페아슈텐트리히〕	〔형〕	이해할 수 없는, 알 수 없는
unverzüglich 〔운·페아쒸-크리히, 운·페아쒸-크히리〕	〔형〕	지체없는; 즉시〈즉석〉의
	〔부〕	즉시, 즉각, 곧
Unwetter 〔운·벳타-〕	〔중〕	-s/- 악천우, 폭풍우, 폭풍
unwillig 〔운·비리히〕	〔형〕	언짢은; 불만의

unwillkürlich 〔운·빌퀴-아리히〕	〔형〕	무의식적인, 본의아닌, 고의가 아닌
	〔부〕	자기도 모르게
unzählig 〔운·쎄-리히〕	〔형〕	헤아릴 수 없는, 무수한
unzufrieden 〔운·쭈프리-덴〕	〔형〕	불만의
üppig 〔윗피히〕	〔형〕	무성한; 풍부한; 사치스러운
Urlaub 〔우-아·라우프〕	〔남〕	-[e]s/-e (근로자 등의) 휴가 ★ auf ~ /in ~ 휴가로
Urlaubsreise 〔우-아라우프스·라이제〕	〔여〕	-/-n 휴가여행
Ursache 〔우-아·잣헤〕	〔여〕	-/-n 원인
Ursprung 〔우-아·슈프룽그〕	〔남〕	-[e]s/Ursprünge 〔우-어·슈프륑게〕 원천, 근원, 기원
ursprünglich 〔우-아·슈프륑그리히〕	〔형〕	최초의, 원래의
Urteil 〔우아·타일〕	〔중〕	-[e]s/-e 판단; 판결 ★ das ~ fällen 판단을 내리다
urteilen 〔우아·타일렌〕	〔자〕	über j⁴ 〈et⁴〉 ~ …에 대해서 판단하다
usf. 〔운트·조-폴트〕	〔약〕	(und so fort의 약자) …등등
usw. 〔운트·조-·바이타-〕	〔약〕	(und so weiter의 약자) …등등

V

Vase 〔바-제〕 　〔여〕 -/-n 꽃병, 화병
Vater 〔파-타-〕 　〔남〕 -s/Väter 〔페-타-〕 아버지, 부친
Väter 〔페-타-〕 　〔복〕 Vater의 복수형
Vaterland 〔파-타-란트〕 　〔중〕 -(e)s/Vaterländer 〔파-타-·렌다-〕 조국
Vati 〔파-티〕 　〔남〕 -s/-s 아빠
Veilchen 〔바일헨〕 　〔중〕 -s/- 제비꽃, 오랑캐꽃
verabreden 〔페아·앗프레-덴〕 　〔타〕 et⁴ mit j³ ~ …을 …과 결정하다, 약정하다
　〔재〕 sich⁴ mit j³ ~ …와 약정하다, 약속하다
Verabredung 〔페아·앗프레-둥그〕 　〔여〕 -/-en 약속
verabschieden 〔페아·앗프시-덴〕 　〔타〕 (법안 따위를) 기결하다
　〔재〕 sich⁴ von j³ ~ …에게 작별을 고하다
verachten 〔페아·아하텐〕 　〔타〕 경멸하다, 업신여기다
verächtlich 〔페아·에히트리히〕 　〔형〕 경멸적인
Verachtung 〔페아·아하퉁그〕 　〔여〕 -/ 경멸
veralten 〔페아·알텐〕 　〔자〕 (s) 낡다, 쇠퇴하다
veraltet 〔페아알텟트〕 　〔형〕 낡아 빠진
verändern 〔페아엔데룬〕 　〔타〕 바꾸다, 변화시키다
　〔재〕 sich⁴ ~ 변하다, 변화하다
Veränderung 〔페아·엔데룽그〕 　〔여〕 -/-en 변화, 변경
veranlagt 〔페아·안라-크트〕 　〔형〕 (…의) 소질이 있는
Veranlagung 〔페아·안라-궁그〕 　〔여〕 -/-en 소질

verbinden*

veranlassen 〔페아·안랏센〕 〔타〕 et⁴ ~ …을 야기시키다; j⁴ zu et³ ~ …에게 권유하여 …을 시키다

veranstalten 〔페아·안슈탈텐〕 〔타〕 (행사 따위를)행하다, 개최하다

Veranstaltung 〔페아·안슈탈퉁그〕 〔여〕 -/-en 거행, 개최, 준비

verantworten 〔페아·안트볼텐〕 〔타〕 …의 책임을 지다, 떠맡다
〔재〕 sich⁴ für et⁴ 〈vor et³〉 ~ …의 〈…에 대해서〉책임을 지다

verantwortlich 〔페아·안트볼트리히〕 〔형〕 für 〈et⁴〉 ~ …에 대해서 책임이 있는

Verantwortung 〔페아·안트볼퉁그〕 〔여〕 -/ 책임

verarbeiten 〔페아·알바이텐〕 〔타〕 가공하다, 세공하다; 소화하다, 흡수하다

Verband 〔페아·반트〕 〔남〕 -[e]s/Verbände 〔페아·벤데〕 연합; 연맹, 협회; 붕대

verbarg 〔페아·발크〕 〔과〕 verbergen의 과거 기본형

verbärge 〔페아·뵐게〕 〔접Ⅱ〕 verbergen의 접속법 제Ⅱ식 기본형

verbergen* 〔페아·벨겐〕 〔타〕 숨기다
〔재〕 sich⁴ ~ 숨다

verbessern 〔페아·벳세른〕 〔타〕 보다 좋게하다, 개선〈개량〉하다; 개정하다
〔재〕 sich⁴ ~ 보다 좋아지다, 개선〈개량〉되다; 개정되다

Verbesserung 〔페아·벳세룽그〕 〔여〕 -/-en 개선, 개량; 개정

verbeugen 〔페아·보이겐〕 〔재〕 sich⁴ ~ 인사하다, 몸을 굽히다

Verbeugung 〔페아·보이궁그〕 〔여〕 -/-en 인사, 절

verbieten* 〔페아·빈-텐〕 〔타〕 j³ et⁴ ~ …을 …에게 금지하다

verbinden* 〔페아·빈덴〕 〔타〕 et⁴ mit et³ ~ …과 …을

verbindlich 378

결합시키다, 결합하다; (전화를) 연결하다; et⁴ ~ ···에 붕대를 하다
〔재〕 sich⁴ mit et³ ~ ···에 결합하다, ···과 화합하다

verbindlich 〔페아·빈트리히〕 〔형〕 의무가 있는, 구속력이 있는; 정중한

Verbindung 〔페아·빈둥그〕 〔여〕 -/-en 결합; (인간의) 결연; (전화 따위의) 접속; 화합〔물〕 ★ mit j³ in ~ stehen ···과 관계가 있다

verbirg 〔페아·빌크〕 〔명〕 verbergen의 명령형

verbirgst 〔페아·빌크스트〕 〔현〕 verbergen의 2인칭 단수현재형

verbirgt 〔페아·빌크트〕 〔현〕 verbergen의 3인칭 단수현재형

verblühen 〔페아·부뤼-엔〕 〔자〕 (s) (꽃이) 시들다

verborgen 〔페아·볼겐〕 〔과분〕 verbergen의 과거분사

Verbot 〔페아·보-트〕 〔중〕 -(e)s/-e 금지

Verbrauch 〔페아·부라우흐〕 〔남〕 -(e)s/ 소비, 소모

verbrauchen 〔페아·부라우헨〕 〔타〕 소비〈소모〉하다, 다써버리다
〔재〕 sich⁴ ~ 힘을 다써버리다

Verbraucher 〔페아·부라우하-〕 〔남〕 -s/- 소비자

Verbrechen 〔페아·부렛헨〕 〔중〕 -s/- 범죄 ★ ein ~ begehen 범죄를 범하다

Verbrecher 〔페아·부렛히야-〕 〔남〕 -s/- 범죄자, 범죄인

verbreiten 〔페아·부라이텐〕 〔타〕 넓히다, 보급〈전파〉시키다
〔재〕 sich⁴ ~ 넓혀지다, 보급〈전파〉하다

verbreitern 〔페아·부라이테른〕 〔타〕 et⁴ ~ ···의 폭을 넓히다

Verbreitung 〔페아·부라이퉁그〕 〔여〕 -/ 보급, 유포, 전파

verbrennen* 〔페아·부렌넨〕 〔자〕 (s) 불타다, 소실하다
〔타〕 태우다, 모두 태워버리다

verbringen* 〔페아·부링겐〕 〔타〕 (시간을) 보내다

verbürge 〔페아 · 뷜게〕	〔접Ⅱ〕 verbergen의 접속법 제Ⅱ식 기본형
Verdacht 〔페아 · 다하트〕	〔남〕 -(e)s/ 의심, 의아, 의혹
verdächtig 〔페아 · 뎃히티히〕	〔형〕 의심스러운, 불심한
verdammen 〔페아 · 담멘〕	〔타〕 벌하다; 저주하다
verdammt 〔페아 · 담트〕	〔형〕 저주받은 ★ Verdammt! 제기랄, 빌어먹을
verdanken 〔페아 · 단켄〕	〔타〕 j³ et⁴ ~ …에 대해서 …의 덕을 입고 있다
verdarb 〔페아 · 달프〕	〔과〕 verderben의 과거 기본형
verdauern 〔페아 · 다우에룬〕	〔타〕 (음식물 따위를) 소화시키다
verdecken 〔페아 · 덱켄〕	〔타〕 덮다, 가리다, 감추다
verderben* 〔페아 · 델벤〕	〔타〕 못쓰게되다
	〔자〕 (s) 썩다, 부패하다; 타락하다, 못쓰게되다
Verderben 〔페아 · 델벤〕	〔중〕 -s/ 부패; 타락; 파멸
verdienen 〔페아 · 디-넨〕	〔타〕 et⁴ ~ …을(일해서) 얻다; 벌다; …의 가치가 있다
	〔재〕 sich⁴ um j⁴ ⟨et⁴⟩ ~ …를 위해서 공헌하다
Verdienst¹ 〔페아 · 딘-스트〕	〔남〕 -(e)s/-e 돈벌이, 이익
Verdienst² 〔페아 · 딘-스트〕	〔중〕 -(e)s/-e 공로, 공적
verdirb 〔페아 · 딜프〕	〔명〕 verderben의 명령형
verdirbst 〔페아 · 딜프스트〕	〔현〕 verderben의 2인칭 단수현재형
verdirbt 〔페아 · 딜프트〕	〔현〕 verderben의 3인칭 단수현재형
verdorben 〔페아 · 돌벤〕	〔과분〕 verderben의 과거분사
verdrängen 〔페아 · 드렝겐〕	〔타〕 밀어 젖히다; 배제하다
verdrießlich 〔페아 · 드리-스리히〕	〔형〕 짜증나는, 불쾌한
verdürbe 〔페아 · 뒬베〕	〔접Ⅱ〕 verderben의 접속법 제Ⅱ식 기본형
verehren 〔페아 · 에-렌〕	〔타〕 존경하다; j³ et⁴ ~ …에게 …을 증정하다
Verein 〔페아 · 아인〕	〔남〕 -(e)s/-e 단체, 협회, 그룹; 협동 ★ im ~ mit …과 협

동해서

vereinbaren [페아·아인바-렌] 〔타〕 et⁴ mit j³ ~ …을 …와 협정하다, 결정하다

Vereinbarung [페아·아인바-룽그] 〔여〕 -/-en 협정, 결정

vereinen [페아·아이넨] 〔타〕 하나로하다

vereinigen [페아·아이니겐] 〔타〕 하나로 하다〈정리하다〉
〔재〕 sich⁴ ~ 하나가 되다, 정리되다

Vereinigung [페아·아이니궁그] 〔여〕 -/-en 결합, 연합; 단체, 협회

verfahren* [페아·파-렌] 〔자〕 (s, h) 거동하다, 행동하다
★ mit j³ …을 취급하다
〔재〕 sich⁴ ~ (탈 것으로) 길을잃다

Verfahren [페아·파-렌] 〔중〕 -s/- 행동; 방식; 방법, 처치

Verfall [페아·팔] 〔남〕 -[e]s/ 쇠퇴; 몰락, 붕괴

verfallen* [페아·파렌] 〔자〕 (s) 쇠퇴하다; 몰락하다, 붕괴하다 in et⁴ ~ …의 상태에 빠다; j³ ⟨et³⟩ ~ …을 착상하다

verfassen [페아·팟센] 〔타〕 (문서 따위를)쓰다, 기초하다

Verfasser [페아·팟사-] 〔남〕 -s/- 저자; 기초자

Verfassung [페아·팟숭그] 〔여〕 -/-en 저작; 기초; 헌법

verfehlen [페아·페-렌] 〔타〕 놓치다; 《부정사와 함께》반드시 …하다

verfertigen [페아·펠티겐] 〔타〕 만들다, 작성하다; 조제하다

verfliegen* [페아·프리-겐] 〔자〕 (s) 날아가버리다

verfließen* [페아·프리-센] 〔자〕 (s) 흘러가 버리다; (시간이) 경과하다

verfolgen [페아·폴겐] 〔타〕 쫓다, 추적하다; 박해하다

verfügen [페아·휘-겐] 〔타〕 규정하다
〔자〕 über j⁴ ⟨et⁴⟩ ~ …을 뜻대로 하다, 자유롭게 할 수 있다

Verfügung [페아·휘-궁그] 〔여〕 -/-en 규정; 자유로운 사용

★ j³ zur ~ stehen …에게 자유롭게 쓸수있다; j³ et⁴ zur ~ stellen …에게 …을 자유롭게 쓰게한다

verführen 〔페아·휘-렌〕 〔타〕 유혹하다
Verführung 〔페아·휘-룽그〕 〔여〕 -/-en 유혹
vergangen 〔페아·강겐〕 〔형〕 지나가버린, 과거의
Vergangenheit 〔페아·강겐하이트〕 〔여〕 -/-en 과거
vergaß 〔페아·가-스〕 〔과〕 vergessen의 과거기본형
vergäße 〔페아·게-세〕 〔접Ⅱ〕 vergessen의 접속법 제Ⅱ식 기본형
vergeben* 〔페아·게-벤〕 〔타〕 j³ et⁴ ~ …의 …을 용서하다, 관대히 보다; et⁴ an j⁴ ~ …을 …에게 주다
vergebens 〔페아·게-벤스〕 〔부〕 무익하게, 쓸데없이; 보람없이
vergeblich 〔페아·게-프리히〕 〔형〕 무익한, 쓸데없는; 보람없는
vergehen* 〔페아·게-엔〕 〔자〕 (s) (때가) 지나가 버리다; 소멸하다
vergessen* 〔페아·겟센〕 〔타〕 잊다, 망각하다
〔재〕 sich⁴ ~ 자기를 잊다; 정신없다
〔과분〕 vergessen의 과거분사
vergeßlich 〔페아·게스리히〕 〔형〕 잘 잊어버리는, 건망증의
vergeuden 〔페아·고이덴〕 〔타〕 낭비하다
Vergeudung 〔페아·고이둥그〕 〔여〕 -/-en 낭비
vergiften 〔페아·기프텐〕 〔타〕 et⁴ ~ …에 독을넣다, j⁴ ~ …에 독을 마시게하다, 독살하다
〔재〕 sich⁴ an et³ ~ …에 중독되다
vergiß 〔페아·기스〕 〔명〕 vergessen의 명령형
vergissest 〔페아·깃세스트〕 〔현〕 vergessen의 2인칭 단수현재형
Vergißmeinnicht 〔페아·기스·마인·나히트〕 〔중〕 -[e]s/- 물망초

vergißt 〔페아·기스트〕	〔현〕 vergessen의 2·3인칭 단수 현재형
Vergleich 〔페아·그라이히〕	〔남〕 -[e]s/-e 비교; 화해; 협정 im ~ mit ⟨zu⟩ j³ ⟨et³⟩ …과 비교해서
vergleichen* 〔페아·그라이헨〕	〔타〕 j⁴ ⟨et⁴⟩ mit j³ ⟨et³⟩ ~ …을 …과 비교한다
	〔재〕 sich⁴ mit j³ ~ …와 화해한다; 겨루다
vergnügen 〔페아·그뉘-겐〕	〔타〕 만족시키다; 즐겁게하다
	〔재〕 sich⁴ an ⟨mit⟩ et³ ~ …을 즐긴다
Vergnügen 〔페아·그뉘-겐〕	〔중〕 -s/- 만족; 즐거움 ★ mit ~ 기꺼이; viel ~ ! (놀러가는 사람에게) 잘 즐기세요
vergnügt 〔페아·그뉘-크트〕	〔형〕 만족한; 즐거운
vergraben* 〔페아·그라-벤〕	〔타〕 매장하다
vergrößern 〔페아·그뢰-세른〕	〔타〕 보다 크게하다, 확대하다
	〔재〕 sich⁴ ~ 보다 커지다, 확대하다; 증대되다
verhaften 〔페아·하프텐〕	〔타〕 체포하다
Verhaftung 〔페아·하프퉁그〕	〔여〕 -/-en 체포
verhalten* 〔페아·할텐〕	〔재〕 sich⁴ ~ 거동하다, 행동하다, (…의) 태도를 취하다; (…의) 상태에 있다
Verhalten 〔페아·할텐〕	〔중〕 -s/ 태도; 거동, 행동
Verhältnis 〔페아·헬트니스〕	〔중〕 Verhältnisses/Verhältnisse 관계; 비율; 《복수로》 상태, 사정
verhältnismäßig 〔페아·헬트니스·메-시히〕	〔형〕 비례되는, 균형이 잡힌
	〔부〕 비교적
verhandeln 〔페아·한데른〕	〔자〕 mit j³ über et⁴ ~ …과 …에 대해서 교섭하다, 상담하다
	〔타〕 et⁴ ~ …을 심리하다
Verhandlung 〔페아·한트룽그〕	〔여〕 -/-en 토의, 교섭; 심리

Verhängnis 〔페아·헹그니스〕 〔중〕 Verhängnisses/Verhängnisse 숙명, 운명; 비운

verheiraten 〔페아·하이라-텐〕 〔타〕 j⁴ mit j³ ~ …를 …와 결혼시키다
〔재〕 sich⁴ mit j³ ~ …와 결혼하다

verheiratet 〔페아·하이라-텟트〕 〔형〕 기혼의

verherrlichen 〔페아·헬릿헨〕 〔타〕 찬미하다, 칭찬하다

verhindern 〔페아·힌데른〕 〔타〕 가로막다, 방해하다

verhören 〔페아·회-렌〕 〔타〕 j⁴ ~ …을 신문하다

verhüten 〔페아·휘-텐〕 〔타〕 방지하다; 예방하다

Verkauf 〔페아·카우프〕 〔남〕 -〔e〕s/Verkäufe 〔페아·코이페〕 사들임, 매입; 판매 ★ et⁴ zum ~ anbieten …을 팔려고 내놓다

verkaufen 〔페아·카우펜〕 〔타〕 j³ et⁴ ~ …에게 …을 팔다, 판매하다
〔재〕 sich⁴ ~ 팔리다 ★ sich⁴ gut ~ 잘 팔리다, 매상이 오르다

Verkäufer 〔페이·코이파-〕 〔남〕 -s/- 파는사람, 판매인; 점원

Verkäuferin 〔페아·코이페린〕 〔여〕 -/Verkäuferinnen 〔페아·코이페리넨〕 (여성의) 판매인; 여점원

Verkehr 〔페아·케-아〕 〔남〕 -〔e〕s/ 교통, 왕래; 교제 ★ in ~ mit j³ stehen …와 교제하고 있다

verkehren 〔페아·케-렌〕 〔자〕 (h, s) mit j³ ~ …와 교제하다; (교통기관이) 통하고 있다
〔타〕 et⁴ in et⁴ ~ …을 …으로 바꾸다

Verkehrsmittel 〔페아·케-아스밋텔〕 〔중〕 -s/- 교통기관

Verkehrsunfall 〔페아·케-아스운팔〕 〔남〕 -〔e〕s/Verkehrsunfälle 〔페아·케-아스·운페레〕 교통사고

verkehrt [페아·켈-트] 〔형〕 역의, 꺼꾸러의; 잘못된
verkennen [페아·켄넨] 〔타〕 오인〈오해〉하다
verkleinern [페아·그라이네른] 〔타〕 보다 적게하다, 축소하다
verkündigen [페아·퀸디겐] 〔타〕 알리다, 고지하다
verkürzen [페아·퀼쩬] 〔타〕 짧게하다, 단축하다
〔재〕 sich⁴ ~ 짧아지다
Verkürzung [페아·퀼쑹그] 〔여〕 -/-en 단축
Verlag [페아·라-크] 〔남〕 -[e]s/-e 출판; 출판사
verlangen [페아·랑겐] 〔타〕 et⁴ von j³ ~ …을 …에게 바라다
〔자〕 nach j³ ⟨et³⟩ ~ …을 가지고자한다, …을 만나고 싶어하다
Verlangen [페아·랑겐] 〔중〕 -s/- 요구, 요망, 욕구
verlängern [페아·렝게른] 〔타〕 보다 길게하다; 연장하다
Verängerung [페아·렝게룽그] 〔여〕 -/-en 연장
verlassen* [페아·랏쎈] 〔타〕 j⁴ ⟨et⁴⟩ ~ …에서 떠나다, …을 뒤로하다; j⁴ ~ …을 버리다
〔재〕 sich⁴ auf j⁴ ⟨et⁴⟩ ~ …에 의지하다
Verlauf [페아·라우프] 〔남〕 -[e]s/Verläufe [페아·로이페] (일·사항 따위의) 경과
verlaufen* [페아·라우펜] 〔자〕 (s) (때·사항 따위가) 경과하다; (길이) 나있다, 통하고 있다
〔재〕 sich⁴ ~ 길을 잃다
verlegen [페아·레-겐] 〔형〕 당황한, 어찌할바를 모르는
Verlegenheit [페아·레-겐하이트] 〔여〕 -/ 당황, 곤혹 ★ in ~ sein 당황하고 있다; j⁴ in ~ bringen ⟨setzen⟩ …을 당황〈곤혹〉하게 하다
Verleger [페아·레-가-] 〔남〕 -s/- 출판자, 발행인
verleihen* [페아·라이엔] 〔타〕 et⁴ an j⁴ ~ …을 …에게 빌려주다; j³ et⁴ ~ …에게 …을 수여하다, 주다

verletzen 〔페아・렛쩬〕	〔타〕 해치다, 상처를 입히다 〔재〕 sich⁴ ~ 부상하다, 상처를 입다
Verletzte(r) 〔페아・렛쓰테〈타-〉〕	〔남〕〔여〕《형용사적 변화》부상자
Verletzung 〔페아・렛쭝그〕	〔여〕 -/-en 부상
verleugnen 〔페아・로이그넨〕	〔타〕 부인하다
verlieben 〔페아・리-벤〕	〔재〕 sich⁴ in j⁴ ⟨et⁴⟩ ~ …에 반하다
verlieren* 〔페아・리-렌〕	〔자〕 an et³ ~ …을 잃다; (승부에) 지다 〔재〕 sich⁴ ~ 잃어지다, 없어지다; 길을잃다
verloben 〔페아・로-벤〕	〔타〕 j⁴ mit j³ ~ …와 …을 약혼시키다 〔재〕 sich⁴ mit j³ ~ …와 약혼하다
Verlobte(r) 〔페아・로-프테〈타-〉〕	〔남〕〔여〕《형용사적 변화》약혼자
Verlobung 〔페아・로-붕그〕	〔여〕 -/-en 약혼
verlor 〔페아・로-아〕	〔과〕 verlieren의 과거기본형
verlöre 〔페아・뢰-레〕	〔접Ⅱ〕 verlieren의 접속법 제Ⅱ식 기본형
verloren 〔페아・로-렌〕	〔과분〕 verlieren의 과거분사
Verlust 〔페아・루스트〕	〔남〕 -(e)s/-e 상실; 손실; 패배
vermehren 〔페아・메-렌〕	〔타〕 늘리다, 증가시키다 〔재〕 sich⁴ ~ 늘다, 증가하다
vermeiden* 〔페아・마이덴〕	〔타〕 피하다, 회피하다
vermieten 〔페아・미-텐〕	〔타〕 빌려주다, 임대하다
Vermieter 〔페아・미-타-〕	〔남〕 -s/- 임대주
vermindern 〔페아・민데른〕	〔타〕 줄이다, 감소시키다 〔재〕 sich⁴ ~ 줄다, 감소하다
vermischen 〔페아・밋쉔〕	〔타〕 et⁴ mit et³ ~ …을 …과 섞다; 혼합하다 〔재〕 sich⁴ ~ 섞이다, 혼합하다
vermissen 〔페아・밋쎈〕	〔타〕 et⁴ ~ …의 없는 것을 한탄하다

vermißt 〔페아·미스트〕	〔형〕 행방불명의
vermitteln 〔페아·밋테른〕	〔자〕 조정하다
	〔타〕 j³ et⁴ ~ …에게 …을 중개하다, 주선하다; 알선하다
Vermittlung 〔페아·밋트룽그〕	〔여〕 -/-en 중개, 알선; 중재, 조정
vermögen* 〔페아·뫼-겐〕	〔타〕 (zu를 갖인 부정사와 함께) …할 수 있다
Vermögen 〔페아·뫼-겐〕	〔중〕 -s/- 재산; 《단수로》능력
vermuten 〔페아·무-텐〕	〔타〕 추측하다
vermutlich 〔페아·무-트리히〕	〔부〕 아마, 헤아리건대
Vermutung 〔페아·무-퉁그〕	〔여〕 -/-en 추측
vernachlässigen 〔페아·나-하렛시겐〕	〔타〕 소홀히하다, 내버려두다
vernehmen* 〔페아·네-멘〕	〔타〕 듣다, 들고알다; j⁴ ~ …을 신문하다
verneigen 〔페아·나-이겐〕	〔재〕 sich⁴ ~ 인사하다
verneinen 〔페아·나-이넨〕	〔타〕 부정〈부인〉하다
vernichten 〔페아·니히텐〕	〔타〕 없애다, 파괴하다, 전멸시키다; 파기하다
Vernunft 〔페아·눈프트〕	〔여〕 -/ 이성; 이해력, 분별
vernünftig 〔페아·뉜프티히〕	〔형〕 이성적인, 분별있는
veröffentlichen 〔페아·욋펜트릿헨〕	〔타〕 널리 알리다, 공표하다; 출판하다
verordnen 〔페아·올드넨〕	〔타〕 명령하다; (약을) 처방하다
Verordnung 〔페아·올드눙그〕	〔여〕 -/-en 명령; 규정, 조령; (약의) 처방
verpassen 〔페아·팟센〕	〔타〕 (기회 따위를) 놓치다; (열차 따위를) 놓치다
Verpflegung 〔페아·프흐레-궁그〕	〔여〕 -/-en 급식; 양식; 음식물
verpflichten 〔페아·프흐리히텐〕	〔타〕 j⁴ ~ …에게 의무를 지우다, 어쩔수 없이 …하게 하다
	〔재〕 sich⁴ zu et³ ~ …에 대해서 의무를 지다
Verrat 〔페아·라-트〕	〔남〕 -〔e〕s/- 배반, 배신
verraten* 〔페아·라-텐〕	〔타〕 배반〈배신〉하다, (비밀을) 누

	설하다
Verräter [페아·레-타-]	〔남〕 -s/- 배신자, 배반자
verreisen [페아·라이젠]	〔자〕 (s) 여행을 떠나다
verrichten [페아·리히텐]	〔타〕 행하다, 하다; 처리하다
verrückt [페아·뤽크트]	〔형〕 미친; 터무니 없는
Vers [펠스]	〔남〕 -es/-e 시구; 절; 운문
versagen [페아·자-겐]	〔타〕 j³ et⁴ ~ …에게 …을 거절하다
	〔자〕 쓸모없다; 기능하지 않는다
versammeln [페아·잠메른]	〔타〕 (사람들을) 모으다
	〔재〕 sich⁴ ~ (사람들이) 모이다
Versammlung [페아·잠메룽그]	〔여〕 -/-en 모임; 집회; 회합
versäumen [페아·조이멘]	〔타〕 (기회 따위를) 놓치다; (의무 따위를) 게을리하다; 빠지다
Versäumnis [페아·조임니스]	〔중〕 Versäumnisses/Versäumnissee 불이행, 태만
verschaffen [페아·샤펜]	〔타〕 j³ et⁴ ~ …에게 …을 공급하다; sich³ et⁴ ~ …을 손에 넣다
verschenken [페아·쉥켄]	〔타〕 et⁴ an j⁴ ~ …을 …에게 기증하다
verschicken [페아·쉬켄]	〔타〕 et⁴ ~ …을 발송하다; j⁴ ~ …을 파견하다
verschieben [페아·쉬-벤]	〔타〕 연기하다, 물리다
	〔재〕 sich⁴ ~ 연기되다, 물려지다
verschieden [페아·쉬-덴]	〔형〕 다른; 여러가지의
verschlafen* [페아·슈라-펜]	〔타〕 et⁴ ~ 잠자고 있다가 …에 늦어지다 〈…을 놓치다〉; (시간을) 잠자고 지내다
verschließen* [페아슈리-센]	〔타〕 et⁴ ~ …을 닫다, 잠그다; …에 자물쇠를 채우다
	〔재〕 sich⁴ j³ 〈gegen j⁴/vor j³〉 ~ …에 대해서 마음을 닫다
verschlingen* [페아·슈링겐]	〔타〕 삼키다; 이어 맞추다; 조합하다
verschlucken [페아·슈룩켄]	〔타〕 삼키다

Verschluß 〔페아·슈루스〕 〔남〕 Verschlusses/Verschlüsse 〔페아·슈륏세〕 자물쇠

ver|schreiben* 〔페아·슈라이벤〕 〔타〕 (약을) 처방하다
〔재〕 sich⁴ ~ 잘못쓰다

verschulden 〔페아·슐덴〕 〔타〕 et⁴ ~ …의 죄가있다, …의 책임이 있다
〔재〕 et⁴ ~ (부채를) 입다

verschütten 〔페아·쉿텐〕 〔타〕 (흙·모래 따위로) 막다; 잘못붓다, 흘리다

verschwand 〔페아·슈반트〕 〔과〕 verschwinden의 과거기본형

verschwände 〔페아·슈벤데〕 〔접Ⅱ〕 verschwinden의 접속법 제Ⅱ식 기본형

verschweigen 〔페아·슈바이겐〕 〔타〕 et⁴ ~ …의 일을 비밀로 하다, 말하지 않고 두다

verschwenden 〔페아·슈벤덴〕 〔타〕 낭비하다

Verschwendung 〔페아·슈벤둥그〕 〔여〕 -/ 낭비

verschwinden* 〔페아·슈빈덴〕 〔자〕 사라지다, 없어지다; 모습을 감추다

verschwunden 〔페아·슈분덴〕 〔과분〕 verschwinden의 과거분사

versehen* 〔페아·제-엔〕 〔타〕 (일·의무 따위를) 행하다; j⁴ mit et³ ~ …에게 …을 공급하다; 주다; et⁴ ~ …을 잘못보다, 간과하다
〔재〕 sich⁴ ~ …을 잘못보다, 오인하다; sich⁴ mit et³ ~ …을 갖추다

Versehen 〔페아·제-엔〕 〔중〕 -s/- 과실 ★ aus ~ 잘못해서, 깜박, 무심코

versetzen 〔페아·젯쩬〕 〔타〕 바꾸어 놓다; 옮겨놓다; j⁴ ~ …을 배치전환을 하다; 진급시키다
〔재〕 sich⁴ in et⁴ ~ …의 처지가 되어본다

versichern 〔페아·짓헤른〕 〔타〕 j³ et⁴ ~ …에게 …을 확인〈확약〉하다, 보증하다; et⁴

	gegen et⁴ ~ …에 대해서 보험에 넣다
	〔재〕 sich⁴ gegen et⁴ ~ …에 대해서 보험에 가입하다; sich⁴ et² ~ …을 확인하다
Versicherung〔페아·짓헤룽그〕	〔여〕-/-en 확인, 확약, 보증; 보험
versinken〔페아·진켄〕	〔자〕 가라앉다, 침몰하다; in et⁴ ~ …에 몰두하다
versöhnen〔페아·죄-넨〕	〔타〕 무마하다, 달래다; j⁴ mit j³ ~ …을 …과 화해시키다
	〔재〕 sich⁴ mit j³ ~ …과 화해하다
versorgen〔페아·졸겐〕	〔타〕 j⁴ ~ …을 돌봐주다; j⁴ mit et³ ~ …에게 …을 공급하다
verspäten〔페아·슈페-텐〕	〔타〕 늦추다
	〔재〕 sich⁴ ~ 늦어지다; 지각하다
Verspätung〔페아·슈페-퉁그〕	〔여〕-/-en 지각, 연착
versprechen*〔페아·슈프렛헨〕	〔타〕 j³ et⁴ ~ …에게 …을 약속하다; sich³ et⁴ von et³ ~ …으로부터 …을 기대한다
	〔재〕 sich⁴ ~ 잘못말하다
Versprechen〔페아·슈프렛헨〕	〔중〕-s/- 약속
Versprechung〔페아·슈프렛훙그〕	〔여〕-/-en 약속
Verstand〔페아·슈탄트〕	〔남〕-[e]s/ 이해력, 분별 ★ mit ~ 분별을 가지고; ohne ~ und Sinn 잘 생각하지도 않고; 〔wieder〕zu ~ kommen 제정신으로 돌아오다
verständigen〔페아·슈텐디겐〕	〔타〕 j⁴ von et³ 〈Müber et⁴〉 ~ …에게 …에 대해서 알리다
	〔재〕 sich⁴ mit j³ ~ …을 서로 양해하다, …과 의사를 소통하다

verständlich 〔페아·슈텐트리히〕 〔형〕 이해할 수 있는, 알기쉬운

Verständnis 〔페아·슈텐트니스〕 〔중〕 Verständnisses/Verständnisse 이해〔력〕

verstärken 〔페아·슈텔켄〕
〔타〕 강하게하다, 강화하다; 증강하다
〔재〕 sich⁴ 강해지다; 증강되다

verstecken 〔페아·슈텟켄〕
〔타〕 et⁴ vor j³ ~ …을 …에 대해서 감추다
〔재〕 sich⁴ ~ 숨다

verstehen* 〔페아·슈테-엔〕
〔타〕 이해하다;《zu를 갖인 부정관사와 함께》; …하는 것을 알고 있다
〔재〕 sich⁴ ~ 자명하다; sich⁴ auf et⁴ ~ …에 정통하고 있다

Versuch 〔페아·주-흐〕 〔남〕 -〔e〕s/-e 시도; 실험; 기획

versuchen 〔페아·주-헨〕
〔타〕 해보다, 시도〈시험〉하다; j⁴ zu et³ ~ …을 하도록 유혹하다;《zu를 갖인 부정사와 함께》 …하려고 하다

Versuchung 〔페아·주-훙그〕 〔여〕 -/-en 유혹

verteidigen 〔페아·타이디겐〕 〔타〕 j⁴ gegen j⁴ 〈et⁴〉 ~ …을 …에 대해서 지키다, 방어하다; 변호하다

Verteidigung 〔페아·타이디궁그〕 〔여〕 -/-en 방어, 방위; 변호

verteilen 〔페아·타이렌〕
〔타〕 et⁴ an j⁴ 〈unter j⁴〉 ~ …을 …으로 〈…이 사이에서〉 나누다, 분배하다; 배분하다
〔재〕 sich⁴ ~ 나누어지다

vertiefen 〔페아·티-펜〕
〔타〕 깊게하다
〔재〕 sich⁴ in et⁴ ~ …에 몰두하다

Vertrag 〔페아·트라-크〕 〔남〕 -〔e〕s/Verträge 〔페아·트레-게〕 계약, 조약

vertragen* 〔페아·트라-겐〕
〔타〕 et⁴ ~ …에 견디다
〔재〕 sich⁴ mit et³ ~ …과 융화하다, 조화하다

vertrauen 〔페아·트라우엔〕 〔자〕 j³ 〈et³〉 ~ /auf j⁴ 〈et⁴〉 ~ …을 신용〈신뢰〉하다; 의지하다, 기대하다

Vertrauen 〔페아·트라우엔〕 〔중〕 -s/ 신용, 신뢰

vertraulich 〔페아·트라우리히〕 〔형〕 내밀의; 친밀한, 허물없는

vertraut 〔페아·트라우트〕 〔형〕 친한 ★ mit et³ ~ sein …과 친한, 친밀한; …을 잘아는

vertreiben* 〔페아·트라이벤〕 〔타〕 몰아내다, 내쫓다; sich³ et⁴ mit et³ ~ …을 …으로 지루함을 잊다

vertreten 〔페아·트레-텐〕 〔타〕 j⁴ 〈et⁴〉 ~ …을 대표〈대리〉하다

Vertreter 〔페아·트레-타-〕 〔남〕 -s/- 대표자, 대리인

Vertretung 〔페아·트레-퉁그〕 〔여〕 -/-en 대표, 대리; 대리점

verunglücken 〔페아·웅그뤽켄〕 〔자〕 (s) 불의의 재난〈사고〉을 당하다, 사고로 죽다

verusachen 〔페아·우-어잣헨〕 〔타〕 et⁴ ~ …의 원인이된다, …을 야기하다

verurteilen 〔페아·우-어타이렌〕 〔타〕 j⁴ ~ …에게 유죄판결을 내리다

verwalten 〔페아·발텐〕 〔타〕 관리하다; 경영하다

Verwaltung 〔페아·발퉁그〕 〔여〕 -/-en 관리; 경영; 행정

verwandeln 〔페아·반데른〕 〔타〕 et⁴ in et⁴ ~ …을 …으로 바꾸다
〔재〕 sich⁴ ~ 변하다, 바꾸어지다

Verwandlung 〔페아·반드룽그〕 〔여〕 -/-en 변화; 변형, 변신

verwandt 〔페아·반〕 〔형〕 친척의, 혈연의; 유사한

Verwandte〔r〕 〔페아·반테 〈타-〉〕 〔남〕〔여〕 《형용사적 변화》친척

Verwandtschaft 〔페아·반트샤프트〕 〔여〕 -/-en 친척관계; 유사〔성〕

verwechseln 〔페아·벡세른〕 〔타〕 et⁴ 〈j⁴〉 mit et³ 〈j⁴〉 ~ …을 …과 뒤바꾸다, 혼동하다

verweigern 〔페아·바이게른〕 〔타〕 j³ et⁴ ~ …에 대해서 …을

	거부하다, 거절하다
verwelken [페아·벨켄]	〔자〕 (s) (꽃이) 시들다
verwenden [페아·벤덴]	〔타〕 j⁴ ⟨et⁴⟩ zu et³ ~ /j⁴ ⟨et⁴⟩ auf et⁴ ~ …을 …에 쓴다, 사용하다
Verwendung [페아·벤둥그]	〔여〕 -/-en 사용, 이용
verwirklichen [페아·빌크릿헨]	〔타〕 실현시키다 〔재〕 sich⁴ ~ 실현하다
verwirren [페아·비렌]	〔타〕 엉클어지게하다, 혼동시키다; j⁴ ~ …을 당황하게하다 〔재〕 sich⁴ ~ 엉클어지다, 당황하다, 혼란하다
verwöhnen [페아·뵈-넨]	〔타〕 응석을 부리게하다, 버릇없게 키우다
verwunden [페아·분덴]	〔타〕 다치게하다, 상처를 입히다
verwundern [페아·분데른]	〔타〕 j⁴ ~ …을 기이히 여기게 하다 〔재〕 sich⁴ über et⁴ ~ …을 이상히 여기다
Verwundete[r] [페아·분데레⟨타⟩]	〔남〕〔여〕《형용사적 변화》부상자
verzehren [페아·쩨-렌]	〔타〕 (음식물을) 다먹어버리다; 소모하다
verzeichnen [페아·싸이히넨]	〔타〕 기록에 남기다, 기재하다
Verzeichnis [페아·씨-이히니스]	〔중〕 Verzeichnisses/Verzeichnisse 리스트, 목록, 표
verzeihen* [페아·싸이엔]	〔타〕 j³ et⁴ ~ …의 …을 용서하다 ★ Verzeihen Sie! 미안합니다
Verzeihung [페아·싸이웅그]	〔여〕 -/ 용서 ★ Verzeihung! 미안합니다
Verzicht [페아·씨히트]	〔남〕 -[e]s/ 포기; 단념
verzichten [페아·씨히텐]	〔자〕 auf et⁴ ~ …을 단념하다
verzweifeln [페아·쓰바이페른]	〔자〕 an et³ ⟨über et⁴⟩ ~ …의 일에 ⟨…의 일로⟩절망하다
verzweifelt [페아·쓰바이펠트]	〔형〕 절망한; 필사의

Verzweiflung 〔페아·쓰바이프룽그〕	〔여〕 -/ 절망
Vetter 〔펫타〕	〔남〕 -s/-n 종형제, 사촌
Video 〔비-데오〕	〔중〕 -s/ 비디오〔장치〕
Videoband 〔비-데오·반트〕	〔중〕 -〔e〕s/Videobänder〔비-데오벤다-〕 비디오테이프
Vieh 〔피-〕	〔중〕 -〔e〕s/ 가축, 짐승
viel* 〔필-〕	〔형〕《무관사의 단수명사 앞에서는 무변화》많은, 다수의, 다량의, ★ so ~ 이렇게 많은; ~ es 많은것〈일〉
	〔대〕《부정대명사》많은 것〈일〉; 다수, 다량
	〔부〕 아주, 훨씬; viel+비교급 훨씬
viel Vergnügen !	〔숙〕 (놀러가는 사람에게) 재미있게 놀고 오세요
vielen Dank !	〔숙〕 대단히 감사합니다
vielfach 〔필-·팟하〕	〔형〕 여러가지의, 여러배의
vielleicht 〔피라이히트〕	〔부〕 아마도, 어쩌면, …할는지도 모른다
vielmals 〔필-·말-스〕	〔부〕 여러번, 종종, 때때로
vielmehr 〔필-·메-아, 필-·메-아〕	〔부〕 오히려, 도리어
vier 〔피-아〕	〔수〕 4〔의〕
viert 〔피-아트〕	〔형〕《서수》제4〔번째〕의
Viertel 〔피아텔〕	〔중〕 -s/- 4분의 1; 15분; (도시 따위의) 지구, 시구
vierzehn 〔피아·쩬〕	〔수〕 14〔의〕
vierzig 〔피아씨히〕	〔수〕 40〔의〕
Villa 〔비라〕	〔여〕 -/Villen〔비렌〕 (훌륭한) 저택, 별장
Villen 〔비렌〕	〔복〕 Villa의 복수형
violett 〔비오렛트〕	〔형〕 자색의, 보라색의
Violine 〔비오리-네〕	〔여〕 -/n 바이올린, 제금
Visa 〔비-자〕	〔복〕 Visum의 복수형
Visitenkarte 〔비지-텐·칼테〕	〔여〕 -/-n 명함

Visum 〔비-쭘〕	〔중〕	-s/Visa〔비-자〕 비자, 사증
Vogel 〔포-겔〕	〔남〕	-s/Vögel〔포-겔〕 새, 작은 새
Vögel 〔페-겔〕	〔복〕	Vogel의 복수형
Volk 〔폴크〕	〔중〕	-(e)s/Völker〔푈카-〕 민족; 《단수로》민중, 인민; 《단수로》사람들, 패거리 ★ das deutsche ～ 독일민족
Völker 〔푈카-〕	〔복〕	Volk의 복수형
Volkslied 〔폴크스·리-트〕	〔중〕	-(e)s/Volkslieder 민요
Volksschule 〔폴크스·슈-레〕	〔여〕	-/-n 국민학교
volkstümlich 〔폴크스·튐-리히〕	〔형〕	국민적인; 대중적인; 인기있는
voll 〔폴〕	〔형〕	et² 〈von et³〉 ～ …으로 가득찬; 완전한, 충분한; 뽀룩한
voll und ganz	〔숙〕	완전히, 전적으로
vollbringen* 〔폴·브링겐〕	〔타〕	완성하다, 완료하다; 수행하다
vollenden 〔포렌덴, 폴·엔덴〕	〔타〕	완성하다, 마무리하다, 성취하다
vollends 〔포렌쓰〕	〔부〕	완전히, 충분히; 철두철미하게
Vollendung 〔포렌둥그, 폴·엔둥그〕	〔여〕	-/-en 완성, 마무리; 성취
völlig 〔푈리히〕	〔형〕	《부가어적 용법뿐》완전한, 충분한
	〔부〕	완전히, 충분히; 아주
vollkommen 〔폴·콤멘〕	〔형〕	완전한, 온전한
vollständig 〔폴·슈텐디히〕	〔형〕	완전한, 충분한
vollziehen* 〔폴·찌-엔〕	〔타〕	수행하다, 시행하다
	〔재〕	sich⁴ ～ 행해지다, 실현되다; 일어나다, 생기다
vom 〔폼〕	〔융합〕	《전치사 von과 정관사 …과 …의 융합형》⇨ von
von 〔폰〕	〔전〕	《3격지배》…으로부터; …의 …에 대해서; …에 의해서; …의(성질을) 가진 ★ ～ ab

	/ ~ ···an; ~ da ab ~ 그때부터
von Anfang an	〔숙〕 처음부터, 최초부터
von Anfang bis zu Ende	〔숙〕 처음부터 끝까지
von außen 〔her〕	〔숙〕 밖으로부터
von Fall zu Fall	〔숙〕 경우에 따라서
von fern〔e〕	〔숙〕 먼곳으로부터
von früh bis spät	〔숙〕 아침부터 저녁까지
von Grund aus	〔숙〕 근본〈근저〉부터
von Haus zu Haus	〔숙〕 집에서 집으로, 문전에서 문전으로
von hier an	〔숙〕 여기로부터; 이때부터
von Jahr zu Jahr	〔숙〕 해마다, 한해한해
von je	〔숙〕 아주 이전부터
von jetzt an	〔숙〕 지금부터
von Jugend auf	〔숙〕 젊은시절부터
von kind an 〈auf〉	〔숙〕 어렸을때부터, 아이때부터
von Kindheit an	〔숙〕 아이때부터
von klein an 〈auf〉	〔숙〕 어려서부터
von Morgen bis zum Abend	〔숙〕 아침부터 저녁까지
von nah und fern	〔숙〕 여기저기로부터
von Natur 〔aus〕	〔숙〕 타고난; 원래
von neuem	〔숙〕 다시금, 다른기회에; 새삼스럽게
von nun an	〔숙〕 이제부터, 금후
von oben	〔숙〕 위로부터
von oben bis unten	〔숙〕 위에서 밑에까지
von Ort zu Ort	〔숙〕 여기저기, 곳곳에
von selbst 〈selber〉	〔숙〕 자연히, 저절로
von sich³ selbst	〔숙〕 저절로, 자연히
von Tag zu Tag	〔숙〕 날마다, 하루하루
von unten	〔숙〕 밑으로부터
von vorn	〔숙〕 앞으로부터; 최초부터
von weitem	〔숙〕 먼곳으로부터

von Zeit zu Zeit	〔숙〕 때때로, 이따금
voneinander 〔폰·아이난다-〕	〔부〕 서로서로〔떨어져서〕
vor 〔포-아〕	〔전〕《3·4격지배》《3격지배》…의 앞에서; …에 대해서; …한 나머지 《4격지배》…의 앞으로
vor allem	〔숙〕 특히, 그중에서도
vor allen	〔숙〕 누구에 못지않게
vor allen Dingen	〔숙〕 특히, 그중에서도
vor aller Welt	〔숙〕 모든 사람의 눈 앞에서
vor Jahren	〔숙〕 수년전에
vor kurzem	〔숙〕 조금전에, 아주 최근에
vor kurzer Zeit	〔숙〕 조금전에
vor sich³ hin 〔sprechen〕	〔숙〕 막연히〔혼잣말을 하다〕
vor Tag〔e〕	〔숙〕 날이 새기전에
voran 〔포·란〕	〔부〕 앞에, 선두에; 전방에
voraus 〔포·라우스〕	〔부〕 앞에, 먼저 ★ im ~ 미리, 사전에
voraus|setzen 〔포라우스·젯쩬〕	〔타〕 전제하다; 가정하다
Voraussetzung 〔포라우스·젯쑹그〕	〔여〕 -/-en 전제, 가정
voraussichtlich 〔포라우스·짓히트리히〕	〔형〕《부가어적 용법에서》예상되는
	〔부〕 (장래의 일에 관해서는) 평상시에
vorbei 〔포〔-〕아·바이〕	〔부〕 통과해서; (시간이) 지나버려서; an j³ 〈et³〉 ~ …의 곁을 지나서
vorbei|kommen* 〔포〔-〕아·바이·콤멘〕	〔자〕 (s) an j³ 〈et³〉 ~ …의 곁을 지나가다; bei j³ ~ …에게 들리다
vor|bereiten 〔포-아·베라이텐〕	〔타〕 et⁴ ~ …준비하다; j⁴ auf et⁴ ~ /j⁴ für et⁴ ~ …에게 …에 대한 준비를 시키다
	〔재〕 sich⁴ auf et⁴ ~ …의 준비〈각오〉를 하다

vor|haben*

Vorbereitung 〔포-아·베라이퉁그〕 〔여〕 -/-en 준비; 마음가짐

vor|beugen 〔포-아·보이겐〕 〔타〕 앞으로 구부리다
〔재〕 sich⁴ ~ 앞으로 몸을 굽히다
〔자〕 et³ ~ …을 예방하다

Vorbild 〔포-아·빌트〕 〔중〕 -[e]s/Vorbilder 〔포-아·빌다-〕 모범, 본보기

vorbildlich 〔포-아·빌트리히〕 〔형〕 모범적인

Vordergrund 〔포-다-·그룬트〕 〔남〕 -[e]s/ 전경

vorerst 〔포-아·엘-스트, 포-아·엘-스트〕 〔부〕 우선 첫째로; 우선

Vorfahr 〔포-아·팔-〕 〔남〕 -en/-en 《보통 복수로》선조, 조상; 선배

```
        Vorfahr의 격변화
            〔단〕              〔복〕
1격   der   Vorfahr      die   Vorfahren
2격   des   Vorfahren    der   Vorfahren
3격   dem   Vorfahren    den   Vorfahren
4격   den   Vorfahren    die   Vorfahren
```

Vorfall 〔포-아·팔〕 〔남〕 -[e]s/Vorfälle 〔포-아·페레〕 사건, (불의의·돌발적인) 일

vor|führen 〔포-아·휘-렌〕 〔타〕 상연〈상영〉하다; (…의 눈앞에 데리고〈가지고〉나오다

Vorgang 〔포아·강그〕 〔남〕 -[e]s/Vorgänge 〔포-아·겐게〕 사건; 경과

vor|gehen* 〔포-아·게-엔〕 〔자〕 (s) (시계가) 빨라지다; 생기다 gegen et⁴ ~ …에 대처하다

vorgestern 〔포-아·게스테른〕 〔부〕 그저께

vor|haben* 〔포-아·하-벤〕 〔타〕 의도하다; 《zu를 갖인 부정사와 함께》 …할 생각〈예정〉이다

Vorhaben 〔포-아·하-벤〕 〔중〕 -s/- 의도, 기도
vorhanden 〔포-아·한덴〕 〔형〕 수중에 있는; 존재하는
Vorhang 〔포-아·항그〕 〔남〕 -[e]s/Vorhänge 〔포-아·헹게〕 커튼; (무대의) 막

vorher 〔포-아·헤-아〕 〔부〕 그앞에; 미리, 전에, 이전에
vorhin 〔포-아·힌〕 〔부〕 아까; 방금
vorig 〔포-리히〕 〔형〕《부가어적 용법뿐》이전의
  vorige Woche 〔숙〕 지난주〔에〕
  vorigen Monats 〔숙〕 지난달〔에〕
  voriges Jahr 〔숙〕 작년〔에〕
vor|kommen* 〔포-아·콤맨〕 〔자〕 (s) 일어나다, 생기다; j³ ~ …에 있어서 (…으로)생각되다
vorläufig 〔포-아·로이피히〕 〔형〕 일시적인, 우선의, 당장의
vor|lesen* 〔포-아·레-젠〕 〔타〕 j³ et⁴ ~ …에게 …을 읽어서 들려주다, 낭독하다; (대학에서) 강의하다
Vorlesung 〔포-아·레-중그〕 〔여〕 -/-en 낭독; (대학에서의) 강의
Vorliebe 〔포-아·리-베〕 〔여〕 -/-n 편애, 특히 좋아함 ★ mit 특히 좋아해서
vor|machen 〔포-아·맛헨〕 〔타〕 j³ et⁴ ~ …에 …을 보이다, 모범을 보이다
Vormittag 〔포-아·밋타-크〕 〔남〕 -s/-e 오전 ★ am ~ 오전에; heute vormittag 오늘 오전중에
vormittags 〔포-아·밋타-크스〕 〔부〕 오전에
vorn[e] 〔포른〈네〉〕 〔부〕 앞에, 전방에 ★ nach ~ 앞〔쪽〕으로, von ~ 앞〔쪽〕에서; 최초부터
Vorname 〔포-아·나-메〕 〔남〕 -ns/-n (성 앞에 붙는)이름 (변화 ⇨ Name)
vornehm 〔포-아·넴-〕 〔형〕 신분이 높은, 고귀한; 고상한, 고결한
vor|nehmen* 〔포-아·네-멘〕 〔타〕 et⁴ ~ …에 착수하다, …을 행하다 sich³ et⁴ ~ …을 꾀하다, 결심하다

vornehmlich [포-아 · 넴-리히]	〔부〕	주로
Vorort [포-아 · 올트]	〔남〕	-(e)s/-e 교외
Vorrat [포-아 · 라-트]	〔남〕	-(e)s/Vorräte [포-아 · 레-테] 저장; 재고(품), 스톡
Vorsatz [포-아 · 잣쯔]	〔남〕	-(e)s/Vorsätze [포-아 · 젯쎄] 의도; 고의
Vorschlag [포-아 · 슈라-크]	〔남〕	-(e)s/Vorschläge [포-아 · 슈레-게] 제의, 제안
vor|schlagen* [포-아 · 슈라-겐]	〔타〕	j^3 et^4 ~ …
Vorschrift [포-아 · 슈리프트]	〔여〕	-/-en 규칙, 규정
vor|sehen* [포-아 · 제-엔]	〔타〕	미리 고려하다, 예정하다
	〔재〕	$sich^4$ ~ 조심하다
Vorsicht [포-아 · 지히트]	〔여〕	-/ 예견; 조심, 주의 ★ ~ 주의하라; mit ~ 신중히
vorsichtig [포-아 · 지히티히]	〔형〕	조심스러운, 주의깊은, 신중한
Vorsitzende(r) [포-아 · 짓쩬데〈다-〉]	〔남〕〔여〕	《형용사적 변화》의장, 좌장
Vorsprung [포-아 · 슈프룽그]	〔남〕	-(e)s/ (다른 사람보다) 앞서 있는 거리, 리드
Vorstadt [포-아 · 슈탓트]	〔여〕	-/Vorstädte [포-아 · 슈텟테] 교외, 시외
vor|stellen [포-아 · 슈테렌]	〔타〕	상연〈상영〉하다; j^3 j^4 ~ …에게 …을 소개하다
	〔재〕	$sich^3$ et^4 ~ …을 떠올리다, 상상하다; $sich^4$ j^3 ~ …에게 자기소개를 하다
Vorstellung [포-아 · 슈테룽그]	〔여〕	-/-en 소개; 심상; 관념; 상연, 상영
Vorteil [포-아 · 타일]	〔남〕	-(e)s/-e 이익, 이득; 장점
vorteilhaft [포-아 · 타일하프트]	〔형〕	유리한, 이익이 있는, 바람직한
Vortrag [포-아 · 트라-크]	〔남〕	-(e)s/Vorträge [포-아 · 트레게] 강연; (구두의) 보고
vor|tragen* [포-아 · 트라-겐]	〔타〕	강연하다; (구두로) 보고하다

젠]

vortrefflich [포-아 · 트렡리히] 〔형〕 뛰어난, 우수한, 훌륭한

vorüber [포뤼-바-] 〔부〕 지나서, (시간이) 경과하여

vorüber|gehen* [포뤼-바-게-엔] 〔자〕 (s) 지나가다; (때가) 경과하다

vorübergehend [포뤼-바-·게-엔트] 〔형〕 일시적인

Vorurteil [포-아 · 우어타일] 〔중〕 -(e)s/-e 선입견, 편견

Vorwand [포-아 · 반트] 〔남〕 -(e)s/Vorwände [포-아 · 벤데] 구실, 핑계

vorwärts [포(-)아 · 벨쓰] 〔부〕 앞쪽으로

vor|werfen* [포-아 · 벨펜]· 〔타〕 j³ et⁴ ~ …에 대해서 …의 일을 비난하다

Vorwurf [포-아 · 불프] 〔남〕 -(e)s/Vorwürfe [포-아 · 뷜페] 비난 ★ j³ ~ machen …을 비난하다

Vorzeichen [포-아 · 싸이헨] 〔중〕 -s/- 전조

vor|ziehen* [포-아 · 씨-엔] 〔타〕 앞으로 끌다; 우선하다; et³ et⁴ ~ …보다 …을 좋아하다, 취하다

Vorzug [포-아 · 쭈크] 〔남〕 -(e)s/Vorzüge [포-아 · 쮜-게] 다른것 보다 더 좋다고 고르는 것, 선호; 우선; 장점 ★ et⁴ den ~ gehen …의 쪽을 우선시키다

vorzüglich [포-아 · 쭈-크리히, 포-아 · 쮜-크리히] 〔형〕 뛰어난, 탁월한, 훌륭한

Vulkan [보르칸-] 〔남〕 -s/-e 화산

W

Waage 〔바-게〕 〔여〕 -/-n 저울
Waag〔e〕recht 〔바-크〔게〕·레히트〕 〔형〕 수평의
wach 〔봐하〕 〔형〕 깨어있는, 자지 않고 있는; (정신적으로) 활발한
Wache 〔봐헤〕 〔여〕 -/-n 망, 경계; 보초
wachen 〔봐헨〕 〔자〕 깨어있다; auf ⟨über⟩ j⁴ ⟨et⁴⟩ ~ …에 주의하다, …을 감시하다
Wachs 〔봐크스〕 〔중〕 -es/-e 왁스, 밀납
wachsam 〔봐하잠-〕 〔형〕 주의깊은, 방심하지 않는
wachsen* 〔봐크센〕 〔자〕 (s)성장하다, 발육하다
wächsest 〔벳크세스트〕 〔현〕 wachsen의 2인칭 단수현재형
wächst 〔벳크스트〕 〔현〕 wachsen의 3인칭 단수현재형
Wachstum 〔봐크스툼-〕 〔중〕 -〔e〕s/-e 성장, 생장, 발육
wackeln 〔봐케른〕 〔자〕 흔들리다; 비틀거리다
wack〔e〕lig 〔봐크⟨케⟩리히〕 〔형〕 흔들거리는, 비틀거리는
Waffe 〔봐페〕 〔여〕 -/-n 무기, 병기
wagen 〔바-겐〕 〔타〕 감히하다; 《zu를 갖인 부정사와 함께》 …하는 것을 가미하다, 결단코 …을 하다
〔재〕 sich⁴ an et⁴ ~ 결단코 …을 하다
Wagen 〔바-겐〕 〔남〕 -s/- 차, 자동차, 마차
wägen* 〔뵈-겐〕 〔타〕 재다; 음미하다
Wahl 〔발-〕 〔여〕 -/-en 선택; 선거
wählen 〔뵈-렌〕 〔타〕 고르다, 선택하다; 선거하다; (전화의 다이얼을) 돌리다

Wahlkampf 〔발-캄프흐〕 〔남〕 -s/Wahlkämpfe〔발-·켐페〕 선거전

Wahlzettel〔발-·쎗텔〕 〔남〕 -s/- 투표용지

Wahnsinn〔반-·진〕 〔남〕 -[e]s/ 망상, 광기

wahnsinnig〔반-·진니히〕 〔형〕 광기의, 정신착란의

wahr〔발-〕 〔형〕 참된, 진실의, 진짜의 ★ nicht ~ ? 틀립니까, 그렇지요?

während〔뵈렌트〕 〔전〕《2격지배》…하는 동안, 사이에
〔접〕《종속접속사》…하는 사이에, …인데, 한편

wahrhaft〔발·하프트〕 〔형〕 참된, 진정의, 정말의

Wahrheit〔발-하이트〕 〔여〕 -/-en 진실, 진리 ★ in ~ 실은, 실제는

Wahr|nehmen*〔발-네-맨〕 〔타〕 et⁴ ~ 을 지각하다, …을 알아차리다; (기회 따위를) 이용하다

wahrscheinlich〔발-·샤인리히〕 〔형〕 사실인듯한; 있을번한
〔부〕 아마, 다분히

Währung〔뵈-룽그〕 〔여〕 -/-en 통화

Waise〔바이제〕 〔여〕 -/-n 고아

Wal〔발-〕 〔남〕 -[e]s/-e 고래

Wald〔발트〕 〔남〕 -[e]s/Wälder〔벨다-〕 숲, 삼림

Wälder〔뷀다-〕 〔복〕 Wald의 복수형

walten〔발텐〕 〔자〕 über j⁴ ⟨et⁴⟩ ~ …을 지배하다; 관리하다; et² ~ …을 다스리다, 주재하다

wälzen〔뷀쩬〕 〔타〕 굴리다, 뒹굴리다
〔재〕 sich⁴ ~ 구르다, 뒹굴다

Walzer〔발짜-〕 〔남〕 -s/- 왈츠, 원무곡

wand〔반트〕 〔과〕 winden의 과거기본형

Wand〔반트〕 〔여〕 -/Wände〔벤-데〕 벽, 칸막이, 판벽

wände〔뷘데〕 〔접Ⅱ〕 winden의 접속법 제Ⅱ식 기본형

Wände〔뷘데〕 〔복〕 Wand의 복수형

Wandel〔반델〕	〔남〕 -s/ 변화, 변천
wandeln〔반데른〕	〔타〕 바꾸다
	〔재〕 sich⁴ ~ 변하다, 변화하다
	〔자〕 거닐다, 소요하다, 산책하다
Wanderer〔반데라-〕	
Wandrer〔반드라-〕	〔남〕 -/-en 도보여행자, 하이카
wandern〔반데른〕	〔자〕 걷다, 도보여행〈하이킹〉하다
Wanderung〔반데룽그〕	〔여〕 -en 도보여행; 하이킹
Wandervogel〔반다-·포-겔〕	〔남〕 -s/Wandervögel〔반다-·페-겔〕 철새; 청년 도보여행운동
Wandlung〔반트룽그〕	〔여〕 -/-en 변화, 변천
wandte〔반테〕	〔과〕 wenden의 과거기본형
Wange〔방게〕	〔여〕 -/-n 뺨
wann〔반〕	〔부〕《의문부사》언제; 몇시에 ★ dann und ~ 가끔, 이따금; bis ~ ? 언제까지; seit ~ ? 언제부터
Wappen〔바펜〕	〔중〕 -s/- 문장; 방패
war〔발-〕	〔과〕 sein¹의 과거기본형
warb〔발프〕	〔과〕 werben의 과거기본형
Ware〔바-레〕	〔여〕 -/-n 물건, 상품
wäre〔뵈-레〕	〔접Ⅱ〕 sein¹의 접속법 제Ⅱ식 기본형
Warenhaus〔바-렌·하우스〕	〔중〕 -es/Warenhäuser〔바-렌·호이자-〕 백화점, 데파트
Warenzeichen〔바-렌·싸이헨〕	〔중〕 -s/- 등록상표, 트레이드마크
warf〔발프〕	〔과〕 werfen의 과거기본형
warm*〔발음〕	〔형〕 따뜻한, 온난한; 뜨거운
Wärme〔뵐메〕	〔여〕 따뜻함, 온난; 기온; 체온
wärmen〔뵐멘〕	〔타〕 데우다, 따뜻하게하다
	〔재〕 sich⁴ ~ 열을 취하다, 따뜻해지다
wärmer〔뵐마-〕	〔형〕 warm의 비교급
wärmst〔뵐음스트〕	〔형〕 warm의 최상급
warnen〔발넨〕	〔타〕 j⁴ vor et³ ~ …에 …을 조

심하라고 말하다, …을 …에 대해 경고하다

Warnung 〔바눙그〕 〔여〕 -/-en 경고

warten 〔바르텐〕 〔자〕 auf j⁴ ⟨et⁴⟩ ~ …을 기다리다
〔타〕 et⁴ ~ …을 손보다, 정비하다

Wärter 〔붿타-〕 〔남〕 -s/- 돌보는 사람; 지키는 사람, 감시인

Warteraum 〔바르테·라움〕 〔남〕 -[e]s/Warteräume 〔바르테·로이메〕 대합실

Wartesaal 〔바르테·잘-〕 〔남〕 -s/Wartesäle 〔바르테·제-레〕 (역 따위의 큰) 대합실

warum 〔바룸〕 〔부〕 《의문부사》왜, 무엇때문에 ★ ~ nicht? 왜 안되는가, 왜 그렇지 않는가

was 〔바스〕 〔대〕 《의문대명사》무엇이〔1격〕, 무엇을〔4격〕; 《관계대명사》〔대저〕 …하는 것〈일〉

was für 〔ein〕 〔숙〕 어떤 종류의, 어떠한

Waschbecken 〔바슈·벡켄〕 〔중〕 -s/- 세탁대, 세면기

Wäsche 〔붸슈〕 〔여〕 -/-n 세탁, 빨래, 크리닝; 빨래감; 하의류

waschen* 〔바셴〕 〔타〕 씻다, 빨다; 세탁하다 ★ sich³ die Hände ⟨das Gesicht⟩ ~ 손 ⟨얼굴⟩을 씻다
〔재〕 sich⁴ ~ 몸⟨얼굴⟩을 씻다

Wäscherei 〔붸슈라이〕 〔여〕 -/-en 세탁소

wäschst 〔붸슈스트〕 〔현〕 waschen의 2인칭 단수현재형

wäscht 〔붸슈트〕 〔현〕 waschen의 3인칭 단수현재형

Wasser 〔바사-〕 〔중〕 -s/ 물 ★ am ~ 물가에서; auf dem ~ 수상에서; fließendes ~ 수도, 유수; im ~ 물속에서; zu ~ 수로로

Wasserleitung 〔바사-·라이퉁그〕 〔여〕 -/-en 수도

Wasserstoff 〔봐사-·슈톱프〕 〔남〕 -[e]s/ 수소

Watte 〔봐테〕 〔여〕 -/-n 면; 탈지면

weben(*) 〔베-벤〕 〔타〕 짜다; (레스 따위를) 짜다
〔자〕 움직이다; 활동하다

Wechsel 〔벡셀〕 〔남〕 -s/- 《단수로》 변화, 변천; 교체; 교환; 추이; 수표

wechseln 〔벡세른〕 〔타〕 바꾸다, 교환하다
〔자〕 변하다, 변화하다; 교체하다

wechselnd 〔베세른트〕 〔형〕 교체하는; 변하기 쉬운

wecken 〔벳켄〕 〔타〕 (잠자고 있는 사람을) 깨우다, 눈뜨게하다; (흥미 따위를) 불러 일으키다

Wecker 〔벳카-〕 〔남〕 -s/- 자명종

weder 〔베-다-〕 〔접〕 ~ …, noch… …도 …도 아니다

weg 〔벡크〕 〔부〕 떠난, 가버린; 떨어져서

Weg 〔베-크〕 〔남〕 -[e]s/-e 길, 방법 ★ am ~ e 길가에서; auf dem ~ [e] 도중에서; j^3 ⟨et^3⟩ im ~ e stehen …의 방해가 되다

wegen 〔베-겐〕 〔전〕 《2격지배》 …때문에, …의 이유로, …의 원인으로

weg|fahren* 〔벡크·퐈-렌〕 〔자〕 (s) (탈것으로) 떠나다, 출발하다

weg|fallen* 〔벡크·퐈렌〕 〔자〕 (s) 떨어져나가다; 탈락하다; 중지되다

weg|gehen* 〔벡크·게-엔〕 〔자〕 (s) 떠나다, 헤어지다; 출발하다

weg|lassen* 〔벡크·랏센〕 〔타〕 생략하다; (부주의로) 빠뜨리다

weg|nehmen* 〔벡크·네-맨〕 〔타〕 j^3 et^4 ~ …에서 …을 떼어내다, 제거하다, 빼앗아가다

weg|werfen* 〔벡크·붼펜〕 〔타〕 내던저버리다

weh 〔베-〕 〔형〕 아픈, 괴로운, 슬픈 ★ j^3 ~ tun …에게 고통을 주다

Weh 〔베-〕 〔중〕 -[e]s/-e 고통, 심통; 불행

wehen 〔베-엔〕	〔자〕 (바람이) 불다; (바람에) 날리다, 나부끼다
Wehmut 〔베-·무-트〕	〔여〕 -/ 비애, 슬픔
wehmütig 〔베-·뮈-티히〕	〔형〕 애처로운, 슬픈
Wehr 〔베-아〕	〔여〕 -/-en 방어; 무기; 국방군
wehren 〔베-렌〕	〔자〕 j³ ⟨et³⟩ ~ …을 저지하다
	〔타〕 j³ et⁴ ~ …이 …하는 것을 저지하다
	〔재〕 sich⁴ gegen et⁴ ~ …에 대해서 몸을 지키다, 저항하다
Weib 〔바이프〕	〔중〕 -[e]s/-er (경멸적으로)여자; 여성; 부인;
Weibchen 〔바이프헨〕	〔중〕 -s/- (동·식물의) 암컷
weiblich 〔바이프리히〕	〔형〕 여자의, 여성의, 여자다운; (동·식물의) 암컷의
weich 〔바이히〕	〔형〕 부드러운, 연한; 온화한; 상냥한
weichen* 〔바이헨〕	〔자〕 (s) 물러나다; j³ ⟨et³⟩ ~ …에게 양보하다; …을 피하다; …에 굴하다
Weide¹ 〔바이데〕	〔여〕 -/-n 목초지
Weide¹ 〔바이데〕	〔여〕 -/-n 버들
weigern 〔바이게른〕	〔타〕 거절하다, 거부하다
	〔재〕 sich⁴ ~ 《zu를 갖인 부정사와 함께》 …하는 것을 거부하다
Weihnachten 〔바이·나하텐〕	〔복〕 ⟨중⟩-s/ 《보통무관사로》크리스마스, 성탄절 ★ zu ~ 크리스마스에
Weihnachtsbaum 〔바이나하·쓰·바움〕	〔남〕 -[e]s/Weihnachtsbäume 〔바이나하쓰·보이메〕 크리스마스 트리
Weihnachtskarte 〔바이하쓰·칼테〕	〔여〕 -/-n 크리스마스 카드
Weihnachtsmann 〔바이나하쓰·만〕	〔남〕 -[e]s/Weihnachtsmänner 〔바이나하쓰·멘나-〕 산타크로스
weil 〔바일〕	〔접〕 《종속접속사》 …이므로, …때문에

Weile 〔바이레〕	〔여〕	-/ (일정한)시간, 동안 ★ eine ~ 잠시동안; nach einer ~ 잠시후에
Wein 〔바인〕	〔남〕	-[e]s/-e 포도주, 와인; 《단수로》 ★ roter ~ 붉은 포도주; weißer ~ 흰포도주
weinen 〔바이넨〕	〔자〕	울다; über j⁴ ⟨et⁴⟩ ~ … 때문에 ⟨…을 애도해서⟩울다
Weintraube 〔바인·트라우베〕	〔여〕	-/-n 포도[의송이]
weise 〔바이제〕	〔형〕	현명한, 어진; 영리한
Weise¹ 〔바이제〕	〔여〕	-/-n 방법, 식, 풍 ★ auf diese ~ /in dieser ~ 이와 같은 방법으로
Weise² 〔바이제〕	〔여〕	-/-n 멜로디, 노래
weisen* 〔바이젠〕	〔타〕	j³ et⁴ ~ …에게 …을 가리키다, 가르치다; 명령하다; ★ j⁴ aus dem Zimmer ~ …에게 auf et⁴ ~ …에게 …을 주의시키다
Weisheit 〔바이스하이트〕	〔여〕	-/-en 현명, 지혜; 교훈
weiß¹ 〔바이스〕	〔형〕	흰, 백색의
weiß² 〔바이스〕	〔현〕	wissen의 1·3인칭 단수현재형
weißt 〔바이스트〕	〔현〕	wissen의 2인칭 단수현재형
Weißwein 〔바이스·바인〕	〔남〕	-[e]s/ 흰 포도주
weit 〔바이트〕	〔형〕	넓은, 광대한; 폭이 넓은; 먼 ★ bei ~ em 멀리, 훨씬, 월등하게; von ~ em 먼곳으로부터
weit und breit	〔숙〕	근처일대
Weite 〔바이테〕	〔여〕	-/-n 넓이, 폭; 거리
weiter 〔바이타-〕	〔형〕	weit의 비교급
	〔부〕	더욱[멀리], 더욱 앞으로
weiter|fahren* 〔바이타-·파-렌〕	〔자〕	(s) (탈것으로·탈것이) 다시 앞으로 나아가다; 여행을 계속하다
weiter|geben* 〔바이타-·게-벤〕	〔타〕	(차례로) 다음으로 넘기다

weiter|gehen* 〔바이타 · 게-엔〕 〔자〕 (s) 앞으로 나아가다; 진전하다; 계속걷다

Weizen 〔바이쩬〕 〔남〕 -s/ 밀

welch 〔벨히〕 〔대〕《의문대명사》《정관사형 변화》《부가어로서》어느…, 어떠한…, 어떤것 같은…;《명사적으로》어떤사람, 어느것, 어느쪽의 것《관계대명사》…하는《단2격은 없음》《부정대명사》얼마간의, 약간

welch의 격변화

	〔남〕	〔여〕	〔중〕	〔복〕
1격	welcher	welche	welches	welche
2격	welches	welcher	welches	welcher
3격	welchem	welcher	welchem	welchen
4격	selchen	welche	welches	welche

welche 〔벨헤〕 〔대〕 welch의〔여〕1·4격,〔복〕1.4격;《관계대명사》welch의〔여〕1·4격,〔복〕1·4격

welchem 〔벨헴〕 〔대〕《의문대명사》welch의〔남〕3격,〔중〕3격;《관계대명사》welch의〔복〕3격,〔중〕3격

welchen 〔벨헨〕 〔대〕《의문대명사》welch의〔남〕4격,〔복〕3격;《관계대명사》welch의〔남〕4격,〔복〕3격

welcher 〔벨히야-〕 〔대〕《의문대명사》welch의〔남〕1격,〔여〕2·3격,〔복〕2격;《관계대명사》welch의〔남〕1격,〔여〕3격

welches 〔벨헤스〕 〔대〕《의문대명사》welch의〔남〕2격,〔중〕1·2·4격;《관계대명사》welch의〔중〕1·4격

welk 〔벨크〕 〔형〕 시든, 마른

welken 〔벨켄〕 〔자〕 (s) 시들다, 마르다

Welle〔베레〕	〔여〕 -/-n 물결; 파동; 전파; (머리의) 웨이브
Welt〔벨트〕	〔여〕 -/-en 《단수로》세계; 《단수로》세상, 세간; 《단수로》우주; (한정된 특정한)세계, …계(界) ★ alle ~ 모든 사람들; auf der ~ 이세상에서; die ganze ~ 온세계〔의 사람들〕; diese ~ 이세상; ein Kind zur ~ bringen 아이를 낳다; in der ~ 이 세상에서, 세계에서; vor aller ~ 모든 사람의 눈앞에서
Weltanschauung〔벨트·안샤웅그〕	〔여〕 -/-en 세계관
Weltkrieg〔벨트·크리-크〕	〔남〕 -[e]s/-e 세계대전
weltlich〔벨트리히〕	〔형〕 세속의
Weltraum〔벨트·라움〕	〔남〕 -s/ 우주
wem〔뱀-〕	〔대〕 《wer의 3격》 《의문대명사》 누구에게; 누구로부터; 《관계대명사》 〔대저〕…하는 사람에게〈로부터〉
wen〔벤-〕	〔대〕 《wer의 4격》 《의문대명사》 누구를; 《관계대명사》 〔대저〕 …하는 사람을
Wende〔벤데〕	〔여〕 -/-n 회전, 전회; 방향전환
wenden(*)〔벤덴〕	〔타〕 방향을 바꾸다; (상하를) 전복시키다, 뒤집다
	〔재〕 sich⁴ nach 〈zu〉 et³ ~ …의 쪽으로 방향을 바꾸다; sich⁴ an j⁴ ~ …에 의지하다, 부탁하다
Wendung〔벤둥그〕	〔여〕 -/-en 회전, 방향전환; 표현, 표현방법
wenig〔베-니히〕	〔형〕 《무관사의 단독명사 앞에서는 무변화》근소한, 적은; 거의 …없는 ★ ein ~ 적은, 약간의
weniger〔베-니가-〕	〔형〕 《wenig의 비교급》 《als와

	대응해서》 …보다 적은 ★ nichts ~ als …전연 …않다
wenigstens 〔베-니히스텐스〕	〔부〕 적어도, 최소한
wenn 〔벤〕	〔접〕《종속접속사》만약 …이라면, …할 때에는〔언제나〕, ★ auch…/auch ~ 설사 …할지라도
wer 〔베-아〕	〔대〕《의문대명사》누구;《관계대명사》〔대저〕 …하는 사람은

```
            wer의 격변화
              1격 wer
              2격 wessen
              3격 wem
              4격 wen
```

werben* 〔벨벤〕	〔자〕 für et⁴ ~ …의 선전〈광고〉을 하다; um et⁴ ~ …을 얻으려고 노력하다; um j⁴ ~ …에게 구혼하다
	〔타〕 모집하다; 권유하다
Werbung 〔벨붕그〕	〔여〕 -/-en 구혼; 선전, 광고, 커머셜
werden* 〔베-덴〕	〔자〕 (s) …이 되다; 생기다, 일어나다 ★ Arzt ~ 의사가되다 krank ~ 병들다
	〔조〕《미래·추측의 조동사, werden+부정사》 …일 것이다;《수동의 조동사 (과거분사는 worden), werden+과거분사)》 …되다 ★ geboren ~ 태어나다

```
           werden의 인칭변화
      ich   werde   wir   werden
      du    wirst   ihr   werdet
      er    wird    sie   werden
```

werfen* 〔벨펜〕	〔타〕 던지다; 던져 넘어뜨리다 ★ Steine ~ 투석하다 〔재〕 sich⁴ ~ 몸을 던지다
Werk 〔벨크〕	〔중〕 -(e)s/-e 일; 활동; 작품; 공장 ★ sich⁴ ans ~ machen 일을 착수하다
Werkstatt 〔벨크·슈탓트〕	〔여〕 -/Werkstätten 〔벨크·슈텟텐〕 일터
Werkstätte 〔벨크·슈텟테〕	〔여〕 -/-n 일터, 작업장
Werktag 〔벨크·타-크〕	〔남〕 -(e)s/-e 일하는 날, 평일, 주일
werktags 〔벨크·타-크스〕	〔부〕 일하는 날에, 평일에
werktätig 〔벨크·테-티히〕	〔형〕 일하고 있는, 직업을 가지고 있는
Werkzeug 〔벨크·쏘이크〕	〔중〕 -(e)s/-e 도구, 공구
wert 〔벨-트〕	〔형〕 가치가 있는, 귀중한 ★ et² ~ sein …할만한; et⁴ ~ sein …의 가치가 있는; nicht ~ sein 아무런 가치가 없는
Wert 〔벨-트〕	〔남〕 -(e)s/-e 가치; 가격
wertlos 〔벨-트·로-스〕	〔형〕 가치가 없는, 쓸모없는, 하찮은
wertvoll 〔벨-트·폴〕	〔형〕 가치가 있는; 값비싼, 고귀한
Wesen 〔베-젠〕	〔중〕 -s/- 《단수로》본질; 《단수로》성질, 태도; 《단수로》존재; 피조물
wesentlich 〔베-젠트리히〕	〔형〕 본질적인, 중요한
weshalb 〔베스·할프〕	〔부〕 《의문부사》왜, 무엇때문에 〔접〕 《병렬접속사》그러므로
wessen 〔벳센〕	〔대〕 《wer의 2격》《의문대명사》누구의; 《관계대명사》〔대저〕 …하는 사람의
Weste 〔베스테〕	〔여〕 -/-n 조끼
Westen 〔베스텐〕	〔남〕 -(e)s/ 서쪽 ★ nach ~ 서쪽으로
westlich 〔베스트리히〕	〔형〕 서쪽의; 서구의

weswegen 〔베스·베-겐〕 〔부〕 왜, 무엇때문에

Wettbewerb 〔벳트·베벨프〕 〔남〕 -(e)s/-e 경쟁; 경기, 콩크루, 콘테스트

Wette 〔벳테〕 〔여〕 -/-n 내기 ★ um die ~ 경합해서

wetten 〔벳텐〕 〔자〕 auf et⁴ ~ …에 내기하다 um et⁴ ~ …을 내기하다

Wetter 〔벳타-〕 〔중〕 -s/ 천기, 천후, 기상; 악천우, 뇌우

Wetterbericht 〔벳타·베리히트〕 〔남〕 -(e)s/-e 일기〈천기〉예보

Wettervorhersage 〔벳타·포-·아헤-아자-게〕 〔여〕 -/-n 일기예보

Wettkampf 〔벳트·캄프흐〕 〔남〕 -(e)s/Wettkämpfe 〔벳트·켐프페〕 시합, 경기

Whisky 〔비스키〕 〔남〕 -s/-s 위스키
wich 〔빗히〕 〔과〕 weichen의 과거기본형
wiche 〔빗헤〕 〔접Ⅱ〕 weichen의 접속법 제Ⅱ식 기본형

wichtig 〔비히티히〕 〔형〕 중요한, 중대한
Wichtigkeit 〔비히티히카이트〕 〔여〕 -/ 중요함, 중요성, 중대함
wickeln 〔빗케른〕 〔타〕 말다, 감다
wider 〔비-다-〕 〔전〕《4격 지배》…에 거슬러, …에 거역하다

wider Willen 〔숙〕 뜻에 반해서
wider|hallen 〔비-다-·하렌〕 〔자〕 반향하다, 메아리치다
widerlegen 〔비-다-·레-겐〕 〔타〕 et⁴ ~ …의 잘못을 증명하다
widersprechen* 〔비-다-·슈프렛헨〕 〔자〕 j³ 〈et³〉 ~ …에 이의를 제창하다, 반대하다; et³ ~ …에 모순되다

Widerspruch 〔비-다-·슈프룻흐〕 〔남〕 -(e)s/Widersprüche 〔비-다-슈프뤼헤〕 반대, 이론; 모순 ★ zu 〈mit〉 et³ in ~ stehen …과 모순되어 있다

Widerstand 〔비-다-·슈탄드〕 〔남〕 -(e)s/Widerstände 〔비-다-·슈텐데〕 저항, 반항

widerstehen* 〔비-다-·슈테-엔〕 〔자〕 j³ 〈et³〉 ~ …에 저항하다, 양보하지 않는다

Widerwille [비-다-·비레]	〔남〕 -ns/-n 꺼림, 불쾌감, 혐오 ★ mit ~ n 싫어하면서 (변화: ⇨ Wille)
widerwillig [비-다-·비리히]	〔형〕 싫어하면서
widmen [비트맨]	〔타〕 j³ et⁴ ~ …에게 …을 받치다 〔재〕 sich⁴ et³ ~ …에 몸을 받치다, 몰두하다
wie [비-]	〔부〕《의문부사》어떻게, 얼마나 〔접〕《종속접속사》…과 같이, …이라는 것을
wie folgt	〔숙〕 다음과 같이
wie gesagt	〔숙〕 이미 말한 바와 같이
wie nichts	〔숙〕 전광석화와 같이
wieder [비-다-]	〔부〕 또 다시, 새로 ★ hin und ~ 갔다가 왔다가; 가끔, 이따금; immer ~ 재삼재사, 거듭; nie ~ 두번 다시〈결코〉…않다, schon ~ 다시금
wieder einmal	〔숙〕 다시금
wieder und wieder	〔숙〕 재삼재사, 되풀이해서
wieder|geben* [비-다-·게-벤]	〔타〕 (소유주에게) 돌려주다; (보고·작품 따위의 형태로) 재현하다
wiederholen [비-다-·호-렌]	〔타〕 되풀이하다, 반복하다 〔재〕 sich⁴ ~ 반복되다
Wiederholung [비-다-·호-룽그]	〔여〕 -/-en 되풀이, 반복
wieder|kehren [비-다-케-렌]	〔자〕 (s) 돌아오다, 귀환하다
wieder|kommen* [비-다-콤맨]	〔자〕 다시〔돌아〕오다
wieder|sehen* [비-다-제-엔]	〔타〕 j⁴ 〈et⁴〉 ~ …을 재회하다
Wiedersehen [비-다-·제-엔]	〔중〕 -s/ 재회 ★ auf ~! 〔헤어질 때〕 안녕히가세요
wiederum [비-데름]	〔부〕 다시, 재차

Wiege 〔비-게〕 〔여〕 -/-n 요람

wiegen⁽*⁾ 〔비-겐〕
〔자〕《약변화》흔들리다
〔타〕《강변화》무게를 달다
〔자〕《강변화》…의 무게가 있다

wies 〔비-스〕 〔과〕 weisen의 과거기본형

wiese 〔비-제〕 〔접Ⅱ〕 weisen의 접속법 제Ⅱ식 기본형

Wiese 〔비-제〕 〔여〕 -/-n 풀밭, 초원; 목초지; 목장

wieso 〔비-·조-〕 〔부〕《의문부사》어째서, 왜; 어떻게 해서

wieviel 〔비-·필-〕 〔부〕〔형〕《의문》얼마나 많이〔은〕, 어느정도〔의〕; (감탄문에서) 참으로 많은

wievielt 〔비-·필-트〕 〔형〕 몇번째의

wieweit 〔비-·바이트〕 〔부〕《의문부사》어느정도로

wild 〔빌트〕 〔형〕 야생의; 조야한; 사나운, 날뛰는

Wild 〔빌트〕 〔중〕 -[e]s/ 야생의 조수

will 〔빌〕 〔현〕 wollen의 1·3인칭 단수현재형

Wille 〔비레〕 〔남〕 -ns/-n 의지, 의사 ★ aus freiem ~ n 자유의사로; gegen j² ~ n …의 의사를 거슬러서; mit [Wissen und] ~ 고의로, 일부러; nach j² ~ n …의 뜻에 따라서; mit Wunsch und ~ n 생각대로; ohne [Wissen und] ~ n 모르는 사이에; wider ~ n 의사에 반해서

```
              Wille의 격변화
                  〔단〕              〔복〕
        1격  der    Wille      die    Willen
        2격  des    Willens    der    Willen
        3격  dem    Willen     den    Willen
        4격  den    Willen     die    Willen
```

willkommen [빌 · 콤맨]	〔형〕 환영받는, 마음에 드는 ★ j⁴ ~ heißen …을 환영하다
Willkür [빌 · 큐-아]	〔여〕 -/ 임의, 주의, 자의
willkürlich [빌 · 큣-아리히]	〔형〕 임의의, 자의의, 제멋대로의
willst [빌스트]	〔현〕 wollen의 2인칭 단수현재형
Wimper [빔파-]	〔여〕 -/-n 속눈썹
Wind [빈트]	〔남〕 -(e)s/-e 바람
winden* [빈덴]	〔타〕 감다, 휘감다 〔재〕 sich⁴ ~ 감기다, 얼키다
windig [빈디히]	〔형〕 바람이부는, 바람이센
Wink [빙크]	〔남〕 -(e)s/-e 신호; 윙크; 주의
Winkel [빙켈]	〔남〕 -s/- 각, 각도; 구석
winken [빙켄]	〔자〕 (눈 · 손 따위로) 신호하다
Winter [빈타-]	〔남〕 -s/- 겨울, ★ im ~ 겨울에
Wintersport [빈타- · 슈폴트]	〔남〕 -s/- 우인터스포츠
winzig [빈찌히]	〔형〕 아주작은, 매우작은; 근소한, 미세한
Wipfel [비프펠]	〔남〕 -s/- (나무) 꼭대기; 정상
wir [비-아]	〔대〕 《인칭대명사》 우리들

wir의 격변화	
1격	wir
2격	unser
3격	uns
4격	uns

wirb [빌프]	〔명〕 werben의 명령형
Wirbel [빌벨]	〔남〕 -s/- 선회, 회전; 소용돌이; 혼란; 척추뼈
Wirbelsäule [벨벨 · 조이레]	〔여〕 -/-n 척추
wirbst [빌프스트]	〔현〕 werben의 2인칭 단수현재형
wirbt [빌프트]	〔현〕 werben의 3인칭 단수현재형
wird [빌트]	〔현〕 werfen의 3인칭 단수현재형
wirf [빌프]	〔명〕 werden의 명령형

wirfst [빌프스트]	〔현〕 werfen의 2인칭 단수현재형
wirft [빌프트]	〔현〕 werfen의 3인칭 단수현재형
wirken [빌켄]	〔자〕 일하다, 활동하다; 작용하다 〔타〕 일으키다, 생기게하다
wirklich [빗크리히]	〔형〕 현실의, 실제의 〔부〕 실제로, 참으로
Wirklichkeit [빌크리히카이트]	〔여〕 -/-en 현실; 실제 ★ in ~ 실제로는, 사실상
wirksam [빌크람-]	〔형〕 일하고 있는, 활동적인; 유효한
Wirkung [빌쿵그]	〔여〕 -/-en 일, 작용; 효과
wirr [빌]	〔형〕 어지러운, 난잡한, 뒤죽박죽된; 혼란한
wirst [빌스트]	〔현〕 werden의 2인칭 단수현재형
Wirt [빌트]	〔남〕 -(e)s/-e (손님에 대한)주인; (여관·식당·하숙 따위의) 주인;
Wirtin [빌틴]	〔여〕 -/- Wirtinnen [빌티넨] (손님에 대한)여주인; (여관·식당·하숙 따위의) 여주인
Wirtschaft [빌트샤프트]	〔여〕 -/-en 경제; 가정(家庭); 음식점
wirtschaftlich [빌트샤프트리히]	〔형〕 경제〔상〕의; 가정상의
Wirtshaus [빌쯔·하우스]	〔중〕 -es/Wirtshäuser [빌쯔·호이자-] 음식점, 여관
wischen [빗쉔-]	〔타〕 닦다, 씻다
wissen* [빗센]	〔타〕《자주 부사를 동반하여》알고 있다;《zu를 갖인 부정사와 함께》…할 수 있다, …하는 것을 알고 있다 〔자〕 알고있다, über et⁴ ~ / von et³ ~ 에 대해서 알고 있다
Wissen [빗센]	〔중〕 -s/ 지식; 학식 ★ mit ~ und Willen 알고 있으면서도, 고의로; ohne j² ~ …가 알지 못하는 사이에; ohne ~ und Willen 알지

못하는 사이에

Wissenschaft 〔빗센샤프트〕 〔여〕 -/-en 학문, 과학
Wissenschaftler 〔빗센샤프트라-〕 〔남〕 -s/- 과학자, 학자
wissenschaftlich 〔빗센샤프트리히〕 〔형〕 학문〔상〕의; 학문적인, 과학적인
Witwe 〔비트베〕 〔여〕 -/-n 미망인, 과부
Witwer 〔비트바-〕 〔남〕 -s/- 홀아비
Witz 〔빗쯔〕 〔남〕 -es/-e 기지, 위트; 농담, 재치
witzig 〔빗씨히〕 〔형〕 재치있는, 기지있는
wo 〔보-〕 〔부〕 《의문부사》어디서, 어디로; 《관계부사》하는(장소), …할 때의(시간)
wobei 〔보-·바이〕 〔부〕 《의문부사》어떤때에; 어떤곳에; 《관계부사》그때에, 그곳에
Woche 〔봇헤〕 〔여〕 -/-n 주, 주일 ★ letzte 〈vorige〉 ~ 지난주
  Woche um Woche 〔숙〕 매주 매주에
Wochenende 〔봇헨·엔데〕 〔중〕 -s/-n 주말 ★ am ~ 주말에
Wochentag 〔봇헨·타-크〕 〔남〕 -〔e〕s/-e 주일, 평일, 근무일
wöchentlich 〔뵛헨트리히〕 〔형〕 매주의, 1주일에 한번의
wodurch 〔보-·둘히〕 〔부〕 《의문부사》무엇에 의해서, 어디를 지나서; 《관계부사》 그것에 의해서; 거기를 지나서
wofür 〔보-·휘-아〕 〔부〕 《의문부사》무엇때문에; 무엇 대신에; 무엇에 대하여; 《관계부사》그때문에; 그대신에; 그것에 대해서
wog¹ 〔보-크〕 〔과〕 wägen의 과거기본형
wog² 〔보-크〕 〔과〕 wiegen의 과거기본형
wöge¹ 〔뵈-게〕 〔접Ⅱ〕 wägen의 접속법 제Ⅱ식 기본형
wöge² 〔뵈-게〕 〔접Ⅱ〕 wiegen의 접속법 제Ⅱ식

	기본형
wogegen [보-·게-겐]	〔부〕《의문부사》무엇에 대해서; 《관계부사》그것에 대해서
woher [보-·헤-아]	〔부〕《의문부사》어디로부터; 《관계부사》그곳으로부터
wohin [보-·힌]	〔부〕《의문부사》어디로 《관계부사》그쪽으로
wohl [볼-]	〔형〕《부가어적 용법없음》(컨디션·기분 따위가) 좋은
	〔부〕아마도
Wohl [볼-]	〔중〕-(e)s/ 행복, 건강; 번영
Wohlstand [볼-슈탄트]	〔중〕-s/ 유복, 번영
Wohlwollen [볼-·보렌]	〔중〕-s/ 호의
wohnen [보-넨]	〔자〕살다 ★ bei j³ ~ …의 밑에 살다, 기거하고 있다
Wohnort [본-·올트]	〔남〕-(e)s/-e 거주지
Wohnung [보-눙그]	〔여〕-/-en 주거, 거소
Wohnzimmer [본-·씸마-]	〔중〕-s/- 거실
Wolf [볼프]	〔남〕-(e)s/Wölfe [뵐페] 이리, 늑대
Wölfe [뵐페]	〔복〕Wolf의 복수형
Wolke [볼케]	〔여〕-/-en 구름
wolkig [볼키히]	〔형〕구름이낀, 흐린
Wolldecke [볼·뎃케]	〔여〕-/-n 모포
Wolle [보레]	〔여〕-/-n 양모, 울; 털실
wollen¹ [보렌*]	〔조〕《화법의 조동사》《의지》…하고 싶다, …할 예정이다; (소망) …하기를 바라다, 원하다; (주장) …이라고 주장하고 있다; (절박)막 …하려 하고 있다
wollen² [보렌]	〔형〕양모(제)의, 울의
wollte [보르테]	〔과〕wollen의 과거기본형
	〔접Ⅱ〕wollen의 접속법 제Ⅱ식 기본형
womit [보-·밋트]	〔부〕《의문부사》무엇을 가지고; 무엇에 의해서; 《관계부사》그것으로써; 그것에 의해서

wonach [보-·나-하]	〔부〕《의문부사》어느쪽으로; 무엇 다음에; 무엇을 따라서; 《관계부사》그쪽으로; 그뒤에; 그것을 따라서
woneben [보-·네-벤]	〔부〕《의문부사》어느옆에; 《관계부사》그옆에
Wonne [본네]	〔여〕-/-n 큰기쁨, 미친듯한 기쁨
woran [보-·란]	〔부〕《의문부사》무엇에 있어서; 무엇에 대해서; 어느쪽으로; 《관계부사》그것에 있어서; 그것에 대해서; 그쪽으로
worauf [보-·라우프]	〔부〕《의문부사》무엇위에〈에서·로〉《관계부사》그위에〈에서·로〉
woraus [보-·라우스]	〔부〕《의문부사》무엇속에서; 어디로부터; 무엇으로; 《관계부사》그속에서; 거기에서; 그래서
worden [볼덴]	〔과분〕 수동의 조동사로써의 werden의 과거분사
worin [보-·린]	〔부〕《의문부사》무엇 속에서〈으로〉, 무엇에 있어서; 《관계부사》그속에서(으로), 그것에 있어서
Wort [볼트]	〔중〕 -[e]s/Wörter [뵐타-] (개개의) 낱말; 단어 -[e]s/Worte (정돈된 문장의 뜻·표현 으로서의) 말, 문구, 어구; 담화
Worte [볼테]	〔복〕 Wort의 복수형
Wörter [뵐타-]	〔복〕 Wort의 복수형
Wörterbuch [뵐타-·부-흐]	〔중〕-[e]s/Wörterbücher [뵐타-·뷔-히야-] 사전
wörtlich [뵐트리히]	〔형〕 말의; 문자 그대로의
worüber [보-·뤼-바-]	〔부〕《의문부사》무엇에 대해서; 무엇〈어디〉의 위에서〈로〉; 무엇〈어디〉을 넘어서; 《관계부사》그것에 대해서; 그것〈그곳〉위에서〈로〉; 그것

		〈그곳〉으로 넘어서
worum [보-·룸]	〔부〕	《의문부사》무엇때문에; 무엇의 주위에; 《관계부사》그 때문에; 그주위에
worunter [보-·룬타-]	〔부〕	《의문부사》무엇〈어디〉의 밑에〈에서·로〉; 무엇속에서; 《관계부사》그 〈그곳〉 밑에 〈에서·로〉; 그속에
wovon [보-·폰]	〔부〕	《의문부사》무엇에서; 무엇에 대해서; 어디로부터 《관계부사》그것에서; 그것에 대해서; 그것에 의해서
wovor [보-·포-아]	〔부〕	《의문부사》무엇〈어디〉 앞에〈에서·으로〉; 무엇에 대해서; 《관계부사》그것〈그곳〉 앞에〈에서·으로〉; 그것에 대해서
wozu [보-·쑤-]	〔부〕	《의문부사》무엇 때문에; 어디로; 어느쪽으로; 《관계부사》그것 때문에; 그것〈그〉쪽으로
wuchs [부-크스]	〔과〕	wachsen의 과거기본형
wüchse [뷔-크세]	〔접Ⅱ〕	wachsen의 접속법 제Ⅱ식 기본형
Wunde [분데]	〔여〕	상처, 부상
Wunder [분다-]	〔중〕	-s/- 놀램, 경이; 불가사의; 놀랄만한일; 기적 ★ ~ tun 〈wirken〉기적을 행하다
wunderbar [분다-발-]	〔형〕	놀라운, 불가사의한, 기이한
wunderlich [분다-리히]	〔형〕	기괴한, 기묘한, 변덕스러운
wundern [분데른]	〔타〕	j⁴ ~ …을 이상하게 여기게 하다, 놀라게하다
	〔재〕	sich⁴ über et⁴ ~ …을 이상하게 생각하다, …에 놀라다
wunderschön [분다-·쇤-]	〔형〕	비길바없이, 아름다운, 절미한
wundervoll [분다-폴]	〔형〕	놀라운, 불가사의한, 굉장한
Wunsch [분슈]	〔남〕	-es/Wünsche [뷘-쉐] 소

	망, 희망, 바램; 축하[의 말] ★ auf ~ 소망에 따라서; je nach ~ 소망대로; mit ~ und Willen 뜻대로
Wünsche [뷘쉐]	[복] Wunsch의 복수형
wünschen [뷘쉔]	[타] 바라다, 원하다, j³ et⁴ ~ 에 …이 있도록 바라다
würbe [뷜베]	[접II] werben의 접속법 제II식 기본형
wurde [부르데]	[과] werden의 과거기본형
würde [뷜데]	[접II] werden의 접속법 제II식 기본형
Würde [뷜데]	[여] -/-n 《단수로》품위, 기품, 위엄; 벼슬, 고위; ★ mit ~ 품위〈위엄〉을 가지고
würdig [뷜디히]	[형] 품위〈기품·위엄〉있는 ★ et² ~ sein …에 어울리는, …의 가치가 있는
würdigen [뷜디겐]	[타] et⁴ ~ …의 가치를 인정하다, …을 평가하다; j⁴ et² ~ …에는 …의 가치가 있다고 인정하다
Wurf [불프]	[남] -[e]s/Würfe [뷜페] 던짐
würfe [뷜페]	[접II] werfen의 접속법 제II식 기본형
Würfe [뷜페]	[복] Wurf의 복수형
Wurm [부름]	[남] -[e]s/Würmer [뷜마-] 유충; 벌레, 구더기
Würmer [뷜마-]	[복] Wurm의 복수형
Wurst [부르스트]	[여] -/Würste [뷜스테] 소시지, 순대
Würste [뷜스테]	[복] Wurst의 복수형
Würze [뷜쩨]	[여] -/-n 향료, 양념, 조미료
Wurzel [불쩰]	[여] -/-n (식물의)뿌리; 근원; 근저
würzen [뷜쩬]	[타] et⁴ ~ …에 맛을 붙이다, 향료를 넣다
wusch [부-슈]	[과] waschen의 과거기본형

wüsche〔뷔-셰〕	〔접Ⅱ〕 waschen의 접속법 제Ⅱ식 기본형
wußte〔부스테〕	〔과〕 wissen의 과거기본형
wüßte〔뷔스테〕	〔접Ⅱ〕 wissen의 접속법 제Ⅱ식 기본형
Wüste〔뷔-스테〕	〔여〕 -/-n 사막, 황야
Wut〔부-트〕	〔여〕 -/ 격노, 격분 ★ vor ~ 분경한 나머지
wüten〔뷔-텐〕	〔자〕 분노하다, 광란하다 über et⁴ ~ …에 대해서 격노하다
wütend〔뷔-텐트〕	〔형〕 분노하는, 격노한

Z

zäh 〔쎄-〕 〔형〕 강인한; (고기따위가) 질긴
Zahl 〔쌀-〕 〔여〕 수, 숫자 ★ in großer ~ 다수, 많이
zahlen 〔싸-렌〕 〔자〕〔타〕 지불하다 ★ Miete ~ 〈방세〉를 지불하다; Herr Ober, ~ bitte! 보이, 계산을 부탁해요
zählen 〔쎄-렌〕 〔타〕 세다, 계산하다
〔자〕 계산을 하다, auf j⁴ 〈et⁴〉 ~ …를 기대하다, …에 의지하다; zu et³ ~ …의 일부를 이루다
zahllos 〔쌀-·로-스〕 〔형〕 무수한
zahlreich 〔쌀-·라이히〕 〔형〕 다수의 수많은
Zahlung 〔쌀-룽그〕 〔여〕 -/-en 지불
zahm 〔쌈-〕 〔형〕 길든; 순종한
zähmen 〔쎄-맨〕 〔타〕 길들이다, 제어하다, 억제하다
Zahn 〔싼-〕 〔남〕 -〔e〕s/Zähne 〔쎄-네〕 이
Zahnarzt 〔싼-알-쓰트〕 〔남〕 -es/Zahnärzte 〔싼-·엘-쓰테〕 치과의, 치과의사
Zahnbürste 〔싼-·뷜스테〕 〔여〕 -/-n 치솔
Zähne 〔쎄-네〕 〔복〕 Zahn의 복수형
Zahnpasta 〔싼-·파스타〕 〔여〕 -/Zahnpasten 〔싼-·파스텐〕 치약
Zank 〔쌍크〕 〔남〕 -〔e〕s/ 싸움, 말다툼
zanken 〔쌍켄〕 〔재〕 sich⁴ mit j³ ~ …와 싸우다, 말다툼하다
zart 〔싸-르트〕 〔형〕 부드러운, 연한; 섬세한; 상냥한
zärtlich 〔쎌-트리히〕 〔형〕 상냥한, 친절한, 인정있는
Zauber 〔싸우바-〕 〔남〕 -s/- 마법, 마력, 매력

Zauberer

Zauberer 〔싸우베라-〕 〔남〕 -s/- 마법사
zaudern 〔싸우데른〕 〔자〕 주저하다, 망서리다
Zaun 〔싸운〕 〔남〕 -(e)s/Zäune 〔쏘이네〕
Zäune 〔쏘이네〕 〔복〕 Zaun의 복수형
z. B. 〔쭘·바이슈필-〕 〔약〕 (zum Beispiel의 약어) 예를 들면
Zehe 〔쩨-에〕 〔여〕 -/-n 발가락
zehn 〔쩬-〕 〔수〕 10(의)
zehnt 〔쩬-트〕 〔형〕 《서수》 제10(번째)의
zehren 〔쩨-렌〕 〔자〕 소모시키다 von et^3 ~ …을 먹어치우다, …을 먹고 살아가다
Zeichen 〔싸이헨〕 〔중〕 -s/- 표시, 표; 기호; 신호; 징후; 상징; 상표
zeichnen 〔싸이히넨〕 〔자〕 그리다, 쓰다; 스케치하다; et^4 ~ …에 표시를 하다
Zeichnung 〔싸이히눙그〕 〔여〕 -/-en 스케치; 제도; 도안
Zeigefinger 〔싸이게·핑가-〕 〔남〕 -s/ 집게 손가락
zeigen 〔싸이겐〕 〔타〕 j^3 et^4 ~ …에게 …을 가리키다, 보이다; 가르치다
 〔재〕 sich^4 ~ 나타나다, 모습을 보이다, 명백해지다
 〔자〕 auf j^4 〈et^4〉 …을 제시하다
Zeiger 〔싸이가-〕 〔남〕 -s/- (시계·계량기 따위의) 바늘; 지침
Zeile 〔싸이레〕 〔여〕 -/-n (문장 따위의) 줄, 행; 열
Zeit 〔싸이트〕 〔여〕 -/-en 때, 시간; 시계 ★ einige ~ 잠시동안; in früherer ~ 옛날; in letzter ~ 최근에 lange ~ 오랫동안; mit der ~ 때와 더불어, 점차로; nach kurzer ~ 조금지나서; von ~ zu ~ 가끔, 이따금; zur rechten ~ 때마침; zur ~ 목하, 지금
Zeitalter 〔싸이트·알타-〕 〔중〕 -s/- 시대

Zeitgenosse 〔싸이트·게놋세〕	〔남〕	-n/-n 동시대인 (변화: ⇨ Genosse)
zeitig 〔싸이티히〕	〔형〕	(시간적으로) 늦지않는 시간에, 알맞는 시간에
zeitlich 〔싸이트리히〕	〔형〕	시간의, 시간적인
Zeitpunkt 〔싸이트·푼크트〕	〔남〕	-〔e〕s/-e 시점, 시각; 시기
Zeitschrift 〔싸이트·슈리프트〕	〔여〕	-/-en 잡지, 정기 간행물
Zeitung 〔싸이퉁그〕	〔여〕	-/-en 신문
Zelle 〔쩰레〕	〔여〕	-/-n 작은방; 독방; 세포
Zelt 〔쩰트〕	〔중〕	-〔e〕s/-e 텐트, 천막
zelten 〔쩰텐〕	〔자〕	텐트에서 묵다, 캠프하다
Zeltplatz 〔쩰트·프랏쓰〕	〔남〕	-es/Zeltplätze 〔쩰트·프렛쎄〕 캠프장
Zement 〔쩨멘트〕	〔남〕	-〔e〕s/-e 시멘트, 양회
Zensur 〔쩬주-아-〕	〔여〕	-/-en 검열; (학교의) 성적
Zentimeter 〔쩬티-·메-타-〕	〔남〕	〈〔중〕〉-s/- 센티미터
Zentner 〔쩬트나-〕	〔남〕	-s/- 《중량단위》센트나 (100파운드, ＝50키로그램)
zentral 〔쩬트랄-〕	〔형〕	중앙의, 중심의; 중심적인
Zentren 〔쩬트렌〕	〔복〕	Zentrum의 복수형
Zentrum 〔쩬트룸〕	〔중〕	-s/Zentren 〔쩬트렌〕 중심, 중앙; 중심부, 중심지; 《시설로서의》센터
zerbrechen* 〔쩨아·부렛헨〕	〔타〕	부수다, 깨트리다
	〔재〕	sich⁴ ~ 부서지다
	〔자〕	(s) 부서지다, 깨지다
zerlegen 〔쩨아·레-겐〕	〔타〕	나누다, 분해하다; 해체하다
zerreißen* 〔쩨아·라이쎈〕	〔타〕	잡아찢다, 갈기갈기 찢다
zerren 〔쩨렌〕	〔타〕	(무리하게) 당기다
zerschlagen* 〔쩨아·슈라-겐〕	〔타〕	때려부수다, 분쇄하다
	〔재〕	sich⁴ ~ (계획 따위가) 수포로 돌아가다; 깨지다
zerspringen* 〔쩨아·슈프링겐〕	〔자〕	(s) 날아 흩어지다
zerstören 〔쩨아·슈퇴-렌〕	〔타〕	파괴하다
Zerstörung 〔쩨아·슈테-렌〕	〔여〕	-/-en 파괴

zerstreuen [쎄아·슈트로이엔] 〔타〕 날아 흩어지다

zerstreut [쎄아·슈트로이트] 〔과분〕 zerstreuen의 과거분사
〔형〕 방심한, 멍한

Zerstreuung [쎄아·슈트로이웅그] 〔여〕 -/-en 《단수로》산만; 기분 전환, 시간보내기

zerteilen [쎄아·타이렌] 〔타〕 나누다, 분해하다
〔재〕 sich⁴ ~ 나누어지다, 산산흩 어지다

Zettel [셋텔] 〔남〕 -s/- 종이조각, 메모용지; 삐라

Zeug [쪼이크] 〔중〕 -[e]s/-e 도구; 원료, 재료; 천; 일; 물건 ★ dummes 멍청한말〈일〉

Zeuge [쪼이게] 〔남〕 -n/-n 목격자, 증인

```
           Zeuge의 격변화

               〔단〕              〔복〕
   1격  der   Zeuge      die   Zeugen
   2격  des   Zeugen     der   Zeugen
   3격  dem   Zeugen     den   Zeugen
   4격  den   Zeugen     die   Zeugen
```

Zeugnis [쪼이그니스] 〔중〕 Zeugnisses/Zeugnisse〔성적〕증명서; 증언

Ziege [씨-게] 〔여〕 -/-n 염소
Ziegel [씨-겔] 〔남〕 -s/- 벽돌, 기와
ziehen* [씨-엔] 〔타〕 끌다, 당기다; (선을) 긋다, 그리다
〔재〕 sich⁴ ~ 나아가다, 움직이다
〔자〕 나아가다, 이동하다; 이주하다, 이사하다
〔비〕 es zieht 외풍이 불다

Ziel [씰-] 〔중〕 -[e]s/-e 목표; 목적지
zielen [씨-렌] 〔자〕 auf et⁴ 〈nach et³〉 …을 목표로 삼다

ziemlich [씸-리히] 〔형〕 상당한, 어지간한
zieren [씨-렌] 〔타〕 꾸미다, 장식하다, 아름답게

	하다
zierlich 〔씰-리히〕	〔형〕 우미한, 말쑥한, 사랑스러운
Ziffer 〔씨파-〕	〔여〕 -/-n 숫자
Zigarette 〔씨가렛테〕	〔여〕 -/-n 궐련
Zigarre 〔씨가레〕	〔여〕 -/-n 여송연
Zimmer 〔씸마-〕	〔중〕 -s/- 방
Zimmermann 〔씸마-·만〕	〔남〕 -s/- 목수, 목공
Zinn 〔씬〕	〔중〕 -〔e〕s/ 주석
Zins 〔씬스〕	〔남〕 -es/-en 《복수로》이자, 이식 -es/-e 땅값; 집세
Zirkel 〔씰켈〕	〔남〕 -s/- 콤파스; 원, 권; 동료; 서클
Zirkus 〔씰쿠스〕	〔남〕 -/Zirkusse 〔씰쿳세〕 서커스
Zitat 〔씨타-트〕	〔중〕 -s/-e 인용; 인용구〈문〉
zitieren 〔씨티-렌〕	〔타〕 인용하다
Zitrone 〔씨트로-네〕	〔여〕 -/-n 레몬
zittern 〔씻테른〕	〔자〕 (공포·추위 따위로)떨다; vor j³ 〈et³〉 ~ …에 벌벌 떨다
Zivilisation 〔씨비리잣씨온-〕	〔여〕 -/-en 문명
zivilisieren 〔씨비리지-렌〕	〔타〕 문명으로 이끈다
zog 〔쏘-크〕	〔과〕 ziehen의 과거기본형
zöge 〔쐬-게〕	〔접Ⅱ〕 ziehen의 접속법 제Ⅱ식 기본형
zögern 〔쐬-게른〕	〔자〕 mit et³ ~ 을 주저한다, … 을 망서리다
Zoll 〔쫄〕	〔남〕 -〔e〕s/Zölle 〔쇨레〕 관세; 《단수로》세관
Zölle 〔쇨레〕	〔복〕 Zoll의 복수형
Zone 〔쪼-네〕	〔여〕 -/-n 지대, 지역, 구역
Zoo 〔쪼-〕	〔남〕 -s/-s 동물원
Zorn 〔쪼른〕	〔남〕 -〔e〕s/ 화남, 분노 ★ vor ~ 화가나서
zornig 〔쪼르-니히〕	〔형〕 화난, 성난, 노한
zu¹ 〔쑤-〕	〔전〕 《3격지배》 …로, …의 곳으 로 (목표); …을 향해서, … 에 대해서; …으로(방법);

zu²

…을 위해서 (목적); …의 곳에서 (소재) …(의 시점)에서 ★ [an]statt… ~ + 부정사 …하는 대신에; ohne… ~ + 부정사 …하는 일이 없이; um… ~ + 부정사 …하기 위해서; haben ~ + 부정사 …해야만 한다

zu **Anfang**	〔숙〕 처음에
zu **Beginn**	〔숙〕 초기에, 처음에
zu **Fuß**	〔숙〕 도보로, 걸어서
zu **Haus**[e]	〔숙〕 자택으로〈에서〉
zu **Lande**	〔숙〕 육로로
zu **Mittag essen**	〔숙〕 점심식사를 하다
zu **Pferd**[e]	〔숙〕 말을타고, 말로
zu **recht**	〔숙〕 정당하게, 당연히
zu **Schiff**	〔숙〕 배로
zu **See**	〔숙〕 해로로
zu **Wasser**	〔숙〕 수로로
zu **Weihnachten**	〔숙〕 크리스마스에

zu² 〔쭈-〕 〔부〕 《형용사·부사에 붙어서》지나치게…, …이 과해서; 앞쪽으로, 쑥쑥; 닫혀져서 ★ ab und ~ 이따금, 이리저리; Das Fenster ist ~ 창문이 닫혀져 있다; nach Süden ~ 남쪽으로; ~ spät 〈viel〉 너무늦다〈많다〉

zu|bringen* 〔쭈-·부링겐〕 〔타〕 가지고 나르다; 전하다; (시간을) 보내다

Zucht 〔쭈프트〕 〔여〕 -/ 사육, 재배; 규율

zucken 〔쑥켄〕 〔자〕 급격히 움직이다; 경련하다; (빛이) 반짝이다

Zucker 〔쑥카-〕 〔남〕 -s/ 설탕

zu|decken 〔쭈-·덕켄〕 〔타〕 et⁴ ~ …덮다, 씌우다, 입히다

zu|drehen 〔쭈-·드레-엔〕 〔타〕 (마개 따위를) 틀어서 죄다

zuerst 〔쭈·엘-스트〕 〔부〕 맨먼저, 최초에

zu|lassen*

Zufall 〔쭈-·팔〕 〔남〕 -(e)s/Zufälle〔쭈-페레〕 우연 ★ durch ~ 우연히

zufällig 〔쭈-·페리히〕 〔형〕 우연의

Zuflucht 〔쭈-·후루흐트〕 〔여〕 -/-en 피난, 피난처, 은신처

zufrieden 〔쭈-·프리-덴〕 〔형〕 만족한 ★ mit j³ ⟨et³⟩ ~ sein …에 만족하고 있다

Zug 〔쭈-크〕 〔남〕 -(e)s/Züge〔쮜-게〕 열차; 열, 행렬; 행진; 끌어당김; 선; 용모; 특징; 통풍, 공기의 유통 ★ in einem ~ 한숨에, 단번에; in großen Zügen 대략, 대충; mit dem ~ 열차로

Züge 〔쮜-게〕 〔복〕 Zug의 복수형

zu|geben* 〔쭈-·게-벤〕 〔타〕 인정하다, 고백하다; (덤으로) 첨가하다, 덧붙이다

zu|gehen* 〔쭈-·게-엔〕 〔자〕 (s) auf j⁴ ⟨et⁴⟩ …으로 향하여 가다, 가까이 가다; 도달하다, 보내져오다; 행해지다; 닫다

Zügel 〔쮜-퀠〕 〔남〕 -s/- 고삐; 구속; 억제

zugleich 〔쭈·그라이히〕 〔부〕 동시에

zugrunde 〔쭈·그룬데〕 〔부〕 ★ ~ gehen 몰락⟨파멸⟩하다 et³ ~ liegen …의 기초로 되어 있다; j⁴ ⟨et⁴⟩ ~ richten …을 몰락⟨파멸⟩시키다

zu|hören 〔쭈-·회-렌〕 〔자〕 j³ ⟨et³⟩ ~ …에 귀를 기울이다

Zuhörer 〔쭈-·회-라-〕 〔남〕 -s/- 청중, 방청자

zu|kommen* 〔쭈-·콤맨〕 〔자〕 (s) auf j⁴ ~ …에 접근하다; j³ ~ …에 도달하다; …에 귀속하고 있다; …에 어울리다

Zukunft 〔쭈-·쿤프트〕 〔여〕 -/ 미래, 장래 ★ in ~ 장차, 금후에는

zukünftig 〔쭈-·퀸프티히〕 〔형〕 미래의, 장래의
〔부〕 이제부터, 금후

zu|lassen* 〔쭈-·랏센〕 〔타〕 (들어가는 것을) 허가하다

zuletzt 〔쭈·렛쓰트〕	〔부〕 최후에, 맨나중에
zuliebe 〔쭈·리-베〕	〔부〕 j³ ~ …을 위해 생각해서
zum 〔쑴-〕	〔융합〕《전치사 zu와 정관사 dem 과의 융합형》 ⇨ zu
zum Abschluß	〔숙〕 끝으로
zum Beispiel	〔숙〕 예를들면 (약: z.B.)
zum erstenmal	〔숙〕 처음으로
zu, Glück	〔숙〕 다행히도
zum letzten	〔숙〕 최후에
zum letztenmal	〔숙〕 최후에
zum Scherz	〔숙〕 농담으로
zum Schluß	〔숙〕 마지막으로
zum Spaß	〔숙〕 농담으로
zum Teil	〔숙〕 부분적으로는
zum Unglück	〔숙〕 불행히도
zum Unterschied von et³	〔숙〕 …과는 달리
zu|machen 〔쑤-·맛헨〕	〔타〕 닫다, 잠그다
zumute 〔쑤-·무-테〕	〔부〕 …의 기분으로, …의 마음으로
zu|muten 〔쑤-·무-텐〕	〔타〕 j³ et⁴ ~ …에 …(부당·과대한것)을 기대하다, 요구하다
Zumutung 〔쑤-·무-퉁그〕	〔여〕 -/-en (부당·과대한) 요구
zunächst 〔쑤·네-히스트〕	〔부〕 첫째로, 처음에; 우선
Zunahme 〔쑤-·나-메〕	〔여〕 -/-n 증가, 증대
zünden 〔쮠덴〕	〔타〕 et⁴ ~ …에 불을대다 〔자〕 불이붙다
zu|nehmen* 〔쑤-·네-멘〕	〔자〕 증가〈증대〉하다
Zuneigung 〔쑤-나이궁그〕	〔여〕 -/-en 호의, 애착
Zunge 〔쭌게〕	〔여〕 -/-n 혀
zur 〔쑤-아, 쓰아〕	〔융합〕《전치사 zu와 정관사 der 와의 융합형》 ⇨ zu
zur Genüge	〔숙〕 충분히, 만족하게
zur Hälfte	〔숙〕 반쯤, 반절만
zur Hand	〔숙〕 바로옆에, 손밭에

zur Strafe	〔숙〕 벌로써
zur Stunde	〔숙〕 목하, 지금
zur Zeit	〔숙〕 목하, 지금
zurecht〔쭈·레히트〕	〔부〕 바르게, 정연히; 적당히
zurecht|finden*〔쭈레히트·핀덴〕	〔재〕 sich⁴ ~ 올바른(길·방법 따위를) 알다
zurecht|kommen*〔쭈레히트·콤맨〕	〔자〕 (s) 알맞게〈늦지 않게〉오다; mit et³ ~ …을 잘 취급하다
zurück〔쭈뤽크〕	〔부〕 뒤〔쪽으로〕로, 되돌아
zurück|fahren*〔쭈뤽크·파-렌〕	〔자〕 (s) (탈것으로) 돌아오다
zurück|finden*〔쭈뤽크·핀덴〕	〔자〕 돌아오는 길을 알다, 귀로를 발견하다
	〔재〕 sich⁴ ~ 귀로를 발견하다
zurück|geben*〔쭈뤽크·게-벤〕	〔타〕 j³ et⁴ ~ …에게 …을 돌려주다, 반환하다
zurück|gehen*〔쭈뤽크·게-엔〕	〔자〕 (s) (되)돌아오다; 후퇴하다; (가격 따위가) 내리다; auf et⁴ ~ …로 거슬러 오르다
zurück|halten*〔쭈뤽크·할텐〕	〔타〕 잡아두다, 만류하다
	〔재〕 sich⁴ ~ 처박혀있다; 자제하다
	〔자〕 mit et³ ~ …을 삼가하다, 보류하다
zurückhaltend〔쭈뤽크·할텐트〕	〔형〕 사양하는; 보지하는
zurück|kehren〔쭈뤽크·케-렌〕	〔자〕 (s) 돌아오다〈가다〉; 귀환하다
zurück|kommen*〔쭈뤽크·콤맨〕	〔자〕 돌아오다; auf et⁴ ~ …으로 되돌아오다
zurück|lassen*〔쭈뤽크·랏센〕	〔타〕 뒤에 남기다; 내버려두다
zurück|nehmen*〔쭈뤽크·네-맨〕	〔타〕 되받다, 되찾다; 회수하다
zurück|schlagen*〔쭈뤽크·슈라-겐〕	〔타〕 (볼 따위를) 되치다; 격퇴하다; (커텐 따위를) 싹 열다

zurück|schrecken * 〔쭈뤽크·슈렛겐〕 〔타〕 《약변화》위협하여 쫓아보내다
〔자〕 《약·강변화》놀라서 물러나다; vor et³ ~ …놀라서 뒤로 추춤하다

zurück|stellen 〔쭈뤽크·슈텔렌〕 〔타〕 (뒤로·먼저 자리로) 되돌리다; 곁으로 밀어두다

zurück|treten * 〔쭈뤽크·트레-텐〕 〔자〕 (s) 후퇴하다; 사직하다

zurück|ziehen * 〔쭈뤽크·찌-엔〕 〔자〕 (s) 뒤로 잡아당기다; 철회하다; 회후하다
〔재〕 sich⁴ ~ 물러나다, 퇴거하다

zu|rufen * 〔쭈-·루-펜〕 〔타〕 j³ et⁴ ~ …을 부르다
〔자〕 j³ 〈auf j⁴〉 ~ …을 부르다, 수하하다

Zusage 〔쭈-·자-게〕 〔여〕 -/-n 승낙, 수락

zu|sagen 〔쭈-·자-겐〕 〔타〕 j³ et⁴ ~ …에게 …을 약속하다
〔자〕 승낙〈수락〉하다; j³ ~ …의 마음에 들다

zusammen 〔쭈·잠맨〕 〔부〕 함께; 합쳐서

Zusammenarbeit 〔쭈·잠맨·알바이트〕 〔여〕 -/-en 공동작업, 협력

zusammen|brechen * 〔쭈·잠맨·브렛헨〕 〔자〕 (s) 부서지다; 붕괴하다; (정신적으로) 좌절하다

Zusammenbruch * 〔쭈·잠맨·부룻후〕 〔남〕 -(e)s/Zusammenbrüche 〔쭈잠맨·부뤼헤〕 붕괴; 괴멸; 파산

zusammen|fallen * 〔쭈·잠맨·파렌〕 〔자〕 (s) 붕괴하다; 때를 같이하다

zusammen|fassen 〔쭈·잠맨·팟센〕 〔타〕 총괄하다, 요약하다

zusammen|halten * 〔쭈·잠맨·할텐〕 〔타〕 함께모아〈묶어〉두다; 결합하다; 대비하다
〔자〕 일치단결하다

Zusammenhang 〔쭈·잠맨·항그〕 〔남〕 -(e)s/Zusammenhänge 〔쭈잠맨·헹게〕 연결; 관계, 관

	련, 연관 ★ im ~ mit et³ …과 관련해서; in diesem ~ 이것과 관련해서; mit et³ in ~ stehen …과 관련이 있다
zusammen|hängen* 〔쑤・잠맨・헹겐〕	〔자〕 mit et³ ~ …과 관계가 있다, 관련하다
zusammen|kommen* 〔쑤・잠맨・콤맨〕	〔자〕 모이다, 집합하다; mit j³ ~ …와 함께되다, 만나다
zusammen|laufen* 〔쑤・잠맨・라우펜〕	〔자〕 (s) (한점에) 모이다
zusammen|legen 〔쑤・잠맨・레-겐〕	〔타〕 한데두다; 합병시키다; 접다
zusammen|setzen 〔쑤・잠맨・젯센〕	〔타〕 함께두다; 조립하다 〔재〕 sich⁴ mit j³ ~ …과 회합하다; sich⁴ aus et³ ~ …으로 구성되어 있다
Zusammensetzung 〔쑤・잠맨・젯쑹그〕	〔여〕 -/-en 조립; 합성〔물〕, 화합〔물〕
zusammen|stellen 〔쑤・잠맨・슈테렌〕	〔타〕 함께두다, 나란히하다, 모으다; (프로그램・리스트 따위를) 일괄하다
Zusammenstoß 〔쑤・잠맨・슈토-스〕	〔남〕 -es/Zusammenstöße 〔쑤잠맨・슈퇴-세〕 충돌
zusammen|stoßen* 〔쑤・잠맨・슈토-센〕	〔타〕 충돌시키다, 맞부딪치게하다 〔자〕 (s) mit j³ ⟨et³⟩ ~ …과 충돌하다
zusammen|treffen* 〔쑤・잠맨・트렛펜〕	〔자〕 (s) mit j³ ~ …과 만나다; 동시에 일어나다
zu|schauen 〔쑤-・샤우엔〕	〔자〕 et³ ~ …을 곁에서 보고있다, 방관하다
Zuschauer 〔쑤-・샤우아-〕	〔남〕 -s/- 구경꾼, 관객
Zuschlag 〔쑤-・슈라-크〕	〔남〕 -〔e〕s/Zuschläge 〔쑤-슈레-게〕 추가; 추가요금; 추가수당
zu|schlagen* 〔쑤-・슈타-겐〕	〔타〕 탁 닫다; 감다; 때려박다 〔자〕 닫히다, 때려치다
zu|schließen* 〔쑤-・슈리-센〕	〔타〕 et⁴ ~ …에 자물쇠를 잠그다

zu|schreiben* 〔쭈- · 슈라이벤〕	〔타〕	덧붙여쓰다; j^3 et^4 ~ …을 …의 탓으로 삼다, …을 …로 돌리다
Zuschuß 〔쭈- · 슈스〕	〔남〕	Zuschusses/Zuschüsse〔쭈-숫세〕보조금, 수당
zu|sehen* 〔쭈- · 제-엔〕	〔자〕	et^3 ~ …을 곁에서 보고 있다; 방관하다
Zustand 〔쭈 · 슈탄트〕	〔남〕	-[e]s/Zustände〔쭈- · 슈텐데〕상태
zustande 〔쭈 · 슈탄데〕	〔부〕	~ kommen …끝내다; 성취하다, 완성하다 et^4 ~ bringen …을 끝내다, 완성하다
zu|stimmen 〔쭈- · 슈팀멘〕	〔자〕	j^3 〈et^3〉 ~ …에 찬성하다, 동의하다
Zustimmung 〔쭈- · 슈팀뭉그〕	〔여〕	-/-en 찬성, 동의
zu|teilen 〔쭈- · 타이렌〕	〔타〕	j^3 et^4 ~ …에게 …을 할당하다; 배분하다
Zuteilung 〔쭈- · 타이룽그〕	〔여〕	-/-en 할당, 배분
zu|trauen 〔쭈- · 트라우엔〕	〔타〕	j^3 et^4 ~ …에 …이 있다〈할 수 있다, 맞다〉고 생각하다, 믿다; $sich^3$ et^4 ~ …이 자기에게 있다〈할 수 있다〉고 생각하다, 믿다
zutraulich 〔쭈- · 트라우리히〕	〔형〕	신뢰〈신용〉하고 있는; 붙임성 있는
zu|treffen* 〔쭈- · 트렛펜〕	〔자〕	적중하다 auf j^4 〈et^4〉 ~ …에 해당하다
Zutritt 〔쭈- · 트릿트〕	〔남〕	-[e]s/ 들어감, 입장
zu|tun* 〔쭈-툰-〕	〔타〕	닫다, (눈따위를) 감다; 첨가하다, 더하다
	〔재〕	$sich^4$ ~ 닫히다, 감기다
zuverlässig 〔쭈- · 페어렛시히〕	〔형〕	신뢰〈신용〉할 수 있는, 확실한
Zuversicht 〔쭈- · 페어지히트〕	〔남〕	-/ 신뢰, 확신, 자신
zuviel 〔쭈- · 필-〕	〔형〕	너무많은, 남는, 과대한
zuvor 〔쭈 · 포-아〕	〔부〕	앞에, 이전에, 미리
zuvor|kommen* 〔쭈 · 포-아 · 콤맨〕	〔자〕	(s) j^3 〈et^3〉 ~ …을 앞지르다

zuweilen 〔쑤·바이렌〕	〔부〕 때때로, 가끔
zu|wenden* 〔쑤-··벤덴〕	〔타〕 j³ et⁴ ～ …의 방향으로 돌리다; …에게 …을 주다
zuwenig 〔쑤·베-니히〕	〔형〕 너무나 적은, 과소한
zwang 〔쓰방그〕	〔과〕 zwingen의 과거기본형
Zwang 〔쓰방그〕	〔남〕 -(e)s/Zwänge〔쓰벤게〕 강제, 구속; 의무 ★ aus ～ 강제되어
zwänge 〔쓰벵게〕	〔접Ⅱ〕 zwingen의 접속법 제Ⅱ식 기본형
zwanglos 〔쓰방그·로-스〕	〔형〕 구속 받지 않는; 형식을 취하지 않는
zwanzig 〔쓰반씨히〕	〔수〕 20〔의〕
zwanzigst 〔쓰반씨히스트〕	〔형〕 《서수》제20〔번째〕의
zwar 〔쓰발-〕	〔부〕 aber 〈allein·doch〉… 과연〈분명히〉…하지만, 그러나…; und ～ 더욱 상세히 말하자면, 더우기
Zweck 〔쓰벡크〕	〔남〕 -(e)s/-e 목적 ★ keinen ～ 의미를 갖지 않는다, 무의미하다
zwecklos 〔스벡크〕	〔형〕 의미가 없는
zweckmäßig 〔쓰벡크〕	〔형〕 목적에 맞는; 유용〈유효〉한
zwei 〔쓰바이〕	〔수〕 2〔의〕
zweideutig 〔쓰바이·도이트리히〕	〔형〕 두가지로 해석되는, 애매한
zweierlei 〔쓰바이야-·라이〕	〔형〕 《무변화》두종류의, 두가지의
Zweifel 〔쓰바이펠〕	〔남〕 -s/- 의심, 의혹; 주저 ★ ohne ～ 의심없이, 확실히
zweifelhaft 〔쓰바이펠·하프트〕	〔형〕 의심스러운, 불확실한; 수상한
zweifellos 〔쓰바이펠·로-스〕	〔형〕 의심이 없는, 확실한
zweifeln 〔쓰바이페른〕	〔자〕 an j³ 〈et³〉 ～ …을 의심하다
Zweig 〔쓰바이크〕	〔남〕 -(e)s/-e 잔가지; 분기; 부문
zweimal 〔쓰바이말〕	〔부〕 두번, 2배
zweit 〔쓰바이트〕	〔형〕 《서수》제2〔번째〕의

Zwerg 〔쓰벨크〕	〔남〕 -〔e〕s/-e 난장이
Zwiebel 〔쓰비-벨〕	〔여〕 -/-n 양파
Zwilling 〔쓰비링그〕	〔남〕 -s/-e 쌍동이 (의 한사람)
zwingen* 〔쓰빈겐〕	〔타〕 강제하다, 극복하다
	〔재〕 sich^4 zu et^3 ~ 강제로 …을 시키다, 부득히 …하다
zwischen 〔쓰빗센〕	〔전〕 《3·4격지배》《3격지배》 …2개의 것의 사이에서; 《4격지배》 … (2개의 것의) 사이로
zwitschern 〔쓰빗체른〕	〔자〕 (작은 새가) 지저귀다
zwölf 〔쓰뵐프〕	〔수〕 12〔의〕
zwölft 〔쓰뵐프트〕	〔형〕《서수》제12〔번째〕의

I. 문법 변화표
II. 중요 강변화 및 불규칙 동사변화표

Ⅰ. 문법변화표

1. 관사류

정관사

	〔남〕	〔여〕	〔중〕	〔복〕
1격	der	die	das	die
2격	des	der	des	der
3격	dem	der	dem	den
4격	den	die	das	die

정관사류

	〔남〕	〔여〕	〔중〕	〔복〕
1격	dieser	diese	dieses	diese
2격	dieses	dieser	dieses	dieser
3격	diesem	dieser	diesem	diesen
4격	diesen	diese	dieses	diese

[주] 이것과 같은 변화를 하는 것 : jener, jeder(단수뿐), solcher, mancher, aller, welcher.

부정관사

〔남〕	〔여〕	〔중〕	〔복〕
ein	eine	ein	
eines	einer	eines	없
einem	einer	einem	음
einen	eine	ein	

부정관사류

	〔남〕	〔여〕	〔중〕	〔복〕
1격	mein	meine	mein	meine
2격	meines	meiner	meines	meiner
3격	meinem	meiner	meinem	meinen
4격	meinen	meine	mein	meine

[주] 이것과 같은 변화를 하는 것 : dein, sein, ihr, unser, euer, Ihr; kein.

2. 명 사

	동미형	e형	er형	[e]n형		s형
1격	—	—	—	—	—	—
(단)2격	—s	—[e]s	—[e]s	—[e]s	—[e]n*	—s
3격	—	—[e]	—[e]	—[e]	—[e]n*	—
4격	—	—	—	—	—[e]n*	—
1격	(⋯)	(⋯)e	(⋯)er	—[e]n	—[e]n	—s
(복)2격	(⋯)	(⋯)e	(⋯)er	—[e]n	—[e]n	—s
3격	(⋯)n	(⋯)en	(⋯)ern	—[e]n	—[e]n	—s
4격	(⋯)	(⋯)e	(⋯)er	—[e]n	—[e]n	—s

[주] 1. 여성명사는 단수에서는 격변화 하지 않는다.
   2. *는 남성 약변화 명사인 경우의 격변화.
   3. (⋯)는 낱말에 의해서 변음하는 경우와 하지 않는 경우가 있는 것을 나타낸다.

변화예(남성 약변화 명사 및 특수한 변화를 하는 명사의 변화에는 본문 참조).

《동미형의 예》
Vater 남 -s/Väter
```
der   Vater
des   Vaters
dem   Vater
den   Vater
die   Väter
die   Väter
den   Vätern
die   Väter
```

《e 형의 예》
Nacht 여 -/Nächte
```
die   Nacht
der   Nacht
der   Nacht
die   Nacht
die   Nächte
der   Nächte
den   Nächten
die   Nächte
```

《er 형의 예》
Haus 중 -es/Häuser
```
das   Haus
des   Hauses
dem   Haus[e]
das   Haus
die   Häuser
der   Häuser
den   Häusern
die   Häuser
```

《n 형의 예》
Auge 중 -s/-en
```
das   Auge
des   Auges
dem   Auge
das   Auge
die   Augen
der   Augen
den   Augen
die   Augen
```

《en 형의 예》
Frau 여 -/-en
```
die   Frau
der   Frau
der   Frau
die   Frau
die   Frauen
der   Frauen
den   Frauen
die   Frauen
```

《s 형의 예》
Hotel 중 -s/-s
```
das   Hotel
des   Hotels
dem   Hotel
das   Hotel
die   Hotels
der   Hotels
den   Hotels
die   Hotels
```

3. 대명사

인칭대명사

	1인칭	2인칭 친칭	2인칭 경칭	3인칭 〔남〕	3인칭 〔여〕	3인칭 〔중〕
(단) 1격	ich	du	Sie	er	sie	es
(단) 2격	meiner	deiner	Ihrer	seiner	ihrer	seiner
(단) 3격	mir	dir	Ihnen	ihm	ihr	ihm
(단) 4격	mich	dich	Sie	es	sie	es
(복) 1격	wir	ihr	Sie	sie		
(복) 2격	unser	euer	Ihrer	ihrer		
(복) 3격	uns	euch	ihnen	ihnen		
(복) 4격	uns	euch	Sie	sie		

재귀대명사

	(ich)	(du)	(Sie)	(er)	(sie)	(es)
(단) 2격	meiner	deiner	Ihrer	seiner	ihrer	seiner
(단) 3격	mir	dir	sich	sich	sich	sich
(단) 4격	mich	dich	sich	sich	sich	sich
	(wir)	(ihr)	(Sie)	(sie)		
(복) 2격	unser	euer	Ihrer	ihrer		
(복) 3격	uns	euch	sich	sich		
(복) 4격	uns	euch	sich	sich		

지시·관계대명사

	〔남〕	〔여〕	〔중〕	〔복〕
1격	der	die	das	die
2격	dessen	deren	dessen	deren (derer*)
3격	dem	der	dem	denen
4격	den	die	das	die

〔주〕derer는 지시대명사이며, 관계대명사의 선행사로서만 쓰여진다.

지시대명사

	[남]	[여]	[중]	[복]
1격	derjenige	diejenige	dasjenige	diejenigen
2격	desjenigen	derjenigen	desjenigen	derjenigen
3격	demjenigen	derjenigen	demjenigen	denjenigen
4격	denjenigen	diejenige	dasjenige	diejenigen

[주] derselbe도 같은 변화를 한다

관계대명사

	[남]	[여]	[중]	[복]
1격	welcher	welche	welches	welche
2격	———	———	———	———
3격	welchem	welcher	welchem	welchen
4격	welchen	welche	welches	welche

의문 · 관계대명사

1격	wer	was
2격	wessen	———
3격	wem	———
4격	wen	was

부정대명사

1격	man	(k)einer	jemand	niemand	jedermann
2격	eines	(k)eines	jemand(e)s	niemand(e)s	jedermanns
3격	einem	(k)einem	jemand(em)	niemand(em)	jedermann
4격	einen	(k)einen	jemand(en)	niemand(en)	jedermann

4. 형용사

격변화

1) 형용사 + 명사

	[남]	[여]	[중]	[복]
1격	—er	—e	—es	—e
2격	—en	—er	—en	—er
3격	—em	—er	—em	—en
4격	—en	—e	—es	—e

2) 정관사〔류〕+ 형용사 + 명사

1격	der	—e	die	—e	das	—e	die	—en
2격	des	—en	der	—en	des	—en	der	—en
3격	dem	—en	der	—en	dem	—en	den	—en
4격	den	—en	die	—e	das	—e	die	—en

3) 부정관사〔류〕+ 형용사 + 명사

1격	ein	—er	eine	—e	ein	—es	meine	—en
2격	eines	—en	einer	—en	eines	—en	meiner	—en
3격	einem	—en	einer	—en	einem	—en	meinen	—en
4격	einen	—en	eine	—e	ein	—es	meine	—en

비교변화

	원 급	비교급	최상급
규 칙	klein	kleiner	kleinst
	lang	länger	längst
	alt	älter	ältest
	dunkel	dunkler	dunkelst
	fromm	{ frommer / frömmer }	frommst / frömmst
불규칙	groß	größer	größt
	gut	besser	best
	nah〔e〕	näher	nächst
	hoch	höher	höchst
	viel	mehr	meist
	wenig	{ minder / weniger }	mindest / wenigst

5. 동 사

1) 동사의 3기본형

규칙동사 (약변화)

부정사	과거기본형	과거분사
—〔e〕n	—〔e〕te	ge—〔e〕t
sagen	sagte	gesagt
arbeiten	arbeitete	gearbeitet

불규칙동사 (강변화)

부정사	과거기본형	과거분사
―〔e〕n	*	ge*en
fahren	fuhr	gefahren
geben	gab	gegeben
kommen	kam	gekommen
lesen	las	gelesen

[주] *표는 모음이 변화하는 것을 나타낸다.

불규칙동사 (혼합변화)

부정사	과거기본형	과거분사
―en	*te	ge*t
bringen	brachte	gebracht
kennen	kannte	gekannt
wissen	wußte	gewußt

[주] *표는 모음이 변화하는 것을 나타낸다.

2) 현재인칭변화

(1) 규칙적인 것

	sagen	arbeiten	reisen	lächeln
ich ―e	sage	arbeite	reise	läch〔e〕le
du ―〔e〕st	sagst	arbeitest	reis〔es〕t	lächelst
er ―t	sagt	arbeitet	reist	lächelt
wir ―〔e〕n	sagen	arbeiten	reisen	lächeln
ihr ―〔e〕t	sagt	arbeitet	reist	lächelt
sie ―〔e〕n	sagen	arbeiten	reisen	lächeln

[주] sagen은 표준형, 기타는 어조상 주의가 필요한 것.

(2) 단수 2·3인칭에서 모음이 바뀌는 것

	fahren	helfen	lesen
ich ―e	fahre	helfe	lese
du ―st	fährst	hilfst	lies〔es〕t

er	—t	fährt	hilft	liest
wir	—en	fahren	helfen	lesen
ihr	—t	fahrt	helft	lest
sie	—en	fahren	helfen	lesen

(3) 2의 예외

	halten	geben	treten	nehmen
ich	halte	gebe	trete	nehme
du	hältst	gibst	trittst	nimmst
er	hält	gibt	tritt	nimmt
wir	halten	geben	treten	nehmen
ihr	haltet	gebt	tretet	nehmt
sie	halten	geben	treten	nehmen

(4) 특수한 변화를 하는 것

	sein	haben	werden	wissen
ich	bin	habe	werde	weiß
du	bist	hast	wirst	weißt
er	ist	hat	wird	wieß
wir	sind	haben	werden	wissen
ihr	seid	habt	werdet	wißt
sie	sind	haben	werden	wissen

(5) 화법의 조동사

	dürfen	können	mögen	müssen	sollen	wollen
ich	darf	kann	mag	muß	soll	will
du	darfst	kannst	magst	mußt	sollst	willst
er	darf	kann	mag	muß	soll	will
wir	dürfen	können	mögen	müssen	sollen	wollen
ihr	dürft	könnt	mögt	müßt	sollt	wollt
sie	dürfen	können	mögen	müssen	sollen	wollen

3) 명령법

부정사 —(e)n	du에 대해서 —(e) !	ihr에 대해서 —(e)t !	Sie에 대해서 —(e)n Sie !
sagen	sag(e) !	sagt !	sagen sie !

arbeiten	arbeit(e)!	arbeitet!	arbeiten Sie!
kommen	komm!	kommt!	kommen Sie!
helfen	hilf!	helft!	helfen Sie!
lesen	lies!	lest!	lesen Sie!
werden	werde!	werdet!	werden Sie!
sein	sei!	seid!	seien Sie!

4) 과거인칭변화

부정사 과거기본형	sagen sagte	fahren fuhr	bringen brachte	können konnte
ich　—	sagte	fuhr	brachte	konnte
du　—(e)st	sagtest	fuhrst	brachtest	konntest
er　—	sagte	fuhr	brachte	konnte
wir　—(e)n	sagten	fuhren	brachten	konnten
ihr　—(e)t	sagtet	fuhrt	brachtet	konntet
sie　—(e)n	sagten	fuhren	brachten	konnten

5) 미래시칭

ich	werde
du	wirst
er	wird
wir	werden
ihr	werdet
sie	werden

…… { fahren / sagen } 《부정사, 문말》

6) 완료시칭

현재 완료

ich habe	
du hast	
er hat	
wir haben	……gesagt
ihr habt	《과거분사, 문말》
sie haben	

ich bin	
du bist	
er ist	
wir sind	……gefahren
ihr seid	《과거분사, 문말》
sie sind	

과거 완료

ich hatte	
du hattest	

ich war	
du warst	

er hatte	…gesagt	er war	…gefahren
wir hatten	《과거분사, 문말》	wir waren	《과거분사, 문말》
ihr hattet		ihr wart	
sie hatten		sie waren	

미래완료

ich werde			
du wirst			
er wird	……	gesagt haben	《완료부정사, 문말》
wir werden		gefahren sein	
ihr werdet			
sie werden			

7) 수동태

수동태의 현재인칭변화

ich	werde		
du	wirst		
er	wird	…geliebt	《타동사의 과거분사, 문말》
wir	werden		
ihr	werdet		
sie	serden		

수동태의 6시칭

현 재	er	wird	…geliebt		
과 거	er	wurde	…geliebt		
미 래	er	wird	…geliebt	werden	
현재완료	er	ist	…geliebt	worden	
과거완료	er	war	…geliebt	worden	
미래완료	er	wird	…geliebt	worden	sein

8) 접속법

제 I 식

부정사		sagen	fahren	können
ich	−e	sage	fahre	könne
du	−est	sagest	fahrest	könnest
er	−e	sage	fahre	könne

wir	—en	sagen	fahren	können
ihr	—et	saget	fahret	können
sie	—en	sagen	fahren	können

sein · haben · werden의 제1식

부정사	sein	haben	werden
ich	sei	habe	werde
du	sei(e)st	habest	werdest
er	sei	habe	werde
wir	seien	haben	werden
ihr	seiet	habet	werdet
sie	seien	haben	werden

제 II 식

부정사 과거기본형	sagen sagte	fahren fuhr	können konnte
ich (··)e	sagte	führe	könnte
du (··)est	sagtest	führest	könntest
er (··)e	sagte	führe	könnte
wir (··)e	sagten	führen	könnten
ihr (··)et	sagtet	führet	könntet
sie (··)en	sagten	führen	könnten

sein · haben · werden의 접속법 제II식

부정사 과거기본형	sein war	haben hatte	werden wurde
ich (··)e	wäre	hätte	wärde
du (··)est	wärest	hättest	würdest
er (··)e	wäre	hätte	würde
wir (··)en	wären	hätten	würden
ihr (··)et	wäret	hättet	würdet
sie (··)en	wären	hätten	würden

접속법의 시칭

	제 I 식	제 II 식
현재	er sage er fahre	er sagte er führe

과 거	er habe···gesagt er sei ···gefahren	er hätte···gesagt er wäre···gefahren
미 래	er werde···sagen er werde···fahren	er würde···sagen er würde···fahren
미래완료	er werde···gesagt haben er werde···gefahren sein	er würde···gesagt haben er würde···gefahren sein

(6) 수 사

기 수

```
0 Null          10 zehn         20 zwanzig
1 eins          11 elf          21 einundzwanzing
2 zwei          12 zwölf        22 zweiundzwanzig
3 drei          13 dreizehn     30 dreißig
4 vier          14 vierzehn     40 vierzig
5 fünf          15 fünfzehn     50 fünfzig
6 sechs         16 sechzehn     60 sechzig
7 sieben        17 siebzehn     70 siebzig
8 acht          18 achtzehn     80 achtzig
9 neun          19 neunzehn     90 neunzig
    100    (ein)hundert         101  hunderteins
   1000    (ein)tausend         112  hundertzwölf
  10000    zehntausend          365  dreihundertfünfund-
 100000    hunderttausend            sechzig
1000000    eine Million        6435  sechstausendvierhun-
2000000    zwei Millionen            dertünfunddreißig
   1985년  neunzehnhundertfünfundachtzig
```

서 수

1. erst	7. sieb(en)t	20. zwanzigst
2. zweit	8. acht	21. einundzwanzigst
3. dritt	10. zehnt	99. neunundneunzigst
4. viert	15. fünfzehnt	100. hundertst
5. fünft	19. neunzehnt	101. hunderterst

[주] 1에서 19.까지는 원칙으로서 -t, 20이상은 -st.

Ⅱ. 중요 강변화 및 불규칙 동사 변화표

부정사	직설법 현재	직설법 과거	접속법 제2식	과거분사
backen (빵을) 굽다	du bäckst er bäckt	backte (buk)	büke (backte)	gebacken
befehlen 명령하다	du befiehlst er befiehlt	befahl	befähle (beföhle)	befohlen
beginnen 시작하다		begann	begönne (begänne)	begonnen
beißen 깨물다	du beiß(es)t er beißt	biß	bisse	gebissen
bergen 구하다	du birgst er birgt	barg	bürge (bärge)	geborgen
bewegen 마음을 움직이다		bewog	bewöge	bewogen
biegen 구부리다		bog	böge	gebogen
bieten 제공하다		bot	böte	geboten
binden 매다		band	bände	gebunden
bitten 청하다		bat	bäte	gebeten
blasen 불다	du bläs(es)t er bläst	blies	bliese	geblasen
bleiben 머무르다		blieb	bliebe	geblieben
braten (고기를) 굽다	du brätst er brät	briet	briete	gebraten
brechen 부수다	du brichst er bricht	brach	bräche	gebrochen
brennen 타다		brannte	brennte	gebrannt
bringen 가져오다		brachte	brächte	gebracht
denken 생각하다		dachte	dächte	gedacht

부정사	직설법		접속법	과거분사
	현 재	과 거	제2식	
dringen 돌진하다		drang	dränge	gedrungen
dürfen 해도되다	ich darf du darfst er darf	durfte	dürfte	gedurft
empfehlen 추천하다	du empfiehlst er empfiehlt	empfahl	empföhle	empfohlen
erlöschen 꺼지다	es erlischt	erlosch	erlösche	erloschen
erschrecken 놀라다	du erschrickst er erschrickt	erschrak	erschräke	erschrocken
essen 먹다	du ißt (issest) er ißt	aß	äße	gegessen
fahren (타고) 가다	du fährst er fährt	fuhr	führe	gefahren
fallen 떨어지다	du fällst er fällt	fiel	fiele	gefallen
fangen 잡다	du fängst er fängt	fing	finge	gefangen
fechten 싸우다	du fichtst er ficht	focht	föchte	gefochten
finden 발견하다		fand	fände	gefunden
fliegen 날다		flog	flöge	geflogen
fliehen 달아나다		floh	flöhe	geflohen
fließen 흐르다	du fließ(es)t er fließt	floß	flösse	geflossen
fressen (짐승이) 먹다	du frißt er frißt	fraß	fräße	gefressen
frieren 얼다		fror	fröre	gefroren
geben 주다	du gibst er gibt	gab	gäbe	gegeben
gedeihen 번영하다		gedieh	gediehe	gediehen
gehen 가다		ging	ginge	gegangen

부정사	직설법		접속법	과거분사
	현 재	과 거	제2식	
gelingen 성공하다	es gelingt	gelang	gelänge	gelungen
gelten 가치가 있다	du giltst er gilt	galt	gölte (gälte)	gegolten
genesen 낫다	du genes(es)t er genest	genas	genäse	genesen
genießen 누리다	du genieß(es)t er genießt	genoß	genösse	genossen
geschehen (사건이) 일어나다	es geschieht	geschah	geschähe	geschehen
gewinnen 얻다		gewann	gewönne (gewänne)	gewonnen
gießen 쏟다, 붓다	du gieß(es)t er gießt	goß	gösse	gegossen
gleichen 같다		glich	gliche	geglichen
gleiten 미끄러지다		glitt	glitte	geglitten
graben 파다	du gräbst er gräbt	grub	grübe	gegraben
greifen 잡다, 쥐다		griff	griffe	gegriffen
haben 가지다	du hast er hat	hatte	hätte	gehabt
halten 지니다, 지키다	du hältst er hält	hielt	hielte	gehalten
hangen 걸려있다	du hängst er hängt	hing	hinge	gehangen
heben 올리다		hob (hub)	höbe (hübe)	gehoben
heißen ~라고 불리다	du heiß(es)t er heißt	hieß	hieße	geheißen
helfen 돕다	du hilfst er hilft	half	hülfe	geholfen
kennen 알다		kannte	kennte	gekannt
klingen 울리다		klang	klänge	geklungen

부정사	직 설 법		접속법 제2식	과거분사
	현 재	과 거		
kommen 오다		kam	käme	gekommen
können 할 수 있다	ich kann du kannst er kann	konnte	könnte	gekonnt
kriechen 기다		kroch	kröche	gekrochen
laden 싣다	du lädst er lädt	lud	lüde	geladen
lassen ~하게하다	du läßt er läßt	ließ	ließe	gelassen
laufen 달리다	du läufst er läuft	lief	liefe	gelaufen
leiden (~에)시달리다		litt	litte	gelitten
leihen 빌려주다		lieh	liehe	geliehen
lesen 읽다	du lies(es)t er liest	las	läse	gelesen
liegen 누워 (놓여) 있다		lag	löge	gelegen
lügen 거짓말하다		log	lüge	gelogen
meiden 피하다		mied	miede	gemieden
messen 재다	du mißt er mißt	maß	maße	gemessen
mögen 좋아하다	ich mag du magst er mag	mochte	möchte	gemocht
müssen ~해야한다	ich muß du mußt er muß	mußte	müßte	gemußt
nehmen 잡다, 쥐다	du nimmst er nimmt	nahm	nähme	genommen
nennen 명명하다		nannte	nennte	genannt
pfeifen 피리를 불다		pfiff	pfiffe	gepfiffen

부정사	직설법		접속법 제2식	과거분사
	현재	과거		
preisen 칭찬하다	du prei(es)t	pries	priese	gepriesen
quellen 솟다	du quillst er quillt	quoll	quölle	gequollen
raten 충고하다	du rätst er rät	riet	riete	geraten
reiben 비비다		rieb	riebe	gerieben
reißen 깨다, 찢다	du reiß(es)t er reißt	riß	risse	gerissen
reiten 말타고 가다		ritt	ritte	geritten
rennen 달리다		rannte	rennte	gerannt
riechen 냄새를 맡다		roch	röche	gerochen
ringen 격투하다		rang	ränge	gerungen
rinnen 흐르다		rann	ränne	geronnen
rufen 부르다		rief	riefe	gerufen
scheiden 가르다		schied	schiede	geschieden
scheinen 빛나다		schien	schiene	geschienen
schelten 꾸짖다	du schiltst er schilt	schalt	schölte (schälte)	gescholten
schieben 밀다		schob	schöbe	geschoben
schießen 쏘다	du schieß(es)t er schießt	schoß	schösse	geschossen
schlafen 자다	du schläfst er schläft	schlief	schliefe	geschlafen
schlagen 치다 (때리다)	du schlägst er schlägt	schlug	schlüge	geschlagen
schleichen 살금살금 걷다		schlich	schliche	geschlichen

부정사	직설법		접속법 제2식	과거분사
	현재	과거		
schließen 잠그다	du schließ(es)t er schließt	schloß	schlüsse	geschlossen
schmelzen 녹다	du schmilz(es)t er schmilzt	schmolz	schmölze	geschmolzen
schneiden 자르다		schnitt	schnitte	geschnitten
schreiben (글씨를) 쓰다		schrieb	schriebe	geschrieben
schreine 외치다		schrie	schriee	geschrie(e)n
schreiten 걷다		schritt	schritte	geschritten
schwiegen 침묵하다		schwieg	schwiege	geschwiegen
schwellen 부풀다, 붓다	du schwillst er schwillt	schwoll	schwölle	geschwollen
schwimmen 헤엄치다		schwamm (schwämme)	schwömme	geschwommen
schwinden 사라지다		schwand	schwände	geschwunden
schwingen 흔들다		schwang	schwänge	geschwungen
schwören 맹세하다		schwur (schwor)	schwüre	geschworen
sehen 보다	du siehst er sieht	sah	sähe	gesehen
sein 있다, ~이다	ich bin du bist er ist wir sind ihr seid sie sind	war	wäre	gewesen
senden 보내다		sandte (sendete)	sendete	gesandt (gesendet)
singen 노래를 부르다		sang	sänge	gesungen

부정사	직설법		접속법 제2식	과거분사
	현재	과거		
sinken 가라앉다		sank	sänke	gesunken
sitzen 앉아있다	du sitz(es)t er sitzt	saß	säße	gesessen
sollen 마땅히~해야 하다	ich soll du sollst er soll	sollte	sollte	gesollt
spinnen 짜다		spann	spönne (spänne)	gesponnen
sprechen 말하다	du sprichst er spricht	sprach	spräche	gesprochen
springen 뛰다		sprang	spränge	gesprungen
stechen 찌르다	du stichst er sticht	stach	stäche	gestochen
stehen 서 있다		stand	stände (stünde)	gestanden
stehlen 훔치다	du stiehlst er stiehlt	stahl	stöhle (stähle)	gestohlen
steigen 오르다		stieg	stiege	gestiegen
sterben 죽다	du stirbst er stirbt	starb	stürbe	gestorben
stoßen 찌르다	du stöß(es)t er stößt	stieß	stieße	gestoßen
streichen 쓰다듬다		strich	striche	gestrichen
streiten 다투다		stritt	stritte	gestritten
tragen 나르다	du trägst er trägt	trug	trüge	getragen
treffen 맞히다	du triffst er trifft	traf	träfe	getroffen
treiben 몰다		trieb	triebe	getrieben
treten 밟다	du trittst er tritt	trat	träte	getreten
trinken 마시다		trank	tränke	getrunken

부정사	직설법 현재	직설법 과거	접속법 제2식	과거분사
trügen 속이다		trog	tröge	getrogen
tun 하다	ich tue du tust er tut	tat	täte	getan
verderben 망하다	du verdirbst er verdirbt	verdarb	verdürbe	verdorben
vergessen 잊다	du vergißt er vergißt	vergaß	vergäße	vergessen
verlieren 잃다		verlor	verlöre	verloren
wachsen 자라다	du wächs(es)t er wächst	wuchs	wüchse	gewachsen
waschen 씻다	du wäschst er wäscht	wusch	wüsche	gewaschen
weichen 물러가다		wich	wiche	gewichen
weisen 가리키다	du wie(es)t	wies	wiese	gewiesen
wenden 향하게하다		wandte (webdete)	wendete	gewandt (gewendet)
werden 되다	du wirst er wird	wurde	würde	geworden
werfen 던지다	du wirfst er wirft	warf	würfe	geworfen
wiegen 무게가~이다		wog	wöge	gewogen
wissen 알다	ich weiß du weißt er weiß	wußte	wüßte	gewußt
wollen 원하다	ich will du willst er will	wollte	wollte	gewollt
ziehen 끌다		zog	zöge	gezogen
zwingen 억지로시키다		zwang	zwänge	gezwungen

문예림 도서목록

- 4주완성 독학 영어 첫걸음
- 지구촌 영어 첫걸음
- 영어회화 고민 이제 끝냅시다! I
- 영어회화 고민 이제 끝냅시다! II
- 아낌없이 주는 영어
- 비즈니스 영어
- 입에 술술 붙는 영단어
- 헷갈리는 영어 잡아먹기
- 톡톡튀는 신세대 영어 표현
- 패턴의 원리를 알면 영어가 보인다
- 간편한 여행 영어 회화
- 여행자를 위한 지구촌 영어 회화
- 눈으로 느끼고 가슴으로 읽는 영어
- 말장난으로 하는 영단어 DDR
- 1000만인 관광 영어 회화
- 영문 편지 쓰는 법
- 영어 왜 포기해!
- 우리아이 영어와 재미있게 놀기 영어
- 교사를 위한 영어학
- 영어 커뮤니케이션 가이드
- 영어가 제일 쉬웠어요
- 다모아 답에타(단어장)
- 일석오조(영단어)

- 이것이 토종 미국 영어다
- 미국 영어가 보인다
- 영작문 패턴으로 따라잡기
- Toefl Writing Master - class
- Harvard Vocabulary
- 미국 영어 회화
- 영어명문 30선
- 쉬운 영어, 쉬운 일본어-청춘
- 쉬운 영어, 쉬운 일본어-정열
- 쉬운 영어, 쉬운 일본어-도약
- 4주완성 독학 일본어 첫걸음
- 지구촌 일본어 첫걸음
- 실용 일본어 회화
- 배낭 일본어
- 1000만인 관광 일본어 회화
- 일본어 단어장
- 편리한 회화 수첩
- 일본여행 110
- 일본어 일기
- 김영진 일본어 문법 핵심 정리
- 꿩먹고 알먹는 일본어 첫걸음
- 김영진과 함께 떠나는 여행 일본어 회화
- 일본어 급소 찌르기

노래로 배우는 일본어 1	실용 독일어 회화
노래로 배우는 일본어 2	여행필수 독일어 회화
4주완성 독학 중국어 첫걸음	배낭 독일어
실용 중국어 회화	독일어 편지 쓰기
여행필수 중국어 회화	영어대조 독일어 회화 (개정판)
영어대조 중국어 회화	독일어 무역 통신문
최신 중국어법 노트	PNdS독해평가
4주완성 독학 프랑스어 첫걸음	PNdS청취평가 구두시험
여행필수 프랑스어 회화	PNdS핵심 독문법
영어대조 프랑스어 회화	최신 독일어
프랑스어 편지 쓰기	독일어 문법과 연습
노래로 배우는 프랑스어 (1개)	노래로 배우는 독일어 (1개)
상송으로 배우는 프랑스어 (2개)	수능 독일어
리듬테마로 배우는 프랑스어	배낭 유럽어
성경으로 배우는 프랑스어	대학생을 위한 활용 독일어 I (3개)
4주완성 독학 스페인어 첫걸음	성경으로 배우는 독일어
영어대조 스페인어 회화 (개정판)	대학생을 위한 활용 독일어 II (3개)
노래로 배우는 스페인어 (1개)	4주완성 독학 러시아어 첫걸음
실용 서반어 회화	한국인을 위한 러시아어 첫걸음
교양 스페인어	여행필수 러시아어 회화
지구촌 이태리어 첫걸음	영어대조 러시아어 회화
여행필수 이탈리아어 회화	표준 러시아어
영어대조 이탈리아어 회화 (개정판)	표준 러시아어 회화
노래로 배우는 이탈리아어 (2개)	최신 러시아어 문법
쉽게 배우는 이타리아어 1	러시아어 펜맨십 강좌
지구촌 독일어 첫걸음	노브이 러시아어

노래로 배우는 러시아어	독일인을 위한 한국어 회화
실용 아랍어 회화	브라질·포르투갈인을 위한 한국어 회화
여행필수 베트남어 회화	중국인을 위한 한국어 회화
여행필수 태국어 회화	한국어 4주간
여행필수 말레이·인도네시아어 회화	실용 한국어 회화 활용 한국어 회화
여행필수 포르투갈어 회화	한국어 왕래
여행필수 네덜란드어 회화	한러사전
여행필수 터키어 회화	러한사전
여행필수 이란어 회화	러한 한러 합본사전
여행필수 브라질·포르투갈어 회화	학습 노한 사전
여행필수 폴란드어 회화	노노대사전
여행필수 크로아티아어 회화	약어로 익히는 러시아어 사전
여행필수 루마니아어 회화	한이 사전
여행필수 스웨덴어 회화	독한 입문 사전
6개국어 회화	한자 요결 사전
4개국어 회화	서한사전
영어대조 태국어 회화	한·인니 사전
쉽게 배우는 브라질·포르투갈어	영어회화 고민 이제 끝냅시다! I 3개
시사 이란어	영어회화 고민 이제 끝냅시다! II 2개
기초 네덜란드어	한국인을 위한 러시아어 첫걸음 4개
알기 쉬운 이란어 쓰기	러시아인을 위한 한국어 회화 2개
Speaking Korean (46판)	영어대조 프랑스어 회화 3개
Speaking Korean (포켓판)	영어대조 독일어 회화 3개
스페인을 위한 한국어 회화	영어대조 태국어 회화 3개
러시아인을 위한 한국어 회화	여행필수 베트남어 회화 3개
프랑스인을 위한 한국어 회화	여행필수 인도네시아어 회화 2개

독일어 한국어 입문사전

2015년 3월 2일 초판 7쇄 인쇄
2015년 3월 10일 초판 7쇄 발행

편 저 서석연
펴낸이 서덕일
펴낸곳 도서출판 문예림

등 록 1962년 7월 12일(제1962-1호)
주 소 경기도 파주시 회동길 366
전 화 02) 499-1281~2
팩 스 02) 499-1283
홈페이지 www.moonyelim.com
전자우편 info@moonyelim.com

정가 18,000원

* 잘못된 책은 구입하신 서점에서 교환해 드립니다.